| 光明社科文库 |

十三四世纪蒙古人
与欧洲关系研究

徐良利◎著

光明日报出版社

图书在版编目（CIP）数据

十三四世纪蒙古人与欧洲关系研究 / 徐良利著 . --
北京：光明日报出版社，2022.11
ISBN 978 - 7 - 5194 - 6957 - 3

Ⅰ.①十… Ⅱ.①徐… Ⅲ.①蒙古族—民族史—研究
—13-14 世纪 ②国际关系史—欧洲—13-14 世纪 Ⅳ.
①K281.2②D850.9

中国版本图书馆 CIP 数据核字（2022）第 229775 号

十三四世纪蒙古人与欧洲关系研究

SHISANSI SHIJI MENGGUREN YU OUZHOU GUANXI YANJIU

著　者：徐良利				
责任编辑：梁永春		责任校对：杨　茹　张慧芳		
封面设计：中联华文		责任印制：曹　净		

出版发行：光明日报出版社

地　　址：北京市西城区永安路 106 号，100050

电　　话：010 - 63169890（咨询），010 - 63131930（邮购）

传　　真：010 - 63131930

网　　址：http：// book. gmw. cn

E - mail：gmrbcbs@ gmw. cn

法律顾问：北京市兰台律师事务所龚柳方律师

印　　刷：三河市华东印刷有限公司

装　　订：三河市华东印刷有限公司

本书如有破损、缺页、装订错误，请与本社联系调换，电话：010-63131930

开　　本：170mm×240mm

字　数：287 千字　　　　　印　张：16

版　次：2023 年 8 月第 1 版　　印　次：2023 年 8 月第 1 次印刷

书　号：ISBN 978 - 7 - 5194 - 6957 - 3

定　价：95.00 元

目 录
CONTENTS

引　言

　　十三四世纪是蒙古人的世纪，成吉思汗及其继承者们在亚欧大陆建立起历史上空前绝后的蒙古帝国，领有元朝以及金帐汗国（钦察汗国）、察合台汗国、窝阔台汗国、伊利汗国四大汗国，包括亚洲和欧洲大部分地区。蒙古的征略和统治对世界历史产生了重大影响，开启了蒙古人与欧洲交往之门，大大促进了中西文化交流。

　　蒙古史是世界性学问，一直深受中外学者高度关注。迄今为止，国外学者仍不能全面地、历史地考察十三四世纪蒙古人与欧洲的关系。本课题在充分利用国内外相关文献资料的基础上全景式地展示十三四世纪蒙古人与欧洲关系的历史画卷，对开拓世界史的研究视野有较强的理论和现实意义。

一、十三四世纪蒙古人与欧洲关系研究的重要性

　　十三四世纪，成吉思汗及其继承者们率领蒙古—突厥人东征西讨，南侵北伐，秋风扫落叶式地荡平了亚欧大陆一系列分裂的、式微的封建国家，建立起横亘亚欧大陆的大蒙古帝国，领有元朝以及金帐汗国、察合台汗国、窝阔台汗国、伊利汗国四大汗国，占据东起朝鲜半岛，西达波兰，南迄太平洋和波斯湾，北临北冰洋，包括亚洲和欧洲大部分地区。蒙古征略强烈地震撼并扰动亚欧大陆文明世界，是中古时代游牧民族对农耕文明所进行的最后一次大规模的也是最激烈的冲击，对世界历史产生巨大影响，大开十三四世纪蒙古人与欧洲交往之门，极大地促进了东西方交通往来与经济文化交流。

　　但是，长期以来，国外学术界重视的是十三四世纪蒙古人与欧洲关系相关领域的史料文献研究，注重的是蒙古帝国的军事扩张和游牧方式的统治，大多考察蒙古帝国对欧洲扩张和统治的破坏性和野蛮性。此方面的主要代表文献《出使蒙古记》《柏朗嘉宾蒙古行纪鲁布鲁克东行纪》《海屯行纪鄂多立克东游录沙哈鲁遣使中国记》《马可·波罗行纪》《霍渥斯蒙古史》《金帐汗国兴衰史》《多桑蒙古史》《成吉思汗和蒙古人的统治》《蒙古人的入侵》等。近年来，则

有国外学者开始关注十三四世纪蒙古人与欧洲的外交关系、经济文化交流，此方面的代表性成果有《蒙古与教廷》《忽必烈汗的修士们》《出使大汗的教皇使者》《一五五〇年前的中国基督教史》《欧洲与中国》《蒙古人与西方：1221—1410》《欧亚大陆蒙古文化与征服》等。迄今为止，国外学者仍不能客观地、全面地、历史地考察十三四世纪蒙古人与欧洲关系的历史。

就国内学术界而言，二十世纪四十年代之前，我国学者在十三四世纪蒙古人与欧洲关系的研究上，除积极翻译、校勘域外著作外，十三四世纪蒙古人与欧洲关系这一课题的理论研究几乎没有任何突破。新中国成立以来，我国学术界以十三四世纪蒙古人与欧洲关系为研究对象的论著尚未出现，相关领域的论著也主要关注蒙古帝国早期与欧洲的使节往来。此方面的主要代表是张星烺主编的《中西交通史料汇编》、杨志玖的《马可波罗在中国》、顾卫民的《中国与罗马教廷关系史略》等。至于中西交通史、中外文化交流史、蒙元史等通识性论著，大多附带论及蒙古帝国与西欧的文化交流。笔者粗略统计，十三四世纪蒙古人与欧洲关系方面的学术论文不足十篇，较为典型者有余大钧的《最早来到蒙古高原的罗马教皇使节普兰·迦儿宾和他所写的〈蒙古史〉》。至于蒙古帝国与俄罗斯人、西亚的蒙古人与西欧关系的论著较为欠缺。因此，研究十三四世纪蒙古人与欧洲的关系，有助于系统地考察蒙元时代蒙古人与西欧、东欧和西亚的历史关系，有助于世界文明史和东西方交往史的研究。

总之，研究十三四世纪蒙古人与欧洲的关系，可以在充分利用国内外相关文献资料的基础上全景式地展示十三四世纪蒙古人与欧洲关系的历史画卷，对开拓世界史的研究视野有很强的理论和现实意义，可以改变国内外学术界关于此课题研究的不系统、零散状态，使若干内容具有显而易见的补白作用，可以在唯物史观的指导下，将蒙古人在欧洲和亚洲的征服、统治和外交往来的历史置于中古时代游牧群体与农耕文明交往的宏观背景下，对其军事征略、政治捭阖、外交往来、商旅交通和文化交流等问题进行全面的考察，较为客观地归纳出十三四世纪蒙古人与欧洲交往的历史动因、特征和影响，为蒙古帝国史、世界中世纪史、中西关系史的进一步研究夯实理论和学术基础，对开拓上述学科研究有很强的理论意义。本课题接近学术前沿。十三四世纪蒙古人与欧洲关系的问题，也是中外关系史学科研究中的现实问题，本课题的研究可以促进我国在与欧洲的交通往来、经济贸易和文化交流上发挥着一定的借鉴作用，对繁荣我国文化和世界文化具有一定的参考价值和现实作用。

二、十三四世纪蒙古人与欧洲关系研究史

蒙古征略和统治震撼了亚欧大陆整个文明世界，吴于廑先生认为它是游牧世界向农耕世界发起的最后一次大规模的、最激烈的，也是范围最广的冲击，对世界历史产生了重大影响。① 因之，蒙古帝国在十三世纪中叶开始便引起东西方社会的广泛关注与高度重视，存留下大量的多种文字的官修史书、行纪游记、文集笔记，构成东西方学者研究十三四世纪蒙古人与欧洲关系的基本文献资料。

（一）近代西方关于蒙古史和十三四世纪蒙古人与欧洲关系的研究

1. 十八世纪西方关于蒙古史的研究

十四世纪下半叶，蒙古帝国在内部重重矛盾的压力和亚欧大陆被征服地区人民的不断反抗斗争中，渐渐退出历史舞台。1355 年，伊利汗国瓦解。1380年，金帐汗国在库里科沃战役中遭到毁灭性打击。帖木儿帝国（1370—1507）在中亚崛起，欧洲与中国的直通商道受阻。1348 年，欧洲暴发史无前例的黑死病，整整两个世纪，西方与东方比任何时期都更加隔绝。十七世纪，欧洲列强开始向中国渗透，耶稣会传教士大批涌向东方，长期留寓中国，对中国文化倍感关注，耶稣会传教士不断地向欧洲人介绍中国文化和历史，对蒙古史进行研究。张诚的《大鞑靼里亚》、刘应的《鞑靼史》、宋君荣的《元史》前十卷译文，为欧洲研究蒙古史留下大批珍贵历史文化遗产。

十八世纪，欧洲产生一批蒙古史学者，初期起主要作用的是法国人。马·伊·戈尔曼认为，西方真正开蒙古帝国史研究之先河者，当属佩蒂·德·拉·克鲁阿。② 克鲁阿以中古波斯和阿拉伯文献为基础写成西欧第一部蒙古史著作——《伟大的成吉思汗史》，此书六百余页，卷帙浩繁，1710 年，在巴黎出版，1722 年，英译本在伦敦问世。

十八世纪西方最杰出的蒙古史家是德基涅（1721—1800），他是法国汉学家和阿拉伯语权威，其代表作是在巴黎出版的 5 卷本《匈奴、突厥、蒙古及其他西方鞑靼人通史》（1757）。第 3 卷集中叙述 1147—1259 年蒙古史。德基涅在西方首次以内亚（Inner Asia）游牧民族的历史作为研究主体，第一次尝试系统叙

---

① 吴于廑先生从宏观史学的观点出发，论证了人类历史在成为世界历史之前（自古代起直至十三四世纪），古代亚欧大陆形成了游牧与农耕两个世界，游牧世界先后对农耕世界发起三次大冲击。详见 1994 年高等教育出版社出版的吴于廑、齐世荣主编《世界史·古代史编·上卷》之总序。

② 戈尔曼. 西方的蒙古史研究［M］. 陈弘法，译. 呼和浩特：内蒙古教育出版社，1992：46.

述和总结蒙古人历史。但是，德基涅最大的缺陷是强烈的民族主义情感，主观臆测游牧民族是野蛮的民族。

十八世纪西方蒙古史研究集大成者，当属耶稣会传教士冯秉正（1669—1728），他借鉴丰富的汉文和满文文献，于1777—1785年在巴黎出版12卷本《中国通史》，这是一套百科全书式的史著，最后三卷是蒙古史部分，主要关注蒙古人的征服活动给被征服地区的社会经济带来严重破坏。

2. 十九世纪西方关于蒙古史和十三四世纪蒙古人与欧洲关系的研究

十九世纪是西方历史学的世纪，史学思想推陈出新，史学方法渐趋科学，史学流派纷呈，历史学发展为一门独立的学科。作为汉学和蒙古学等东方学分支学科交汇的蒙古帝国史和十三四世纪蒙古人与欧洲关系的研究获得长足发展，出现真正意义上的十三四世纪蒙古人与欧洲关系研究，产生一批诸如多桑、霍渥斯等杰出的蒙古史家。

亚伯拉罕·康斯坦丁·穆拉扎·多桑（1779—1855），瑞典人，他精通突厥、阿拉伯、波斯等多民族语言，对蒙古史兴趣益然。多桑大量搜集波斯文、突厥文、阿拉伯文、格鲁吉亚文、德文和波兰文等史料，广泛引用《拉失德史》《世界征服者史》《史集》《突厥世系》《哈里发史略》《伊斯兰教王朝史》和《乐园》等原始文献，1824年，多桑在巴黎以法文出版《上起成吉思汗下迄帖木儿伯克或曰跛者帖木儿的蒙古史》（即通称的《多桑蒙古史》），1852年，该书四册全部付梓，成为西方第一部著名的蒙古史研究著作，深得西方学术界好评。我国著名中西交通史家冯承钧在十九世纪三十年代将此书译成中文。1962年6月，中华书局推出中译本第1版，后来还有商务印书馆版、上海书店版等多个版本，成为中国学者学习和研究蒙古史的重要参考文献。冯氏的《多桑蒙古史》中译本，分上下两册，共七卷。上册为前三卷，第一卷始于成吉思汗而止于帖木儿。第二卷自窝阔台汗至蒙哥汗，该卷第四章末记述贵由汗时期蒙古帝国与罗马教皇之间互遣传教士史实。第六章记述1253年欧洲基督教传教士东行蒙古并觐见蒙哥大汗。本章最后还描述小亚美尼亚国王海屯一世向蒙古帝国称臣纳贡朝觐史实。第三卷详尽记述忽必烈之后的蒙元史。下册后四卷专门叙述伊利汗国史实，并附带金帐汗国和察合台汗国的一些历史。本书最后附波斯诸蒙古汗世系表、察合台诸汗世系表、钦察诸汗世系表、世系表中人名对照表及译名对照表五个附录。

《多桑蒙古史》是十九世纪西方学术界最著名的蒙古史专著之一。本书最主要的优点是占有大量罕见并可靠的蒙古帝国时代的东西方史料，为后人学习和研究蒙古史提供了丰富的甚至是一些孤本等文献资料。《多桑蒙古史》以一种较为客观的态度看待蒙古人的历史活动，力图摆脱西方学者西欧中心论的束缚，对蒙古人尤其是西亚的蒙古人历史做了较客观的评价。不足之处是，多桑在蒙古西征等重要问题上未能做出科学的解释。

英国著名历史学家亨利·H.霍渥斯的代表作是《蒙古史》。这部巨著曾被认为是继《多桑蒙古史》之后十九世纪欧洲学术界关于蒙古史研究影响最大的论著之一，也是英国蒙古史研究的里程碑。霍渥斯精通阿拉伯文和法文，大量搜集英文、法文、阿拉伯文等历史文献，特别是充分利用同代学者多桑的研究成果。

霍渥斯《蒙古史》，全称是《9—19 世纪蒙古史》（*HISTORY of the MONGOLS：FROM THE 9th TO THE 19th CENTURY*），四卷五册，由伦敦朗文出版。第 1 卷，蒙古族人与卡尔梅克人，1876 年出版，本卷 12 章，记叙蒙古族源、成吉思汗、窝阔台汗及其继承者们、蒙哥、忽必烈及其继承者们、柯尔克孜人、布里亚特人等史实。第 2 卷，俄罗斯和中亚的鞑靼人。第 3 卷，波斯的蒙古人，1888 年出版，该卷共 12 章，翔实记述十三世纪中叶至十四世纪中叶蒙古人在西亚的历史活动。第 4 卷，附录和索引，1924 年出版，第 1 章记述中亚族属、生物和地理，第 2 章记述蒙古人特性、生活和环境。《霍渥斯蒙古史》较为全面地看待蒙古人的历史活动，力图摆脱西欧中心论和种族主义思想的束缚，对成吉思汗以及蒙古人在历史舞台上的活动做了较为客观的评价。囿于语言限制，霍渥斯未能利用中国、波斯和阿拉伯史学家的第一手文献资料。

十九世纪的西方学者关于十三四世纪蒙古人与欧洲关系研究的成果还表现在对东西方各种语言的蒙古历史文献进行校勘、翻译和注释。贡献卓著者莫过于法国东方学家让·皮埃尔·阿贝尔·雷慕沙。雷慕沙（1788—1832）是法国亚洲学会创始人之一，法国亚洲学会会长（1829）。在十三四世纪蒙古人与欧洲关系研究方面，雷慕沙主要研究中世纪法国与伊利汗国的政治关系。1822—1823 年，他率先刊布伊利汗阿鲁浑、完者都致法国国王腓力四世（1285—1314）的信函。1822—1824 年，雷慕沙在《法国皇家研究院院刊》（第 6 卷、第 7 卷）发表《基督教诸王——特别是法国国王与蒙古大汗的政治联系》论文。

在十九世纪，一些西方学者还对柏朗嘉宾、鲁布鲁克、马可·波罗、马黎诺里等人的东方行纪，经过研究后刊出多种欧洲文字的译注本，杰出者当属英国学者亨利·玉尔（1820—1889）。亨利·玉尔以收集和校勘中世纪东西方行纪见长。1875 年，他根据鲁斯梯谦诺、鲍契埃、拉穆西奥诸抄本，编辑、翻译和出版二卷本的《马可·波罗游记》（伦敦第 1 版，1903 年纽约和 1921 年伦敦再版）。该译本注释广博，至今仍是学术界关于马可·波罗的主要参考书。我国学者张星烺曾翻译亨利·玉尔和亨利·考狄修订补注的英译本《马可·波罗游记》导言部分，1924 年，北京地学会以《马哥孛罗游记导言》书名发行。1929 年，张星烺将所译《游记》正文第 1 卷 30 章与《导言》合并，由北美印刷局印刷，燕京大学图书馆发行。亨利·玉尔还根据中国史料文献写成三卷本著作《中国和通往中国之路》（伦敦，1866 年初版，1913 和 1916 年再版），它是西方人了解十三四世纪东方历史和中国历史的有力之作。还需提及的是，二十世纪初，美国学者柔克义校勘、翻译并出版了《威廉·鲁布鲁克 1253—1254 年行记。附关于约翰·普兰·迦尔宾早期游记的两篇报道》（伦敦，1900 年），柔克义的《鲁布鲁克东行纪》译注本，我国学者何高济已译成中译本。

十九世纪上半叶，俄国在蒙古史研究方面成绩斐然。著名汉学家雅琴夫·俾丘林（1777—1853）曾将《元史》前 3 卷译成俄文，编著《成吉思汗前四汗史》（1829），该书成为《多桑蒙古史》主要参考的中文文献。俄驻华使馆医生布莱资奈德专注于东西方交通研究，用英文译注《西游录》《西使记》等元代西域史料。杰出的突厥学专家巴托尔德（1869—1903）的代表作是《蒙古人入侵时期的突厥斯坦》，将沙俄关于蒙古的史学研究纵深推进。俄国突厥学专家贝勒津（1819—1896）在波斯文、阿拉伯文蒙古史籍的译注与研究上，1858—1888 年，先后发表拉施特《史集》部族志和成吉思汗纪的波斯原文校勘本和俄译本。齐申高申在 1822 年与 1870 年先后将亚美尼亚文史籍《海屯行记》《引弓民族史》译为俄文。

总的说来，十八、十九世纪西方学者关于蒙古史和十三四世纪蒙古人与欧洲关系研究有了较大发展，各种语言的蒙古史和十三四世纪蒙古人与欧洲关系专史著作出现，十三四世纪蒙古人与欧洲关系研究已成为西方学者所重视的课题之一。

（二）近代中国关于蒙古史和十三四世纪蒙古人与欧洲关系的研究

十七至十九世纪，我国的蒙古史研究主要集中在元史。乾嘉时期，在考据学派影响下，元史研究成绩斐然，贡献较大者有邵远平撰写的《元史类编》（1699）、钱大昕（1729—1804）考订的《元史》、汪辉祖（1730—1807）的《元史本证》、赵翼（1727—1814）的《二十二史札记》中的元史部分。

十九世纪后，我国西北舆地之学大兴，一批西域、蒙古史地著作纷纷问世，成就较为突出的是魏源的《元史新编》。清末驻俄大臣洪钧（1839—1893），参阅俄国学者贝勒津所译拉施特的《史集》、志费尼的《世界征服者史》《多桑蒙古史》，证补《元史》，编成 30 卷《元史译文证补》，开创中国学界利用域外历史文献研究元史的先河。清朝进士屠寄（1856—1921），通过博引旁征，比附中文文献、拉施特《史集》《多桑蒙古史》，编纂《蒙兀儿史记》（北京市中国书店1984年12月第1版），在蒙古史研究上独辟蹊径。清末民初史家柯劭忞（1848—?）以《元史》为底本，编撰《新元史》（1920），全书257卷，本纪26卷、列传154卷、表7卷、志70卷，资料补充宏富，成为官修史书的二十五史。

总之，与同时代西方学者相比，我国学者对元史的研究有很大发展，但对十三四世纪蒙古人与欧洲关系的研究浅尝辄止，与近代西方学者相比，其研究落后一大截。

（三）现代西方关于蒙古史和十三四世纪蒙古人与欧洲关系的研究

1. 二十世纪20—40年代西方关于蒙古史和十三四世纪蒙古人与欧洲关系的研究

二十世纪20—40年代西方学界关于蒙古学研究的主要特点是：开始从政治学、经济学、地理学、语言学、文学、宗教学、社会学、历史人类学、考古学和艺术等众多学科来研究蒙古学，导致蒙古史和十三四世纪蒙古人与欧洲关系的研究领域大为拓宽。一批西方蒙古学者在蒙古国和中国的蒙古人生活集中区域进行学术考察或考古发掘，诠释和利用多语言历史文献，涌现出伯希和、海涅什、格鲁塞、斯柏勒等一大批卓越的蒙古史学者。

法国人伯希和（1878—1945），是著名的汉学家，通晓十三种语言，学识渊博，致力于东方学研究，并成为阿尔泰学和敦煌学研究的先驱。伯希和在蒙古史和十三四世纪蒙古人与欧洲关系史研究方面的主要成果有《唐元时代中亚及东亚之基督教徒》（商务印书馆1962年版）、《中古时代中亚西亚及中国之基督教》（兰州大学出版社1989年版）、中外关系史名著《蒙古与教廷》，对中西文化交流做出了重大贡献。

尤其是《蒙古与教廷》，它是伯希和研究蒙古帝国时期蒙古与罗马教廷遣使交往的重要成果。我国学者冯承钧在1941年将《蒙古与教廷》译成中文，1994年，中华书局将冯氏遗稿整理出版，分两卷四章，第一卷为大汗贵由汗致因诺曾爵四世书（1246）。第二卷共三章：第一章，聂思脱里派之审温·列边阿答；第二章，阿思凌；第三章，安德·龙如美。伯希和运用梵蒂冈档案馆藏且保留较完整的教皇与蒙古大汗、伊利汗及镇守西亚的蒙古统帅之间的官方往来文书，并与十三世纪学者范珊·薄韦的《史鉴》、十九世纪学者达维扎克的《柏朗嘉宾修士蒙古记》、柔克义的《鲁布鲁克东行记》、瓦丁的《方济各会年鉴》、二十世纪学者戈鲁波维次神父的《圣地书录》等研究成果互相映证，考订柏朗嘉宾、列边阿答、阿思凌和安德·龙如美奉使之事，体现出伯希和高水平的学术素养。1938 年，伯希和与亚瑟·莫尔还共同刊布马可·波罗《对世界的描述》拉丁文译文（伦敦，1938）。1949 年，伯希和遗著《金帐汗国史札记》在巴黎出版，此书是伯希和研究东欧蒙古人历史的杰作。

德国蒙古学家埃里希·海涅什（1880—1966），潜心研究《蒙古秘史》，1931 年，在莱比锡出版《〈蒙古秘史〉的研究》。1935 年，他首先刊布《蒙古秘史》拉丁文音写本。1938 年，在《德国近东学会学报》第 32 卷上发表《对〈元朝秘史〉（〈蒙古秘史〉）复原的说明》。1939 年，发表《〈蒙古秘史〉辞典》。1941 年，出版《蒙古秘史》的德文译本。海涅什是德国蒙古学派的奠基人，1943 年出版《蒙古世界大国的文化政策》。1949 年，在《东方》杂志上刊布《蒙古伊利汗阿鲁浑和完者都致法国国王"美男子"腓力的信件（1289 年和 1305 年）》译文和注释。

法国东方学泰斗雷纳·格鲁塞（1885—1952），法兰西学院院士。第二次世界大战前夕，格鲁塞出版两部重要著作：《草原帝国》（1939）和《十字军史》（1934—1936）。他一生潜心研究东方历史与文化，著述甚丰，主要有《亚洲史》《亚洲的觉醒》《中国史》《中国和她的艺术》《蒙古帝国史》《佛陀的足迹》《成吉思汗》和四卷本的《东方文明史》等十几部著作。格鲁塞的《蒙古帝国史》为史学界所青睐并成为史学名著，1989 年，商务印书馆出版中译本（龚钺译、翁独健校）。中文本共 5 章，320 000 余字，前 284 页为正文，后有附录：《成吉思汗系诸汗国》和《成吉思汗系人物的肖像和服装》、77 页注释、5 幅蒙古地区图、《人名译名对照表》《地名译名对照表》《部落、族别、种族译名对照表》。格鲁塞一分为二地分析了蒙古人征服活动的历史影响，消极方面，蒙古人的征服破坏了农耕文明，使农耕社会在一定程度上停滞不前甚至倒退；积极方面，蒙古帝国将亚欧大陆联系起来，促进了亚欧大陆各地区、各民族的经贸往来、文化交流和种族融合。

二十世纪 20—50 年代，德国东方学家施普勒对十三四世纪蒙古人与欧洲关系的研究也颇有建树。1939 年，施普勒出版《蒙古人在伊朗：伊利汗时代的政治、管理、文化（1220—1350）》（莱比锡）。1943 年，出版《金帐汗国：蒙古人在俄国（1223—1502）》（莱比锡）。1961 年，出版《历史上的蒙古人》（柏林）。1968 年，出版《据 13—14 世纪东西方史料编写而成的蒙古史》（苏黎世），斯柏勒的《蒙古史》分为五章，即帝国的建立：成吉思汗及其继承人、欧洲人眼中的蒙古（蒙古使团的报告）、波斯地区的伊利汗国（1256—1335/1354）、中国的蒙古可汗、俄罗斯的金帐汗国。作者立足于中国蒙古史籍和欧洲出使蒙古报告，较全面地还原了蒙古帝国的政治、经济、宗教、文化和外交等方面的历史。

2. 二十世纪四十年代以来西方关于西亚的蒙古人及其外交关系的历史研究

二十世纪四十年代以后，西亚的蒙古人及其外交关系的研究有了新的发展，产生了几部大型的集体编纂丛书，代表性作品是 1957 年 4 卷本《剑桥伊朗史》和 1968 年 5 卷本《剑桥伊朗史》。1957 年《剑桥伊朗史》第 4 卷由著名学者佛列依编撰，1968 年《剑桥伊朗史》第 5 卷由著名波斯史家波伊勒主编，两书系统地阐述了中古时代蒙古人在波斯地区的征服和统治活动。七十年代以后，西方学界热衷研究西亚的蒙古人，产生一批有影响力的伊利汗国史研究专著，佼佼者有英国著名的伊朗学家约翰·安德鲁·波伊勒、乔治·兰恩、爱德华·布朗，前苏联近东和中东史教授伊利亚·彼得鲁舍夫斯基和安. K. S. 兰布通，美国学者托马斯·爱尔森、唐纳德. N. 威尔伯，以色列学者列文·阿米太·普瑞斯等。

约翰·安德鲁·波伊勒（1916—1978），1916 年，生于苏格兰，父亲是著名的书商，在拉丁语、古法语、西班牙语、葡萄牙语及其文学上颇有修养。童年时期的波伊勒基本上没有经过正规的学校教育。父亲教他拉丁语和希腊语，并让其子在自己所在的伦敦和伯明翰书店工作，波伊勒遂养成爱好读书的良好习惯，为他日后渊博的历史知识奠定了扎实的基础。1933 年，波伊勒在伯明翰大学学习，并在 1936 年得到德国政府的经济援助而转入柏林大学学习他所感兴趣的东方学。第二次世界大战期间，波伊勒回到伦敦，获得英国政府特别津贴，与米诺尔斯基教授一起研究伊朗和东方文化。1947 年，波伊勒发表了关于波斯史学家志费尼的巨著《世界征服者史》方面的论文而获得硕士学位。1949 年，波伊勒出版处女作《实用波斯语字典》，此书使他从 1950 年起成为曼彻斯特大学波斯学终身教授。1966 年，他晋升为首席教授。

波伊勒最大的贡献是翻译波斯两位杰出史学家阿老丁·阿塔·篾里克·志费尼的史学名著《世界征服者史》和拉施特的史学巨著《史集》之《成吉思汗的继承者》。1971 年，波伊勒出版《成吉思汗的继承者们》；1977 年，出版个人论文集《蒙古世界帝国》；1978 年，完成《波斯的历史与遗产》和《伊朗的伊利汗们》研究。

耶路撒冷希伯来大学博士列文·阿米太·普瑞斯，首次全面考察了 1260 年的巴勒斯坦地区艾因贾鲁特之战到 1280 年霍姆斯之战这一时期马木路克王朝和伊利汗国之间的战争，1995 年出版专著《蒙古人与马木路克王朝战争：(1260—1281)》（剑桥大学出版社）。本书是学术界第一次全面而深入研究蒙古人在西亚军事活动的杰出成果，不足之处是对马木路克王朝与伊利汗国之间战争的原因和影响的分析过于简单。

二十世纪四十年代以来，西方学者强化了西亚的蒙古人与欧洲关系的研究。代表性论著有：俄国学者 A. A. 阿里·扎德的《金帐汗国与伊利汗国争夺阿塞拜疆的斗争》（载《阿塞拜疆共和国科学院通报》，1946 年，第 5、7 期）。J·理查德的《教廷与波斯蒙古人关系的肇始》（载《亚洲学报》，1949 年，第 237 卷）和《蒙古人与法兰克人》（载《亚洲历史学报》，1969 年，第 3 卷）。澳大利亚国立堪培拉大学远东史教授罗依果的《出使大汗的教皇使者》（斯坦福大学出版，1971）和《约翰神甫与欧洲对东亚的发现》（堪培拉大学出版，1972）。这些论著从不同视角论述了西亚的蒙古人与西欧的政治关系。总体而言，这些论著对西亚的蒙古人与西欧、近东的关系分析不够，在理论上没有实质性的突破。

（四）现代东亚的蒙古史和十三四世纪蒙古人与欧洲关系研究

日本的蒙古东西方关系研究也取得明显的进步，总体而言，日本关于十三四世纪蒙古人与欧洲关系的研究水平不高，有些论文只是一般性的叙述文章。松田孝一的《旭烈兀家族的东方领地》（载《东洋史研究》39. 1）、井谷钢造的《论蒙古入侵后的鲁迷——兄弟争位》（载《东洋史研究》39. 2）、志茂硕敏的《伊儿汗国的蒙古人》（载《东洋史研究》42. 4）、《蒙古帝国史研究序说——伊利汗国的核心部族》（东京大学出版会 1995 年版）、《蒙古帝国研究正篇——中央欧亚游牧诸政权的国家构造》（东京大学出版会 2013 年版）、北川诚一的《伊儿汗称号考》（载《东方》30. 1）、本田实信的《算端尼牙建都考》（载《东方学论集》）、赤坂恒明的《术赤后裔诸政权史的研究》（风间书房 2005 年版）、后腾富男的《骑马游牧民》等。

二十世纪20—40 年代，受西方蒙古史学者注重史料文献研究的影响，国学大师王国维、陈寅恪等为改变我国蒙古史学停滞落后的局面，主张西学中用，吸收域外的学术研究方法。王国维倡导二重证据法，写出《鞑靼考》（1925）、《蒙古史料校注四种》（1926）等一系列重要的蒙古史、西域史论文。陈寅恪研究《蒙古源流》，博引汉、藏、蒙文史料，审音勘同、考疑诠释。陈垣的《元西域人华化考》《元也里可温教考》《回回教入中国史略》等，以翔实资料进行中西文化交流专题研究；在域外史著翻译上，冯承钧贡献良多，翻译格鲁塞的《蒙古帝国史》《多桑蒙古史》《马可波罗行纪》等著，为我国关于蒙古史和十三四世纪蒙古人与欧洲关系的研究，充实了许多文献基础。

总体上，二十世纪20—40年代，我国蒙古史和十三四世纪蒙古人与欧洲关系的研究取得不少成果，积极翻译域外著作，并从以往摘要、转译发展为原著全文、直接翻译，为以后我国学者利用波斯史籍和西文著述以研究蒙古史和十三四世纪蒙古人与欧洲关系输入了一大批新资料。但是，我国的蒙古史和十三四世纪蒙古人与欧洲关系的研究仍处于落后状态，史学思想没有重大突破。

中华人民共和国成立后，我国蒙古史和十三四世纪蒙古人与欧洲关系的研究取得很大进展。第一，史籍的整理和翻译硕果累累，先后完成《元史》的点校、波斯文献《世界征服者史》（1980）、道森编《出使蒙古记》（1983）、《一五五〇年前的中国基督教史》（1984）、波斯文献《史集》（1983—1986）、格鲁塞的《蒙古帝国史》（1989）、伯希和的《蒙古与教廷》（1994）、格鲁塞的《草原帝国》（2002）、《海屯行纪鄂多立克东游录沙哈鲁遣使中国记》（2002）、（日）《北方民族史与蒙古史译文集》（2003）、沙海昂本《马可波罗行纪》（2004）、《突厥世系》（2004）、拉铁摩尔《中国的亚洲内陆边疆》（2005）等重要文献和著作的中文翻译和出版。

第二，广泛探讨蒙古帝国的社会经济、政治和军事制度、法律、文化、交通和关系等研究领域的新课题，产生韩儒林主编的《元朝史》（1986）、内蒙古社会科学院历史研究所编著的《蒙古族通史》（2000）、内蒙古大学出版的《蒙古民族通史》（2002）等一批学术价值较大的通史性著作。此外，《新疆简史》（1986）、《中国大百科全书·中国历史·元史》（1985）、周良霄和顾英菊合著的《元代史》（1993）、白寿彝主编的《中国通史·元史卷》（1997）、王治来的《中亚史纲》（1986）和《中亚通史》（2004）、顾为民的《中国与罗马教廷关系史略》（2000）、李治安的《元代政治制度研究》（2003）和《忽必烈传》（2004）、朱耀廷的《成吉思汗传》（2004）和《蒙元帝国》（2010）、刘迎胜的《察合台汗国史研究》（2006）和《蒙元帝国与13—15世纪的世界》（2013）、何高济、陆峻岭的《域外集——元史、中外关系史论丛》（2013）、徐良利的《伊儿汗国史研究》（2009）和《十三四世纪蒙古人在西亚统治研究》（2019）等著述，都涉及蒙古史和十三四世纪蒙古人与欧洲关系方面。近年来，我国一批年轻的史学工作者在蒙古史和十三四世纪蒙古人与欧洲关系的研究上也发表了一系列较高水平的学术论文，将十三四世纪蒙古人与欧洲关系研究推向一个新阶段。

三、基本史料

(一) 中文和蒙古文文献

1.《元史》，明初官修史书，210卷，明代李善长监修，宋濂等撰。洪武三年（1370）编成。它记载了自1206年成吉思汗创建蒙古大汗国至1368年元朝灭亡共一百六十三年的历史。《元史》历331天编撰修成，疏于考订，但《元史》辑录的内容据第一手史料，有较完备的原始档案，史料价值大，它是研究蒙古帝国史的重要文献之一。

2.《新元史》，民国学者柯劭忞（1848—1933）以《元史》为底本，历经30年春秋，1920年编成。本书共257卷，包括本纪26卷、表7卷、志70卷、列传154卷。本书的特点是增补了许多列传，特别是元末农民大起义中涌现出来的韩林儿、徐寿辉、张士诚、陈友谅等历史人物。此外，本书前四朝蒙古帝国经营西域、四大汗国盛衰等记载比《元史》更为详细。《新元史》享有很高的学术声誉。1921年，北洋政府总统徐世昌下令将《新元史》列入正史。

3.《圣武亲征录》，佚名撰，是一部关于成吉思汗、窝阔台汗两朝时期重要的蒙古史籍。

4.《蒙古秘史》，也称《元朝秘史》，12卷（一作15卷），蒙古大汗国官修史书，记载成吉思汗和窝阔台汗两朝历史，是研究蒙古帝国早期社会的珍贵史料。

(二) 穆斯林文献（波斯文、阿拉伯文和突厥文）

甲、波斯文文献

1.《世界征服者史》，十三世纪波斯著名史家阿老丁·阿塔·蔑力克·志费尼（Ala-al-Din 'Ata-Malik Juvayni'，1226—1283）著，原名为《塔里黑扎罕古沙》（*Ta'rīkh-i Jahān-Gushā*），后译为《世界征服者史》，记述成吉思汗及其继承者们等人事迹，描述了1229—1256年成帖木儿、阔里吉思、阿儿浑等蒙古长官统治中亚和西亚地区的历史。因志费尼长期供职于蒙古帝国和伊利汗国，其资料或直接源于目击者的叙述，或为著者自身所闻。本书是蒙古史波斯文文献中最具权威性的著作之一，是研究十三世纪蒙古人在西亚统治最重要的波斯文献之一。

2.《史集》，十三世纪波斯著名史家和卓越政治家拉施特·阿丁·法兹勒·阿拉赫·哈马丹尼（1247—1318）主编。现存的波斯文《史集》分三部：第一部《蒙古史》，第二部《世界史》，第三部《世界地志》，然留传至今的只有前两部和残缺不全的附编。第一部四卷，分别记述突厥和蒙古部族志、成吉思汗先世、成吉思汗纪、波斯伊利汗以外的成吉思汗后裔史以及旭烈兀至合赞诸伊利汗纪。第二部四卷，利用了伊利汗廷所藏元廷颁赐的《金册》等档案，记述古代波斯诸朝历史、先知穆罕默德传、诸哈里发历史、十至十三世纪伊斯兰教诸王朝史及突厥、中国、西欧人诸民族历史，其史料价值很高，是研究蒙古人在中亚和西亚历史活动最重要的基本史料。

3.《瓦撒夫史》，十三四世纪波斯著名史学家瓦撒夫（1264—1334）著，是一部起于蒙古帝国大汗蒙哥而止于1319年伊利汗国历史的史作，故一般被视为志费尼的《世界征服者史》续编。瓦撒夫，原名希哈布丁·本·阿卜杜拉·法兹拉赫·谢拉夫，初任伊利汗国设拉子的税务官，后在伊利汗廷任职。《瓦撒夫史》，原名《地域之分割与岁月之推移》（*Kitab Tajziyat al-Amsar wa Tazjiyat al-A'sar* 1312—1328），共五卷，主要记载伊利汗国历代君主旭烈兀、阿八哈、帖古迭儿、阿鲁浑、乞合都、合赞、完者都和不赛因八任伊利汗历史，同时记载了忽必烈汗、术赤汗、察合台汗后裔的历史，以及同时期法尔斯、克尔曼、德里等地方苏丹历史。《瓦撒夫史》的史料丰富，尤其是作为研究伊利汗国晚期完者都和不赛因两朝的历史资料的重要性不可替代。乔治·兰恩说："他的史作不幸地成为现代学者了解这一时期必不可少的资料来源。"[1]

乙、阿拉伯文文献

1.《全史》，一译《历史大全》，阿拉伯历史学家伊兹丁·阿里·伊本·额梯儿（1160—1233）著，是一部始于创世，止于1231年蒙古第一次西征的编年体史著。伊本·额梯儿精研历史和伊斯兰神学，亲眼看见了十字军东征和蒙古西征，著有14卷本《全史》。在第12卷，他翔实叙述了蒙古军1220年在河中地区、波斯和两河流域、格鲁吉亚、高加索的战役。

2.《眼历诸国行纪》，马木路克王朝大法官伊本·法兹勒·乌马里（？—1348/1349）著，是一部关于1246—1344年埃及和叙利亚两地历史的百科全书式的编年著作。书中包含了大量关于西亚的蒙古人与马木路克王朝争夺叙利亚的信息。

丙、突厥文文献

《突厥世系》，阿布尔-哈齐-把阿秃儿汗撰，它是一部始于人类祖先阿丹，止于十七世纪中叶的蒙古史略，史实多节录拉施特的《史集》。全书分为九章。

---

[1] LANE G. *Early Mongol Rule Thirteenth - Century Iran* ［M］. London：Routledge Curzon, 2003：7.

第一章叙述阿丹至蒙兀儿汗。第二章记载成吉思汗诞生前的蒙兀儿历史。第三章是成吉思汗传。第四章为窝阔台传及窝阔台汗国史。第五章为察合台汗国史。第六章叙述统治波斯的成吉思汗幼子拖雷汗后裔的历史，即伊利汗国史。第七章为钦察汗国史。第八至九章为术赤第五子昔班汗后裔的历史。我国学者罗世贤转译戴美桑法译本，2005 年，中华书局出版《突厥世系》。此书对于研究十三四世纪蒙古人与欧洲关系的历史有一定的参考价值。

（三）拉丁文、叙利亚文、亚美尼亚文文献

甲、拉丁文文献

1235 年蒙古帝国第二次西征，西欧人慑于恐慌，罗马教皇、英法君主纷纷遣使蒙古帝国，出现一大批关于蒙古帝国的报告、行记以及外交信函，特别是十三世纪六十年代中期后，西方基督教世界不断向伊利汗国和元帝国派出外交使团，留下大批外交信函，成为研究蒙古人与西欧关系的珍贵文献。

1.《柏朗嘉宾蒙古纪行》，天主教圣方济各会修士柏朗嘉宾东行蒙古帝国的出使报告。

意大利圣方济各会修士柏朗嘉宾（1182—1252），一译普兰·迦尔宾或普兰诺·卡尔皮尼，柏朗嘉宾奉罗马教皇之旨，1245 年从里昂启程，历经两年，跋涉万里，途径法国、波兰、钦察汗国，1246 年到达蒙古帝国都城哈剌和林，觐见蒙古贵由大汗（1246—1248），1247 年复命教皇并呈上贵由诏书和出使报告《蒙古纪行》。柏朗嘉宾的《蒙古纪行》是西欧第一份关于蒙古高原的文字记载，"详细地讨论了蒙古人是如何组织战争以及欧洲力量如何最好抵抗蒙古人的入侵"①，是研究蒙古帝国扩张和东西交通史的珍贵文献。1985 年中华书局出版了《柏朗嘉宾蒙古行纪》的中译本。

2.《达达史》，洗满·圣康坦所撰，多明我会修士范珊·薄韦（？—1264）转录于《史鉴》。1245 年多明我会修士阿思凌和洗满·圣康坦使团奉教皇之命出使驻屯西亚的蒙古军将拜住营地。伯希和认为，阿思凌使团经巴勒斯坦和叙利亚、大亚美尼亚和小亚美尼亚抵达拜住营所②，1248 年阿思凌携带拜住那颜信札和两名蒙古使者突厥人爱别吉和基督徒薛儿吉思回罗马。1248 年 11 月，罗

---

① MORGAN D. *The Mongols*［M］. New Jersey：24.

② 大亚美尼亚：（Greater Armenia）古代西南亚的一个王国，位于今土耳其西北部和苏联西南部。公元七世纪形成国家，十一世纪为塞尔柱突厥人所灭。小亚美尼亚或西里西亚（Lesser Armenia or Little Armenia）：大亚美尼亚灭亡后，亚美尼亚人一部分迁移到谷儿只（格鲁吉亚）、波斯等地，另一部分人迁移到西里西亚（Silesia），十三世纪又建立起国家，史称小亚美尼亚。

马教皇签署致拜住那颜复信，首开蒙古和西欧基督教世界友好往来。① 洗满·圣康坦的《达达史》关于蒙古人记事较《柏朗嘉宾蒙古行纪》更具体、更详细，是研究蒙古帝国早期历史和东西交通史的重要参考资料。

3.《鲁布鲁克东行纪》，天主教圣方济各会修士鲁布鲁克东行蒙古帝国的出使报告。柏朗嘉宾、阿思凌和龙如美奉使蒙古后，了解蒙古贵族中有不少人信仰基督教，激起罗马教廷和西欧君主希望加强与蒙古联系。1253 年法国圣方济各会修士威廉·鲁布鲁克（1215—1270）奉法王路易九世之命前往哈剌和林传教，并试图寻求蒙古统治者联盟以对抗近东地区的穆斯林。1256 年鲁布鲁克以拉丁文写成蒙古东行见闻录《东行纪》。与柏朗嘉宾的《蒙古纪行》相比，鲁布鲁克的《东行纪》重点叙述的不是蒙古帝国的军事组织、武器装备，而是蒙古人的风俗习惯，尤其是宗教信仰。《鲁布鲁克东行纪》是研究早期蒙古史和中西交通史的重要文献。1985 年中华书局出版了《鲁布鲁克东行纪》的中译本。

4.《马可波罗行纪》，是一部关于十三四世纪意大利著名旅行家马可·波罗在中国和东方各国所见所闻的口述、鲁斯梯谦诺笔录而成的世界奇书。

意大利威尼斯商人马可·波罗（1254—1324）②，1271 年随父亲和叔父来到元上都，在中国侨居 17 年，马可·波罗入仕元朝，1295 年回到故乡威尼斯。在威尼斯与热拉亚的海战中马可·波罗被俘，在狱中他口述东方游历见闻，狱友比萨人鲁斯梯谦诺笔录，1298 年完成《东方闻见录》，也称《马可·波罗游记》《马可波罗行纪》。

马可·波罗时代，欧洲人来中国旅行，多为蒙古人重视。马可·波罗从商业视角出发，叙述了波罗家族三人在东方的见闻。虽然当代中外学者对《马可

---

① GUZMAN G G. *Simon of Saint-Quentin and the Dominican Mission to the Mongol Baiju: A Reappraisal* [J]. Speculum, 1971, 46（2）: 232-249.

② 马可·波罗：系《中国大百科全书·中国历史》译名，以往其汉译名较杂乱，1874 年始译为博罗玛格、后有马可字罗、马哥博罗、马哥字罗、马哥波罗、马可波罗、马哥·波罗等。

波罗行纪》争论不休,① 但是，马可·波罗的书皆为趣闻、杂录，且非常精确。

《马可波罗行纪》的真实可靠性和准确性不容怀疑②，梅天穆认为，马可·波罗"从商人和蒙古帝国政府官员的角度为欧洲人提供了大量全新的信息"③。《马可·波罗游记》中外版本较多，学术界一般认为张星烺和冯承钧所译《马可波罗行纪》中文本较好。

5.《通商指南》，意大利商人裴哥罗梯在1335—1343年编著，是一部东起中国，西至英国的各国商业志。裴哥罗梯，全名弗朗切斯科·巴尔杜奇·裴哥罗梯，曾在佛罗伦萨、安特卫普、塞浦路斯、大不里士和巴格达等地经商。书中所述十四世纪从欧洲，经西亚和波斯，通往中国的商路、重要商城、进出口货物以及度量衡制度等，是研究西亚蒙古人的国际贸易和中西交通史的重要参考资料。

6.《鄂多立克东游录》，意大利圣方济各会托钵僧鄂多立克（？—1331）口述笔录的个人游记，是一部关于鄂多立克游历中古时代小亚细亚、波斯、印度和中国各地所见所闻轶事。1316年鄂多立克从君士坦丁堡启程，途径特列比

---

① 马可·波罗及《马可·波罗游记》的种种质疑提出：二十世纪中叶后，部分学者对古今中外家喻户晓的马可·波罗及其行纪的质疑又风生水起。引人注目的有德国慕尼黑大学教授赫伯特·福兰克1966年发表在《亚洲皇家学会香港分会学报》第6期的《蒙古帝国时期的中西方接触》一文（Herbert Franke, Sino-Western Contacts under the Mongol Empire, Journal of the Royal Asiatic Society, Hong Kong Branch），他提出马可·波罗是否到过中国仍是一个悬而未决的问题。1979年美国学者海格尔在《宋元研究学刊》第14期上发表《马可·波罗到过中国吗？——从内证看到的问题》论文（John W. Haeger, Marco Polo in China? Problems with Internal Evidence, Bulletin of Sung and Yuan Studies），否定马可·波罗游记的可信性。曾于1981年求学于北京的英国学者弗朗西丝·伍德（Frances Wood 中文名吴芳思），出版题为《马可·波罗到过中国吗？》（*DID MARCO POLO GO TO CHINA?*）（弗朗西丝·伍德著，洪允息译：《马可·波罗到过中国吗？》，新华出版社，1997年）。英国学者克雷格·克鲁纳斯在《泰晤士报》1982年4月14日发表《马可·波罗到过中国吗？》，持完全相同的观点。

② 参阅杨志玖文章：《关于马可波罗研究——读柯立夫教授的〈关于马可波罗离华的汉文资料及其到达波斯的波斯文资料〉》载《南开大学学报》1979年第3期；《马可波罗足迹遍中国—与海格尔先生商榷》载《南开大学学报》1982年第6期；《马可·波罗与中国——对〈马可·波罗到过中国吗？〉一文的看法》，北京《环球》杂志，1982年第10期。中国国际文化书院编：《中西文化交流先驱——马可·波罗》文集，商务印书馆，1995年。

③ 梅天穆. 世界历史上的蒙古征服［M］. 马晓林，求芝蓉，译. 北京：民主与建设出版社，2012：11.

松①、额尔哲龙②、讨来思③、孙丹尼牙、柯伤④、耶思特⑤、迦勒底⑥和忽里模子⑦，1321 年抵达德里，1325 年到达元大都，在中国寓居 3 年后回国。鄂多立克作为中世纪前往东方的欧洲旅行家，其影响仅次于马可·波罗，他在伊利汗国境内的所见所闻，对研究西亚的蒙古人历史有一定的参考价值。2002 年中华书局出版了《鄂多立克东游录》。

乙、叙利亚文文献

《拉班·扫马和马克西行记》，伊利汗国佚名者撰，是一本叙述蒙古帝国景教徒拉班·扫马和马克（马·雅八拉哈三世）西行的历史原始记录。作为虔诚的基督教徒拉班·扫马和马克，1275 年从元大都启程西行，途径中亚和波斯，前往圣城耶路撒冷朝觐。1281 年马克被推选为基督教东方教会大总管，拉班·扫马为教会巡视总监。1287—1288 年拉班·扫马奉伊利汗国阿鲁浑汗之命出使西欧，希望与西欧结盟反对埃及的马木路克王朝。拉班·扫马途径君士坦丁堡、那不勒斯、罗马、热那亚、巴黎、波尔多诸城，在那不勒斯拜见国王伊里德·萨尔达罗、在巴黎晋见法王腓力四世、在加斯科尼拜会英王爱德华一世、在罗马觐见教皇尼古拉斯四世。拉班·扫马被学界称为"逆向的马可·波罗"，他的出使，使罗马教廷更加相信蒙古帝国统治者崇信基督教并遣使元帝国传教，对东西方文化交流起到了一定的促进作用。2009 年 3 月，朱炳旭翻译的中译本由河南大象出版社出版。

丙、亚美尼亚文文献

1.《亚美尼亚史》，亚美尼亚历史学家刚加的基拉罗斯撰，是一部关于蒙古人在亚美尼亚和格鲁吉亚的征略和统治的历史著述。

蒙古第一次西征，为追剿花剌子模沙摩诃末，哲别和速不台奉成吉思汗之命率蒙古军抄掠谷儿只，进军刚加⑧，攻入失儿湾⑨，进取打耳班⑩，翻越太和

---

① 特列比松（Trebizond）：今黑海南土耳其特拉布宗。
② 额尔哲龙（Arziron）：今土耳其埃尔祖鲁姆。
③ 讨来思（Tauris）：今伊朗阿塞拜疆省的大不里士城。
④ 柯伤（Cassan）：今伊朗卡尚。
⑤ 耶思特（Iest）：今伊朗亚兹德。
⑥ 迦勒底（Chaldaea）：今伊拉克巴格达。
⑦ 忽里模子（Ormes）：今伊朗波斯湾的霍尔木兹。
⑧ 刚加（Ganjak）：今阿塞拜疆基洛瓦巴德东。
⑨ 失儿湾（Shirvān）：今阿塞拜疆希尔万平原。
⑩ 打耳班（Derbent）：今俄罗斯杰尔宾特市。

岭（大高加索山），穿越阿速人①地盘，1223 年底，东归蒙古高原。基拉罗斯经历了蒙古人入侵并占领高加索地区的全过程，1222 年在刚加被蒙古人所俘，并作为秘书一直服务于西亚的蒙古人。《亚美尼亚史》是关于蒙古帝国在高加索地区征略以及伊利汗国在西亚统治亚美尼亚最重要的史料。

2.《海屯行纪》，1254—1255 年，小亚美尼亚国王海屯经由西亚的蒙古军将拜住营地、旭烈兀驻屯地、中亚、蒙古帝国首都哈剌和林，并觐见蒙哥大汗。海屯的东方行纪对研究蒙古人在西亚的活动、中西交通史有十分重要的参考价值。我国学者张星烺、唐长孺根据俄国学者白莱脱胥乃德的《海屯行纪》英译本，何高济根据英国学者波伊勒的英译本相继翻译成中文出版。

---

① 阿速人（AS）：阿兰人，或称库蛮人。

第一章

蒙古人与东欧的关系（1235—1480）

南俄大草原是内亚游牧民族西迁必经之地，十二世纪末基辅罗斯解体。1223年蒙古人出现在南俄大草原，哲别和速不台在迦勒迦与基辅罗斯首次交锋，钦察与罗斯联军战败。窝阔台汗为继承成吉思汗未竟之业，发动蒙古帝国第二次西征（1236—1242）。1236年拔都征服不里阿耳，1237年消灭八赤蛮等钦察残部，1240年征服基辅罗斯国家。1241年里格尼茨之战，大败德波联军，西方世界一片惶恐。1242年拔都在伏尔加河下游建立金帐汗国，蒙古人统治斡罗思两百余年。

在金帐汗国和东正教教会的扶持下，莫斯科公国崛起。十四世纪中叶金帐汗国日趋衰落。1480年乌格拉河之战，伊凡三世击败金帐汗国，彻底摆脱蒙古人统治。十六世纪三十年代，以莫斯科公国为中心的俄罗斯中央集权国家基本形成。

一、13世纪初基辅罗斯国家的解体

（一）基辅罗斯国家的建立

1. 东斯拉夫人

历史地理上，中世纪的东欧是指波罗的海以东的东欧北部地区，主要是拜占庭帝国（东罗马帝国）、捷克、罗马尼亚、匈牙利和罗斯国家等。东欧居民包括古斯拉夫人和少数非斯拉夫人。非斯拉夫人，主要是指希腊人、罗马尼亚人、匈牙利人和阿尔巴尼亚人等。古斯拉夫人原住地在喀尔巴阡山以北普里皮亚特河（第聂伯河右岸支流）上游沼泽地带，公元一世纪向外迁徙，形成东、西、南三支斯拉夫人。历史和文化上，东斯拉夫人建立起古罗斯国（基辅罗斯），西斯拉夫人建立起波兰和捷克，南斯拉夫人建立起保加利亚和塞尔维亚等国。

考古学家认为，东斯拉夫人各部落可能来自所有斯拉夫人的故乡——喀尔巴阡山以北、维斯杜拉河和第聂伯河之间的沼泽地。长期以来居住在东欧平原，广阔的平原地理环境对东斯拉夫人的社会发展产生了重大影响。平原北部地区长年为冰河所覆盖，晚近时期冰河消退，河流纵横，湖泊沼泽星罗棋布，森林密布。平原中部地区为森林草原间杂地带，宜于农耕。平原南部为一望无际的辽阔大草原（南俄大草原），东起里海之滨，西接喀尔巴阡山山麓，纵横数千里。南俄草原与中亚草原相连，自古以来，南俄大草原就是亚洲游牧民族西迁游牧的必经之地。为掠夺更多财物，占有更丰富的草原牧场，东亚和中亚的游牧民族不断侵袭斯拉夫部落。

六世纪，东斯拉夫人仍处于原始社会氏族公社阶段，拜占庭帝国查士丁尼时代杰出的历史学家普罗科匹厄斯（约500—565）记述东斯拉夫人的祖先是安特人，处于原始公社民主制时期。五六世纪，东斯拉夫人古村落遗址考古发掘证明，氏族村落群居民墓地，呈现父系氏族制度下的原始村社和宅院图景。据十二世纪初编成的《往年纪事》记载，东斯拉夫人共有30余个部落。广泛分布在第聂伯河、伏尔加河上游、德维纳河和伊尔缅湖等广大土地上。七八世纪，东斯拉夫人的社会组织以部落、氏族、大家族为主体。每个部落和氏族都占有一块土地、森林、草地。氏族划分为若干村落和大家族。住在森林草原地区的东斯拉夫人，主要从事农业和畜牧业，也从事狩猎和采集野蜂蜜。住在北部森林和湖泊地区的东斯拉夫人多半以渔猎和采集为主，间或开垦林间空地，兼营农作。

八九世纪，随着社会生产力的发展，东斯拉夫人的氏族制日趋解体，原有的以血缘关系为基础的家族遭到破坏，开始形成以地域和经济联系为纽带的农村公社，斯拉夫语称之为"米尔""维尔福"。马克思说："一切，连最细微的地方，都绝对同德国的原始公社一样。什么是俄国所特有的……，这就是第一，公社的管理不是民主而是家长制的性质；第二，在缴纳国家赋税方面实行连环保……"① 农村公社是由原始社会向阶级社会过渡的桥梁。

2. 基辅罗斯国家的建立和发展

学界关于基辅罗斯国家起源问题主要有两种观点：一是东斯拉夫人国家起源说，它强调社会发展较低的瓦里亚格人（斯拉夫人称之为诺曼人，或瓦兰吉亚人）沿希腊人大水路（波罗的海—东斯拉夫人居地—黑海之路），或侵袭或受雇于社会发展水平较高的东斯拉夫人，并同化为罗斯人，建立起罗斯国家。二是较为流行的诺曼起源说，它强调基辅罗斯国家的形成是通过瓦里亚格人对东斯拉夫地区的征服并建立起罗斯国家。

---

① 马克思，恩格斯. 马克思恩格斯全集（第32卷）[M]. 北京：人民出版社，2006：185.

俄国古代第一部编年史《往年纪事》记载，862年，瓦里亚格人留里克率领大批亲兵，夺取北通波罗的海、南接地中海的诺夫哥罗德城，成为第一任罗斯国家王公，开始留里克王朝统治。879年，留里克死，摄政王奥列格继续统治诺夫哥罗德。奥列格沿大水路南下第聂伯河，征服斯摩棱斯克。882年，杀死基辅公爵阿斯科德（或奥斯科德）和迪尔，占据基辅，并迁都于此，建立起留里克王朝的基辅公国。马克思指出："俄罗斯的首都，柳里克（留里克）定于诺夫哥罗德，奥列格迁至基辅。"① 瓦里亚格人的征服使之成为伊尔缅湖地区和第聂伯河流域的新主人，附近部落王公纷纷投附奥列格，古罗斯国家成为一个庞大的多民族的早期封建国家——基辅罗斯大公国。

依靠武力征服建立起来的基辅罗斯国家，居于统治地位的瓦里亚格人的利益和传统决定了这个国家政策的基本方向。马克思说："早期柳里克王公们的政策跟现代俄国的政策是根本不同的。它不折不扣是席卷欧洲的日耳曼蛮族的政策。"② 留里克王公们既是商人，又是劫掠者，贸易和征战相辅相成，征战是贸易的源泉，贸易是征战的补充。留里克王公们在征战过程中劫掠来的毛皮、蜂蜜和蜂蜡等珍贵物品和奴隶，强迫当地居民缴纳的贡物，都要运到拜占庭和东方市场上出卖，再从东方市场买回丝绸呢绒、金银器皿、香料等奢侈品。马克思指出："把北方其他野蛮人吸引到西方罗马去的那种神奇的魅力，也把瓦利亚基人吸引到东方罗马去。"③

索取贡物是推动基辅王公征战的重要原因之一。基辅罗斯国家政权的建立促使这一新兴国家与居民之间建立起收缴贡物的关系。征收贡物是罗斯王公统治的体现；缴纳贡物是被征服居民对统治阶级的依附形式。每年冬初，大公带领亲兵到所属居民中作"索贡巡行"，挨家挨户向居民征收毛皮、蜂蜜、蜂蜡等贡物。大公及其亲兵所到之处，连征带掠，肆无忌惮，甚至掠夺人口，居民闻风逃亡。征收和分配贡物是维系罗斯王公与臣属之间关系的手段。马克思曾经指出：基辅罗斯王公与其亲兵队的关系是"没有采邑的臣属关系或者只是纳贡的采邑"④。

弗拉基米尔（978—1015）统一罗斯后，为振兴大公权威，主要采取武力征服和思想控制并举的措施。武力上，弗拉基米尔依靠瓦里亚格人亲兵队，重新平叛和统一东斯拉夫人，吞并加利支，进军波兰，攻打立陶宛。思想上，弗拉

① 马克思，恩格斯. 马克思恩格斯全集（第44卷）［M］. 北京：人民出版社，1982：308.
② 马克思，恩格斯. 马克思恩格斯全集（第44卷）［M］. 北京：人民出版社，1982：307.
③ 马克思，恩格斯. 马克思恩格斯全集（第44卷）［M］. 北京：人民出版社，1982：308.
④ 马克思，恩格斯. 马克思恩格斯全集（第44卷）［M］. 北京：人民出版社，1982：308.

基米尔的重大措施是，适应基辅罗斯封建关系发展的需要，988 年，宣布希腊正教派的基督教为国教，这一事件成为瓦里亚格人斯拉夫化的重要里程碑，它加强了大公的权力，巩固了基辅罗斯的封建关系，促进了基辅罗斯封建关系的发展，为俄罗斯文明的形成奠定了基础。

基辅罗斯社会发展的特点是它没有经过奴隶制社会形态，是从原始社会解体过程中直接过渡到封建社会的。古基辅罗斯国家是靠武力征服而建立起来的松散的军政联合体，东斯拉夫各部落、各地区之间缺乏共同的经济基础，维系国家的纽带是基辅大公的强权，臣民对大公的义务就是缴纳贡物，并继续保持古老的部落组织。九至十世纪，基辅罗斯封建土地所有制开始形成，十一二世纪，封建社会迅速发展。《罗斯法典》中出现了众多类型的依附农民，如完全处于依附地位的贫农西罗德，给地主劳动以抵偿债务的债农扎库比，耕种贵族土地、自己一无所有的契约农里亚多维齐，还有王公、亲兵、贵族等拥有相当数量的奴隶好洛仆。

（二）基辅罗斯国家的瓦解

1015 年，弗拉基米尔死后，长子斯维雅托波克夺取了基辅政权。诺夫哥罗德公雅罗斯拉夫在人民的支持下，经过四年内战，打败斯维雅托波克，登上基辅大公之位，重新统一基辅罗斯国家。雅罗斯拉夫统治时期（1019—1054），大封建主占有土地制度在基辅罗斯国家各地区都发展起来，封建大土地所有制的出现，基辅罗斯社会封建化程度加深，一些王公，贵族、地主占有广大地产，役使农民耕作土地，并拥有自己的武装，控制地方上的行政和司法大权，竭力摆脱基辅大公的管辖，实行封建割据。

雅罗斯拉夫统治时期是基辅罗斯历史上的黄金时代。1054 年，雅罗斯拉夫死，基辅罗斯开始解体，长子伊兹雅斯拉夫继承大公头衔，占有基辅和诺夫哥罗德地区；次子斯维雅托斯拉夫领有车尔尼戈夫地区；三子弗塞沃洛德占据佩雷雅斯拉夫、罗斯托夫和苏兹达尔。基辅罗斯国家的西部地区形成立陶宛大公国和波兰的一部分，后来在波罗的海东岸又建立起几个国家；它的中部和东部地区为斯拉夫人各公国所占据。马克思曾经指出："正如查理曼的帝国是现代法兰西、德意志和意大利奠基的先导一样，柳（留）里克王公们的帝国也是波兰、立陶宛、波罗的海国家、土耳其和俄国本身奠基的先导。"①

十一世纪六十年代，波洛伏齐人开始侵扰基辅罗斯。1061 年，波洛伏齐人

① 马克思，恩格斯. 马克思恩格斯全集（第44卷）[M]. 北京：人民出版社，1982：307-308.

进犯罗斯国土，陷其城池，焚其村庄，并掳掠其人口。1068 年，波洛伏齐人再次进犯基辅罗斯，伊兹雅斯拉夫率领的罗斯军队，在阿尔塔河被波洛伏齐人打败，并引发 1069 年基辅人民起义。据不完全统计，1061—1210 年间，波洛伏齐人进犯罗斯，重要的有五十余次。受害最甚的是基辅、佩雷雅斯拉夫、车尔尼戈夫等地。波洛伏齐人对基辅罗斯威胁最甚之时，也是基辅罗斯封建内战最为激烈之时。1073 年，伊兹雅斯拉夫被赶出基辅，斯维雅托斯拉夫登上大公宝座，但不久便在内战中被杀。1097 年，在无休止的内战中筋疲力尽的雅罗斯拉夫的王公们在留别奇集会，约定每一公侯都保有从祖辈继承下来的土地权，如有破坏者，大家可以采取共同行动来对付他。这次集会实际上承认了基辅罗斯诸侯封建割据的合法性。

公侯之间的混战，波洛伏齐人的侵袭，给基辅罗斯人民造成深重的灾难，国内矛盾异常尖锐。特别是斯维雅托波克大公（1093—1113）推行高利贷制，实行食盐垄断，人民生活困苦不堪。1113 年，斯维雅托波克死，基辅市民和郊区农民起义，起义者捣毁大公住宅，袭击高利贷者，佩雷雅斯拉夫公爵弗拉基米尔·摩诺马赫镇压了基辅起义。摩诺马赫（1113—1125）推行强化大公政权、恢复国家统一政策。但是，由于封建土地私有制的发展所造成的封建割据状态，无法彻底改变基辅罗斯解体的命运。1125 年，摩诺马赫死后，基辅罗斯真正进入俄国历史上封建割据时期。十二世纪三十年代，基辅大公的头衔虽仍然保存，但已失去原有意义。东斯拉夫人各公国名义上仍尊奉基辅为宗主，实际上已各自独立。比较大的公国达十三个，基辅、佩雷雅斯拉夫、车尔尼戈夫、斯摩棱斯克、波洛茨克—明斯克、图罗夫—平斯克、加利西亚—沃伦、特穆塔拉干、穆罗姆、弗拉基米尔—苏兹达尔、里亚赞，以及诺夫哥罗德和普斯科夫，其中以东北部的罗斯托夫—苏兹达尔为最强。北部的诺夫哥罗德和普斯科夫则为封建共和国。基辅罗斯分裂成十三个独立的封建公国，彼此间无休止地进行战争。公国之间不断的封建割据混战，使得较小的公国无法独善其身，"成为了较强的封建公国的牺牲品"①。

基辅罗斯解体的社会历史条件纷繁复杂，主要原因是封建大土地所有制的发展。基辅罗斯大公将大量的土地分封给公侯、亲兵、高级僧侣，在基辅罗斯形成了一个占有大地产的特殊的封建贵族阶层。斯拉夫人的农村公社逐渐解体，自由农纷纷破产，教、俗封建主利用各种手段兼并土地，拓展势力。十一世纪

---

① 格列科夫，雅库博夫斯基. 金帐汗国兴衰史［M］. 余大钧，译. 北京：商务印书馆，1985：146.

末，基辅罗斯自由农中债农和少地的农民已完全沦为依附农民，封建大土地所有制形成。地方公国实力日益壮大，拥有自己的扈从亲兵，握有地方司法大权，独立倾向日益增强，政治上要求摆脱基辅大公的控制，封建割据的发展大大削弱了基辅罗斯大公的统治力，促使基辅罗斯解体，很大程度上也削弱了罗斯人对蒙古人等外来入侵者的抵抗能力。"政治分裂是封建制度下最正常的社会状态，也是罗斯封建制度最明确的表现。"①

二、拔都西征（1236—1242）

1236—1242 年进行的蒙古帝国第二次西征或称"长子西征"，或称"拔都西征"。此次西征，拔都为帅，大将速不台辅佐。1236 年春，贵由、蒙哥等率军参与西征，同年秋，蒙古军抵达不里阿耳，与术赤家族拔都、斡鲁朵（斡儿答）、昔班等会合，开始西征。拔都西征扫荡了大半个东欧，先后击败了阿兰人、钦察人、罗斯人、波兰人、捷克人和匈牙利人，大大扩张了蒙古帝国的疆域。

（一）哲别和速不台与罗斯人首次交锋

蒙古帝国第一次西征中，蒙古军将哲别和速不台受成吉思汗之命追剿花剌子模沙，并袭扰了基辅罗斯（斡罗思）。

十二世纪末十三世纪初，铁木真以武力实现了大漠南北统一。1206 年，蒙古大汗国建立，它标志着蒙古人从松散的、分裂的部落联盟向统一的封建君主专制国家过渡基本完成。以成吉思汗为首的新兴游牧贵族为征服世界，掠夺财物，向周邻国家、地区发动了一系列举世闻名的侵略战争，尤其是蒙古三次西征。

蒙古第一次西征（1219—1225），或曰成吉思汗西征，西征对象是中亚地区的花剌子模帝国。蒙古第一次西征的原因众说纷纭，花剌子模帝国的崛起可以说是蒙古帝国向西扩张的绊脚石。

花剌子模，原属中亚古国，地处阿姆河下游。710—712 年，阿拉伯帝国呼罗珊行省长官古太白征服和统治花剌子模，花剌子模伊斯兰化。九世纪中叶，阿拔斯王朝由盛而衰，东波斯和中亚地区先后出现以阿富汗巴尔赫地区为中心的萨曼王朝和以阿富汗加兹尼地区为中心的哥疾宁王朝，萨曼王朝和哥疾宁王朝名义上宗奉阿拉伯帝国阿拔斯王朝，实际上是独立的地方政权。花剌子模最初臣属萨曼王朝，999 年，萨曼王朝为突厥奴将领所推翻。1017 年，花剌子模臣服哥疾宁王朝。1040 年，塞尔柱人在丹丹坎战役击溃哥疾宁王朝主力，花剌

---

① 曹维安. 俄国史新论［M］. 北京：中国社会科学出版社，2002：50.

子模落入塞尔柱帝国的管辖。1097 年，塞尔柱帝国授予忽都不丁·摩诃末为"花剌子模沙"称号，名义上花剌子模沙是塞尔柱帝国的地方长官，实际上忽都不丁·摩诃末统治花剌子模近 30 年，学界一般视忽都不丁为花剌子模王朝的缔造者。

1127/1128 年，忽都不丁·摩诃末死，其子阿齐思即位，在西辽的帮助下，阿齐思宣布花剌子模独立。亨利·H. 霍渥斯说："阿齐思雄心勃勃，尽可能使花剌子模成为一个独立的国家，虽然，处在塞尔柱人和哈剌契丹两强之间，他困难重重，但他还是决心追求自己的目标，为自己的继承者们实现完全独立的政策奠定基础。"[①] 阿齐思在位时期（1127—1156），花剌子模兴盛起来，以玉龙杰赤为都城，控制着西波斯、呼罗珊、阿富汗和河中地区广袤土地。王治来先生说："阿即思是使花剌子模真正成为一个强大帝国的奠基人。"[②]

1156 年，阿齐思死，其子阿儿思兰即位，乘塞尔柱帝国衰落，占据呼罗珊西部地区。1172 年，阿儿思兰死，长子帖乞失在西辽的帮助下登上花剌子模王位并对西辽称臣纳贡。1177 年，西辽内乱，政局不稳，帖乞失积极向西扩张，进攻内沙布尔。1186 年，帖乞失完全成为呼罗珊的主人。1194 年，帖乞失在北波斯的列夷城与塞尔柱帝国军队大战，25 岁的塞尔柱帝国末代苏丹托格里勒被杀，塞尔柱帝国灭亡。帖乞失占领哈马丹和吉巴勒，花剌子模的版图扩展到伊拉克，帖乞失自称苏丹，成为掌管伊拉克、呼罗珊和河中地区的君主。1196 年，帖乞失在哈马丹击败阿拔斯王朝哈里发纳西尔的军队，并威胁哈里发交出政权和出让西波斯的胡齐斯坦。

1200 年，帖乞失死，其子摩诃末即位，是为摩诃末二世（Muhammad Ⅱ）。摩诃末统治时期（1200—1220），花剌子模国臻于全盛。在东面，1204 年，摩诃末与西辽联合，击溃赫拉特地区的古尔王朝主力，最终解除古尔王朝长期以来给花剌子模的威胁。在西面，摩诃末威逼巴格达的阿拔斯王朝，甚至要求哈里发向自己称臣。摩诃末还派遣其弟阿里沙进军里海各省，使巴万迪王朝（Bāvandid）成为花剌子模帝国的藩臣。1218 年，蒙古名将哲别消灭了在河中地区立国两百年的西辽，蒙古帝国占领了西辽东北部广大地区，花剌子模帝国趁机占有直至讹答剌为止的西辽西部土地，花剌子模帝国掌控了波斯西部、呼罗珊、阿富汗和河中地区，实力臻于极盛，蒙古帝国与花剌子模帝国两强毗邻。

---

① BOYLE J A. *The Cambridge History of Iran*（Vol. 5）［M］. Cambridge：Cambridge University，1968：143.

② 王治来. 中亚史纲［M］. 长沙：湖南教育出版社，1986：385.

花剌子模帝国的崛起成为蒙古帝国向西扩张的绊脚石。

讹答剌事件成为蒙古帝国第一次西征的导火索和借口。游牧经济具有单一性，家畜是游牧民族赖以生存的主要财富，举凡衣食住行一切生活资料和生产资料几乎均仰赖家畜。但游牧民毕竟不能一年四季食畜肉、衣皮革、被旗裘，无论如何他们需要农耕民族的粮食、茶叶、丝棉织品等物，游牧民族必须与农耕世界展开必要的商贸活动。蒙古人十分欢迎各地商贾们穿梭于蒙古草原和农耕地区，将农产品源源不断地供给草原上的牧民。为促进商人与蒙古人之间的商贸往来，成吉思汗甚至颁布一条札撒："凡进入他的国土内的商人，应一律发给凭照，而值得汗受纳的货物，应连同物主一起遣送给汗。"① 蒙古帝国和花剌子模帝国两强为邻，一定程度上也便利了两国之间的贸易往来。

1218 年，为与花剌子模通好商贸，成吉思汗命后妃、宗王、驸马、那颜各自选两三名亲信，组成了一支 450 人的商队，500 峰骆驼带着大量的金银、丝绸和毛皮，前往中亚的花剌子模帝国贸易。花剌子模帝国边城、锡尔河畔的讹答剌②长官亦纳勒术，是摩诃末母亲、太后秃儿罕合敦的族亲，位高权重。他一不满成吉思汗商队成员举止傲慢和不恭，二垂涎商队财物，便诬告商队使者是成吉思汗的间谍，拘禁商队全体成员，派人报告摩诃末。拉施特说：摩诃末"没经过深思就发出了杀死商人、没收商人财产的命令"③。仅除一人逃离之外，亦纳勒术将 449 人杀死，货物全部被没收。摩诃末和亦纳勒术这一行为使成吉思汗非常愤怒。孟德斯鸠认为："谁要是阻碍蒙古人和他的属民进行经商和贸易，谁就是他们的敌人和障碍，坚决给予剔除。"④

为讨个说法，成吉思汗又派出三名使臣前往花剌子模交涉，谴责花剌子模杀人越货行为，要求花剌子模沙交出凶手亦纳勒术，摩诃末拒绝了蒙古使臣的要求，并再次开启杀机，蒙古正使被害，两名副使侮辱性地剃去胡须被逐回。摩诃末这一极端做法使成吉思汗狂怒不已。史载，成吉思汗独自一人登上圣山，摘去帽子，松下腰带置于脑后，以脸向地跪求天神三天三夜。他说："我不是挑起这次战乱的肇祸者！请佑助我。赐我以复仇的力量吧！"⑤ 讹答剌事件导致花

① 志费尼. 世界征服者史（上册）[M]. 何高济，译. 北京：商务印书馆，2004：90.
② 讹答剌（Utār）：今哈萨克斯坦南哈萨克斯坦州希姆肯特西北帖木儿，锡尔河右岸阿雷斯河口附近.
③ 拉施特. 史集（第一卷第二分册）[M]. 余大钧，周建奇，译. 北京：商务印书馆，1986：259.
④ 字尔只斤·吉尔格勒. 游牧文明史论 [M]. 北京：内蒙古人民出版社，2002：101.
⑤ 拉施特. 史集（第一卷第二分册）[M]. 余大钧，周建奇，译. 北京：商务印书馆，1986：260.

剌子模帝国成为成吉思汗第一次西征的主要目标。

1218 年，成吉思汗召开忽里勒台，宗王和权臣们一致决定出征花剌子模帝国。巴托尔德说，1219 年夏，成吉思汗集结蒙古大军 15 至 20 万，① 对外号称 60 万。耶律楚材在《西游录》中说："车帐如云，将士如雨，马牛被野，兵甲赫天，烟火相望，连营万里。"② 1219 年秋，成吉思汗兵分四路，经畏兀儿地向花剌子模挺进，目标直指讹答剌城。

1219 年 9 月，蒙古军在窝阔台和察合台指挥下开始猛攻讹答剌。讹答剌成军 2 万，成吉思汗围攻前，摩诃末外调 5 万军拨给镇守官亦纳勒术，并派哈剌察 1 万人增援。亦纳勒术拼死抵抗，战斗持续 5 个月，讹答剌城内的军备物资和生活物品已十分匮乏，蒙古军攻入外堡，亦纳勒术深知自己是这场战争的罪魁祸首，拒绝投降，在内堡顽强不屈又坚持了 1 个月，亦纳勒术被俘，讹答剌城被夷为平地。

1220 年 3 月，成吉思汗和拖雷中路军攻克河中地区（阿姆河与锡尔河之间的地区）伊斯兰文化中心布哈拉城，抵抗者中 3 万多人遭屠杀。志费尼记载："比鞭梢高的康里男子，一个都没有剩下，遇害者计三万多人；而他们的幼小子女、贵人和妇孺的子女，娇弱如丝柏，全被夷为奴婢"③。

4 月，蒙古四路大军会师撒马尔罕④，围城五日，三万康里部军被屠杀，幸存者缴纳贡赋 20 万第纳尔。志费尼说："蒙古人清点刀下余生者；三万有手艺的人被挑选出来，成吉思汗把他们分给他的诸子和族人；又从青壮中挑出同样的人，编为一支签军。其余获允回城者，因为他们既没有遭到他人的厄运，也未殉难，而是仍活在世上。成吉思汗向这些幸存者征收二十万第纳尔〔的赎金〕。"⑤ 撒马尔罕陷落，花剌子模沙摩诃末逃奔北波斯。

7 月，窝阔台和察合台攻克玉龙杰赤⑥，花剌子模守军坚决抵抗，蒙古军苦战达 7 个月，伤亡惨重。1221 年 4 月，窝阔台攻入城内，为报复玉龙杰赤人的顽强抵抗，蒙古军实行屠城政策，十万花剌子模守军全部阵亡，工匠和妇孺掳

---

① BOYLE J A. *The Cambridge History of Iran*（Vol. 5）［M］. Cambridge：Cambridge University，1968：306.

② 耶律楚材，撰. 西游录（上册）［M］. 向达，校注. 北京：中华书局，1981.

③ 志费尼. 世界征服者史（上册）［M］. 何高济，译. 北京：商务印书馆，2004：115.

④ 撒马尔罕（Samarqand）：一译撒麻耳干、寻思干、薛迷失坚、薛迷失干。

⑤ JUVAINI. *ala Ad-din ata Malik The History of the World-Conqueror*，Vol. 1［M］. BOYLE JA Trans. Cambridge：Harvard University Press，1985：122.

⑥ 玉龙杰赤（Gurgānj or Urgench）：一译乌尔健赤或花剌子模城，今土库曼斯坦阿姆河下游的乌尔根奇。

往蒙古。玉龙杰赤的陷落，标志着蒙古军彻底征服整个河中地区。

1221 年春，成吉思汗和拖雷率领 7 万蒙古军进兵呼罗珊地区。历史上的呼罗珊包括巴里黑、马鲁、也里和内沙布尔四大区域。成吉思汗和拖雷父子对呼罗珊地区进行了毁灭性的扫荡。在巴里黑①，城中首领前来纳款请降，成吉思汗不相信巴里黑人的投降诚意，下令"把巴里黑人统统赶到旷野，按惯例分为百人、千人一群，不分大小、多寡、男女，尽行诛戮，没有留下干湿的一丝形迹"②。在马鲁③，蒙古军破城之日，除工匠和部分妇孺沦为奴婢外，余者不论男女老幼统统被杀，城池夷为平地。在内沙布尔④，拖雷的前锋脱哈察儿古列坚中箭身亡，脱哈察儿是成吉思汗的驸马，内沙布尔惨遭灭顶之灾。志费尼记载："他们把残存者，不分男女，统统赶到郊外；为了替脱哈察儿报仇，又命把城池平毁，使其地可以耕种，施行报复到连猫犬都不得留下。"⑤ 在夜里，守城官杀死拖雷的招降使，鼓励部下奋勇抗战。城破之日，拖雷军杀死扎兰丁官兵一万二千人。昔日繁华富庶的呼罗珊，城镇破败，乡村荒芜，流民充野。

1220 年初，花剌子模沙摩诃末驻守阿姆河南岸一带，成吉思汗兵进，摩诃末多次召开战前会议，因康里部将与摩诃末的矛盾重重，摩诃末无法有效组织帝国力量抵抗蒙古军进攻。布哈拉和撒马尔罕河中府两大名城相继陷落后，摩诃末从内沙布尔逃奔可疾云⑥。为防止摩诃末重新聚集力量对抗蒙古军，成吉思汗委任哲别为前哨、速不台为后卫、脱忽察儿各率 1 万轻骑追剿逃亡北波斯的摩诃末。

1220 年 6 月，哲别和速不台在内沙布尔兵分两路，搜寻花剌子模沙。哲别向志费因省⑦推进，兵进袄椤答而和哈马丹。速不台兵锋东指，途径徒思、哈不珊⑧、亦思法剌因⑨、担寒⑩、西模娘⑪。在西模娘，哲别和速不台会合，一同抄略剌夷。摩诃末为躲避蒙古军的追击，在北波斯各地东奔西突，在阿莫勒

---

① 巴里黑（Balkh）：今阿富汗巴尔赫。
② 志费尼. 世界征服者史（上册）[M]. 何高济，译. 北京：商务印书馆，2004：143.
③ 马鲁（Marv）：一译麻里兀、谋夫、木鹿。
④ 你沙不儿（Nīshāpūr）：今伊朗内沙布尔。
⑤ 志费尼. 世界征服者史（上册）[M]. 何高济，译. 北京：商务印书馆，2004：195.
⑥ 可疾云（Qazvin）：今伊朗加兹温。
⑦ 志费因（Juvain）：今伊朗呼罗珊省札哈台。
⑧ 哈不珊（Khabushan）：一译哈不伤，今伊朗古昌，亦译忽昌。
⑨ 亦思法剌因（Isfarā'īn）：今伊朗苏丹阿巴德附近。
⑩ 担寒（Damghan）：今伊朗达姆甘。
⑪ 西模娘（Simnan）：今伊朗塞姆南。

地区，受当地埃米尔建议，摩诃末最后遁入里海南岸阿斯塔拉巴德湾一小岛上避难。1220 年 12 月或 1221 年 1 月，闻讯藏匿于马赞达兰省阿莫勒县杜达干镇亦剌勒城堡的诸子被杀、诸女被房，太后秃儿罕合敦被俘（1233 年死于哈剌和林）。志费尼说，摩诃末悲愤致死，死前传位其子扎兰丁。

花剌子模帝国的灭亡加速了蒙古帝国对外征略的步伐。

哲别和速不台得知摩诃末死后，挥师西指，转战于北波斯的哈耳、西模娘、列夷、忽木、哈马丹和可疾云等地以及谷儿只（今格鲁吉亚）和阿哲儿拜占（今阿塞拜疆）各地，一路攻城略地。遵照成吉思汗的命令，哲别和速不台取道高加索地区，经钦察草原回蒙古会合。1221 年 8 月，蒙古军三临桃里寺（今伊朗大不里士），在献纳巨额贡赋后桃里寺幸免于难。1221 年 10 月，哲别和速不台进军阿兰重镇白勒寒和首府干札。1222 年，蒙古军途经失儿湾，东下打耳班，打耳班系高加索隘口，南北必经之地，阿拉伯人称之为"门之门"。攻陷打耳班首府沙马哈（今阿塞拜疆舍马哈）后，越过高加索山（太和岭），进入阿兰和钦察部之地。

阿兰，也译为阿速、阿速惕，北高加索伊朗族一支。钦察，也称波罗维茨人，属乌拉尔河至黑海以北的突厥人。《元史》载，1223 年"癸未，速不台上奏，请讨钦察。许之。遂引兵绕宽定吉思海（里海），展转至太和岭（高加索山），凿石开道，出其不意"①。钦察人和阿兰人联军抵抗蒙古军，双方相持不下，哲别和速不台使用离间计，假与钦察人议和，劝说钦察人放弃与不同种的阿兰人联合，史料记载，蒙古人对钦察人说："我们和你们是同一个部落的人，出自同一氏族，而阿兰人是我们的异己。让我们缔结互不侵犯的协定吧，你们想要金子、衣服，我们给你们，你们［将阿兰人］给我们留下吧。"② 他们将许多财物送去给钦察人。钦察人便回去了。钦察人信以为真，不再支持阿兰人。蒙古人打败阿兰人后，集中力量对付钦察人，钦察首领玉里吉和塔塔哈儿无力抵抗、溃不成军，玉里吉之子被俘。史载，"至则遇其酋长玉里吉及塔塔哈儿方聚于不租河，纵兵奋击，其众溃走。矢及玉里吉之子，逃于林间，其奴来告而执之，余众悉降，遂收其境"③。蒙古人占领了克里米亚半岛的苏达克（速答黑，一作速黑答黑），钦察残部逃往第聂伯河对岸的斡罗思（罗斯），向伽里赤王密赤思老求救。

---

① 宋濂，等. 元史（卷一百二十一）［M］. 北京：中华书局，1976：2976.

② 拉施特. 史集（第一卷第二分册）［M］. 余大钧，周建奇，译. 北京：商务印书馆，1983：314.

③ 宋濂，等. 元史（卷一百二十一）［M］. 北京：中华书局，1976：2976.

蒙古人首次出现在南俄大草原南部是 1223 年，罗斯人之前从未见过鞑靼—蒙古部族。曾科维斯基说："由于我们的罪恶，出现了不知名的部落，一些人称呼他们为'鞑靼'……只有上帝知道他们是谁，来自何方。"① 基辅编年史如是说："没有人知道他们是谁，或者他们来自哪里""或者他们的语言是什么，属于哪一个部落，以及他们的宗教是什么。有人认为他们是鞑靼人，有人认为他们是塔兀儿蛮（Taurmeny），而其他人则认为他们是别彻涅格人"②。凭借与草原游牧民族多个世纪的交往，罗斯人认为游牧民族只满足于突袭和攻击，但之前罗斯人所见识过的任何力量在蒙古人的战争机器的毁灭力面前都黯然失色。

1223 年蒙古人的远征，可以说是一次远程的军事侦察，哲别和速不台在北高加索粉碎了钦察和阿兰联军，渗入南俄草原，他们的出现使罗斯人十分无措。逃到罗斯境内的钦察人首领忽滩汗请求自己的女婿基辅罗斯国加里奇大公姆斯吉斯拉夫（密赤思老）给予军事支援，姆斯吉斯拉夫在基辅举行的罗斯王公会议上积极主张抵抗蒙古人入侵，与钦察残部联合，拒敌于国门之外。

蒙古人得知罗斯军队出征消息，为掌握主动权，采取上攻伐谋策略，先后两次向基辅罗斯派出使节，承诺保证只对"奴隶和牧人"的钦察人开战，声称只要击败钦察人，他们将会把战利品留给罗斯人。③ 之前，蒙古人用相同的手段离间了钦察人和阿兰人的联盟。蒙古人要求钦察人顺从，劝钦察人放弃阿兰人。钦察人同意后，发现蒙古人灭阿兰人后，就将目标对准了自己。钦察残部将蒙古人表里不一的行为通报给罗斯人，他们怀疑蒙古人使诈，并游说罗斯王公们"如果今天让鞑靼人占领了波罗维茨，明日就将轮到罗斯"④。这导致基辅罗斯违背外交豁免权而处死了蒙古使者，以此表明对抗蒙古军的决心。

基辅罗斯来自各公国的军队近 10 万人，其中步兵 82000 人，骑兵 1 万人。1223 年 5 月 31 日，爆发了历史上著名的迦勒迦战役（也译为喀尔喀河战役）（喀尔喀河，今乌克兰卡里奇河）。由于罗斯军队在迦勒迦战役中缺乏统一计划和领导，大公们各自为战，甚至基辅的姆斯吉斯拉夫袖手旁观。蒙古军首先击溃加里奇的姆斯吉斯拉夫的部队，经过三天三夜激战，罗斯和钦察部联军溃败，

---

① Serge A. Zenkovsky, ed., *Medieval Russia's, and Tales* [M]. New York, 1974: 193.

② 格列科夫，雅库博夫斯基. 金帐汗国兴衰史 [M]. 余大钧，译. 北京：商务印书馆，1985: 166.

③ 格列科夫，雅库博夫斯基. 金帐汗国兴衰史 [M]. 余大钧，译. 北京：商务印书馆，1985: 167.

④ 格列科夫，雅库博夫斯基. 金帐汗国兴衰史 [M]. 余大钧，译. 北京：商务印书馆，1985: 167—168.

伤亡惨重，罗斯六位王公战死，蒙古军长驱直入罗斯南部，攻克速达黑等众多城池，沿途烧杀掳掠。速不台继续沿黑海、里海北岸东行，途经伏尔加格勒，1223 年底，与术赤会合，班师蒙古。《元史》记载，"癸未，又至阿里吉河，与斡罗思部大、小密赤思老遇，一战降之。略阿速部而还"①。

钦察与罗斯联军以惨败告终。爱伦. F. 丘说："1223 年，有一支成吉思汗派来的蒙古人的骑兵劲旅，以秋风扫落叶之势越过高加索，在卡尔卡河畔打败了波洛夫齐人和俄罗斯人，寇掠克里米亚和第聂伯河下游一带，然后折向东被，进抵伏尔加河中游。"② 俄国学者认为："迦勒迦一役是留在人民记忆中的一件大事，因为在这次事件以后，罗斯土地颓废荒凉。"③ "死了无数的人，城市和乡村到处充满了哀号、哭泣和悲伤。"④ "迦勒迦河之战中罗斯损失惨重：六位大公被杀；据编年史料记载，普通士兵生还者十仅有一；仅被杀的基辅士兵竟达万人之众。"⑤

蒙古人第一次与基辅罗斯交锋并未对罗斯政治产生重要影响，弗拉基米尔大公尤里未能及时赶到战场而保全了基辅罗斯主力军。除了罗斯与钦察部分领土遭到蹂躏外，蒙古人对东欧的这次远征也没有引起基辅罗斯太多的关注。"鞑靼人从第聂伯河上回去了，既不知道他们从哪里来，也不知道他们去向何方。"⑥ 罗斯王公也没有从这次战争中汲取教训，仍然陷于由封建割据的利益矛盾引起的无休止的混战之中。

哲别和速不台第一次与罗斯人交锋是追击花剌子模沙摩诃末的意外结果，此时的蒙古帝国对东欧扩张并未提到议程上来。T. 梅伊认为，迦勒迦战役后，蒙古人也没有占领任何土地，只是确保罗斯和钦察不会阻碍他们东返蒙古。⑦ 蒙古人"进兵阿儿兰、谷儿只、钦察、斡罗思是为了实现出发前成吉思汗关于通

①　宋濂，等. 元史（卷一百二十一）［M］. 北京：中华书局：1976：2976.
②　爱伦. F. 丘. 俄国历史地图解说［M］. 北京：商务印书馆，1995：13.
③　B. T. 帕舒托，等. 蒙古统治时期的俄国史略（上册）［M］. 北京：科学出版社，1985：63.
④　格列科夫，雅库博夫斯基. 金帐汗国兴衰史［M］. 余大钧，译. 北京：商务印书馆，1985：170.
⑤　皮库林，等. 蒙古西征研究［M］. 陈泓法，译. 呼和浩特：内蒙古人民出版社，2015：113.
⑥　格列科夫，雅库博夫斯基. 金帐汗国兴衰史［M］. 余大钧，译. 北京：商务印书馆，1985：170.
⑦　MAY T. *The mechanics of conquest and governance：the rise and expansion of the Mongol Empire*，1185—1265［D］. Madison：University of Wisconsin-Madison，2004：156.

过钦察草原回到蒙古的要求"①。蒙古人洗劫了黑海沿岸城镇,渡过伏尔加河,击败保加尔人和乌拉尔山区的突厥人,之后他们回到了锡尔河北岸草原与成吉思汗会师。

哲别和速不台追剿花剌子模沙的战争,历经 3 年之久,行军 8050 里,孤军深入高加索地区,长驱南俄大草原。历史学家爱德华·吉本说:哲别和速不台的奇袭,是空前绝后的远征。② 哲别和速不台此次远征,收集了有关东南欧的十分实用的军事信息,积累了在南俄大草原作战的经验,了解了罗斯军队的实力、战术和南俄大草原的地形,为接下来蒙古帝国第二次西征提供了一定的条件。

(二)拔都西征(1236—1242)

1. 术赤兀鲁思的形成

与历史上一切游牧民族首领一样,蒙古大汗把国家视为整个氏族的共有家产,对诸弟、诸子实行领户分封、裂土专辖,共享赋入。1207 年成吉思汗将蒙古百姓分配给长妻孛儿帖的四个儿子术赤、察合台、窝阔台和拖雷各人所得"忽必"(份子)。志费尼说成吉思汗把"从海押立和花剌子模地区,伸延到撒哈辛③及不里阿耳④的边境、向那个方向尽鞑靼马蹄所及之地,他赐与长子术赤。察合台受封的领域,从畏兀儿地起,至撒麻耳干(撒马尔罕)和不花剌止,他的居住地在阿力麻里境内的忽牙思。皇太子窝阔台的都城,当其父统治时期,是他在叶密立⑤和霍博⑥地区的禹儿惕(份地);但是,他登基后,把都城迁回他们在契丹和畏兀儿地之间的本土,并把自己的其他封地赐给他的儿子贵由。……拖雷的领地与之邻近,这个地方确实是他们帝国的中心(蒙古本土),犹如圆中心一样"⑦。

术赤兀鲁思的确切疆域颇难定位,拉施特说:"钦察草原的所有君主与宗王都是他(术赤)的后裔。"而察合台的疆土"起自突厥斯坦,直到阿母河口为止。他的兀鲁思由阿鲁忽、木八剌沙和八剌管辖,现在又由他的儿子都哇和忽

---

① 董飞. 成吉思汗西征史料:编年与研究 [D]. 南京:南京大学,2013:61.

② BOYLE J A. *The Cambridge History of Iran* (Vol. 5)[M]. Cambridge:Cambridge University,1968:311.

③ 撒哈辛(Saqsin):伏尔加河下游一城镇。

④ 不里阿耳(Bulghar):今喀山以南。

⑤ 叶密立(Emil):今新疆额敏。

⑥ 霍博(Qobag):今新疆霍博。

⑦ 志费尼. 世界征服者史(上册)[M]. 何高济,译. 北京:商务印书馆,2004:42-43.

都鲁火者管辖"①。蒙古人自古以来有幼子守产的惯例，成吉思汗说："［掌管］国家和大位是艰难的事，就让窝阔台掌管吧，而包括我所聚集起来的禹儿惕、家室、财产、库藏以及军队在内的一切，则让拖雷掌管。"② 罗卜藏丹津的《阿勒坦脱卜赤》记载，1223 年迦勒迦之战后，成吉思汗把钦察地面交给术赤管理，并授权忽因那颜管理"斡罗思和切尔凯思地面"，勿忘拓展疆土。阿拉伯史家说，成吉思汗划定"从哈牙里克边境和花剌子模地面到萨克欣③和保加尔一带，亦即到其大军奔袭时战马所到之极地之间的夏营盘和立营盘"④ 为术赤兀鲁思。1227 年术赤死后，其封地的大部分由其子拔都管辖。拉施特记载："金帐汗国的东北包括不里阿耳城及其所辖州，北与罗斯诸公国接壤；金帐汗国的南部一方面辖有克里木及其沿海城市，另一面辖有高加索（直到打耳班）、北花剌子模及玉龙杰赤城；西部领有西起德涅斯特河或更远之处的草原地带；东部直到西西伯利亚及锡尔河下游。"⑤ 通常认为，成吉思汗长子术赤的兀鲁思主要在钦察草原，南起高加索山以北，包括锡尔河下游和花剌子模地区，与后起的伊利汗国毗邻，北至西伯利亚，直到蒙古马蹄所及之处，东起也儿的石河（额尔齐斯河），与察合台汗国和窝阔台汗国交界。

蒙古帝国的异军突起，迅速发展成一个空前绝后、横跨欧亚的大帝国，它的基础建立在蒙古高原自然条件以及游牧生产和生活方式之上。游牧社会的中心单元是宗族—部落，宗族—部落行使着经济、社会、政治和军事职能。各部族拥有强大的武装军队，部族军队组织严密，纪律严明，形成一支具有强大战斗力的部族军队。草原宗族的社会结构和骑兵的优势是促成蒙古西征的重要因素，术赤兀鲁思成为第二次西征的前沿阵地。

2. 拔都西征

①第二次西征的主要动机

1227 年，术赤死后几个月，成吉思汗去世。1229 年，窝阔台继承蒙古帝国大汗之位（1229—1241），窝阔台汗在 1227 年和 1229 年召开两次忽里勒台，与兄长察合台等宗王贵族商议，制订了第二次西征方案，决定征讨西亚和钦察草

---

① 拉施特. 史集（第一卷第二分册）［M］. 余大钧，周建奇，译. 北京：商务印书馆，1983：86.
② 拉施特. 史集（第二卷）［M］. 余大钧，周建奇，译. 北京：商务印书馆，1985：5.
③ 萨克欣：萨克欣城在伏尔加河畔哈扎尔城堡所在地。
④ 皮库林，等. 蒙古西征研究［M］. 陈泓法，译. 呼和浩特：内蒙古人民出版社，2015：114.
⑤ 格列科夫，雅库博夫斯基. 金帐汗国兴衰史［M］. 余大钧，译. 北京：商务印书馆，1985：49.

原，继续成吉思汗西征未竟之业，实现蒙古帝国扩张的野心，这是蒙古帝国第二次西征的主要动机。

成吉思汗在统一蒙古高原和中国、与哈喇契丹和花剌子模的不断征伐中，迅速成为令人闻风丧胆的世界征服者。成吉思汗认为腾格里（Mongke Tengri，长生天）是主宰一切的最高神，世界的一切都是由长生天的意志安排的，而他被视为长生天在人间的代理，征服和统治世界是长生天的意志，拒绝屈服成吉思汗的任何人就是违背上天意志，并将受到严厉的惩罚。为了巩固新生的蒙古汗国政权，为了掠夺更多的土地、人口和财物，统治世界的宗教观念成为地理意义上征服全世界的野心①，建立蒙古帝国是成吉思汗为代表的草原游牧军事贵族的新要求。第二次西征是成吉思汗及其继承者们通过军事扩张以建立世界帝国的组成部分。《蒙古秘史》说，成吉思皇帝父亲留下未征服的康里、乞卜察等十一座城池百姓，"为那里城池难攻拔的上头，如今再命各王长子巴秃（拔都）、不里、古余克（贵由）、蒙格（蒙哥）等，做后援征去。"② 1227 年成吉思汗逝世后，窝阔台即位。窝阔台汗在第二次忽里勒台上，与蒙古亲贵们商议"征服和消灭未完全摧毁的钦察和克烈儿（匈牙利）各部"③。志费尼认为，窝阔台汗"征服契丹后，班师回朝。这时候，他目光远大，再次召集他的诸子和族人，和他们共同的商人，以确保新旧札撒和法令的实施，再派兵征伐宜于攻打的国家，并且让王公及军士、贵人和贱民，分享他春雨般的恩赐"④。

获得更多的战利品是成吉思汗及其继承者建立世界帝国的野心，蒙古帝国扩张主要是物质利益的驱动。志费尼说："对游牧民族而言，战争就是一种生产，对士兵来说，战争则意味着成功与富有。"⑤ 在冷兵器时代，蒙古帝国凭借游牧民族的优势，发动一系列征服战争，目的是满足游牧贵族掠夺草原、土地、人口、财富的强烈欲望。第二次西征瞄准钦察草原最直接的原因莫过于占有优质的草原、土地等战利品。钦察草原是波罗维茨人（土耳其称之为钦察人，拉丁语和希腊语称之为库曼人或格曼人）的游牧地，地处黑海、高加索、里海之北，西起多瑙河，东抵乌拉尔河，与东罗马帝国、匈牙利、基辅罗斯、不里阿

① MAY T. *The mechanics of conquest and governance：the rise and expansion of the Mongol Empire*, 1185—1265 ［D］. Madison：University of Wisconsin-Madison, 2004：243.
② 额尔登泰. 乌云达赉校勘. 蒙古秘史续集（卷二）［M］. 呼和浩特：内蒙古人民出版社，1980：1049.
③ 志费尼. 世界征服者史［M］. 何高济，译. 北京：中国人民大学出版社，2012：160.
④ 志费尼. 世界征服者史［M］. 何高济，译. 北京：中国人民大学出版社，2012：158.
⑤ 志费尼. 世界征服者史［M］. 何高济，译. 北京：中国人民大学出版社，2012：158.

耳、康里为邻。草原广袤，以游牧经济为主，是横贯亚欧大陆中部的草原地带，地缘战略优势明显。朱兹扎尼在其著作《纳昔里史》（1259—1260）中记载，成吉思汗之子术赤关于钦察草原（捷什特-伊-钦察）曾说"全世界再没有一处地方的土地比这里更富饶，空气比这里更好，水比这里更甜，牧场和草地比这里更宽广"①。伊本·阿昔儿也说，钦察草原是一处"冬夏皆有牧场"的地方。②蒙古人作为驰骋于蒙古高原上的游牧民族，不得不寻找更多肥美的草原以支撑整个帝国的运作，于是，钦察草原成为蒙古帝国觊觎的对象。

　　②第二次西征历程

　　1229 年，蒙古帝国派遣阔阔带和速不台 3 万军队前往伏尔加河③，进入里海沿岸草原，去迎战不里阿耳人④和钦察人，清除伏尔加河下游的诸部族，以做好对东欧发动大规模战争的准备。拉甫连齐耶夫编年史记载："撒哈辛人与波罗维茨人跑到不里阿耳来请求保护；押亦河（乌拉尔河）上的不里阿耳边防军，在鞑靼人的打击下被迫击溃。"⑤ 占据伏尔加河与乌拉尔河流域的钦察部对入侵的蒙古军队进行了顽强抵抗，但在蒙古军的逼压下，钦察、萨克欣和保加尔军队撤退到伏尔加河的保加尔境内。1232 年，蒙古人向保加尔发动新的进攻。史籍记载，"鞑靼人来到这里，由于没有打到保加尔伟大的都城而只好在这里过冬"⑥。

　　1235 年，窝阔台召开忽里勒台，开始第二次西征，决定"让宗王拔都、蒙哥合罕、贵由汗和其他宗王们率领一支大军前往钦察人、斡罗思人、不剌儿人（伏尔加河或多瑙河上的不里阿耳人）［波兰人］、马札儿人、巴失乞儿惕人（乌拉尔山的巴什基尔人）、阿速人的地区，前往速答黑和那边的边远地区，将那些地区全部征服"⑦。《蒙古秘史》记载：窝阔台下令，"以前曾派速别额台·把阿秃儿出征康邻、乞卜察兀惕、巴只吉惕、斡鲁速惕、阿速惕、薛速惕、马

---

①　皮库林，等. 蒙古西征研究［M］. 陈泓法，译. 呼和浩特：内蒙古人民出版社，2015：110.

②　皮库林，等. 蒙古西征研究［M］. 陈泓法，译. 呼和浩特：内蒙古人民出版社，2015：110.

③　伏尔加河（Etil）：《元史》称亦的勒河。

④　不里阿耳人（Bulghar）：也译保加尔人。

⑤　格列科夫，雅库博夫斯基. 金帐汗国兴衰史［M］. 余大钧，译. 北京：商务印书馆，1985：171.

⑥　皮库林，等. 蒙古西征研究［M］. 陈泓法，译. 呼和浩特：内蒙古人民出版社，2015：115.

⑦　拉施特. 史集（第二卷）［M］. 余大钧，周建奇，译. 北京：商务印书馆，1985：59.

札儿、客失米儿、薛儿格速惕、不合儿、客列勒等部落、国家，渡过阿的勒河①、札牙黑河②，征伐篾客惕、绵·客儿绵·客亦别等城，因为那里的百姓难攻，可命巴秃（拔都）、不里、古余克、蒙格（哥）等众多宗王出征，增援速别额台（速不台）。这次出征的众多宗王们，以巴秃为首长……此次西征，凡管领百姓的宗王，应命其长子出征。不管领百姓的宗王们，万户长、千户长、百户长、十户长们，无论何人，也应命其长子出征。公主、驸马们，也应照规矩命其长子西征"③。拉施特记载，"奉命出征钦察草原和那些边远地区的宗王[如下]：拖雷汗诸子中的长子蒙哥汗及其弟拔都；窝阔台合罕家族中的长子贵由汗及其弟合丹；察合台诸子中的不里、拜答儿以及合罕的兄弟阔列坚；术赤的儿子们拔都、斡儿答、昔班和唐兀惕（唐古忒）。[参加远征的还有]尊贵的异密速别台把阿秃儿等人"④。志费尼说：窝阔台汗"责成一些王公去援助拔都，他们是：蒙哥可汗及其弟拔绰；他自己的儿子贵由汗和合答罕；其他王公中的阔列坚、不里、拜答儿；拔都的兄弟斡鲁朵和唐古忒；几个别的王公以及从大将中挑选的速不台把阿秃儿"⑤。所以，蒙古帝国第二次西征军，主要由五部分组成：第一部分是术赤的次子拔都、别儿哥、昔班、唐兀惕；第二部分是察合台的儿子拜答儿、长孙不里；第三部分是窝阔台的长子贵由及其弟合丹、长孙海都；第四部分是拖雷的长子蒙哥及其弟拔绰；第五部分是成吉思汗的庶子阔列坚。拔都西征，成吉思汗家族 12 位宗王出征，出征军队总人数约 15 万人，规模大，战力强。瓦西里·扬认为西征大军是 33 万人。⑥

第二次西征的目标有三：首先且主要是实现 1223 年速不台向成吉思汗提出征服钦察草原的建议；其次是征服基辅罗斯国家；《世界征服者史》记载："当合罕（窝阔台）召开第二次忽邻勒塔时，他们共同商议如何剪除和征服所有余下的反抗者；并决定攻占与拔都营地接界的不里阿耳、阿速和斡罗思等国；因为它们为自己的领域的广阔所欺，还没有完全投诚。"⑦ 最后是剿灭长期流窜北波斯的花剌子模沙扎兰丁。所以，第二次西征分东欧和西亚两个方向，动因皆为开疆拓土，掳掠财物。《蒙古秘史》记载："绰儿马罕箭筒士使巴黑塔惕国

① 阿的勒河（Atïl or Etil or Ethil）：又译亦的勒河、额只勒河、也的里河、阿得水，为突厥人对伏尔加河的称呼。
② 札牙黑河（Yayïq）：又译押亦河，为突厥人对乌拉尔河的称呼。
③ 余大钧，译注. 蒙古秘史［M］. 石家庄：河北人民出版社，2001：468-469.
④ 拉施特. 史集（第二卷）［M］. 余大钧，周建奇，译. 北京：商务印书馆，1985：61-62.
⑤ 志费尼. 世界征服者史［M］. 何高济，译. 北京：商务印书馆，2004：297.
⑥ 瓦西里·扬. 拔都汗［M］. 陈弘法，译. 北京：中国书店，2012：50.
⑦ 志费尼. 世界征服者史（上册）［M］. 何高济，译. 北京：商务印书馆，2004：297.

（巴格达的阿拔斯王朝）归附了。听说那里地方好，物产好，斡歌歹·合罕降旨道：'命绰儿马罕箭筒士为探马，驻在那里，每年把黄金、黄金制品、浑金、织金、绣金、珠子、大真珠、长颈高腿的西马、骆驼、驮用的骡子送来。'"①

长子西征东欧之所以委任拔都为西征大军统帅，原因是窝阔台履行成吉思汗的遗命，也就是按照成吉思汗的大扎撒办事。成吉思汗分封诸子，术赤作为长子，封地最西，营帐在伏尔加河，海押立以西所有被征服地区，乃至马蹄所及之地均属术赤兀鲁思。成吉思汗"并颁降了一道务必遵命奉行的诏敕，命令术赤汗将钦察草原诸地区以及那边的各国征服并入他的领地"②。1227 年术赤病逝，次子拔都承袭金帐汗位，"他的兄弟们受他节制并服从他"③。速不台自抄略钦察草原的阿速人和钦察人并在 1223 年返回蒙古高原后，④ 向成吉思汗谏言："请讨钦察。"⑤ 成吉思汗许之。所以，窝阔台一登上汗位，便"根据成吉思汗先前向术赤颁降的、征服北方各地区的必须无条件执行的诏敕，［将这件事］交给他［术赤］的子孙［去完成］""指派拔都率领诸兄弟和其他宗王们，按照成吉思汗先前的诏敕，去征服北方诸地区"⑥。苏联著名作家瓦西里·扬的《蒙古人的入侵》之第二部《拔都汗》生动地描述了拔都誓师出征的威武场面。"拔都勒住金马缰，把弯刀举过头顶。……用洪亮的声音喊道：'我伟大的祖父、神圣的震撼世界者命令我去征服西方全部大地，直到最后的边疆。我保证和你们——勇气超人的巴特尔们完成这项大业，沿着崎岖的血火之路走到世界的尽头！'"⑦

1. 征服不里阿耳

1236 年秋天，钦察草原的全体蒙古宗王召开忽里勒台，商定自北向南战略，采取扫除南北两翼障碍的行动方案，最后集中力量解决以基辅为中心的南斡罗思。所谓扫除两翼障碍，一是剪除势单力薄的北部不里阿耳，二是追灭作鸟兽

① 余大钧，译注. 蒙古秘史［M］. 石家庄：河北人民出版社，2001：478.
② 拉施特. 史集（第二卷）［M］. 余大钧，周建奇，译. 北京：商务印书馆，1985：139-140.
③ 拉施特. 史集（第二卷）［M］. 余大钧，周建奇，译. 北京：商务印书馆，1985：142.
④ 阿速人（AS）：阿兰人，或译阿儿兰人、奥谢踢人，操伊朗语，分布于高加索山北麓，信奉基督教。钦察人，操突厥语，分布在里海、黑海以北，东起乌拉尔河，西至顿河的辽阔草原，拜占庭人称之为库蛮人，罗斯人称之为波洛伏奇人，穆斯林称之为钦察人。主要信仰伊斯兰教，部分信仰基督教。
⑤ 宋濂，等. 元史（卷一百二十一）［M］. 北京：中华书局：1976：2976.
⑥ 拉施特. 史集（第二卷）［M］. 余大钧，周建奇，译. 北京：商务印书馆，1985：142.
⑦ 瓦西里·扬. 拔都汗［M］. 陈弘法，译. 北京：中国书店，2012：45.

散的南部钦察残部。

第二次西征的第一目标瞄准不里阿耳人，是因为，一方面不里阿耳人生活在伏尔加河上源卡马河流域，建都保加尔（一译不里阿耳城，位于伏尔加河和卡马尔河交汇处，今俄罗斯喀山市南 115 千米，其废址在今不里阿耳—乌斯平斯科依村）。另一方面不里阿耳以农立国，属定居农业文明，农业和商业发达，积蓄了大量财富，征服不里阿耳能为蒙古西征大军提供较好的后勤保障。不里阿耳人和钦察人也是蒙古西征斡罗思的南北两大障碍。

鉴于速不台曾率兵万人追击花剌子模沙摩诃末，三年之内行军万里，横扫阿速人、钦察人，击溃过罗斯联军，对钦察人、阿速人、罗斯人较为了解。速不台也是"成吉思汗所有将领当中最有才干的一员大将"[1] "最有经验的老将"[2]。所以，速不台被任命为进攻北部的不里阿耳人的先锋军将领。

1236 年春，全体宗王一起出发，拔都兵分两路进抵东欧。速不台开始向不里阿耳出发。1236 年夏，速不台接近不里阿耳，与拔都、斡鲁朵、昔班、唐兀惕会合，拔都命各宗王率本部人马进军。1236 年冬，蒙古军攻破伏尔加河中游的城墙坚固的不里阿耳都城。拉施特记载：速不台的军队"他们抵达大［不里阿耳］城及其［附近］其他地区，击溃了那里的军队并迫使他们屈服。那里的首领伯颜和只忽，来向宗王们称降"[3]。伯颜和只忽降而反叛，速不台再次率兵征讨，擒获了伯颜和只忽，蒙古军大肆屠杀居民，并焚毁不里阿耳城。志费尼记载："他们在不里阿耳境内会师。大地因他们军旅的强大而震响共鸣，就连野兽都被他们兵力的规模和喧嚣吓了一跳。首先他们袭取了以阵地坚固和资源丰富而闻名全世界的不里阿耳城；作为对他人的一个警告，他们屠杀百姓，掠他们为奴。"[4] 俄国编年史也记录了蒙古人在不里阿耳的残暴行为。"不信神的鞑靼人从东方侵入不里阿耳国，攻陷了著名的大不里阿耳城，屠杀老人孩子，他们掠夺了大量财物，火烧了他们的城市，并占领了他们的全部国土。"[5] "比里亚尔、凯尔涅克、茹科京、苏瓦尔等城市也被毁于一旦。"[6]

---

[1] 格列科夫，雅库博夫斯基. 金帐汗国兴衰史［M］. 余大钧，译. 北京：商务印书馆，1985：172.

[2] SINOR D. *The mongols in the west*［J］Journal of Asian History, 1999, 33（1）：6.

[3] 拉施特. 史集（第二卷）［M］. 余大钧，周建奇，译. 北京：商务印书馆，1985：63.

[4] 志费尼. 世界征服者史（上册）［M］. 何高济，译. 北京：商务印书馆，2004：297.

[5] 格列科夫，雅库博夫斯基. 金帐汗国兴衰史［M］. 余大钧，译. 北京：商务印书馆，1985：171.

[6] 皮库林，等. 蒙古西征研究［M］. 陈泓法，译. 呼和浩特：内蒙古人民出版社，2015：116.

2. 消灭八赤蛮等钦察残部

征服不里阿耳是"蒙古人入侵欧洲的第一个小插曲"①，拔都的第二个目标是南部的钦察人。1236 年冬，拔都分遣蒙古军征讨不里阿耳邻近的钦察各部。斡鲁朵的分遣队征服伏尔加河流域的巴失乞儿惕人（巴什基尔人，Bashkirs）、莫尔达瓦人等部。拉施特说，巴失乞儿惕人很快就被蒙古军征服。莫尔达瓦人和萨克欣人为捍卫独立与蒙古军顽强战斗。匈牙利僧人尤里安说，莫尔达瓦一公爵"率领为数不多的人马来到设防坚固的地方，拼尽全力进行自卫"②。法国僧人柏朗嘉宾说，蒙古军围攻萨克欣人一座城市，遭到了萨克欣人的抵抗，萨克欣人以新式的机械破坏了蒙古人的攻城器械，蒙古军无计可施，最后只能撤军，放弃了对这一城市的进攻。萨克欣人（撒哈辛人）"他们杀死了许多人，杀伤了其他人，迫使鞑靼人后撤。因此，鞑靼人发现对待这些人已无计可施，其中有许多人阵亡，所有只好撤走了"③。

1236 年冬，蒙哥率军经里海北岸逼近伏尔加河下游的钦察人地区。居住在乌拉尔河和伏尔加河之间的钦察人首领忽鲁速蛮遣使纳款，其子班都察率部归降。

1236 年，大部分钦察部已臣服蒙古帝国，但另一斡勒不儿里部钦察人首领八赤蛮率部众抵抗。八赤蛮机智灵活，住无定所，善于藏匿，"无论（蒙古）军队怎么搜寻他，都找不到他的踪迹"④ "他没有一个经常落脚的地方，因此蒙古军队不能捉到他。"⑤ 凭借伏尔加河下游的森林地带，八赤蛮采取流动突袭方式与蒙古军周旋，不时袭扰蒙古军。速不台受命增援蒙哥，追剿八赤蛮。《元史》记载："乙未，太宗命诸王拔都西征八赤蛮，且曰'闻八赤蛮有胆勇，速不台亦有胆勇，可以胜之。'遂命为先锋，与八赤蛮战。"⑥

1237 年春，速不台自不里阿耳移师南下，在里海俘虏八赤蛮妻儿，八赤蛮闻讯，深感恐惧，潜入伏尔加河口附近的里海（宽田吉思海）一岛上，蒙古军尾追其踪。史载，蒙哥"下令造了两百只船，每只船载一百名全副武装的蒙古人。……在亦的勒河畔的一座森林中，他们发现了一些仓促移营所遗下的鲜粪

---

① SINOR D. The mongols in the west［J］. Journal of Asian History，1999，33（1）：7.

② 皮库林，等. 蒙古西征研究［M］. 陈泓法，译. 呼和浩特：内蒙古人民出版社，2015：117.

③ 柏朗嘉宾蒙古行纪［M］. 耿升，何高济，译. 北京：中华书局，2002：77.

④ 志费尼. 世界征服者史［M］. 何高济，译. 呼和浩特：内蒙古人民出版社，1980：659.

⑤ 拉施特. 史集（第二卷）［M］. 余大钧，周建奇，译. 北京：商务印书馆，1985：64.

⑥ 宋濂，等. 元史（卷一百二十一）［M］. 北京：中华书局：1976：2977.

等物，并遇见了一个有病的老妪。从她得知，八赤蛮已转移到一个岛上"①。蒙古军水陆配合，蒙哥和他的兄弟拔绰沿着伏尔加河两岸对八赤蛮形成合围，涉水登岛，进攻岛屿，歼灭钦察人，俘获八赤蛮。志费尼说："蒙哥可汗命令军士立即上马。八赤蛮在他发觉前被俘，他的军队在一个时辰内被消灭，有的给扔进河里，有的即刻被杀死。蒙古人掠他们的妻子儿女为奴，他们还抢走很多贵重的战利品。然后他们班师。"② 八赤蛮坚强不屈，不肯下跪，蒙哥命令他的异母兄弟拔绰处死八赤蛮，蒙古人征服了伏尔加—乌拉尔河地区。拔都把钦察草原划分为几个行政区，咸海周围地区分给斡鲁朵，此地以"阿黑斡耳朵"著称，昔班分得南乌拉尔地区为"阔克斡耳朵"，两斡耳朵名义上都以拔都为宗，形成行政上的隶属关系。③

③征服基辅罗斯

1237 年秋，拔都召集西征军宗王大会，决定共同进军斡罗思方案：全军听从拔都号令，速不台协调指挥，各宗王率本部士兵以合围方式并进，互为犄角，沿途攻城略地，消灭基辅罗斯。拉施特记载，"同年秋，在那里的全体宗王们举行了忽里勒台，共同商定出征斡罗思人"④。1237 年游历基辅罗斯的匈牙利僧人尤里安说："抢在他们之前的而逃亡的斡罗思人、匈牙利人和保加尔人亲自告诉我们，他们（蒙古军）等待冬季来临，大地、河流、沼泽封冻，大批鞑靼人便可轻而易举地粉碎整个罗斯，全部斡罗思人的国家。"⑤

1237 年冬，拔都在沃伦涅什河畔的奥努泽（一说苏雷河的努兹列）扎营，西征的全体宗王出征斡罗思人，蒙古人首先围攻梁赞公国（也称里亚赞、也列赞）。按照蒙古帝国惯例，拔都派出特使前往梁赞大公尤里·伊戈列维奇驻地，劝其开城纳款，归降蒙古帝国。梁赞、穆罗姆纳和普隆斯克的公爵们召集会议，同仇敌忾，拒绝向蒙古人纳款称降。为延缓蒙古军进军，尤里·伊戈列维奇大公之子被派往拔都驻营地和谈，他因拒绝将妻子作为蒙古帝国的人质而被杀。尤里·伊戈列维奇请求弗拉基米尔和切尔尼戈夫大公援助，因基辅罗斯王公们之间矛盾重重，求援无望，尤里·伊戈列维奇只能依靠自己的力量，带领军队

① 拉施特. 史集（第二卷）[M]. 余大钧，周建奇，译. 北京：商务印书馆，1985：64.
② 志费尼. 世界征服者史 [M]. 何高济，译. 北京：商务印书馆，2004：619.
③ MAY T. *The mechanics of conquest and governance：the rise and expansion of the Mongol Empire*，1185—1265 [D]. Madison：University of Wisconsin-Madison. 2004.
④ 拉施特. 史集（第二卷）[M]. 余大钧，周建奇，译. 北京：商务印书馆，1985：65.
⑤ 皮库林，等. 蒙古西征研究 [M]. 陈泓法，译. 呼和浩特：内蒙古人民出版社，2015：119.

开往沃伦涅什与蒙古大军交战。在强大的蒙古军面前，梁赞公国许多公爵战死，普隆斯克、别尔哥罗德等城被劫掠一空。1237 年 12 月 16 日，拔都、斡儿答、贵由、蒙哥、合丹、不里和阔列坚的蒙古军围攻梁赞城。经过七天激战，梁赞城被攻破，尤里·伊戈列维奇被杀。拉施特记载："拔都、斡儿答、贵由汗、蒙哥合罕、阔列坚、合丹和不里一同围攻阿儿盘城（梁赞城），并在三天内攻下［它］。"① 元史记载："钤部从诸王拔都征斡罗思，至也里［赞］城，大战七日，拔之。"②

1238 年初，为阻断弗拉基米尔公国与莫斯科联系的通道，蒙古军兵分四路，沿奥卡河进攻梁赞之北的科洛姆纳城。梁赞军队主要是弗拉基米尔大公尤里·伏谢沃洛多维奇之子弗谢沃洛德为指挥官的军队和罗曼公爵罗曼·伊戈列维奇为首的梁赞军队。科洛姆纳之战，蒙古军遭到梁赞军队的顽强抵抗，双方死伤惨烈，蒙古宗王阔列坚（成吉思汗与忽兰之子）在科洛姆纳战死，梁赞军队伤亡也很大，罗曼公爵、尤里·叶列麦依·格列鲍维奇将军以及许多普通士兵在这次战斗中被杀死，蒙古军占领科洛姆纳城。拉施特记载，"他们又占领了亦客（科洛姆纳）城。阔列坚在那里受伤死去。有个斡罗思异密，名叫兀儿蛮［罗曼］，率领军队出［战蒙古人］，但他被击溃，并被杀死"③。

蒙古人从科洛姆纳向弗拉基米尔·尤里耶维奇公爵管辖的苏兹达尔公国的莫斯科城进军，守城将领菲里普·尼扬科未能守住该城，五天后蒙古军攻下莫斯科，大公弗拉基米尔·尤里耶维奇被杀。拉施特说："后来，总共用了五天，又攻下了马客儿（莫斯科）城，杀掉了该城的王公兀来帖木儿（弗拉基米尔·尤里耶维奇）。"④

攻下莫斯科之后，蒙古军向弗拉基米尔公国进发。弗拉基米尔大公尤里·伏谢沃洛多维奇与他的兄弟雅罗斯拉夫、斯维雅托斯拉夫率领的军队在西提河畔会合，准备迎击蒙古军，大公的二个儿子弗谢沃洛德和姆斯吉斯拉夫留守弗拉基米尔城。1238 年二月初，蒙古大军兵临弗拉基米尔城下，弗拉基米尔城是斡罗思最强最大的城市，蒙哥把从莫斯科带来的俘虏尤里耶维奇推出来给弗拉基米尔守城将领观看，希望弗拉基米尔放弃抵抗，此计不成。2 月 6 日，蒙古军开始攻城准备，"从当天清晨至第二天清晨安放了木柴和攻城器，当天夜里用栅

① 拉施特. 史集（第二卷）［M］. 余大钧，周建奇，译. 北京：商务印书馆，1985：65.
② 宋濂，等. 元史（卷一百二十一）［M］. 北京：中华书局：1976：3011.
③ 拉施特. 史集（第二卷）［M］. 余大钧，周建奇，译. 北京：商务印书馆，1985：65.
④ 拉施特. 史集（第二卷）［M］. 余大钧，周建奇，译. 北京：商务印书馆，1985：65.

栏围住了城墙"①。2月7日，蒙古军穿过城墙缺口冲入城内，尤里大公弃城而逃，弗拉基米尔公国首府弗拉基米尔城遭到蒙古军毁灭性破坏。拉施特记载："在八天中攻下了（它）。他们进行了激烈的厮杀。蒙哥（合罕）亲自完成了勇士的功绩，直到把他们（斡罗思人）击溃为止。"②

1238年三月初，蒙古军相继攻陷弗拉基米尔—苏兹达尔地区的罗斯托夫、乌格里奇、雅罗斯拉夫里等城，罗斯东北部大部分地区为蒙古人所征服。

1238年3月4日，蒙古大军包围驻扎西提河畔的尤里·伏谢沃洛多维奇大公营地。西提河之战，蒙古军歼灭弗拉基米尔大公的主力军1万余人，尤里大公战死，尤里的侄子瓦西里科·康斯坦丁诺维奇被俘，许多斡罗思将领和士兵被消灭。西提河之战是蒙古第二次西征与罗斯国家之间具有决定性意义的一次会战。作为罗斯当时最强大的公国弗拉基米尔公国和苏兹达尔公国的灭亡，不仅大大激励了蒙古西征军士气，也使罗斯国家其他公国几乎丧失顽强抵抗蒙古军的信心。3月5日，蒙古军攻克弗谢沃洛德的托尔若克城，守城将领格奥尔基逃到森林后被杀。西提河之战后，蒙古人分成几个万人队集体围猎，但同时"凡是他们在途中所遇到的城、堡和地区，都攻下来并加以破坏"③。蒙古军继续北上诺夫哥罗德，因行军困难南下。在奥卡河上游的科泽尔斯克城，蒙古人遭到该城公爵瓦西里带领的居民顽强抵抗，双方对决两月之久，直到合丹和不里率军援助，瓦西里公爵最后被杀，蒙古人也损失惨重，三名万户长子弟在内的四千蒙古人战死。城破之日，拔都下令屠城。为了补充兵力和调和拔都与贵由之间的矛盾，1238年夏，蒙古大军在钦察草原休整。

1238年秋，蒙古军抄略斯摩棱斯克等地。同年冬，蒙哥出征契尔尼果夫，在攻打契尔尼果夫城时，蒙古军使用了巨型石炮，抛出的石头大到需要四个人才能抬动。昔班、拔绰和不里征服克里木地区，别儿哥征讨钦察人，俘虏敌部军将阿儿主马黑、忽兰巴思和合巴兰。

1239年12月，贵由、蒙哥、合丹和不里前往阿速部都城蔑怯思。蔑怯思城固若金汤，蒙古人经过近二个月的围攻，唐兀人昔里钤部率敢死队突袭，方可攻下蔑怯思。元史记载："己亥冬十有一月，至阿速灭怯思城，负固久不下。明年春正月，钤部率敢死士十人，蹑云梯先登，俘十一人，大呼曰：'城破矣！'

---

① 皮库林，等.蒙古西征研究［M］.陈泓法，译.呼和浩特：内蒙古人民出版社，2015：122.

② 拉施特.史集（第二卷）［M］.余大钧，周建奇，译.北京：商务印书馆，1985：65-66.

③ 拉施特.史集（第二卷）［M］.余大钧，周建奇，译.北京：商务印书馆，1985：66.

众蚁附而上，遂拔之。"① 拉施特说："贵由汗、蒙哥合罕、合丹和不里前往明怯思城。当年冬天，经过持续一个月又十五天的围攻后，攻下了该城。"② 阿速部都城蔑怯思被攻陷，蒙古人控制了钦察草原南北要冲打耳班地区，钦察草原基本纳入蒙古帝国的统治。阿速部被征服，阿速人被迁往中原者众，并组成了元朝重要的一支军队阿速卫。元史记载："杭忽思，阿速氏，主阿速国。太宗兵至其境，杭忽思率众来降，赐名拔都儿，赐以金符，命领其土民。寻奉旨选阿速军千人，及其长子阿塔赤扈驾亲征。"③ "阿答赤，阿速氏。父昂和思（杭忽思），宪宗时佩虎符，为万户。"④ "阿儿思兰，阿速氏。……至大元年，授宣武将军、左卫阿速亲军副都指挥使。"⑤

1239 年冬，蒙古大军从伏尔加河出发，几支分遣队再次进入莫尔达瓦地区，火烧穆罗姆纳和戈罗杰茨，穿过克里亚兹马河，年末蒙古军来到克里米亚，直入罗斯南部。

1240 年，拔都亲统大军围攻基辅。基辅自 882 年建城来，一直是基辅罗斯公国的首都，高大坚固，在十四、十五世纪莫斯科中央集权国家形成前，它是东斯拉夫文明的代表。俄国编年史记载，先锋部队指挥蒙哥为这座美丽和庄严的城市所震惊，"他向基辅派出使者，企图以空头人情说服（诱使）基辅人投降。这一计谋未能得逞"⑥。大敌当前，基辅上层内讧不已，严重削弱了对蒙古军的抵抗力量。基辅大公米哈伊尔因杀蒙古使者而逃亡波兰，斯摩棱斯克王公罗斯奇斯拉夫掌控基辅，加利西亚大公（伽里赤王）丹尼尔羁押罗斯奇斯拉夫，命其部将德米特里镇守基辅。

1240 年秋，拔都亲率大军至。冬，西征军各路宗王会合，发起对基辅的总攻。俄国编年史记载，西征军兵强马壮，军力强盛，"兵车辚辚，骆驼鸣叫，战马嘶鸣，以致人们说话彼此都听不见"⑦。统帅拔都下令古城四周架起石炮，昼夜猛攻，德米特里身负重伤，仍带领军民顽强抵御，"断矛残盾随处皆是，羽箭

①　宋濂，等. 元史（卷一百二十二）［M］. 北京：中华书局；1976：3011.
②　拉施特. 史集（第二卷）［M］. 余大钧，周建奇，译. 北京：商务印书馆，1985：67.
③　宋濂，等. 元史（卷一百三十二）［M］. 北京：中华书局，1976：3205.
④　宋濂，等. 元史（卷一百三十五）［M］. 北京：中华书局，1976：3280.
⑤　宋濂，等. 元史（卷一百二十三）［M］. 北京：中华书局，1976：3038.
⑥　皮库林，等. 蒙古西征研究［M］. 陈泓法，译. 呼和浩特：内蒙古人民出版社，2015：125.
⑦　韩儒林. 元朝史［M］. 北京：人民出版社，1986：159-160.

遮天蔽日"①。12月6日（一说11月19日），基辅陷落，居民遭到屠杀。柏朗嘉宾记叙，蒙古人"围困了斡罗思的首都乞瓦（Kiev），在经过长期围困之后，便夺得城市并屠杀其居民。所以，当我们途经此地时，曾经在原野上发现过无数死者的头颅和遗骸。此城过去曾非常庞大和居民异常稠密，而现在它几乎已被夷平。那里可能最多还有二百间房舍，居民处于一种严酷的奴隶地位"②，基辅罗斯国家灭亡。

蒙古人摧毁基辅罗斯之后，向加里奇—沃伦尼亚进军，先后占领科洛加仁、卡缅涅茨、伊加斯拉夫、弗拉基米尔等城，加利西亚公国大公丹尼尔逃亡匈牙利。拉施特记载：蒙古军"经过弗拉基米尔的所有各城，并征服了途中诸城堡和各地区"③。至此，斡罗思为蒙古帝国所征服。

④进军波兰和匈牙利

波兰人是西斯拉夫人的一支，自古以来生活在东欧平原西部。六至九世纪，波兰人原始公社制解体、封建关系开始形成。十一世纪初，波兰封建土地私有制迅速发展，地区与地区之间缺乏经济联系，离心力愈来愈强，中央和地方的矛盾愈演愈烈，地方公爵政权割据严重，基辅罗斯大公雅罗斯拉夫觊觎波兰领土，弗洛茨拉夫在内的西里西亚（昔烈西亚）的大部分置于捷克王公的控制之下。1138年波列斯拉夫三世死后，波兰一分为五，形成各自独立的公国，开启长期处于分裂割据的局面。十二世纪中叶开始，神圣罗马帝国加强对波兰的入侵和移民，完全占领拉巴河和波罗的海沿岸斯拉夫人的土地，建立起勃兰登堡侯国，并作为向东扩张的前沿阵地。十二世纪末，西波莫瑞与波兰分离，纳入神圣罗马帝国版图。1223年（一说1226年），马佐夫舍公爵康拉德为对付宿敌普鲁士人，引入条顿骑士团，将托伦在内的赫姆诺作为其封地，后来条顿骑士团完全征服普鲁士，严重威胁波兰国家安全。十二世纪末和十三世纪初，波兰分崩离析，国家软弱无力，外敌乘虚而入。

1241年春，蒙古大军除三万骑兵据守南斡罗思外，余下的十二万人兵分三路进军波兰（孛烈儿）、匈牙利（马札儿）和摩尔达维亚。北线战事由拜答儿、海都、兀良合台负责，率三四万骑兵为右翼，进入波兰，策应进攻匈牙利的蒙古主力军作战。中军为主力，约六七万骑，由拔都、速不台率领，直取布达佩

① 皮库林，等. 蒙古西征研究 [M]. 陈泓法，译. 呼和浩特：内蒙古人民出版社，2015：125.
② 柏朗嘉宾蒙古行纪 [M]. 耿昇，何高济，译. 北京：中华书局，2002：58-59.
③ 拉施特. 史集（第二卷）[M]. 余大钧，周建奇，译. 北京：商务印书馆，1985：77.

斯（帛思忒），征服匈牙利。南线战事由合丹负责，率领一部作为左翼，阻击可能从东南面支援匈牙利的敌军，攻打摩拉维亚。

蒙古西征军摧毁基辅罗斯后，为阻止波兰国王博列斯拉夫四世兵援匈牙利，拜答儿、海都、兀良合台率领三四万骑兵侵入波兰。1241 年 2 月 13 日，拜答儿率领的北线军队渡过维斯杜拉河（维思秃剌河），洗劫桑多梅日城，开始向波兰发起进攻，抄略波兰经济最发达的地区之一克拉科夫（克剌可夫）。3 月 18 日，在赫梅尔尼克（Chmielnik），拜答儿击溃波兰军，向克拉科夫城进军，博列斯拉夫四世逃往摩拉维亚（莫拉维亚），居民纷纷弃城躲避战火，蒙古军纵火烧毁克拉科夫城。尔后，蒙古军进入西里西亚，在拉蒂博尔渡过奥得河，攻破弗洛茨拉夫。

西里西亚公爵亨利二世（1230—1253）率军三万（一说七八万）迎战拜答儿的蒙古军，波希亚国王瓦茨拉夫一世也前来援助，这支军队由日耳曼十字军、条顿骑士团、波希米亚人、波兰人组成，故称德波联军。德波联军虽然人数两倍于拜答儿的蒙古军，但装备不如蒙古军的长弓，且人员组成复杂。1241 年 4 月 9 日，在里格尼茨（Liegnitz）附近，亨利二世率军出战，蒙古先锋军佯败，亨利二世尾追，蒙古中军趁亨利二世所率部队疲劳之时，突然发起反攻，大败德波联军，亨利二世战死，"数千人至四万人战死"①，西方世界陷于一片恐慌。里格尼茨之战后，蒙古军南下攻入摩拉维亚，焚掠诸地。6 月，拜答儿与拔都会合，转战匈牙利。

匈牙利属芬兰—乌戈尔人，九世纪前，散居在乌拉尔山、卡马河和伏尔加河流域，后来西迁多瑙河中游和提索河流域，和多瑙河中游的匈奴人、日耳曼人和斯拉夫人混合，部落联盟中的马札儿部最强，故称马札儿人。十一世纪末和十二世纪初，匈牙利长期对外扩张，形成军事封建主阶层，他们占有大量封地，拥有行政、司法等特权，封建割据势力日益增强。1222 年，匈牙利国王安德烈二世（1205—1235）参加第五次十字军东征失利，国内阶级矛盾激化，封建主贵族乘机发难，迫使安德烈二世签署"黄金诏书"，匈牙利封建主地方割据法律化，匈牙利政治上四分五裂，不利于抵抗外族入侵。

1241 年 3 月初，拔都大军兵分三路侵入匈牙利。昔班率一路军自北面从波兰和摩拉维亚之间进攻。拔都统率中军从加里奇攻入乌日哥罗德和穆卡切沃。合丹率一路军从摩尔达维亚向奥拉迪亚和琼纳德进军。拔都首先遣使匈牙利国王归附蒙古帝国，匈牙利自恃人多势大，兵强马壮，目空一切，拒绝乞降。志

---

① 杉山正明. 蒙古帝国与其漫长的后世［M］. 乌兰，译. 北京：北京日报出版社，2020：131.

费尼记载：匈牙利"他们也用四十万个以善战闻名、视逃跑为可耻的骑兵，出发去迎击他（拔都）"①。拔都招降匈牙利未果，率领中军直奔匈牙利首都佩斯城。匈牙利国王贝拉四世召集贵族和主教商议对策，拘禁了遭蒙古西征军打击而逃亡匈牙利的钦察部酋忽滩汗，此举行为导致钦察人与匈牙利人相互残杀，匈牙利大乱。

　　4月2—5日，蒙古西征军向东移动，三路军队在佩斯对面集合。匈牙利国王贝拉四世匆忙集结军队迎战。4月7日，蒙古军缓缓东撤，匈牙利误判，贸然率军追击。双方在绍约河（《元史》称漷宁河）安营扎寨，互为对峙。拔都下令向匈牙利军队进攻，投石机齐发，夺取了大桥，匈牙利军大乱。4月11日，速不台在绍约河下游结筏渡河，与拔都军合围匈牙利军，直达扎卡尔德，匈牙利军被彻底击败，纷纷逃离战场，死伤惨烈，贝拉四世逃到克罗地亚避难，大主教马蒂阿斯战死，蒙古军占领和焚烧佩斯城。志费尼记载，"当两军彼此接近时，拔都登上一个山头并在上面待了一天一夜，除了祷告和叹息外他不跟任何人说话；同时他叫穆斯林也集合起来，向天祈祷。次日他们准备战斗。一条河把两军隔开，拔都遣一支军队在夜间渡河，然后他的［主力］军队过去了。拔都的兄弟（昔班）亲自进入战场，进行一次又一次的攻击；但敌军强大，寸步不让。这时［主力］军从后到达；昔班罕同时全力出击；他们冲击敌人的御营，用他们的刀斩断绳索。当蒙古人掀翻了他们的营盘时，克列尔（匈牙利）军队丧失斗志，逃跑了。但该军没有逃脱，那些国土也被征服。这是他们的最伟大的战绩和最激烈的战斗之一"②。7月，蒙古先锋军进抵维也纳附近。12月25日，拔都渡过冰封的多瑙河，攻克格兰城。贝拉四世国王逃匿亚得里亚海一岛。

　　1241年冬，南线的合丹率左翼军奉命追剿贝拉四世国王，贝拉四世逃到达尔马提亚群岛。合丹沿途受到匈牙利人顽强抵抗，柏朗嘉宾说："许多鞑靼人在匈牙利和波兰阵亡。"③ 1242年3月，合丹先锋军一直追到亚得里亚海边的斯普利特，并洗劫了科托尔城，然后返回匈牙利。

　　1241年11月，窝阔台汗的死讯传到拔都军营，第二次西征的军事活动停止，蒙古帝国第二次西征结束。格鲁塞认为："窝阔台大汗于1241年12月11日在蒙古去世，因出现继承问题使蒙古人撤离了匈牙利。贵由和蒙哥已经回到蒙古，其他军队首领也急于这样做。这无疑拯救了欧洲，使它摆脱了自阿提拉以

---

①　志费尼. 世界征服者史［M］. 何高济，译. 北京：商务印书馆，2004：299.

②　志费尼. 世界征服者史［M］. 何高济，译. 北京：商务印书馆，2004：299.

③　柏朗嘉宾. 柏朗嘉宾蒙古行纪［M］. 耿升，何高济，译. 北京：中华书局，2002：59.

来所面临的最大危险。"①

三、金帐汗国在斡罗思的统治

接到窝阔台大汗去世的消息，遵循蒙古惯例，拔都回师东方，引军驻守伏尔加河下游，以萨莱为都城，1242 年建立起钦察汗国，因蒙古人大帐为金色，罗斯人称之为金帐汗国或青帐汗国，蒙古人开始了对斡罗思两百余年的统治。格列科夫说："金帐汗国将已征服和未征服的（如诺夫哥罗德）罗斯国家都置于自己的统治之下。"②

（一）蒙古人在斡罗思的统治

金帐汗国名义上与蒙古帝国形成宗藩关系，隶属于哈剌和林的蒙古大汗，实际上是一个完全独立的封建国家。金帐汗国与斡罗思各公国的政治关系也是宗藩隶属关系。在斡罗思，金帐汗国主要采取利用斡罗思封建王公管理斡罗思的统治策略。

政治上，金帐汗国采取宽松的以俄制俄的间接统治方式。蒙古人作为外来的征服者和统治者，在辽阔的斡罗思地域内，与庞大的斡罗思人相比，数量上不具有优势。蒙古人习惯了传统的游牧生产方式和生活方式，对斡罗思广大的定居地区管理经验也不够，所以，蒙古统治者并不直接统治斡罗思，主要是利用封建王公继续维持割据政权，采用人质、笼络等羁縻手段，迫使斡罗思王公效忠于蒙古统治者，达到蒙古人以俄治俄的目的，保证蒙古统治者在斡罗思利益的最大化。格列科夫说："金帐诸汗把罗斯看作政治上自治的、具有自己政权，但依附于诸汗、须向他们纳贡（出巡费）的地区。罗斯诸封建公国对诸汗保持藩属关系。"③

金帐汗国利用斡罗思的分裂局面，要求斡罗思各公国的王公们朝觐蒙古帝国和金帐汗国，接受金帐汗的册封。"诸藩父子相继，或因事更换新主，必赴上都朝觐，躬承册命，始能安于其位。"④ 蒙古统治者又通过从斡罗思各公国王公中挑选实力较强者，册封"弗拉基米尔及全罗斯大公"，作为金帐汗国在斡罗思统治的"代理人"，形成一个有限制的金帐汗国与斡罗思地方政权的行政体系，

①　勒内·格鲁塞. 草原帝国 [M]. 蓝琪，译. 北京：商务印书馆，1998：341.
②　格列科夫，雅库博夫斯基. 金帐汗国兴衰史 [M]. 余大钧，译. 北京：商务印书馆，1985：180.
③　格列科夫，雅库博夫斯基. 金帐汗国兴衰史 [M]. 余大钧，译. 北京：商务印书馆，1985：183.
④　何汉文. 俄国史 [M]. 北京：商务印书馆，1939：56.

实现金帐汗对斡罗思的有效统治。"全罗斯的大公须由'君王恩赐',即汗的恩赐才能即位。由罗斯大主教或汗的全权代理人用汗的名义主持此事。用汗的名义立为大公的人同时须处于汗政权的监督之下。不论(全罗斯)大公或其他王公都是这样。"①

金帐汗国为实现斡罗思地方王公们之间权力平衡,竭力制造斡罗思王公之间的矛盾,清除一些不忠顺的、有势力的斡罗思王公,扶植一些被认为可靠的政治力量,使每一公爵无法增强实力。史籍记载,在哈拉和林清除弗拉基米尔—苏兹达尔公爵雅罗斯拉夫、在萨莱处死车尔尼戈夫公爵米哈伊尔。马克思说:"这个鞑靼人的一贯政策是使俄罗斯王公们相互遏制,助长他们的纠纷,使他们彼此势均力敌,而不让任何一个得以壮大。"② 斡罗思各王公为争夺金帐汗的册封,相互打击对手,竭尽离间之能事,不惜处心积虑地馈赠贵重礼物甚至牺牲部分自身利益谄媚金帐汗国,斡罗思王公们无法增强实力以反抗蒙古人的统治。"蒙古—鞑靼入侵强化了封建割据。占领者的政策,即挑拨、鼓励俄罗斯王公间地争斗,加强了封建割据。俄罗斯各公国进一步封建分裂。"③

行政管理上,金帐汗国在斡罗思推行八思哈制。八思哈,突厥语,意为镇守官,与蒙古语达鲁花赤义同,是蒙古帝国在征服地区建立的军政组织,主要由蒙古军官十户长、百户长、千户长和万户长担任,凡城镇居民万人以上者,设官八思哈一名,部分人员由当地居民中选用,主要官职由蒙古人充任。八思哈的主要职责是监督所在各公国境内完成收缴贡赋和监视地方政治稳定,使被征服地区永远效忠于蒙古统治者。八思哈组织遍布斡罗思各地,是金帐汗国在斡罗思统治的主要支柱。

十三世纪五十年代,蒙古统治者强化对斡罗思的控制,把八思哈制推广到斡罗思。1257 年,蒙哥大汗派出八思哈在斡罗思进行户口调查,登记造册,作为征收贡赋、征集军队、摊派徭役的基础。俄罗斯编年史记载:"同年冬季,征贡使们到达了,他们在苏兹达尔、里亚赞、穆罗姆境内,清查了各地,并委派了十户长,百户长、千户长和万户长,然后返回斡耳(鲁)朵。"④ 七十年代,忙哥帖木儿也进行了新的人口登记。

---

① 格列科夫,雅库博夫斯基. 金帐汗国兴衰史 [M]. 余大钧,译. 北京:商务印书馆,1985:183.
② 马克思,恩格斯. 马克思恩格斯全集(第 44 卷)[M]. 北京:人民出版社,1982:311.
③ M·P·泽齐娜,等. 俄罗斯文化史 [M]. 刘文飞,苏玲,译. 上海:上海译文出版社,1999:40.
④ 杨翠红. 蒙古统治罗斯初期的政教关系的变化 [J]. 社会科学战线,2007(5):129.

蒙古统治者进行户口调查和推行八思哈制，方法粗野，手段残忍，遭到斡罗思人激烈反抗。十四世纪中叶的阿拉伯史学家埃洛马里评价金帐汗国在斡罗思统治方式时写道："之对于他（汗）犹如臣民对待皇帝一般，虽然他们各有其主。如果他们向他缴纳税赋、赠送礼品、敬献贡物，他就让他们安生；否则就会向他们进行掠夺性的侵袭，围攻他们；他多次杀死他们的男子，掳走他们的妻子儿女，把他们带到各国去当奴隶。"① 诺夫哥罗德编年史记载，1257 年，当诺夫哥罗德人听到从罗斯传来不好的消息，蒙古人要在诺夫哥罗德征收贡税，城市贫民骚动起来了，他们杀死大公派来的市政长官，不许蒙古官员入城登记。后来，亚历山大·雅罗斯拉维奇大公调集军队，残酷镇压了诺夫哥罗德的反抗活动。直到 1259 年，诺夫哥罗德才完成户口登记和纳贡。1262 年，在罗斯托夫、弗拉基米尔、苏兹达尔、雅罗斯拉夫里、乌斯久克等罗斯东北地区，许多城市也爆发了反蒙古人统治的斗争。起义主要针对鞑靼—蒙古包税人。"那些包税人承包征税事宜，由于利率过高，许多农民破产。"在乌斯久克，负责征税的是札撒不花，乌斯久克城"市民会议做出决定，号召罗斯人打击包税人。忍无可忍的人们到处袭击他们。尽管鞑靼人向所有罗斯城市里增派人力，札撒克却自身难保"②。1289 年，罗斯托夫爆发反蒙古人统治大起义，"鞑靼—蒙古人被市民议会驱逐出城"③。类似事件在雅罗斯拉夫里也出现过。在西南罗斯的波洛霍夫地区，加里奇、沃伦和基辅三公国也爆发反蒙古人统治的斗争。俄罗斯编年史记载，加里奇的达尼伊尔·罗曼诺维奇公爵"下令烧掉鞑靼人的城市捷列维奇、古宾、科布德、科丁戈罗杰茨、波日斯基、佳契科夫，挖掉城墙地基"④。

十三世纪末，斡罗思反蒙古人包税制的斗争浪潮在库尔斯克地区兴起。编年史记载，1283—1284 年，库尔斯克八思哈阿赫马特，承包本地区税收，因为奥列克公爵和平民们缴纳的赋税沉重，在蒙古军保护的淫威下，库尔斯克地区被洗劫一空。奥列克公爵和里波维奇的斯维亚斯拉夫公爵一起向金帐汗控诉，由于阿赫马特受到那海的支持，斯维亚斯拉夫公爵逃入沃伦涅什森林，与蒙古

---

① 皮库林，等.蒙古西征研究［M］.陈泓法，译.呼和浩特：内蒙古人民出版社，2015：138.

② 皮库林，等.蒙古西征研究［M］.陈泓法，译.呼和浩特：内蒙古人民出版社，2015：131.

③ 皮库林，等.蒙古西征研究［M］.陈泓法，译.呼和浩特：内蒙古人民出版社，2015：135.

④ 皮库林，等.蒙古西征研究［M］.陈泓法，译.呼和浩特：内蒙古人民出版社，2015：132.

军开展游击战。蒙古大军前后征战 20 天，里波维奇许多贵族被处死，阿赫马特残酷镇压斯维亚斯拉夫起义。

十三世纪末，斡罗思民众的强烈反抗迫使金帐汗国不得不改变在斡罗思传统的统治方式，推行斡罗思王公包税制，把征收贡税的任务委托给斡罗思王公代为执行。十四世纪初，金帐汗国废除八思哈制度。"从十三世纪末起，更确切些说，从十四世纪前半叶开始，鞑靼八思哈（制度）已不复存在。"①

征收贡赋上，金帐汗国实行包税制。金帐汗国征服斡罗思，确立了对斡罗思的统治，在继续保留古罗斯国家的税收制度基础上，清查斡罗思户口，登记造册，推行包税制。蒙哥汗治下（1251—1259），蒙古帝国在被征服地区推行国库制正规化。1253 年，蒙哥"遣必阇别儿哥括斡罗思户口"②。1257 年，蒙哥委任乞塔为斡罗思达鲁花赤，命他负责征收赋税。这位"户籍登记官来到罗斯，在苏兹达尔、梁赞和穆罗姆纳整个地区悉行登记"③。金帐汗国在斡罗思的税制的特征表现为税目多，税额重。除蒙古帝国原有的出巡税之外，斡罗思传统的农业税、贡税、工商税、什一税，是金帐汗国主要税目。税收最初由八思哈代表金帐汗向各公国征收，田赋十取其一，牲畜百取其一。各王公通过承包税收的方式，把负担转嫁到百姓身上，人民苦不堪言。"无力缴纳的，本人或妻子儿女就要沦为奴隶。"④

宗教生活上，金帐汗国推行宗教宽容政策。金帐汗国幅员辽阔，东起也儿的石河，西至斡罗思，南起巴尔喀什湖、里海和黑海，北至北极圈附近。其境内居民成分复杂，宗教信仰多元。宗教历来是统治者管理国家的有效工具之一，它对社会舆论的影响，对民众的安抚，是任何其他管理途径都无法替代的。

金帐汗别儿哥（1257—1266）为了同伊利汗国争夺高加索地区，与埃及的马木路克王朝建立联盟，别儿哥皈依伊斯兰教，在金帐汗国建立众多清真寺和学校，资助伊斯兰学者，"在金帐诸汗中，别儿哥汗第一个为促使最有势力的封建上层分子信仰伊斯兰教奠定了巩固基础"⑤，伊斯兰教对金帐汗国政府官员、官制等影响越来越大，别儿哥开启了金帐汗国社会的伊斯兰化。脱脱蒙哥统治

---

① 格列科夫，雅库博夫斯基. 金帐汗国兴衰史［M］. 余大钧，译. 北京：商务印书馆，1985：184.

② 宋濂，等. 元史（卷三）［M］. 北京：中华书局，1976：46.

③ 皮库林，等. 蒙古西征研究［M］. 陈泓法，译. 呼和浩特：内蒙古人民出版社，2015：128.

④ 朱寰. 世界中古史［M］. 长春：吉林文史出版社，1986：189.

⑤ 格列科夫，雅库博夫斯基. 金帐汗国兴衰史［M］. 余大钧，译. 北京：商务印书馆，1985：135.

时期（1282—1287），金帐汗国逐渐突厥化，开创了金帐汗国的黄金时代。月即别汗（1313—1341）在位时，皈依伊斯兰教，"月即别汗虔诚地信仰伊斯兰教，他公开表示对〔新〕宗教的忠诚与对〔伊斯兰教〕法律的崇奉"①，迁都别儿哥萨莱，与伊利汗国、马木路克王朝通好，对外贸易活跃，建立了中央集权，金帐汗国臻于极盛，伊斯兰教成为金帐汗国的官方宗教，并在伏尔加河下游广泛传播，部分蒙古牧民也伊斯兰化。

在斡罗思，蒙古帝国第二次西征初期，蒙古人给斡罗思的宗教生活造成严重破坏，东正教宗教人士大量被杀，教堂、修道院的财物被洗劫一空，宗教经典、圣像惨遭焚毁。在弗拉基米尔，从圣母修道院到救世主修道院，修道院长、神父、辅祭，从小到老，几乎都被杀。但是，蒙古人把斡罗思置于金帐汗国统治之后，试图利用斡罗思东正教来维护金帐汗国统治，因此对于东正教采取积极扶植态度，承认东正教的合法地位，在各个方面给予东正教特权，赠与教会大量田产，豁免教会贡赋徭役，宣布教会各种不动产一律不得侵犯，保护服务于教会的工匠、教会书籍、教会器皿，准予教会司法独立等，在斡罗思，金帐汗国实行宗教宽容政策。《拉夫连季编年史》记载："在67-65（1257—1258）这年冬天，蒙古的书记员来到苏兹达尔、梁赞和穆洛姆公国进行登记……只有修道院长、修道士、神父、唱诗僧等侍奉圣母及天主的人们没有登记。"② 1261年，金帐汗在萨莱建立东正教主教教坛，萨莱主教成为金帐汗信任的人，教会竭力为金帐汗国服务。1267年，都主教基里尔从金帐汗首次接受"封册"，为报答蒙古统治者的恩宠，斡罗思东正教神父们为金帐汗祈福消灾。金帐汗国在斡罗思推行宗教宽容政策，一定程度上缓解了斡罗思世俗和僧侣贵族与蒙古统治者之间的矛盾。日本学者杉山正明说："在信仰自由等方面，甚至可以说其特征是在任何场合'约束'都很少。就是在斡罗思，宗教也完全是自由的。"③

（二）莫斯科公国的兴起

1. 莫斯科公国的兴起

莫斯科兴起在罗斯托夫—苏兹达尔公爵领地。编年史记载，1147年，长手尤利与车尔尼戈夫公爵会见，首次提到莫斯科这一名称，这一年被视为莫斯科奠基之年。莫斯科水陆交通发达，西达斯摩棱斯克和立陶宛，东抵伏尔加河以

① 格列科夫，雅库博夫斯基. 金帐汗国兴衰史［M］. 余大钧，译. 北京：商务印书馆，1985：136.
② 杨翠红. 蒙古统治罗斯初期的政教关系的变化［J］. 社会科学战线，2007（5）：129.
③ 杉山正明. 蒙古帝国与其漫长的后世［M］. 乌兰，译. 北京：北京日报出版社，2020：138.

东广大地区和金帐汗国，西北通诺夫哥罗德和波罗的海沿岸，北及雅罗斯拉夫里和白海，向南可沿伏尔加河下黑海和里海。商贸繁盛，北方的贵重毛皮和渔猎产品，通过莫斯科中心，与内陆地区的粮食交换。莫斯科兴起之时，罗斯国家已分裂近百年，基辅大公名存实亡。

十三世纪五十年代，蒙古帝国采取以俄治俄的间接统治方式，通过任免弗拉基米尔大公，恢复大公荣称，扶植亲蒙古的傀儡政权。斡罗思的王公们甚至不顾体面地利用蒙古军队对付竞争对手。1242 年，在蒙古骑兵的支持下，诺夫哥罗德王公亚历山大·涅夫斯基战胜日耳曼骑士团。1252 年，拔都用武力剥夺亚历山大·涅夫斯基的兄弟安德烈·雅罗斯拉维奇的弗拉基米尔—苏兹达尔公国权位，亚历山大·涅夫斯基成为弗拉基米尔大公，以此作为统治斡罗思最重要的一种手段。大公的权力与土地直接结合在一起，谁取得大公的册封，也就得到弗拉基米尔、佩雷雅斯拉夫里、下诺夫哥罗德、戈罗杰茨等东北罗斯的统治特权。

十三世纪八九十年代，东北罗斯较强大的公国罗斯托夫与特维尔之间为争夺大公之位展开残酷斗争。金帐汗脱脱（1291—1313）为防止莫斯科做大，积极扶植特维尔，册封特维尔公爵米海尔·雅罗斯拉维奇为"弗拉基米尔及全罗斯大公"。米海尔大公统治东北罗斯时期（1305—1318），为铲除自己的宿敌莫斯科，1305 年、1308 年两次进军莫斯科。1312 年，支持特维尔的脱脱汗去世，乌兹别克汗继位（1312—1341）。乌兹别克汗为削弱特维尔的势力，便积极扶植莫斯科。莫斯科与诺夫哥罗德结盟，夹击特维尔。1315 年，乌兹别克汗册封尤里·达尼洛维奇为"弗拉基米尔及全罗斯大公"，并把自己的妹妹康察卡公主下嫁尤里。尤里·达尼洛维奇在蒙古军队的簇拥下返回莫斯科。特维尔大公米海尔与莫斯科大公尤里大动干戈，互相厮杀。1318 年 11 月，乌兹别克汗处死米海尔。1322 年，米海尔的儿子季米特里·米海伊洛维奇告发尤里侵占金帐汗的贡赋，要求大汗把大公的权位交到他手中。1325 年，尤里和季米特里在金帐汗廷针锋相对，季米特里杀死尤里。1326 年，月即别汗（1313—1341）册封米海尔之子亚历山大（1326—1327 年）为"弗拉基米尔及全罗斯大公"。金帐汗刻意煽起斡罗思王公之间的纷争，从中坐收渔利。

尤里死后，其弟伊凡·达尼洛维奇（1325—1340）继承莫斯科大公之位。伊凡·达尼洛维奇外号"卡里达"（"钱袋"），表明他不仅用刀剑，而且用金钱两手来打击对手。伊凡·卡里达对金帐汗和蒙古统治者奴颜媚骨，阿谀逢迎；对政治敌手和人民群众则心狠手辣，残酷无情。1327 年，特维尔大起义，杀死许多蒙军官兵。伊凡·卡里达为博得金帐汗欢心，主动请缨并残酷镇压特维尔起义，大肆破坏特维尔城，特维尔大公亚历山大·米海洛维奇逃亡普斯科夫。尔后，伊凡·卡里达又镇压了诺夫哥罗德起义。1328 年，考虑到伊凡·卡里达对蒙古贵族利益的无限忠诚，金帐汗册封伊凡·卡里达为"弗拉基米尔及全罗斯大公"，此后，莫斯科公国牢牢掌握了这一职权。马克思指出：伊凡一世·卡里达是"莫斯科国家权力的缔造者"，是"一个篡位的奴隶的马基雅维里主义"。"伊凡·卡里达的政策不外是这样：充当汗的卑鄙工具，从而窃取汗的权力，然后用以对付同他竞争的王公们和他自己的臣民。为了达到这一目的，他必须对鞑靼人讨好献媚，厚颜无耻地阿谀逢迎，频繁地前往金帐汗国朝见，低声下气地向蒙古公主求婚，对汗的利益显示无限的热忱，寡廉鲜耻地执行汗的诏令，恶毒地诽谤自己的亲族，一身而兼任鞑靼人的刽子手、佞臣和奴隶总管。"①

2. 摆脱蒙古统治的斗争

伊凡·卡里达奠定了莫斯科强盛的基础，为在斡罗思建立起强大的政治支柱，1309 年，支持莫斯科政策的大主教彼得把教会的驻节地从基辅迁到弗拉基米尔，1328 年，迁到莫斯科，罗斯都主教常驻莫斯科，成为斡罗思国家统一的坚定拥护者，莫斯科成为俄罗斯的政治和宗教的中心。教权与王权紧紧结合在一起，斡罗思东正教会成为以莫斯科为中心的俄罗斯中央集权国家的心理和精神支柱。在金帐汗国和东正教教会的支持下，莫斯科大公国与立陶宛大公国展开长期的激烈斗争，吞并了奥卡河的支流普罗特瓦河流域和尤里耶夫公国，打败了苏兹达尔—尼什哥罗德公国，削弱了梁赞（里亚赞）公国。

1357 年，札尼别汗（1342—1357）横死，为争夺金帐汗之位，蒙古王公贵族展开血腥厮杀，金帐汗国陷入长期内讧的混乱局面，1357—1380 年，金帐汗更替二十余人，金帐汗国已不可能建立起强固的中央集权，汗国走向衰落和瓦解，对斡罗思的政治控制力大为削弱，斡罗思对金帐汗国的依附定格在定期缴纳贡赋。十四世纪中叶，莫斯科已发展为斡罗思统一的基础，莫斯科大公开始领导斡罗思人开展摆脱蒙古统治的艰苦斗争。

伊凡·卡里达之孙底米特里·伊凡诺维奇统治（1362—1389）下，他利用金帐汗国阿伯都剌和缪里德两汗并立的政治局面，不断扩张领土，首先制服了苏兹达尔-尼什哥罗德公国。1368—1375 年，打败特维尔与立陶宛的联盟，迫使特维尔承认莫斯科大公为首，莫斯科掌握了东北斡罗思的统治权。

---

① 马克思，恩格斯. 马克思恩格斯全集（第 44 卷）[M]. 北京：人民出版社，1982：310-311.

1374 年，诺夫哥罗德大起义，杀死蒙古官兵一千五百余人，揭开了斡罗思反蒙古统治的起义浪潮。十四世纪七十年代末，莫斯科大公开始进攻金帐汗国领地。1378 年，掌握金帐汗国实权的万夫长马麦派遣蒙古王公别吉奇进攻莫斯科，底米特里率军应战，8 月 11 日，两军在奥卡河支流沃查河的右岸会战，蒙古骑兵惨败，死伤甚多。马克思说："1378 年 8 月 11 日，底米特里·顿斯科伊在沃查河（里亚赞境内）完全击溃了蒙古人。这是第一次和蒙古人进行的合理的会战，俄罗斯人获得了胜利。"① 沃查河之役表明莫斯科公国已发展为摆脱金帐汗国的政治力量。

1380 年 8 月底，马麦远征斡罗思，底米特里率领斡罗思各公国联军六七万人向顿河进军。9 月 8 日，在库里科沃平原，双方经过一天的厮杀，斡罗思人取得重大胜利，唤起了斡罗思民族自我意识的高涨，增强了斡罗思人民摆脱蒙古人统治的信心。

1380 年，白帐汗脱脱迷失（1380—1395）击败马麦，马麦逃到克里米亚被杀，白帐汗控制了金帐汗国的主要领土。为摆脱金帐汗国的统治，十五六世纪，俄罗斯以莫斯科为中心开始形成中央集权国家。

瓦西里一世统治时期（1389—1425），莫斯科领土更加扩大。1392 年，瓦西里大肆贿赂蒙古宗室王公，终使大汗同意把尼什哥罗德公国和奥卡河流域的几个城市并入莫斯科公国。瓦西里的弟弟尤里率军东征，占领了伏尔加河流域的保加尔汗国。1397—1398 年，瓦西里率军进攻诺夫哥罗德、沃洛科拉姆斯克、上别热茨克和沃洛格达并入莫斯科版图。1389—1395 年，通过三次大战，中亚霸主帖木儿击溃脱脱迷失，占领并破坏伏尔加地区许多城市，洗劫克里木，金帐汗国经济从此衰落。莫斯科乘机停止向金帐汗纳贡，所征收贡赋全为莫斯科大公留用。

伊凡三世统治时期（1462—1505），他集中全力吞并诺夫哥罗德共和国。1456 年，莫斯科与诺夫哥罗德签订条约，使诺夫哥罗德在政治上依附莫斯科。1471 年 7 月 14 日，舍朗河之战，诺夫哥罗德被彻底击败，双方缔结《克罗斯坦条约》，诺夫哥罗德实际上臣服于莫斯科公国。1478 年，诺夫哥罗德市会议被解散，正式并入莫斯科。

伊凡三世统治初期，特维尔公国处于依附莫斯科的地位。1485 年 8 月，伊凡三世借口特维尔公爵勾结波兰国王，亲自率军围攻特维尔，特维尔与莫斯科合并。马克思说："特维尔——与莫斯科公国合并，伊凡就以吓人的精力推行他

---

① 马克思恩格斯文库（第 8 卷）[M]. 北京：人民出版社，1924：151.

筹划已久的计划。其他的王公几乎毫无抵抗就被贬黜为单纯的地方长官。"① 伊凡三世统一了俄罗斯大部分国土，俄罗斯中央集权国家基本形成。

十五世纪二十年代初，金帐汗实力大为削弱，国土分崩离析，主体部分在伏尔加河和顿河之间的区域，称为大帐汗国，最高统治者为阿合马汗。1443 年，克里木汗国形成。1445 年，喀山汗国形成。1460 年，阿斯特拉罕汗国形成。

1480 年夏，阿合马出兵莫斯科。伊凡三世（1505—1533）陈兵奥卡河上。乌格拉河之战，金帐汗国的都城受到克里米亚汗的袭击，被迫撤兵，伊凡三世获胜。两百多年来蒙古统治者强加在俄罗斯人身上的枷锁彻底解除。

综上所述，莫斯科公国自十三世纪由弗拉基米尔大公国分裂而成，十四世纪初陆续兼并四周王公领地，国家实力渐长。十四世纪二十年代，莫斯科公国获得金帐汗国的"弗拉基米尔及全罗斯大公"册封，取得代征整个斡罗思贡赋之权，经济和政治实力大为增长。十四世纪四十年代，莫斯科公国成为全俄罗斯最强大的公国。1480 年，莫斯科大公伊凡三世击败金帐汗国，彻底摆脱蒙古人的统治。十六世纪三十年代，以莫斯科公国为中心的俄罗斯中央集权国家基本形成。

莫斯科公国崛起的主要原因，一是相对优越的自然地理条件。莫斯科公国地处奥卡河、伏尔加河、第聂伯河、顿河四大河流的发源地，平原广阔，土地肥沃，粮食丰沛，物产丰富。河网水系发达，交通条件优越，莫斯科地区的经贸繁荣，莫斯科城成为俄罗斯重要的商品集散中心，莫斯科王公通过中介贸易的地位获益良多，这为莫斯科公国的崛起提供了优越的经济、社会条件。

莫斯科位于莫斯科平原中心，周围有宽阔的战略缓冲地带，诺夫哥罗德、梁赞等公国成为莫斯科公国的拱卫和屏障，莫斯科公国成为战乱时期整个俄罗斯的避难所，大量的人口迁入为莫斯科公国提供了经济发展的新血液和对外扩张的充足兵源。

二是东正教在莫斯科公国兴起的过程中起到了举足轻重的作用。随着金帐汗国与莫斯科公国实力强弱对比的改变，东正教放弃了蒙古人统治俄罗斯前期的政治态度，开始支持莫斯科公国的扩张，将驻节地迁往莫斯科，莫斯科开始成为全俄罗斯的宗教中心和政治中心，成为莫斯科公国崛起的起点。

莫斯科王公积极利用东正教会在政治和思想上的巨大影响力，积极开展对外扩张和争取解放的斗争。在长期与蒙古人的抗争中，东正教逐渐成为维系俄罗斯民族情感的纽带，俄罗斯民族意识形成，反金帐汗国的解放斗争日益高涨。

---

① 马克思，恩格斯. 马克思恩格斯全集（第44卷）[M]. 北京：人民出版社，1982：318.

东正教会与莫斯科公国关系越来越密切，双方在政治取向和道德评判上趋于一致。东正教会支持莫斯科大公，号召所有俄罗斯王公归顺莫斯科大公，认同莫斯科大公的中心地位及领导俄罗斯人抗击蒙古人的统治。莫斯科公国在东正教会的支持下取得库里科沃、乌格拉河等一系列战役的胜利，最终摆脱了蒙古人的统治。莫斯科成为全俄罗斯民族的英雄，实力进一步加强。在莫斯科公国的领导下，俄罗斯形成了中央集权的统一国家。

三是灵活有效的外交政策。十三世纪八九十年代，莫斯科公国兴起正当其时。俄罗斯东北部比较强大的罗斯托夫公国与特维尔公国之间为争夺大公权位进行残酷斗争。莫斯科公国通过审时度势，选择支持特维尔公国。十三世纪末，罗斯托夫公国走向衰落，莫斯科公国实力增强。在莫斯科公国不得不面对来自特维尔公国的竞争压力下，伊凡一世用特维尔与诺夫哥罗德人的鲜血获得金帐汗国的信任。自 1328 年起，莫斯科王公开始长久地掌握"弗拉基米尔及全罗斯大公"称号和权位。金帐汗国大力扶植莫斯科势力，莫斯科在处理斡罗思公国内部斗争中如鱼得水，等到金帐汗国想遏制莫斯科公国之时已无力回天。莫斯科公国灵活的外交策略大大加速了莫斯科公国的崛起。

反观金帐汗国在俄罗斯两百余年统治的终结，主要原因在于，一是金帐汗国高度集权的专制主义政治体制渐次瓦解。蒙古入侵斡罗思前，基辅罗斯本已处于四分五裂、分散割据的政治状态，自然难以抵御强大的蒙古人入侵。金帐汗国建立后，它的政治模式和意识形态沿袭蒙古帝国的传统，表现为一种高度集权的专制制度，其本身孕育着分裂割据的因素。金帐汗国的斡尔答及其后裔在西伯利亚、哈萨克斯坦形成白帐汗国，昔班的封地在乌拉尔地区，形成青帐汗国。十三世纪末，炙手可热的万夫长那海与脱脱争夺汗位，成为金帐汗国政治混乱的前奏。1360 年后，汗位之争愈演愈烈，蒙古军事游牧贵族各自为政，金帐汗国陷入内乱。1375—1381 年，金帐汗位更迭 20 余次。白帐汗国脱脱迷失汗利用金帐汗国的内部混乱，借助中亚的帖木儿力量夺取金帐汗位，统治金帐汗国。后因与帖木儿利益冲突，金帐汗国又不断遭到河中军的掳掠。金帐汗国一蹶不振，又分裂出喀山汗国、克里米亚汗国、阿斯特拉罕汗国，再也无力重归统一。政治上，莫斯科公国很大程度上消灭了罗斯国家的封建割据局面，对付鞑靼—蒙古人斗争开始掌握主动权。金帐汗国的衰败与莫斯科公国的崛起相悖而行。

二是金帐汗国统治的经济基础日益削弱，政权根基动摇。不可否认，蒙古帝国第二次西征对于斡罗思许多城市和地区的破坏是巨大的。但是，拔都建都萨莱之后，特别关心城市生活和商业的复兴。日本学者杉山正明认为，金帐汗国对斡罗思经济的首要贡献应该是对外贸易。"俄罗斯这片大地，在蒙古到来之前，除了连接北方波罗的海与南方黑海的通商、交易之外，几乎为周边世界所忽略。"① 对金帐汗国政权而言，税收是其统治的经济命脉。十四世纪，八思哈制被废除之后，金帐汗不得不将税收的权力下放给莫斯科大公。莫斯科大公趁机免除自己公国的赋税，对周边的其他公国征收更多的赋税。莫斯科通过这一手段，获取巨额赋税，并利用雄厚的财税资源兼并罗斯其他王公的土地和人口。金帐汗国的税收与日俱减，统治基础日渐动摇。莫斯科公国已具备推翻金帐汗国统治和实现俄罗斯统一的条件。格列科夫说："由于商品经济的发展，产生了在割据的诸邦之间加强联系的要求，明显地产生了建立俄罗斯国家的过程。这个国家因为其物质资源和政治团结而强大。"②

三是与东正教文化的对立越来越凸显。金帐汗国与基辅罗斯国家，两者本身处于不同的文化谱系。蒙古征服斡罗思后，蒙古人并未融入基辅罗斯的文化体系之中，尤以宗教冲突最为明显，突出表现为东正教与伊斯兰教的排斥性。斡罗思在两百余年压迫史中，民族意识不断觉醒和高涨，莫斯科的东正教会成为反抗蒙古统治者的精神支柱。金帐汗别儿哥是第一位声称自己为伊斯兰教徒的蒙古统治者，被认为是金帐汗国伊斯兰化始作俑者。月即别汗和札你别汗时代，金帐汗国进一步伊斯兰化。在金帐汗国上自蒙古统治者下至平民百姓中许多人皈依伊斯兰教。格鲁塞称："金帐汗国是从成吉思汗族人传统道德宗教自由过渡到了马麦鲁克族人的穆斯林'极端的狂热主义'。"③ 金帐汗国的伊斯兰化，极大影响鞑靼—蒙古人在俄罗斯的统治。在新兴的莫斯科公国推翻金帐汗国的斗争中，东正教自然成为俄罗斯爱国情感的体现者和民族统一的宣传者、倡导者，它激励俄罗斯人团结一致、不屈不挠从事摆脱鞑靼—蒙古人统治的斗争。

四是金帐汗国与察合台汗国、伊利汗国的冲突，给金帐汗国带来巨大的损耗和消极作用。金帐汗国的对外关系主要体现在与察合台汗国和伊利汗国、与埃及马木路克王朝三重关系上。别儿哥时代，金帐汗国与察合台汗国爆发激烈的战争，金帐汗国落败，斡脱罗儿城被毁，花剌子模地区被察合台汗国兼并。为争夺阿塞拜疆地区，金帐汗国与伊利汗国持续近百年的冲突，双方投入大量的人力和物力，也严重影响了金帐汗国的国力。金帐汗国统治后期，面对莫斯科公国的崛起，因常年对外征战的损耗以及战争失败后国内的动乱，无疑让金

---

① 杉山正明. 忽必烈的挑战 [M]. 周俊宇，译. 北京：中国社会科学出版社，2015：37.

② 格列科夫，雅库博夫斯基. 金帐汗国兴衰史 [M]. 余大钧，译. 北京：商务印书馆，1985：202.

③ 勒鲁·格鲁塞. 草原帝国 [M]. 魏英邦，译. 西宁：青海人民出版社，1996：282.

帐汗国雪上加霜。为对付伊利汗国，金帐汗国与埃及的马木路克王朝结成政治同盟，金帐汗国伊斯兰化加剧，间接地促进莫斯科公国的崛起和俄罗斯中央集权国家的形成。

四、蒙古人在东欧征服和统治的影响

（一）促成俄罗斯中央集权国家的形成

蒙古的入侵，无疑给斡罗思造成巨大破坏。马克思指出："蒙古人把俄罗斯弄成一片荒凉，这样做是适合他们的生产、畜牧的，大片无人居住的地带是畜牧的主要条件。"① 蒙古人在斡罗思的统治，一定程度上促成了莫斯科公国的兴起、俄罗斯的统一和中央集权国家的形成。

十三世纪中叶，蒙古帝国第二次西征改变了东欧许多地区的政治命运。14—15 世纪的东欧，随着蒙古帝国征服战争的结束，蒙古人的军事打击力和威慑力渐次减弱。金帐汗国统治斡罗思二百余年，蒙古人并未破坏斡罗思业已存在的政治传统，金帐汗选择斡罗思公国以一定程度上自治的统治方式，借助斡罗思固有的政治秩序为蒙古帝国利益服务。斡罗思王公也通过归附或者利用与蒙古帝国和金帐汗国的政治关系来维持和增强自己的王公特权。部分西方学者使用"鞑靼之轭"术语来诠释蒙古人统治俄罗斯的政治手段。

金帐汗国沿用蒙古帝国政治意识形态和统治策略，通过"弗拉基米尔及全罗斯大公"的册封，打击不服从金帐汗国统治的斡罗思王公，保障蒙古统治集团的利益。蒙古帝国和金帐汗国赋权"弗拉基米尔及全罗斯大公"，代表蒙古统治者征收全斡罗思的贡税，斡罗思王公们则把这一称号视为"特殊的尊荣"②，并追逐最大化的政治利益和经济利益，以期增强自己的政治权力和经济实力。斡罗思王公对弗拉基米尔及全罗斯大公无限效忠，金帐汗国对斡罗思分而治之。拥有专制特权的金帐汗和中央集权化的金帐汗国专制制度，大大刺激了斡罗思大公的权力欲望，斡罗思王公们竭力扩充自己的版图，攫取专制特权的野心迅速膨胀。

蒙古西征和金帐汗国的统治，某种程度上结束了斡罗思分裂割据的政治局面。莫斯科公国与金帐汗国相互利用，互相斗争，莫斯科大公成为金帐汗的

---

① 马克思，恩格斯. 马克思恩格斯全集（第12卷）[M]. 北京：人民出版社，1978：748.
② 马克思，恩格斯. 马克思恩格斯全集（第44卷）[M]. 北京：人民出版社，1982：310.

"精明狡猾的政客"①，把金帐汗国当作"剪除最危险的竞争者和扫除篡权道路上的一切障碍的工具。他并不征服封土，而是暗地里使鞑靼征服者的权力完全为他的利益服务"②。值得一提的是1327年，莫斯科大公伊凡协助金帐汗国镇压特维尔大起义，表现出对金帐汗的无限忠诚，因而被金帐汗授予弗拉基米尔及全罗斯大公尊荣，负责全斡罗思的赋税征收，"吞并了那些无力偿付贡税的落后城镇"③，成为莫斯科公国崛起的起点。作为金帐汗国统治斡罗思的代理人，莫斯科大公实现了对全斡罗思的集权统治，在与金帐汗国的博弈中，莫斯科得以不断扩充领土并最终实现国家统一。正如别林斯基说："共同危险和共同苦难的感情把分散的罗斯各公国联系了起来，并通过莫斯科公国对其他所有各公国的统治地位使国家的中央集权化发展了起来。"④

蒙古人的征服和统治对以俄罗斯为主的东欧与西欧之间的政治关系也造成了一定的不利影响。蒙古帝国第二次西征，西欧未曾给予以俄罗斯为主的东欧任何支持，这使得以俄罗斯为主的东欧与西欧之间原本在中古时代就已紧张的政治关系产生了更大的隔阂。蒙古帝国和金帐汗国统治斡罗思时期，俄罗斯与西欧的关系逐步走向对立。⑤ 1243年，罗马教皇英诺森四世宣布天主教会所面临的五大灾难是蒙古—鞑靼人、东正教徒、卡塔尔的异教徒、中亚的花剌子模人、神圣罗马帝国皇帝弗里德里希二世。这造成了俄罗斯与西欧在宗教、政治甚至文化上的分道扬镳。

（二）推动亚欧大陆交往繁荣

1. 交通发达

蒙古人建立起完善的驿站体系、安全的交通条件、自由买卖的营商环境，对俄罗斯为主的东欧地区的商业贸易、文化交流、商旅往来搭建起较为优越的交往空间。蒙元时代，蒙古帝国的交通线路空前繁盛，从中国大都到中亚、波斯、里海、黑海、钦察草原、俄罗斯和小亚细亚的陆路皆互通互联。通往西方

---

① HALPERIN C J. *Russia and the Golden Horde：The Mongol Impact on Medieval Russian History* [M]. Bloomington：Indiana University Press，1985：88.

② 马克思，恩格斯. 马克思恩格斯全集（第44卷）[M]. 北京：人民出版社，1982：311.

③ ÇIÇEK A. *The Legacy of Genghis Khan——the Mongol impact on Russian History，Politics，economy and culture* [J]. International of Journal Russian Studies，2016：100.

④ B. B. 马夫罗金. 俄罗斯统一国家的形成 [M]. 余大钧，译. 北京：商务印书馆，1991：143.

⑤ JACKSON P. *The Crusade Against the Mongols*（1241）[J]. The Journal of Ecclesiastical History，1991，42（1）：1-18.

的商路主要有三条：一是阿力麻里、塔拉斯，经咸海、里海以北，穿行钦察草原，之后由金帐汗国都城萨莱或向西进入俄罗斯和东欧诸国，或越过里海抵达东罗马帝国君士坦丁堡，或越过高加索地区抵达小亚细亚。二是由塔拉斯经河中地区，通过布哈拉、撒马尔罕而抵达伊利汗国。三是蒙古帝国第二次西征开辟的中国直通欧洲的捷径，北路从贝加尔湖横穿吉尔吉斯草原，到达伏尔加河下游的金帐汗国萨莱城。从萨莱城沿里海西岸南下，可达地中海东岸地区。南路穿越窝阔台汗国和察合台汗国，经布哈拉、撒马尔罕、花剌子模、沿里海北到萨莱。在蒙古帝国治下，横贯亚欧大陆，陆上丝绸之路或草原丝绸之路的交通网络形成。

2. 商贸兴盛

蒙古帝国西征东欧，持续时间长，波及范围广，给斡罗思为主的东欧地区产生了巨大破坏。但是，蒙古帝国第二次西征也结束了分崩离析的斡罗思政治局面，在蒙古帝国和金帐汗国的统治下，相对稳定的蒙古政权也为俄罗斯为主的东欧经济复苏起到一定推动作用。蒙古帝国热衷于商业贸易，孟德斯鸠说："谁要是阻碍蒙古人和他的属民进行经商和贸易，谁就是他们的敌人和障碍，坚决给予剔除。"① 蒙古帝国和金帐汗国治下，注重保护商道维护和商人贸易安全，十四世纪中叶的意大利商人裴哥罗梯说，自顿河河口的塔那经中亚到中国的商道安全畅通，"据曾经此道的商人们宣称，自塔那至契丹的大路无分昼夜均十分安全。……虽然可以认为自塔那至萨莱的道路不及全程中的任何其他部分安稳，但是即使这样，哪怕这段路程在最糟的情况下，只要六十个人结伴而行，也仍然如在自己家中一样平安"②。

蒙古人统治俄罗斯，不仅没有切断诺夫哥罗德与神圣罗马帝国汉萨同盟的贸易合作路线，而且给予通过诺夫哥罗德进入俄罗斯以及途经苏兹达尔的汉萨同盟商人免税权。③ 诺夫哥罗德成为几乎所有波罗的海贸易进出俄罗斯的商业贸易中心，诺夫哥罗德既与西欧和北欧商业交往繁盛，也与东方远程贸易发达，东方的商品，如丝绸、玻璃、玛瑙、木梳、釉陶、大马士革的佩剑，成为金帐

① 孛尔只斤·吉尔格勒. 游牧文明史论 [M]. 北京：内蒙古人民出版社，2002：101.
② 芮传明. 蒙古征服时期的基督教和东西文化交流 [J]. 苏州科技学院学报（社会科学），1985（1）：1-9.
③ HALPERIN C J. *Russia and the Golden Horde：The Mongol Impact on Medieval Russian History* [M]. Bloomington：Indiana University Press，1985：81.

汗国上层社会钟爱的奢侈品。① 在蒙古人治下，蒙古人鼓励发展国际贸易，草原丝绸之路活跃，俄罗斯人与伏尔加、保加利亚、热那亚、卡法、梁赞之间的贸易兴盛，商品交换规模庞大。俄罗斯编年史记载，1474 年，一支从大汗国赶往莫斯科的商队，其中包括三千二百名商人。莫斯科为他们购置了四万匹马。俄罗斯购买马匹、牲畜和兽皮，用银器或者制造品交换，特别是丝织品。"在鞑靼人时代，无论是十三世纪或十四世纪，不里阿耳市场上的毛皮贸易没有衰减。而不里阿耳地区作为粮食供应地在金帐汗国生活中具有的意义即使不比前一方面更大，也绝不会更小。"② 金帐汗国与东西方贸易的活跃，俄罗斯的经济复兴，为莫斯科公国统一全俄罗斯提供了较坚实的经济基础。

3. 文化空前交流

尽管 A. C. 普希金曾说："鞑靼人不像摩尔人，他们征服罗斯后，既没有给予它代数，也没有给予它亚里士多德。"③ 但是，任何事物的发展皆有正反两方面。苏联东方学者巴托尔德认为："蒙古帝国把远东和近东的文明国家置于一个民族、一个王朝的统治之下，这就不能不促进贸易和文化的交流。"④ 蒙元时代亚欧大陆交通畅通，大大助推欧洲和远东尤其与中国的交往，各种民族、文化相互碰撞，相互渗透，相互融合，东西方文化交流盛况空前。英国史学家加文·汉布里认为："挟汉文化的先进和丰富，向西方世界作交锋和交换，从而把中国的版图扩张到空前绝后的程度，造成了基督教文化和伊斯兰教文化及其他各种文化直接会面的地理和交通条件。"⑤ 英国史学家韦尔斯说："蒙古征服显然是人类全部历史中最引人注目的事件之一……西征在传播并扩大人们的思想，以及激发他们想象力方面的作用是巨大的。在这一段时间内，整个亚洲与西欧可以自由交往，条条道路都开通了，每个国家的代表都出现于哈拉和林宫廷中。……罗马教皇、印度佛教僧侣、波斯、意大利、拜占庭和亚美尼亚的商贾，还有阿拉伯官吏以及波斯、印度的天文学者和数学家都纷至沓来，云集于蒙古朝廷。"⑥

---

① HALPERIN C J. *Russia and the Golden Horde：The Mongol Impact on Medieval Russian History* [M]. Bloomington：Indiana University Press，1985：81.

② 格列科夫，雅库博夫斯基. 金帐汗国兴衰史 [M]. 余大钧，译. 北京：商务印书馆，1985：81-82.

③ 格列科夫，雅库博夫斯基. 金帐汗国兴衰史 [M]. 余大钧，译. 北京：商务印书馆，1985：145.

④ 李芏巍. 中华驿站与现代物流 [M]. 北京：中国物资出版社，2013：89.

⑤ 加文·汉布里. 中亚史纲要 [M]. 吴玉贵，译. 北京：商务印书馆，1994：163.

⑥ 赫·乔·韦尔斯. 世界史纲 [M]. 北京：人民出版社，1982：763.

蒙古人在斡罗思的统治，促进了俄罗斯欧亚文化的形成。金帐汗国的统治使俄罗斯成为欧洲基督教世界与蒙古帝国两大政治体的共同边界，蒙古人的统治和地理上的特征，使俄罗斯酝酿出一种新型文化。俄国学者萨维茨基认为，俄罗斯文化很大程度上属于欧亚文化，既不是欧洲文化，也不是亚洲文化，是一种在斯拉夫文化、蒙古—突厥游牧文化和东正教传统等诸多因素的基础上形成的一种独特的文化。①

蒙古人的征服和统治，催生俄罗斯的民族认同和民族意识的形成。萨维茨基认为："没有鞑靼人的统治，就没有俄罗斯。"② 俄罗斯人在民族文化和意识形态上对他们的历史加以理想化，这种理想化体现在俄罗斯民间故事和英雄史诗之中。俄罗斯知识界崇拜基辅罗斯国家伊戈尔式的宗教意义上的英雄主义，③歌颂俄罗斯的勇士，讴歌俄罗斯昔日的荣光，反对鞑靼—蒙古人压迫，争取民族解放，俄罗斯民族主义和爱国主义形成。十四至十五世纪俄罗斯文化的中心内容集中在与金帐汗国统治的斗争和俄罗斯统一国家的建立之上。反鞑靼—蒙古人入侵和金帐汗国统治的斗争成为十四五世纪俄罗斯口头民间创作的重要主题。卡尔卡河会战、拔都毁灭梁赞城、梁赞勇士叶夫帕季·科洛夫拉特、涅瓦河会战等传说改编成书面文学作品并广为流传。《米哈伊尔·雅罗斯拉维奇大公在金帐汗国遇害的故事》《舍夫卡尔的故事》《顿河彼岸之战》《激战马麦的传说》《俄罗斯沙皇德米特里·伊万诺维奇大公生死记》《脱脱迷失王攻占莫斯科及俄罗斯国沦陷记》，充满俄罗斯乐观主义精神，表达金帐汗国必然崩溃的思想，俄罗斯民族特别是城市市民的民族自豪感增强，反蒙古人斗争的信心和勇气倍增，彰显俄罗斯以莫斯科大公为中心团结一致反鞑靼—蒙古人被视为全俄罗斯崇高的共同的事业。

金帐汗国统治俄罗斯两百余年，蒙古人游牧文化和东方文化渗透到俄罗斯社会的方方面面，对俄罗斯社会生活产生巨大影响。俄罗斯许多王公贵族受蒙古人生活习俗感染，开始穿戴东方式的服装，戴圆帽，穿长靴，扎腰带，"俄语中的靴、长衫、束腰带、圆帽都来自蒙古和契丹"④。"中国的丝锦在蒙古人统

---

① HALPERIN C J. *George Vernadsky: Eurasianism, the Mongols, and Russia* [J]. Slavic Review, 1982: 477-493.

② 粟瑞雪. 欧亚主义视野：萨维茨基论蒙古—鞑靼统治及其对俄罗斯历史的影响 [J]. 俄罗斯中亚东欧研究, 2010 (3): 84-89.

③ ÇIÇEK A. *The Legacy of Genghis Khan——the Mongol impact on Russian History, Politics, economy and culture* [J]. International of Journal Russian Studies, 2016: 103.

④ 沈福伟. 中西文化交流史 [M]. 上海：上海人民出版社，1985: 228.

治时期大批运到俄罗斯，成为王公贵族喜爱的衣饰物。"① 蒙古人作为游牧民族，善饮茶，随着蒙古人定居俄罗斯，饮茶习俗也传入俄罗斯，中国的茶文化通过俄罗斯进一步传入西欧。

蒙古西征和金帐汗国的建立，许多技艺高超的中国工匠定居金帐汗国，中国的一些先进的科学技术和发明，如造船、天文观测、十进制、纸币、罗盘针、雕版印刷术、火药制造、铜镜铸造、珠算等，纷纷传入俄罗斯。譬如，在金帐汗国的政权机构中，很多畏兀儿人任文书，他们熟悉中国的活字雕版印刷术，通过畏兀儿人，俄罗斯人学会使用活字印刷，又通过俄罗斯人把制作活字和雕版印刷的方法传到西欧。保罗·约维认为："在广州有印刷工匠采用和我们相同的办法印刷各种书籍，包括历史和礼仪的书。……因而我们可以很容易相信，早在葡萄牙人到达印度以前，塞人和莫斯科人已经把这种可以无限地促进学问的样本传给我们了。"② 蒙古西征和金帐汗国的建立，在东方和欧洲之间架起了一座文化传播的桥梁。金帐汗国成为东西方文化的交会点和中转站，大大促进了东西方文化的交流。

---

① 沈福伟. 中西文化交流史［M］. 上海：上海人民出版社，1985：228.
② 沈福伟. 中西文化交流史［M］. 上海：上海人民出版社，1985：231.

第二章

蒙古人与西欧的关系（1245—1255）

　　1236—1242 年蒙古帝国第二次西征，降服伏尔加河流域的钦察人和不里阿耳人，劫掠匈牙利和波兰，征服基辅罗斯。1243 年拔都在伏尔加河下游建立起东起额尔齐斯河，西至斡罗思，南起巴尔喀什湖、里海和黑海，北达北极圈附近的金帐汗国。

　　蒙古帝国第二次西征令矛盾重重的西欧社会一片惶恐，为刺探蒙古帝国军情，了解蒙古人的战略意图，感化蒙古统治集团上层，以罗马教皇和法国国王为代表的西欧社会先后派出传教士使团出使蒙古帝国。1245—1255 年，柏朗嘉宾、阿思凌、龙如美、鲁布鲁克等人奉使东方，西欧与蒙古帝国直接交往之门开启，东西方文化交流加深。

一、拔都西征前的西欧局势

（一）罗马教廷神权由盛转衰

　　早期基督教是罗马帝国社会底层甚至是奴隶的宗教，因拒绝敬拜皇帝，蔑视帝国权威，宣传上帝面前人人平等，导致罗马帝国实行压制和迫害基督徒的政策。64 年，使徒保罗和彼得被尼禄（54—68）处死，是罗马帝国迫害基督教政策变本加厉的表现。戴克里先时代（284—305），帝国对基督徒大开杀戒。

　　三至四世纪，罗马帝国危机四起，内忧外患纷至沓来。但是，基督教已发展成信徒众多，教义、教会组织和教阶制不断完善的宗教，基督教向罗马帝国靠拢。为挽救罗马帝国急剧衰落和瓦解，君士坦丁一世（306—337）相信基督的十字架可以护佑他征服敌手，实行基督教的宽容政策，他成为第一位基督徒皇帝。313 年，君士坦丁大帝颁布《米兰敕令》，基督教会作为合法组织得到帝国法律保护，享有与其他宗教完全平等的自由。从此，基督教传播合法，基督教迅速发展。

　　330 年，君士坦丁大帝迁都拜占庭，罗马帝国政治中心东移，帝国西部危机日益加深；四至六世纪，欧洲民族大迁徙，日耳曼人洪水般地涌入西罗马帝国，给奄奄一息的西罗马帝国最后一击，并在西罗马帝国的废墟上建立起一系列的"蛮族"国家。为抵抗"蛮族"的入侵，罗马主教自称是基督的大门徒圣彼得的继承人，号召和组织罗马人抵御日耳曼人的强势渗透，罗马教会权势不断扩大。392 年，罗马帝国皇帝狄奥多西一世（379—395）颁布法令，废止一切异教，独尊基督教，基督教成为罗马帝国的国教。455 年，罗马帝国授予罗马主教立奥一世（440—461）治理教会的全权。这一切推动了基督教的传播和罗马教会神权的崛起。

西罗马灭亡后，意大利罗马城的政治中心地位衰落，但宗教地位日益上升。为了求得生存和发展，罗马教会很快就与日耳曼"蛮族"国家建立起密切的合作关系，相互勾结，相互利用。496 年，克洛维（481—551）率三千亲兵在兰斯主教的主持下皈依基督教，罗马教会有了新的政治靠山。陈文海评论："克洛维皈依基督教这一'善事'对教会和法兰克人双方都产生了重大影响。一方面，因罗马帝国崩溃而失去政治依靠的教会终于找到了志同道合（最起码在初期、在表象上是如此）、信仰一致的世俗君主；另一方面，滨海法兰克人开始得到教会的大力支持，而且与普通的高卢民众也有了共同的宗教语言，这对于法兰克人能在短期内征服高卢大部分地区不能不说是一个至关重要的因素。"① 勃艮第王国、伦巴德王国、西哥特王国、威塞克斯王国等，也都先后改信基督教，中世纪的西欧逐渐基督教化。因为王公贵族的大量恩赐和赠予，修道院接受封建采邑，地产猛增，教会获得大量的教产和特权，基督教日益成为支配西欧社会的精神力量、物质力量和政治力量。754 年初，教皇斯蒂芬二世（752—757）亲自前往巴黎游说肇兴的加洛林王朝出兵意大利讨伐伦巴德人的骚扰，并为矮子丕平（751—768）在圣德尼教堂举行涂油加冕仪式，罗马教皇与世俗君主的关系更加密切。为巩固这一合作关系，754 年、756 年，矮子丕平两度出兵意大利，打败伦巴德人，并将所征服的罗马地区和拉文那地区献给教皇，史称"丕平献土"，在意大利中部奠定了教皇国的基础。在教皇的支持下，丕平开创法兰克王国加洛林王朝（751—843）。汤普逊在评论法兰克王国与罗马教会之间的关系时说："在法兰克王国内，教会成了政府的支柱，而且——也许具有同样重要性的——在罗马天主教居民和法兰克人之间，不存在对立的情况。"② 加洛林时代，法兰克王国推进基督教的传播范围更广。在罗马教皇的支持下，查理曼

---

① 陈文海. 法国史［M］. 北京：人民出版社，2004：42.
② 汤普逊. 中世纪经济社会史（上册）［M］. 徐家玲，译. 北京：商务印书馆，1984：252.

（768—814）开疆拓土，实行旷日持久的大规模军事扩张，采取武力征服与基督教传播并用政策，772—804年，查理曼用兵萨克森和巴伐利亚，强制推行基督教，基督教在日耳曼地区得到普遍推广。773—774年，在教皇阿德里安一世（Adrian I，772—795）请求下，查理曼出兵意大利北部，打败威胁罗马教廷的伦巴德人。778年，教皇阿德里安一世写信称颂查理曼是："一位新的君士坦丁，他接受上帝的统御，他是最崇信基督的帝王。"① 796年，利奥三世（795—816）继任阿德里安的教皇职位，他把罗马城旗、罗马所有庙宇中最神圣的钥匙、圣彼得的信仰声明书送给查理曼，以表示教皇对查理曼的忠诚，也引起意大利部分贵族的不满。799年罗马贵族以教皇买卖教职、滥立伪誓及与人通奸为由突袭并关押利奥三世，利奥三世脱难后，查理曼派兵护送利奥三世回罗马，并驯服叛乱的意大利贵族。为酬谢查理曼的支持，800年圣诞节，利奥三世在圣彼得大教堂为查理曼出其不意地戴上皇冠，尊奉查理曼为"罗马人的皇帝"。"这一筹划已久的瞬间动作其意义不可低估，它既意味着教俗联盟的最终完成，同时也预示着教俗双方将在未来的岁月里展开长期的权力斗争。"②

　　德意志君主奥托一世（936—973）继续实行武力征服与基督教传播并用政策，以武力把丹麦、波希米亚、匈牙利变成基督教地区。962年，奥托一世在罗马的圣彼得接受教皇加冕，称"神圣罗马帝国皇帝"。他们都回赠教皇若干土地，教皇国版图日益扩大。东欧地区在拜占庭帝国的影响下，864年，保加利亚接受东正教洗礼，保加利亚利用东正教统一全国。988年，弗拉基米尔接受东正教信仰，并且宣布东正教为国教，东正教传遍东欧。十世纪、十一世纪之交，欧洲实现基督教化。基督教世界的欧洲并非铁板一块。因文化差异、教义歧见、政治和经济利益不同等方面的原因，希腊语的东方教会与拉丁语的西方教会渐行渐远。1054年，基督教世界一分为二。罗马教会自称普世性教会——罗马公教，或称天主教。东正教会，自称正教，或称希腊正教。

　　中世纪初期，罗马教廷一直仰仗法兰克王国国王的庇护，加洛林帝国瓦解

---

① 陈文海. 法国史 [M]. 北京：人民出版社，2004：63.
② 陈文海. 法国史 [M]. 北京：人民出版社，2004：64.

后，罗马教廷伪造《艾西多尔文献》①，公开宣扬教权高于俗权，确立了罗马天主教廷对西欧社会的大一统神权统治。在中世纪初期，基督教扮演了社会和政治的核心角色。

十世纪前后，西欧不断遭受阿拉伯人、诺曼人和马札尔人的入侵，教皇权势又处于低谷，教皇完全由罗马贵族掌控。十至十一世纪，克吕尼运动兴起，罗马教廷权势再次增长，教皇权势膨胀。希尔德布兰德（1020—1085）倡导克吕尼运动，只听命于教皇，不承认其他权威。国王由上帝"任命"，他本身不具有教会的"神圣"权力与职责，身为基督徒的国王不是"教士的国王"，但他是上帝的"宠儿"，神圣的统治权的获得者。教皇是西欧教会的最高宗教领袖，世俗君主不应干预教会的主教任命权。克吕尼修道院强调修道者绝产、绝色和绝意的"三绝"戒律，加强修道者内心道德修养。克吕尼修道院规则相继为法国、德意志、波兰、匈牙利、意大利、西班牙等国修道院所采用。至1100年，约2000所修道院加入克吕尼派，在西欧形成一场声势浩大的修道院改革运动。克吕尼运动力图将罗马教会变成教皇为首的集权组织。罗马教廷和神圣罗马帝国争夺基督教世界的领导地位的冲突日益显露。

1059年，教皇格列高利七世（1073—1085）发动"教皇革命"，认为世俗的权力侵犯了应该属于教会的权力，将教会的权力与世俗国家的权力联系起来。为扩大教会的权力，他公然宣称教皇权高于世俗君主权，教皇有权废黜西欧国家君主，声称"每一位国王都要俯伏在教皇的脚下"②。正是这种冲动使罗马教皇成为宗教战争的合法领袖，使教皇们来服务于自己的目的。英诺森三世（1198—1216）在位时，罗马教廷神权达到鼎盛。他声称教皇是基督的代表，有权掌握最高宗教权力，在宇宙中享有至高无上的地位，有权废黜世俗君主。他坚信并宣传教皇负有统治世界的使命。英诺森三世成功利用英国国王无地王约翰与法国国王腓力二世之间的矛盾，干预坎特伯雷大主教的任命。1212年，宣布废黜约翰王，并将英国王位授予法国国王腓力二世。约翰王内外交困，被迫屈服于教皇。有学者指出："英诺森三世在位18年，时间不很长，却把教皇权

---

① 《艾西多尔文献》：7世纪西哥特王国大主教艾西多尔以精通古代教会文献而闻名。查理曼帝国瓦解后，罗马教廷将其编撰和伪造的5世纪后罗马大主教和宗教会议所议定的条规以及所谓的"君士坦丁赐予"等文件盗用艾西多尔之名编订成册，称之为《艾西多尔文献》，并公诸于世。这部文献旨在证明，罗马教皇对教会拥有最高裁判权，所有主教都可直接诉求教皇；教皇有权支配大主教，世俗政权不得干预教会的神权。其中的"君士坦丁赐予"宣称：罗马大主教希维尔士德曾经为罗马皇帝君士坦丁治好麻风病，为示酬谢，君士坦丁在迁都拜占庭时将基督教会与帝国西部的统治权交给希维尔士德。

② G. R. 埃文斯. 中世纪的信仰 [M]. 郜卫彤，译. 北京：北京大学出版社，2005：52.

势扩张到空前绝后的高峰。除法国王权当时比较强大而未能制服外，西欧的英国、西班牙、葡萄牙、西西里王国，北欧的丹麦、瑞典，东欧的匈牙利、波兰都一一臣属于教皇，保加利亚、塞尔维亚求得教皇的庇护。甚至地处遥远的亚美尼亚也承认了对教皇的臣属关系。"①

罗马教廷对西欧的大一统神权并未长期维持。十三世纪末，十字军东征运动日薄西山，作为发起者、宣传者和组织者的罗马教皇的权威大为受损。西欧市民运动、农民反封建起义、反神权的异端运动不断兴起，也有力地冲击了罗马教廷的统治地位。同时，英国和法国封建王权加强，有力地扼制了罗马教皇的权势，罗马教廷的神权逐渐走向衰落。

1302 年法国国王腓力四世（1285—1314）宣布教皇无权干涉法国内政，教皇卜尼法斯八世（1294—1303）准备革除腓力四世教籍。1303 年，教皇在与腓力四世争权失败后死去。1305 年，在腓力四世的干涉下，波尔多大主教克莱门当选为新教皇，被称为克莱门五世（1305—1314）。1309 年，克莱门五世将教廷从罗马迁到法国南部小城阿维农。此后 70 年间，连续 7 任教皇均为法国人，绝大多数红衣主教也是法国人，教皇实际上成为法国国王的御用工具，罗马教会的威势急转直下。教会史上称之为"阿维农之囚"（1309—1378），是罗马教廷神权由盛转衰的标志。天主教会内部教宗争立，1378—1417 年，教会出现大分裂。1409 年，西欧形成三教皇并立的局面。1417 年，康斯坦茨会议选出新教皇马丁五世（1417—1432），教廷分裂的局面结束。但此后的罗马教廷，已不复拥有西欧的大一统神权。

（二）神圣罗马帝国和罗马教廷的激烈斗争

843 年的《凡尔登条约》将查理曼帝国一分为三，查理曼的孙子日耳曼路易得到莱茵河以东的地区和莱茵河西岸的沃姆斯、美因茨和斯拜伊尔，建立起东法兰克王国，或称日耳曼王朝（843—911）。911 年日耳曼王朝结束，法兰克尼亚公爵康拉德被最具实力的萨克森公爵奥托等大贵族推举为德意志国王，为凸显新国王的神圣地位，美因茨大主教为康拉德主持涂油加冕典礼，这一事件被视为德意志历史的开端。因为康拉德依靠教会削弱公爵的政策失败和抵抗外敌入侵不能建功立业，919 年德意志王位转入萨克森公爵奥托之子亨利的手中，亨利一世（919—936 年）开始了德意志历史上著名的萨克森王朝的统治（919—1024）。919 年被视为德意志立国的开始。亨利一世实行军事改革，以贵族家臣和萨克森自由农民为骑士，组成强大的武装力量，对内制服桀骜不驯的

---

①　安长春. 基督教笼罩下的西欧 ［M］. 北京：中央编译出版社，1995：212.

诸侯贵族，对外积极推行东扩政策，以武力实现日耳曼人向东殖民。933 年，亨利一世两次击败马札尔人，阻止了匈牙利的入侵。亨利一世的政策为其子的统治奠定了基础。

亨利一世死后，被指定为王位继承人的次子奥托登位，在查理曼的故都阿亨加冕称帝。为加强王权和统一国家，一方面，奥托一世（936—973）限制公爵的权限，弱化公爵的既定地位，先后以武力和王室联姻方式平息法兰克尼亚、施瓦本、巴伐利亚、洛林公爵的反叛；另一方面，教会参与国家政治是加洛林王朝的政治传统，德意志王权是加洛林王权的继承者之一。奥托一世以教会封建主为王权的支柱，赐予教会大量地产，启用教士为国家官吏，并授予教会封建主在其领地内享有行政和司法独立的特恩权，从而奠定了中世纪德意志教会诸侯崛起的物质基础。奥托宣布："除王权外，一切世俗权力不得进入所有王室修道院，不经国王允许，不得将王室修道院的土地作为采邑分封。"[①] 国王作为教会利益和特权的主要恩赐者和保护人，教会成为德皇手中强大的政治工具，双方相互勾结，彼此利用。在德意志，"基督教越来越影响国家和个人的生活，以至于国家和教会紧密联系在一起"[②]。萨克森王朝建立的王权与教会之间的紧密的政治关系在萨克森王朝最后一位国王亨利二世的统治下达到顶峰，主教成为国家的政治人物，主教的任命成为亨利二世（1002—1024）治理国家的主要手段。

神圣罗马帝国皇帝，自认承袭罗马帝国传统，坚持在罗马的圣彼得大教堂举行涂油加冕礼仪，垂涎意大利城市的富庶，更希望掌控罗马以控制教皇和罗马教廷，建立真正的大帝国，称霸欧洲。951 年，奥托一世借口僭称意大利国王的罗马贵族培伦格监禁前王遗孀亚蒂莱德，直接出兵干预政治上四分五裂的意大利北部封建主之间的斗争，占领伦巴德，在巴威亚接受伦巴德国王的称号。955 年，奥格斯堡城南的莱西菲尔德之战，德意志军队彻底消除马札尔人的威胁。962 年，奥托一世又借口新任教皇约翰十二世遭到培伦格的反叛，要求提供援助，率大军进入罗马，巩固了教皇的地位。962 年 2 月，在圣彼得大教堂教皇为奥托一世加冕，称"罗马帝国皇帝"。十一世纪以前的德意志王权较为强大，但并无整体创制。"奥托政府主要通过个人权威和家族政治以及大量恩赐维系教会贵族和世俗大贵族对王权的忠诚。教、俗贵族对王权的臣服和忠诚往往以自

---

① THOMPSON J W. *Feudal Germany* (Vol) [M]. New York：Frederick Ungar Publishing Co.，1962：37.

② SANTIFALLER L. *Zur Geschichte des ottonisch-salischen Reichskirchensystems* [M]. Wien：Rudolf M. Rohrer，1954：16.

我利益的得失为转移，并不受某种原则的约束。"①

德皇腓特烈一世（1152—1190）时代，1157年教皇为红胡子腓特烈加冕"神圣"二字，中古时代的德意志取得"神圣罗马帝国"的称号。它意味着帝国有权统治所有基督教王国，是古代罗马帝国的真正继承者。但是，如法国启蒙运动思想家伏尔泰所说：它"既不神圣，又不罗马，更非帝国"，徒有虚名而已。神圣罗马帝国，名义上包括德国和意大利北部。因此，神圣罗马帝国皇帝把意大利视为帝国的中心，与罗马教廷和意大利发生争执，不断出兵意大利，镇压意大利人的反抗斗争。951—1250年，神圣罗马帝国入侵意大利多达43次。"从奥托一世起的三个世纪中，几乎每一位皇帝都亲自统兵直趋罗马。军队沿途蹂躏破坏，遭到意大利居民的抵抗。其中霍亨斯陶芬王朝的红胡子腓特烈曾六次侵攻意大利，先后历时三十年，屡遭惨败。"② 神圣罗马帝国的意大利政策，使帝国穷兵黩武，国力耗损，不利于德意志王权强化，国内诸侯乘机扩大自己的实力，日益坐大，割据称雄。政治上四分五裂成为中古时代德意志的显著特征。直到1806年，拿破仑当皇帝才废除神圣罗马帝国的称号。

十一世纪中后期，德意志封建主义显著发展，大贵族的利益、特权和实力日渐增长，独立意识加强，王权与教会之间紧密合作的政治关系急剧恶化，教会要求脱离王权的控制越来越明显。

神圣罗马帝国推行意大利政策，德皇与教皇相互利用，德皇强化了德意志教会的控制，但也导致德皇与罗马教廷的矛盾不断加深。在西方政教冲突中，罗马教廷与神圣罗马帝国之间的斗争最为激烈。双方斗争的焦点主要是为了争夺德意志主教授职权，实质上是争夺主教领地上的政治和经济利益。

中世纪初期，西欧许多王国还不存在统一、强大的国家政权，天主教会在许多国家内拥有大量领地，为摆脱世俗政权的控制，强化对人民的统治，天主教会力图建立以罗马教皇为中心的统治体系。罗马教皇也不安于处于德皇的"保护"，罗马教廷形成一股反神圣罗马帝国的情绪。十至十一世纪的克吕尼运动兴起，其主要纲领是反对世俗君主干涉主教任免权，强调主教授职权属于教皇。这一运动的最主要代表人物希尔德布兰德后来成为教皇格列高利七世（1073—1085），在希尔德布兰德的全力推动下，教皇权明显扩张，德意志王权开始受到挑战。德意志法兰克尼亚王朝（1024—1125）皇帝亨利四世（1056—

---

① 侯树栋. 德意志中古史 [M]. 北京：商务印书馆，2006：55.

② 詹姆斯·布赖斯. 神圣罗马帝国 [M]. 孙秉莹，等译. 北京：商务印书馆，2000：中译本序言7.

1106）与罗马教廷的主教授职权之争已不可避免且旷日持久。

　　1075 年，教皇格列高利七世在罗马召开宗教会议，规定各地主教的任命权在教皇，宣布废除世俗君主的主教任命权，并将德皇亨利四世的五位近臣革除教籍，实行破门律。此举遭到德意志各地由皇帝任命的主教们强烈反对。1076 年 1 月，亨利四世在沃姆斯召开宗教会议，通过决议，废黜教皇格列高利七世。2 月，教皇在拉特兰召开宗教会议，通过决议，革除亨利四世的教籍，废黜亨利四世的帝位，煽动德意志诸侯叛乱。迫于政治压力，亨利四世不得已妥协。1077 年 1 月，亨利四世前往教皇驻节地意大利亚平宁山中部的卡诺莎城堡拜谒教皇，悔罪求饶。传说，亨利四世身穿粗布衣，赤着双脚，在城堡门外冒着大雪哀求三天，才获得格列高利七世的宽恕，史称卡诺莎觐见。卡诺莎觐见是 11 世纪以后德意志王权衰落的标志。德皇亨利四世虽赢得喘息时机，1084 年率军进占罗马，驱逐格列高利七世，另立新教皇。格列高利七世出逃，1085 年客死意大利南部。此后，教皇与德皇均已易人，但斗争仍持续了近半个世纪。1122 年，教皇与神圣罗马帝国亨利五世（1111—1125）达成妥协，订立《沃姆斯和约》，规定主教由教士组成的选举会议推选；在德意志由皇帝或其代表出席会议，如有意见分歧，德皇有权干预；主教授职时，在德意志先由德皇授予象征世俗封地权力的权节，然后由教皇授予象征宗教权力的指环和权杖。在意大利，授职顺序与前者正相反。德皇与教皇的斗争，一方面，教皇在斗争中暂时取胜，德意志王权不得不做出某些妥协，教会地位巩固，权力提升，此后一个世纪里教皇权力臻于鼎盛；另一方面，德意志王室在与教皇激烈的斗争中无暇顾及大贵族日益坐大，德意志各地封建主乘机控制中小贵族，加强封建割据。主教授职权之争后，德意志社会迅速封建化。

　　十二世纪开始，德意志大封建主已能凭借强大的物质基础形成独立的地方权力中心，不利于德意志的政治统一。1180 年，腓特烈一世签署格尔恩豪森宪章，首次确认"采邑强制"原则，成为德意志维护诸侯利益的封建条款。学者指出："德国封建主义的发展结果造成了离心力，并且为独立的诸侯国的发展开辟了道路。"① "12 世纪以后的德国社会的一个基本趋势是诸侯越来越强大，王权越来越衰落。"②

　　为建立以国王为中心的金字塔式封建秩序，有效控制罗马教廷，德意志霍亨斯陶芬王朝（1138—1254）继续推行意大利政策。德皇腓特烈一世（1152—

---

① 侯树栋. 德意志中古史 [M]. 北京：商务印书馆，2006：66.
② 侯树栋. 德意志中古史 [M]. 北京：商务印书馆，2006：68.

1190）六次征伐意大利。1167 年，在罗马教皇的支持下，意大利威尼斯、维罗纳、帕多亚、克雷莫纳等城市，组成伦巴德同盟，共同抗击腓特烈一世的入侵，意大利北部城市完全获得独立。

1211 年，腓特烈二世（1211—1250）即位后，与两西西里王国联姻（西西里和那不勒斯），将政治重心转移到意大利，对德意志诸侯在其领地上享有行政、司法、铸币和征税独立特权做出重大让步。1229 年腓特烈二世率军前往叙利亚东征，教皇则组织起一支小规模的十字军反对腓特烈二世。

德皇和罗马教廷双方正因西西里岛问题斗争激烈之时，正值拔都的蒙古军大举入侵斡罗思。1239 年 3 月，为打击腓特烈二世，格列高利九世（1227—1241）下令开除腓特烈二世的教籍，号召匈牙利人参加反腓特烈二世的十字军，且可以征战涤罪。1241 年前后，格列高利九世筹划召开全欧洲大公会，组织新的十字军对付异教徒腓特烈二世。为维护自己的皇位，腓特烈二世迅速出兵法恩扎城（Faenza）包围教皇，拦截前来参会的红衣主教、大主教和主教们，阻止大公会的召开，此举"彻底粉碎了格列高利九世的安排"①。所以，1241 年 6 月，匈牙利国王贝拉四世遣使帝国求援，腓特烈二世拒绝了贝拉四世的请求，但策略性地承诺"一旦意大利战事结束，他立刻率军去抗击蒙古人"②。正如詹姆斯·钱伯斯所言："教俗势力之间的争斗是欧洲无法联合一致对抗蒙古人最主要的原因。"③

1243 年 6 月，英诺森四世（1243—1254）登上教皇之位，充分利用自己的外交能力，借助教皇权威，进一步打压腓特烈二世。1243 年年底，英诺森四世与腓特烈二世在伦巴德同盟管理权上又发生激烈冲突。和谈失败后，腓特烈二世重兵包围罗马城，英诺森四世被迫变装出走。1244 年 12 月，英诺森四世颁发谕令，决定在里昂召开全西欧的主教大会。与历届大公会不同，这次大公会重点审讯"基督的敌人"腓特烈二世。英诺森四世公开指责腓特烈二世犯亵渎等罪行，决定开除他的教籍，废除西西里国王和神圣罗马帝国皇帝之位，号召德意志人和意大利人参加反皇帝的十字军。以大公会会议之名审讯并绝罚一位在位君主，可谓中古时代政教关系恶化的顶峰。会后，腓特烈二世的权力被教皇

---

① David Abulafia eds. *The New Cambridge Medieval History*（Vol. 5）［M］. Cambridge：Cambridge University Press，1999：137.
② HOWORTH H H. *History of the Mongols From the 9th to the 19th Century*［M］. London：Longmans，Green，and Co.，1987：54.
③ CHAMBERS J. *The Devils Horsemen：The Mongol Invasion of Europe*［M］. London：Hakluyt Society，1900：88.

削减，已很难再与教皇较量。1254 年腓特烈二世死后，霍亨斯陶芬王朝在德意志的统治终结，政教斗争暂告一段落。当然，罗马教廷和神圣罗马帝国皇帝主教授职权之争时，双方都无力应对蒙古帝国的第二次西征。

1250—1272 年的 20 多年间，德意志历史上再次进入大空位时期，王权孱弱，封建割据更为严重，内外交困。[①] 1230 年，波兰马佐维亚公爵康拉德与德意志条顿骑士团进攻居住在维斯瓦河和涅曼河之间的普鲁士人，条顿骑士团占领普鲁士地区。1236 年，立窝尼亚骑士团与条顿骑士团合并，控制波罗的海的东部和南部沿海地区。1356 年，德皇查理四世（1346—1378）颁布《黄金诏书》，规定德皇在科隆、美因茨和特里尔三大主教，萨克森公爵，巴拉丁伯爵，勃兰登堡侯爵和捷克国王七大诸侯中选举产生，承认诸侯在其领地内政治独立，并享有税收、铸币和司法等特权。黄金诏书成为神圣罗马帝国诸侯割据的法律依据，德意志始终没有形成政治统一的局面。中世纪的德意志独特的发展道路，不同于十五世纪已实现国家统一的英格兰和法兰西，长期保持着分裂割据的状态，直到十九世纪后期。

（三）英法王权不断加强

1. 英国王权的加强

公元前后，大不列颠岛的原居民是克尔特人。一世纪，恺撒率领罗马军队征服不列颠，不列颠成为罗马帝国的一个行省。在欧洲民族大迁徙浪潮冲击下，442 年，罗马军队撤离大不列颠，罗马人统治大不列颠东南部四百年的历史终结。

五世纪中叶，北日耳曼人的盎格鲁人、撒克逊人和朱特人开始侵入不列颠岛，六世纪末七世纪初，形成东撒克逊、西撒克逊、南撒克逊、东盎格鲁、麦西亚、诺森布里亚和肯特七个部落联盟国家，开始英国历史上的"七国时代"（600—870）。七王国之间相互争雄，829 年西撒克逊王国初步统一其他王国，形成英格兰王国。编年史记载，787 年丹麦人入侵大不列颠沿海地区，九世纪中叶以后，掀起袭击英国的高潮，并在大不列颠东北部建立起"丹麦统治区"。长期的社会动荡与战争，英格兰开始封建化。

为对付丹麦人入侵，阿尔弗雷德大帝（871—899）组建骑兵，加强舰队，以土地分封给服兵役的骑士，编纂《阿尔弗雷德法典》，加快了英格兰的封建化

---

①　1198—1215 年是德意志历史上的大空位时代，王室领地仅相当于勃兰登堡边地侯领地的四分之三，国王实力已不能与大诸侯先比，王权危机，德意志的政治天平进一步向诸侯倾斜。

过程。十世纪前期，英国收复丹麦人占领区，丹麦人与盎格鲁—撒克逊人不断融合。991年，丹麦人又掀起侵袭英国浪潮，丹麦王斯温一世（985—1014）实际统治了英国。斯温之子卡纽特治下（1016—1035），帝国强盛，除丹麦之外，兼领挪威和英国国王。卡纽特死后，帝国趋于瓦解。1042年，英国"贤人会议"推选阿尔弗雷德大帝的后裔、信教者爱德华为英国国王，称爱德华三世（1042—1066）。

1066年初，爱德华三世去世。诺曼底公爵威廉以表兄爱德华的遗愿为由，要求继承英国王位，但是，"贤人会议"推选盎格鲁—撒克逊贵族哈罗德为英国国王。1066年9月，诺曼底公爵威廉在罗马教皇亚历山大二世（1061—1073）的支持下，率领5000人军队进攻英国。10月14日，在哈斯丁（Hastings）战役中，哈罗德阵亡，威廉进入伦敦，加冕称王，是为威廉一世（1066—1087），威廉建立起英国历史上的诺曼王朝（1066—1154）。

威廉征服，将法国的封建制移植到英国，加速并完成了英国的封建化过程。在征服英格兰期间，威廉几乎全部剥夺原盎格鲁—撒克逊贵族的土地，自己保留了1/7的土地，余者作为采邑，分封给随征的法国教俗封建主。在英国，无论大小贵族，所领的土地都与威廉征服和分封有着直接关系，他们都是国王的封臣。1086年，威廉在索尔兹伯里（Salisbury）城堡召集英国所有重要的领主宣誓效忠，听命于国王，为国王服军役，形成了与欧洲大陆法兰克王国封君封臣之间不尽相同的隶属关系，我的封臣的封臣也是我的封臣，英国王权开始比较集中和强大。同年，威廉一世在英国进行大规模的土地和赋税调查。根据《土地赋税调查簿》记载，国王的直属封臣约1400人，大封建主的封臣为7900人。在1400人的直属封臣中，180人占有的土地几乎达到整个英国土地的50%，土地分配相当集中，可谓真正的大封建主。① 王室领地占全国土地的1/7和广阔的森林，它是英国王权强大的物质基础。

为加强王权，威廉改组中央政府，废除盎格鲁—撒克逊时代的"贤人会议"，建立"御前会议"。地方仍设郡置官，郡司是地方最高行政长官，由国王任免，作为中央在地方上的代表，负责管理地方行政、司法和财税。威廉武力征服英国后，仿效盎格鲁—撒克逊时代王位世袭制，让教会为他举行涂油加冕典礼，使之成为合法的、王权神授的国王。他也强化对英国教会的管理，撤换原盎格鲁—撒克逊人出身的主教、修道院长，委以诺曼人、法兰克人管理教会，

---

① 马克垚. 英国封建社会研究［M］. 北京：北京大学出版社，2005：76-77. 诺曼征服以后，国王的直接封臣大约有500人，其中大封建主是170人。

还把大量的土地和农奴恩赐给教会领主，不许教会独立，主教会议的决定最终由国王裁定。威廉在英国建立起当时西欧最强大的封建王权。

1087年，征服者威廉在法国诺曼底领地去世，所领土地一分为二，长子罗伯特继承诺曼底公爵爵位，次子威廉·鲁夫斯继任英格兰王位，幼子亨利分得诺曼底的几个庄园，所以，三兄弟不和。1100年8月，次子威廉·鲁夫斯被杀，幼子亨利继位，称亨利一世（1100—1135）。亨利一世进一步加强英国王权，延揽小贵族精英参政，扩大王室行政机构的管理职能，使御前会议成为中央决策机关。设立巡回法官，扩大王室法庭的司法权。加强中央对地方行政和财政的监督。

1154年，亨利一世死，生前已无男嗣继位。英国王位由亨利一世的女儿马提尔达之子、法国安茹伯爵亨利继位，称亨利二世（1154—1189），开始了英国历史上的安茹王朝（或称金雀花王朝，1154—1399）。封建继承关系使安茹王朝占有英格兰、诺曼底、安茹、曼恩等地，安茹王朝疆土辽阔，与法国卡佩王朝相比，实力强大非凡。但是，亨利二世也是法国国王的封臣，政治和经济利益使英法两国的矛盾日益凸显，斗争在所难免。

亨利二世凭借强有力的王权，镇压英格兰大贵族的叛乱；摧毁大封建主在王室内战中未经允许而修建的私家城堡三百余座；收回被大贵族侵占的王室领地；制止高级教士侵吞王室法庭的权力，保障国王对教会的控制权；通过法庭传讯不可一世的坎特伯雷大主教托马斯·贝克特，勒令他把教区四万四千马克的收入上缴国家；撤换大批伯爵的郡司之职，选任地方中小贵族为郡司；实行司法和军事改革。司法上，创建中央法庭，使巡回法庭正常化，自由人可越过庄园法庭直接向国王法庭申诉，实行十二人陪审团制，以誓证法代替神明裁判法。亨利二世的司法改革，削弱了大封建主势力，扩大了国王的权力，也是司法文明的进步。军事上，推行盾牌钱，实行兵役代金；扩大雇佣兵规模，使国王拥有一支训练有素的常备军。亨利二世改革进一步强化了英国王权。

1189年亨利二世死，其子狮心王理查继位，称理查一世（1189—1199）。狮心王理查不理朝政，常住法国安茹宫中，荒于国务；穷兵黩武，热衷十字军东征运动。他在位十年，只到过伦敦两次，第一次是1189年行加冕礼并筹集十字军费用，第二次是参加第三次十字军东征（1189—1192），兵败被俘，回英国征募赎金。两次在英国驻留时间不足一年。英国国务由坎特伯雷大主教、大法官沃尔特管理，王权趋于转弱。

1199年狮心王理查在一次私人决斗中死去，依照长子继承制，王位继位者应为王子阿瑟，但是，在诺曼底贵族的支持下，狮心理查的弟弟约翰夺取王位，是为无地王约翰（1199—1216 年）。① 约翰王时代，英国王权出现巨大的统治危机。

约翰在位十七年，适值十二、十三世纪之交，英国社会发生巨变。农业（特别是养羊业）发展，手工业和商业显著进步，城市纷纷兴起，市场日益活跃。商品货币关系不断发展，渗入农村，对英国社会各阶级、各阶层产生较大影响。英国历史发展的重要特点之一是，许多城市位于国王领地之上，因为英国王权强大，国王控制城市行政权和征税权，城市大多不享有自治权，只是享有某些自由权，富裕市民与王权之间存在一定的矛盾，更不可能形成国王与城市结成同盟以共同反对地方大封建主的社会局面。亨利二世军事改革后，英国小贵族骑士大部分在自己的领地上经营农牧业，剥削雇佣劳动，他们的经济地位与市民上层和富裕农民逐渐接近，政治上易与市民上层和富裕农民联合。

1202—1204 年，无地王约翰对法战争连连失利，英国丧失了包括诺曼底在内的大陆领地。1205 年，约翰又干涉坎特伯雷大主教选举，与罗马教皇英诺森三世发生激烈冲突，教皇开除约翰的教籍。1212 年，教皇又废黜约翰王位，号召贵族对约翰宣战。在与教皇的斗争中，约翰甘拜下风，只好承认自己是教皇的封臣，每年向罗马教廷贡奉 1000 英镑巨款。1214 年布汶之战，约翰惨遭失败。为解决财政危机，约翰回到英国，破坏封建惯例，任意高额征收封臣的封地继承金和兵役代金，引起了教俗封建主、骑士和市民的不满。大封建主趁机联合不满国王的骑士、富裕农民和市民，以武力迫使约翰让步。1215 年 6 月 19 日，约翰签署《大宪章》。《大宪章》主要规定，教会选举自由，国王不得干预、剥夺教会的土地，尊重教会的所有权益。国王保证每一封地的继承金不得超过 100 磅，骑士不得超过 5 磅。未经"二十五人委员会"的同意，不得征收兵役代金或其他协助金，保证大封建主的土地继承权。若国王破坏《大宪章》，大封建主有权武装反抗国王。《大宪章》主要是限制王权，保证教俗大封建主的利益。

约翰虽签署《大宪章》，但无意执行，"二十五人委员会"发动内战。1216 年，约翰死，9 岁的亨利继位，称亨利三世（1216—1272），大封建主监国。1227 年，亨利三世亲政，英国政治危机加深。在与法国国王的斗争中，1229 年，亨利三世收复阿奎丹失败；与法国普罗温斯公主联姻，大批法国贵族涌入英国，引起英国大封建主愤懑。在对待罗马教廷上，他忠顺罗马教皇，引起英

---

① 约翰是亨利二世四个儿子中最小的一个，未成年时，在法国一无所有，故称"无地王"。

籍教士的强烈不满。1258 年，为儿子争夺西西里，干预意大利战争，要求大会议把英国的 1/3 收入拨给教皇，激起英国大贵族反抗，大贵族冲进王宫，要求改组政府。1258 年 6 月，大贵族在牛津召开会议，史称"疯狂国会"，制定《牛津条例》，将国王重新置于大封建主的控制之下。但是，骑士和市民对大贵族的寡头统治不满，于是引发 1263 年英国内战。1264 年 5 月，国王军队战败，亨利三世及王子爱德华为西门·德·孟福尔所俘，孟福尔控制英国大权。

1265 年 8 月，贵族保守派打败孟福尔的军队，孟福尔本人阵亡，亨利三世复位，实际上由王子爱德华掌权。1274 年，爱德华加冕为王，称爱德华一世（1272—1307）。十三世纪八十年代，爱德华一世发动了征服苏格兰和威尔士的战争，吞并威尔士。为筹措国库经费，征税越来越频繁。1295 年，爱德华召开英国议会，与以往贵族会议不同，这次参会人员除教俗封建贵族之外，还增加了骑士和市民代表参会。英国学者梅特兰认为，传召骑士和市民代表商议国之要事，标志着贵族会议向等级会议的转变。① 因为这次议会成员组成及职能成为后世的楷模，故称"模范国会"。模范国会的召开标志着英国议会君主制（也称等级君主制）正式确定。1343 年，英国议会分为上下两院，上院是贵族院，下院为平民院。"议会君主制的产生和运作，使英国封建君主与各封建等级的政治协商有了一个制度化的平台。议会既对王权的统治提供了政治决策的支持，也带来了某种限制。"② 英国议会君主制对以后英国政治制度的发展产生了重要影响。

2. 法国王权的发展

法兰克王国封建社会形成于墨洛温王朝（481—751），在加洛林王朝（751—843）时期得到长足发展。九世纪中叶，法兰克社会封建化完成。在漫长的封建化过程中，法兰克王国封君封臣制形成一种以土地为纽带通过层层采邑分封的封建主等级结构，呈现出"我的封臣的封臣不是我的封臣"的分封特征。843 年《凡尔登条约》后，西法兰克王国演变为法兰西王国，法国王权式微，形成封建割据和封建混战的局面。九至十一世纪，法国是典型的封建割据国家，卡佩王朝（987—1328）初期，除王室领地"法兰西岛"之外，法国还存在佛兰德尔、诺曼底、安茹、布列塔尼、缅因、阿奎丹、土鲁斯、巴塞罗那、加斯科尼、兰奎多克、波旁、勃艮第、香槟等五十多个若干独立的公爵领、侯爵领、伯爵领、子爵领或勋爵领。王室领地"法兰西岛"不足 3 万平方千米，仅占法

① MAITLAND F W. *The Constitutional History of England*：*A Course Lectures Delivered*，Cambridge：Cambridge University Press，1919：16.

② 孟广林. 世界中世纪史 [M]. 北京：中国人民大学出版社，2012：54.

国国土总面积的 1/15，名义上国王是法国的最高统治者，实际上，"国王只是众多大封建主中的首席，只是在众兄弟中'排行老大'；人们只认同教会和自己的直接领主，他们似乎根本不在意还有什么法兰西国王和法兰西国家"①。且无论在经济、政治、语言和文化各方面，公国和伯国都是独立的。有些封建领地如诺曼底、安茹，虽然在法国，但很长时间内属于英国国王在欧洲大陆的领地。

十世纪末开始，法国城市兴起。南方城市地处地中海商业贸易圈，产生马赛、土鲁斯等规模较大的工商业中心，北方城市以毛麻纺织为主。城市的发展促进各地区经济联系加强，为消除法国封建割据和建立以王权为中心的中央集权国家创造了一定的经济条件。城市兴起后，封建领主的剥削成为城市发展道路上的最大障碍。从十二世纪开始，法国城市掀起反封建领主、争取自治权的斗争，在法国北部表现为公社运动。王权和城市结成同盟，国王支持城市反封建主斗争，城市承认国王是国家的最高统治者，城市以金钱和武装帮助国王与大封建主斗争，有利于消除封建割据势力，有利于加强王权。城市兴起后，商品货币经济进一步发展，农村出现地租折算和农奴解放过程，大多数农民处境日益恶化，阶级矛盾尖锐化。农奴或大批逃亡，或盲目参加十字军，或抗租抗税，或起义斗争（1251 年法国牧人起义），这一切迫使封建主阶级为镇压人民反封建斗争，维护封建统治秩序，反过来需要强化王权。十二世纪中叶以来，法国王权开始加强。

法国王权的加强是从路易六世（1108—1137）开始的。路易六世出兵制服了王室领地内桀骜不驯的封臣，恢复国王对王室领地的统治，压制飞扬跋扈的贵族，他是卡佩王朝第一个能干预王室领地以外事务的国王。此外，他还与阿奎丹公国联姻，扩大王室势力，设置御前会议辅政。

路易七世（1137—1180）统治下，巴黎成为法国永久性首都，结束卡佩王朝初期国家政治中心居无定所的历史；收买安茹伯爵领地内封臣，暗中唆使英国国王亨利二世的三个儿子内斗，使英王无法巩固在大陆的领地；通过迎娶阿奎丹公国女继承人爱丽娜，使王室领地成为法国最大领地。但爱丽娜离婚后转嫁安茹伯爵，阿奎丹随之并入安茹伯爵，大大增加安茹伯爵的领地，并使英法关系更趋紧张；通过与加斯科尼公国和香槟伯国的联姻，使加斯科尼公国和香槟伯国成为王室的有力盟邦。

年方 15 岁的腓力二世（1180—1223）继位后，中央改组御前会议，下设国王参政院负责政务，下设高等法院处理司法；地方委派大法官，由国王直接任

①　陈文海. 法国史［M］. 北京：人民出版社，2004：76.

免，负责地方司法、财政和行政，中央集权日益加强。但是，法国王权强化最大的对手仍是以婚姻和继承关系占有法国领地 2/3 的英国安茹王朝，为消除安茹王朝对法国王权的巨大威胁，1202—1204 年，腓力二世继续采取分化瓦解策略，首先唆使狮心王理查反叛父王亨利二世，然后又怂恿无地王约翰反叛其兄狮心王理查，最终借口无地王约翰不履行封臣义务，宣布剥夺英王在法国的领地。"通过这一系列分化措施并辅以军事征服，到 1204 年前后，法兰西岛以西的诺曼底、曼恩、安茹、普瓦图以及布列塔尼等地均已被纳入王室领地之内，英国在大陆的领地仅剩下阿奎丹一隅。"① 在城市市民的支持下，1214 年 7 月，在布汶战役中，腓力二世彻底打败无地王约翰，并且乘胜追击，攻克伦敦，支持无地王约翰的佛兰德尔被并入法国王室领地，腓力二世领地面积扩大一倍。法国成为西欧强国，腓力二世获"奥古斯都"尊号，可以说是中世纪法国第一位名副其实的国王。

路易九世（1226—1270）统治时期，法国南部出现以土鲁斯伯国阿尔比城为中心的宗教异端运动，阿尔比派否定教皇为首的教阶制，反对教会占有广大领地。阿尔比派运动的发展使罗马教会十分惊恐，1209 年教皇英诺森三世组织十字军，阿尔比派被镇压，路易九世乘机将土鲁斯伯国并入王室，国王的势力延伸到地中海北岸，南方土鲁斯转入王室领地问题基本解决。为进一步强化国家机器，路易九世实行司法、货币和军事改革。司法上，以国王法庭为最高法庭，审理重大案件；设立巡视检察官，督查地方法庭，加强王室政府的巡查和监控；严禁封建主在王室领地内私战，王室领地外实行国王四十日和平制以遏制封建主混战。货币上，严禁王室领地内的封建主铸造货币，国王的货币可在全国通行。军事上，招募雇佣兵，建立归国王指挥的常备军。这一切有利于中央集权的加强。

腓力四世（1285—1314）统治时期，法国王权继续加强。通过迎娶香槟伯国及那瓦尔王国女继承人约安娜，使香槟成为王室领地；1302 年、1304 年，两度出兵佛兰德尔，强占富庶的佛兰德尔若干城市。腓力四世奉行强硬政策，法国财政拮据。为筹措足够的经费以支撑长期频繁的军事行动，剥夺法国犹太人、圣殿骑士团和意大利的伦巴德银行家的巨额财富。他不经教皇批准，擅自向法国僧侣征收捐税，遭到教皇卜尼法斯八世强烈的谴责和抵制，与罗马教廷发生激烈的冲突。教皇卜尼法斯八世准备开除腓力四世的教籍，腓力四世则逮捕教皇使节，双方剑拔弩张。随后，腓力四世派遣宫廷特使在意大利教皇驻地捉住

---

① 陈文海. 法国史 [M]. 北京：人民出版社，2004：87.

卜尼法斯八世并加以羞辱。"尽管教皇随即被其支持者营救出狱，但受尽侮辱、惊魂难定的他还是旋即忧愤而死。此后，罗马教皇的影响及声誉江河日下。"在腓力四世的直接干预下，1305 年法国波尔多大主教贝尔特朗·特·戈（Bertrand de Got）被扶上新教皇之位，称克勒芒五世（1305—1314）。迫于罗马贵族的压力，1309 年教廷从罗马迁到法国南部的阿维农（Avignon），自克勒芒五世之后的七任教皇都是法国人，并受法国国王控制，史称"阿维农之囚"。1377 年，教皇格列高利十一世（1370—1378）迁回罗马。陈文海说："1305 年，在法王的压力下，波尔多主教被扶上教皇御座，称克勒芒五世。1309 年，一直唯法王之命是从的克勒芒五世将教廷所在地由罗马迁往教廷在法国南部的'飞地'阿维农，在此后的近 70 年时间里，被称为'阿维农之囚'（1309—1377 年）的教廷一直具有浓厚的法国色彩，此间教廷派的 134 名阁员中，法国人占 113 名，这就保证了法籍教士对教皇职位的垄断权。教廷被打上'法国制造'的烙印之后，其对天主教世界的号召力已趋向虚无。"① 腓力四世对教皇的斗争赢得完全胜利，天主教教廷衰败，法国王权更加强大。

腓力四世在与卜尼法斯八世斗争之际，为取得国内广泛支持，1302 年召开了法国历史上第一次由僧侣、世俗贵族、富裕市民三个等级代表参加的国务会议，创建三级会议制，法国形成等级代表会议支持下的中央集权统治。

二、拔都西征引发西欧大恐慌

1236—1242 年进行的蒙古帝国第二次西征，拔都为统帅，亦称"拔都西征"，或称"长子西征"。拔都西征扫荡了大半个东欧，先后击败阿兰人、钦察人、罗斯人、波兰人、捷克人和匈牙利人，给亚欧大陆造成巨大震撼，也促成西欧与蒙古帝国的直接交往。

太宗四年（1235），窝阔台大汗"遣诸王拔都及皇子贵由、皇侄蒙哥征西域"②，史称蒙古帝国第二次西征（1236—1242）。蒙古第二次西征以雷霆万钧之势横扫东欧和中欧。

1236 年，速不台率蒙古先锋军攻破不里阿耳城，灭伏尔加河中游的保加尔王国。1237 年春，蒙哥俘获八赤蛮，灭钦察，征服伏尔加—乌拉尔河地区。12 月，拔都、斡儿答、贵由、蒙哥、合丹、不里和阔列坚占领梁赞城，征服斡罗思的梁赞公国。1238 年初，拔都攻陷莫斯科城，弗拉基米尔·尤里耶维奇公爵

---

①　陈文海. 法国史［M］. 北京：人民出版社，2004：93.

②　宋濂，等. 元史（卷二）［M］. 北京：中华书局，1976：34.

被杀，苏兹达尔公国被征服。1238年3月，西提河之战，蒙古军歼灭弗拉基米尔公国主力军一万余人，大公尤里·伏谢沃洛多维奇战死，弗拉基米尔公国被征服。1239年12月，贵由、蒙哥、合丹和不里攻陷阿速部都城蔑怯思，灭阿速国。1240年12月，拔都攻陷基辅，基辅罗斯国家灭亡，蒙古帝国完全征服了斡罗思。

1241年2月，蒙古军十二万人转战波兰和匈牙利，拜答儿率先锋军渡过维斯杜拉河，抄略波兰克拉科夫地区。4月，里格尼茨之战，西里西亚公爵亨利二世和波希米亚国王瓦茨拉夫一世的联军被击溃，亨利二世战死，蒙古军转战匈牙利。1241年4月，绍约河之战，拔都与速不台击垮匈牙利主力军，国王贝拉四世逃亡克罗地亚。6月，拔都攻陷匈牙利首府佩斯城。7月，蒙古先锋军抵达奥地利都城维也纳附近。12月，拔都攻克格兰城。合丹率军追剿贝拉四世，南下塞尔维亚和保加利亚。1242年春，合丹抵达亚得里亚海滨的斯普利特。

1241年12月窝阔台大汗去世的消息传来，蒙古帝国第二次西征基本结束。1243年，拔都西征归来，在伏尔加河下游建都萨莱，建立起辽阔广大的金帐汗国（1243—1502）。第二次西征军十五万余人，历时六年，先后击败阿速人、钦察人、斡罗思人、波兰人、匈牙利人和奥地利人，征服钦察草原、克里木、高加索、保加尔、伏尔加河和第聂伯河流域的斡罗思各公国，给东欧和中欧带来严重的破坏，也极大震动了德意志、法国、英国和罗马教廷。

蒙古帝国第二次西征，实施野蛮的侵略方式，残酷杀戮被征服地区的军民，庐舍为墟，耕地荒废，骸骨遍野，败者为奴。1238年叙利亚的亦思马因人（Ismailian）致信英法两国国王，可能第一次向西欧传递了有关蒙古帝国第二次西征的军事活动信息，信中描述鞑靼人闪电般来到基督教国境，烧杀掳掠，无比恐怖，希望英法基督教国家与撒拉森人（穆斯林）联合起来，抵御蒙古人的入侵。应该说，西欧基督教世界关于蒙古人征服东欧和中欧的战争在1245年柏朗嘉宾出使蒙古帝国之前已有初步了解。1240年马太·巴黎（Mathew Paris，卒于1256年，一译帕里斯）在其《编年史》（*Chronica Majora*）中写道：鞑靼人"像魔鬼一样涌出地狱，因此他们被恰当地称作地狱的人。像蝗虫遍满地面，他们恐怖地毁坏了（欧洲）东部地区，用烧杀把它变成荒凉。经过撒拉森人的国土，他们夷平城镇、砍倒树林、堕毁堡垒、拔掉葡萄树、破坏园林、杀戮城民和农夫……因为他们残酷不仁，与其说是人，还不如说是怪物：嗜饮鲜血，撕裂、吞噬人肉狗肉，穿牛皮，有铁甲武装，矮而壮，粗短，强健，所向无敌"①。

---

① 贝凯，韩百诗，译注. 柏朗嘉宾蒙古行纪鲁布鲁克东行纪［M］. 耿昇，何高济，译. 北京：中华书局，1985：188.

　　学界普遍认为，匈牙利传教士尤里安（Julianus）上呈国王贝拉四世的报告是西欧关于蒙古人最早的书面材料。1235 年，匈牙利国王贝拉四世（1235—1270）派遣多明我会修士尤里安前往伏尔加河流域的波洛伏齐人区域以了解东欧情况。1237 年，正值蒙古帝国第二次西征钦察草原和斡罗思之际，尤里安被贝拉四世派往斡罗思传教旅行。1240 年，拔都派遣两名使者出使匈牙利，致函国王贝拉四世。在信中，拔都谴责匈牙利不应为 1237 年被蒙古人击溃的波洛伏齐人提供庇护，希望匈牙利归附蒙古帝国，并交出敌手波洛伏齐人。蒙古两名使者在前往匈牙利途中，为弗拉基米尔—苏兹达尔大公尤里·弗谢沃洛多维奇所截获，尤里安收集了一些关于蒙古人较准确的信息，转述了从蒙古两名使者身上截获的致贝拉四世信件的主要内容。尤里安用拉丁文写成报告，呈给贝拉四世，贝拉四世转呈给西欧其他国王。尤里安还致信罗马教皇驻匈牙利王宫使节，他本人在罗马教廷演说，这一切都清晰地向西欧表明：1237—1238 年在钦察草原和东欧远征的蒙古军队伍庞大，战斗力强。他特别强调了蒙古人征服世界的野心。[①] 尤里安写道："许多人争相传说，鞑靼人日夜开会，商量如何进军并占据匈牙利基督教国家。据说，他们还有进军和征服罗马以远的打算。"[②] 尤里安的报告，在同时代西欧传教士的书信中也可佐证。波希米亚和波兰方济各会首领约旦神父（1195—1262），在向全体修士描述波兰和匈牙利被蒙古人蹂躏时说："他们将一切百姓——无论年龄、地位和性别如何——都杀死，使神在的地方受到亵渎……一提起他们的名字，百姓立刻就逃走……他们的女子也全副武装，骑马驰骋，不饶恕任何人。"[③] 罗马教皇驻匈牙利使节神父助理罗杰（卒于 1266 年），1241 年在匈牙利为蒙古人所掳，他说自己亲身感受到蒙古人的残忍，在他的广为流传的《为鞑靼人摧毁匈牙利王国而悲歌》一文中，也描述了蒙古大军的野蛮掠夺和凶残嗜杀。但是，1240 年以前，西欧上层都没有重视尤里安的报告。

　　1241 年 4 月，在绍约河之战中，拔都与速不台率一支蒙古军击垮匈牙利主力，贝拉四世逃亡克罗地亚。6 月，拔都攻陷匈牙利首府佩斯城。贝拉四世遣使

---

①　GUZMAN G G. *European Captives And Craftsmen Among The Mongols*，1231—1255［J］. The Historian，2010，72（1）：127.

②　戈尔曼. 西方的蒙古史研究［M］. 陈弘法，译. 呼和浩特：内蒙古教育出版社，1992：168 页注 6。

③　戈尔曼. 西方的蒙古史研究［M］. 陈弘法，译. 呼和浩特：内蒙古教育出版社，1992：12.

德意志求援，腓特烈二世委婉拒绝了贝拉四世的请求。① 但是，腓特烈二世也致函英国国王亨利三世（1216—1272）。亨利三世是无地王约翰的长子，9 岁继位，王位长时间不能稳定。在信中，腓特烈二世详细提到蒙古军在钦察草原和斡罗思的征服、里格尼茨的惨败、匈牙利贝拉四世的败北、波兰和波希米亚的蹂躏，迫切希望西欧基督教世界联合起来共同防御蒙古人的入侵。这封信没有引起英法两国君主的重视。相反，欧洲大部分人对腓特烈二世怀有强烈反感，认为这是他个人为反对教皇而蓄意捏造的蒙古人威胁的信息，腓特烈二世被认为险恶狡诈，别有用心。获悉蒙古人入侵匈牙利，罗马教皇格列高利九世（1227—1241）致函贝拉四世，鼓励贝拉四世继续抵抗，许诺一切与蒙古人战斗的人，将得到如同十字军在圣地耶路撒冷"圣战"的赦免。佩斯城陷落后，格列高利九世再次写信给贝拉四世，并且承诺，只要腓特烈二世表示认错，基督教世界的和平得到恢复，教廷就可以组织军队援救匈牙利。尽管如此，皇帝和教皇仍在策划消灭对方，教皇对腓特烈二世十分愤怒，而腓特烈二世继续在意大利向教皇开战。

1241 年 8 月，教皇格列高利九世去世，同年 12 月，窝阔台大汗去世，蒙古帝国停止了大举西进的军事活动。事实上，神圣罗马帝国皇帝与罗马教皇的激烈斗争，十字军东征运动在近东地区屡战屡败，英法两国各自加强王权，西欧基督教世界无法团结起来抵御蒙古人的侵略，德意志、意大利、法国、英国和其他西欧国家并没有给予东欧和中欧任何援助。②

为追剿匈牙利国王贝拉四世，合丹率蒙古军南下塞尔维亚和保加利亚。1242 年春，蒙古军抵达亚得里亚海滨的斯普利特，陈兵克洛斯滕堡，军营距维也纳几千米远，西欧基督教世界大为震惊，巴尔干半岛和欧洲的封建主十分恐慌。澳大利亚史学家罗依果（Igor de Rachewiltz）说："基督教世界在其历史上从来没有像现在这样感到灾祸将至。"③ 他们害怕将来某天蒙古人兵从天降，西欧与东欧一样，被蒙古军肆意践踏和蹂躏。西欧社会惶惶不可终日，西欧人意识到蒙古人比伊斯兰教势力对西欧的威胁还要严重。在西方世界一片混乱中，1241 年 4 月罗马教皇在迈尔斯堡举行宗教会议，号召组织十字军以抵抗蒙古人

① CHAMBERS J. The Devils Horsemen：The Mongol Invasion of Europe ［M］. New York：Atheneum，Book Club，1979：86.

② JACKSON P，The Mission of Friar William of Rubruck：His Journey to the Court of the Great Khan Mongke，1253—1255 ［M］. London：Hakluyt Society，1990：15.

③ 戈尔曼. 西方的蒙古史研究 ［M］. 陈弘法，译. 呼和浩特：内蒙古教育出版社，1992：13.

的扩张，并商定由神圣罗马帝国皇帝腓特烈二世之子康拉德四世担任统帅。

需要注意的是，蒙古人在东欧和中欧的征服及其残暴行为，还引发了西欧基督教世界的社会精神危机。① 一方面，西欧人惶恐不安，似乎世界末日即将来临。一名在蒙古人征服匈牙利的战争中幸免于难的传教士说："堕入地狱的日子接近了，世界的末日迫在眉睫。我非常清醒地对你们讲述这一切，那些将落入蒙昧民族之手的人都不能转生，因为他们将不是鞑靼人的囚犯，而是地狱的囚犯。"② "欧洲对蒙古这个神秘的民族缺乏了解，不知是有意还是无意，竟将这个民族中的一支鞑靼（Tatar）的名字读成'地狱'（Tartaro）了，视他们有如地狱出来的魔鬼。"③ 另一方面，西欧人对蒙古帝国统治世界的野心和能力深信不疑。在四分五裂的西欧而又无力有效抵抗蒙古人的前提下，人人只好听天由命，这种悲观情绪日益增长，教皇和基督教国家的君主们甚至把蒙古人视为上帝惩罚基督徒的工具，欧洲人在"上帝的惩罚"④ 绝望中祈求上帝的怜悯和垂爱。史料记载，1238 年 11 月，蒙古人攻打莫斯科，大肆屠杀居民，莫斯科的幸存者说："我们这些幸存者绝不会对发生过的灾难产生愤懑之情，只会对自身的罪孽深感自责。"⑤ 法国国王路易九世（1226—1270）在写给母后的信中表露出世界末日似乎来临的悲观情绪。"母后啊，但愿仁慈的上帝不要抛弃我们。倘若这些被称为'塔尔塔尔'的人们进攻我们，那就可能或者是我们把他们掷回他们原来出生的地狱，或者是他们把我们送进天堂。"⑥

1243 年 6 月，英诺森四世（1243—1254）被选为新教皇，利用教皇权威和外交能力，教皇勉励日耳曼人组织新十字军，高举十字架去援助危在旦夕的匈牙利。1244 年 12 月，英诺森四世在里昂召开全西欧主教大会，如何应对一个甚至不了解蒙古人实力和意图且迫在眉睫的威胁成为大公会的重要议题之一，教皇决定遣使蒙古，窥探蒙古人的军事意图，弄清蒙古人的军事实力，劝诫蒙古

---

① Devin DeWeese. *The Influence of the Mongols on the Religious Consciousness of Thirteenth Century Europe* [J]. Mongolian Studies, 1978 & 1979 (5)：42.

② 沙百里. 中国基督教史 [M]. 耿昇，等译. 北京：中国社会科学出版社，1998：44.

③ 白佐良，马西尼. 意大利与中国 [M]. 萧晓玲，白玉崑，译. 北京：商务印书馆，2002：42.

④ Devin DeWeese. *The Influence of the Mongols on the Religious Consciousness of Thirteenth Century Europe* [J] Mongolian Studies, 1978 & 1979, Vol. 5 (1978 & 1979)：47–48.

⑤ MICHELL R，FORBES N. *The Chronicle of Novgorod* 1016—1471 [M]. London：Camden Society，Third Series，1914 (25)：82.

⑥ 戈尔曼. 西方的蒙古史研究 [M]. 陈弘法，译. 呼和浩特：内蒙古教育出版社，1992：15.

帝国改信基督教，化敌为友，阻止蒙古人的杀戮征伐。在这一客观需求的驱动下，柏朗嘉宾（John of Plano Carpini）等出使蒙古，以此为标志，西欧基督教世界开启了与蒙古帝国直接交往之门。

三、蒙古帝国与西欧早期关系的开展

（一）柏朗嘉宾奉使蒙古

1. 柏朗嘉宾奉使蒙古（1245）

教皇英诺森四世派出的第一个使团是柏朗嘉宾使团，使团的首领为柏朗嘉宾，同行者是作为译员的波兰人本尼迪克特（Benedict），他们都是方济各会修士。柏朗嘉宾（1185—1252）是意大利佩鲁贾（Perugia）人，在创建方济各会和 1219 年第五次十字军东征中前往埃及与阿尤布王朝苏丹卡米勒就交还耶路撒冷谈判中发挥了重要作用，1222 年被任命为德意志萨克森教区监护，1228 年成为萨克森大主教，1230 年任西班牙大主教，1233 年又回到萨克森任大主教，1248 年被任命为今南斯拉夫达尔马提亚（Dalmatia）安提瓦里（Antivari）大主教。柏朗嘉宾学识渊博、擅长辞令、精明强干、外交手段灵活，是一位经验丰富的传教士和外交家。一位同时代的人写道："这是一位值得尊敬、头脑清晰、很有教养、善于言辞、很会处理各种事情的人。"① 柏朗嘉宾是为欧洲开通发现东亚之路的第一人。

1245 年 4 月 16 日，柏朗嘉宾携教皇英诺森四世致蒙古皇帝的两份信件从法国东南部的里昂（Lyon）出发，正式开始了漫长而危机四伏的蒙古之行。在波兰布莱斯劳（Breslau），柏朗嘉宾与本尼迪克特会合，向东经行德意志、波兰、波希米亚、斡罗思。1246 年 2 月 3 日，使团离开基辅。他们穿越南俄草原，二十天后，初见蒙古人，柏朗嘉宾说明了奉使的目的，驻营第聂伯河的蒙古统将阔连察（Corenza）派三名蒙古人护送他们到拔都的儿子撒里答（Sartaq）的营地。4 月 4 日，使团又被护送到驻营伏尔加河下游的拔都营帐。拔都命令将教皇信件译成斡罗思文、波斯文和蒙古文，了解信函内容和使者来意后，拔都决定护送柏朗嘉宾到蒙古本土大汗处。为能及时出席贵由的登基大典，他们以最快的速度前行，经拔都的兄长斡儿答营地，7 月 22 日，柏朗嘉宾及时赶到哈剌和林（Karakorum）附近贵由的昔剌斡耳朵。8 月 24 日，他们应邀参加了贵由登基盛典，得到贵由大汗召见。为弄清柏朗嘉宾出使蒙古意图，贵由汗委派聂思脱

---

① 戈尔曼. 西方的蒙古史研究［M］. 陈弘法，译. 呼和浩特：内蒙古教育出版社，1992：16.

里派基督徒镇海、合答和巴剌三大臣接待了他们，柏朗嘉宾呈上教皇英诺森四世致蒙古皇帝的两份信件。在接下来的近三个月里，使团一直逗留在哈剌和林，等待贵由汗的回复。11月13日，柏朗嘉宾带着贵由汗答教皇英诺森四世的国书返程欧洲。1247年5月9日，他们抵达伏尔加河畔的拔都营帐，6月9日到达斡罗思基辅。11月24日，柏朗嘉宾回到里昂，向教皇英诺森四世呈上贵由汗的复函以及柏朗嘉宾本人撰写的出使蒙古报告——《蒙古人的历史》。波兰人本尼迪克特也留有自己出使蒙古的叙述。

2. 英诺森四世致蒙古皇帝信（1245）

柏朗嘉宾携教皇英诺森四世致蒙古皇帝的两份书信留存至今。两份书信落款地点均为里昂，落款时间相距8天，第一封书信落款于1245年3月5日，第二封书信落款于1245年3月13日。其中，3月5日信件原定由方济各会修士罗朗·葡萄牙（Lauren de Portugal）送往蒙古，但不知何故，此信件由柏朗嘉宾一并呈给贵由大汗。

缕析两份书信，内容迥异。在3月5日的信件中，第一，主要内容是阐述三位一体等基督教教义。譬如说，耶稣"为了替人类赎罪，献出自身作为牺牲，而且，他击败了不使人类得救的敌人，把人类从奴役的耻辱中抢救出来，使之享受自由的光荣"。第二，表达了教皇有责任劝勉蒙古人皈依基督教，为所犯下的罪孽忏悔赎罪，希望借宗教感化力，消除蒙古人征略西欧的可能。"我们（指教皇）在履行由于我们的职务而肩负的一切其他责任以前，把我们敏锐的注意力集中到拯救你们和其他人的问题上，在这个问题上我们特别倾注我们的心意，以勤奋的热情和热情的勤奋孜孜不倦地始终注视着这个问题，以便我们能够在上帝慈悲的帮助下，把那些误入歧途的人们引导到真理之路，并为上帝赢得一切的人。……因此，你们如果遵循他们（指使节）的有益教导，就可以承认上帝的真正儿子耶稣基督，并皈依基督教，以崇拜他的光荣名字。"① 第三，强调使节们德高望重，精通《圣经》，希望蒙古皇帝善待他们，给予他们必要的帮助。

在3月13日信件中，教皇首先以严厉的措辞谴责蒙古人的侵略暴行。"我们听说，你侵略了许多既属于基督教徒又属于其他人的国家，蹂躏它们，使之满目荒凉，而且，你以一种仍未减退的狂暴精神，不仅没有停止把你的毁灭之手伸向更为遥远的国度，而且打破自然联系的纽带，不分性别和年龄，一概不予饶恕，你挥舞着惩罚之剑，不分青红皂白地向人类进攻。"其次，劝告蒙古皇

---

① 道森. 出使蒙古记［M］. 吕浦, 译. 北京：中国社会科学出版社, 1983：91-92.

帝停止向西方发起新的侵略。"兹特劝告、请求并真诚地恳求你们全体人民：从今以后，完全停止这种袭击，特别是停止迫害基督教徒。"① 最后，教皇表达了希望蒙古皇帝与使团就和平问题进行有益探讨，并希望蒙古皇帝予以回复。伯希和说："因诺曾爵四世责蒙古破坏屠杀之非，劝其悔过，措词自难使之接受，但教皇措词务实求温和，并愿获有一种协议与一种协定。"② 面对西欧局势，教皇企盼与蒙古帝国缔结和平协议，可知这是一份纯粹的政治信件。

3. 贵由汗致英诺森四世国书（1246）

1246 年 8 月贵由登基后接见了柏朗嘉宾使团，并派镇海、哈达和巴刺三大臣接待，了解了教皇遣使和来信的用意，贵由汗回信给英诺森四世。1246 年 11月中旬，柏朗嘉宾携带回信启程返回欧洲，向教皇英诺森四世复命，并呈上贵由汗致教皇英诺森四世的复信。全文如下：

> 我们，长生天气力里，
>
> 大兀鲁思之汗
>
> 我们的命令：——

这是送给大教皇的一份译本，以便他可以从［穆斯林］语得悉并了解信中的内容。在皇帝国土举行大会时，你提出的［表示拥护我们的］请求书，已从你的使者处获悉。

如果你的使者返抵你处，送上他自己的报告，你，大教皇，和所有的君主们一道，应立即亲自前来为我们服役。那时，我将公布札撒的一切命令。

你又说，你曾向上帝祈求和祈祷，希望我接受洗礼。我不懂你的这个祈祷。你还对我说了其他的话："你夺取了马札儿人和基督教徒的一切土地，使我十分惊讶。告诉我们，他们的过错是什么。"我也不懂你的这些话。长生天杀死并消灭了这些地方的人民，因为他们不忠于成吉思汗，也不忠于合罕（成吉思汗和合罕都是奉派来传布长生天的命令的），又不遵守长生天的命令。像你说的话一样，他们也是粗鲁无耻的，他们是傲慢的，他们杀死了我们的使者。任何人，怎能违反长生天的命令，依靠他自己的力量捉人或杀人呢？

虽然你又说，我应该成为一个虔诚的聂思脱里派基督教徒，崇拜

---

① 道森. 出使蒙古记［M］. 吕浦，译. 北京：中国社会科学出版社，1983：92-93.
② 伯希和. 蒙古与教廷［M］. 冯承钧，译. 北京：中华书局，1994：5.

上帝，并成为一个苦行修道者，但是你怎么知道长生天赦免谁，他对谁真正表示慈悲呢？你怎么知道你说的这些话是得到长生天批准的呢？自日出之处至日落之处，一切土地都已被我降服。谁能违反长生天的命令完成这样的事业呢？

现在你应该真心诚意地说："我愿意降服并为你服役。"你本人，位居一切君主之首，应立即前来为我们服役并侍奉我们！那时我将承认你的降服。

如果你不遵守长生天的命令，如果你不理睬我的命令，我将认为你是我的敌人。同样的，我将使你懂得这句话的意思。如果你不遵照我的命令行事，其后果只有长生天知道！

（伊斯兰历）644 年 6 月末

皇帝之玺

长生天气力里，大蒙古兀鲁思全体之汗圣旨。敕旨所至，臣民敬肃遵奉。

——摘自道森《出使蒙古记》

贵由汗致教皇英诺森四世回信的波斯文原件，1920 年在梵蒂冈档案中被发现。了解了教皇来信的内容，贵由汗给了回复。分析贵由汗的回信，可以得出如下观点：第一，回信首先表明大汗（合罕）受命于天神（长生天），是世界的主宰，教皇和西欧君主们应向蒙古帝国俯首称臣。第二，教皇和西欧君主们欲要缔结和议，需要用行动表明其真心实意，唯一的途径是教皇和西欧君主们亲自前来蒙古汗廷，接受降服和服役。第三，拒绝了教皇希望贵由汗接受基督教洗礼并成为一名虔诚的聂思脱里派基督徒，贵由汗深信长生天给予蒙古人的恩典与庇护。第四，驳斥教皇指责蒙古人侵略匈牙利和基督教世界所带来的罪孽，认为匈牙利人被征讨是咎由自取，是长生天对匈牙利不听从降服命令并杀害蒙古使者的天罚。第四，以命令和威胁的口吻，希望西欧统治者们归附蒙古帝国，否则，蒙古人会继续进行军事扩张。

柏朗嘉宾出使蒙古，既没有说服贵由汗皈依基督教，也没有实现与蒙古帝国缔结和议，劝勉蒙古人停止对外军事扩张更无可能。但是，柏朗嘉宾出使蒙古使基督教世界了解了蒙古帝国的政治和军事意图，通过柏朗嘉宾的报告，基督教世界较全面地了解了蒙古人的政治、军事、经济、宗教、文化等情况，为西方基督教世界进一步与蒙古帝国和东方世界的交往创造了一定的条件。诚如法国学者沙百里所言："从外交观点看，柏朗嘉宾失败了。但他于 1247 年返回欧洲时所写的《蒙古史》，却充满着有关一个尚不大为人们所熟悉的遥远地域以及有关那里的旅行条件的珍贵评论。"①

4. 柏朗嘉宾的报告

苏联学者戈尔曼说，柏朗嘉宾是"在蒙古和中国境外写成第一部蒙古史的作者"②。柏朗嘉宾出使蒙古的报告，称为《蒙古人的历史》或《柏朗嘉宾蒙古行纪》，这是欧洲人通过耳闻目睹写下的最早记述蒙古人情况的第一手资料。柏朗嘉宾经过对蒙古帝国的实地考察，具体地记述了十三世纪前半期蒙古帝国的社会经济、政治制度、风俗习惯、宗教信仰。

关于柏朗嘉宾出使蒙古的动机，中外许多学者根据教皇英诺森四世致蒙古皇帝的两份信件，认为柏朗嘉宾使团成员均为方济各会修士，是奉教皇之命劝诫蒙古帝国改信基督教，用宗教感化阻止蒙古人对基督教世界的侵略。但是，结合柏朗嘉宾撰写的报告来分析，我认为，主要的目的是刺探蒙古情况，特别是蒙古帝国军情，以便基督教世界制定良策来抵御蒙古人新的威胁。

在《蒙古人的历史》引言中，柏朗嘉宾陈述了他历经千辛万苦，就是为了广大基督教世界的安危，就是去完成教皇交给他的使命。他毫不隐讳地说："无论如何，我们弄清楚了关于鞑靼人的欲望和意图的真相，就可以把这些告诉基督教徒们；因此，如果鞑靼人偶然地发动突然袭击，他们就将发现，信奉基督教的人民并不是处于无准备的状态（象在另一时机所发生的情况那样，那是由于人们的罪恶所致），这些人民也不至于会遭受巨大的失败。"③ 整个报告分九章，在第五章、第六章、第七章和第八章中，柏朗嘉宾翔实地记述了蒙古人的军队组织、军事部署、武器装备、战争韬略。他坚信，蒙古人一定会发起新一轮对西欧基督教世界的军事行动，"要把一切王公、贵族、武士和出身名门的人从地上扫除干净……要征服全世界，……贵由汗同所有诸王一起，举起了向上帝和罗马帝国、向一切信奉基督王国和西方各民族进军的旗帜。正在准备向我们进攻"④。

在第七章的记述中，柏朗嘉宾耳闻目睹了被蒙古帝国征服的东欧和中欧一些国家及造成的民族的破坏和奴役现状，呼吁基督教世界必须团结起来，坚决抵抗蒙古人的侵略和统治。"如果基督教徒们希望拯救他们自己、他们的国家和

---

① 沙百里. 中国基督教史［M］. 耿昇，等译. 北京：中国社会科学出版社，1998：46.

② 戈尔曼. 西方的蒙古史研究［M］. 陈弘法，译. 呼和浩特：内蒙古教育出版社，1992：16.

③ 道森. 出使蒙古记［M］. 吕浦，译. 北京：中国社会科学出版社，1983：4.

④ 道森. 出使蒙古记［M］. 吕浦，译. 北京：中国社会科学出版社，1983：43.

基督教世界，那么各国的国王们、王公们、男爵们和统治者们应该聚集一起举行会议取得一致同意，趁鞑靼人还没有在我们的土地上展开兵力的时候，派军队去迎击他们。"①

在第八章的记述中，柏朗嘉宾对与蒙古人和平不抱任何幻想，针对蒙古人的军事特征，重点提出了一系列有效抵御蒙古人的对策。军队组织上，他认为应与蒙古人军队组织相同，设置千夫长、百夫长、十夫长，对临阵逃脱者要严惩不贷；武器装备上，应配备硬弓利斧，剑和矛应增设倒钩以便把蒙古人从马鞍上拉下来，尤其要配备蒙古人非常害怕的弩；军事谋略上，强调蒙古骑兵在平原上的攻坚作用，他建议君主们应尽量将基督教军队分散在森林地带。对付蒙古小支先锋部队，能攻即攻，若蒙古军溃退不要追击，以免落入蒙古主力部队合围攻击的圈套。针对蒙古军突袭战略，他建议西欧君主应高度警惕，军队要日夜处于警戒状态，千万不可麻痹大意。针对蒙古帝国以战养战的作战方式，他希望君主们要坚壁清野，将粮草秘藏起来，使蒙古军粮草枯竭而不能继续作战；在城防方面，他建议城堡守将应准备充分足量的水、木柴和粮食，修筑坚固的城墙，开挖深水壕沟以便与蒙古人对峙。柏朗嘉宾还谈到如何瓦解被蒙古人奴役的外族军队、如何争取他们倒戈起义等问题。由此可见，柏朗嘉宾出使蒙古的真正目的在于全面、准确地掌握蒙古帝国军情，为西方基督教世界制定对付蒙古人的策略提供准确的信息。

（二）阿思凌出使西亚的拜住营地

1. 蒙古人在西亚

1219—1225 年蒙古帝国第一次西征，历时五年，征服了中亚强国花剌子模，在中亚建立起较为松散的军政统治。但是，流亡波斯的花剌子模帝国王子扎兰丁大有燎原之势的复国运动，使中亚社会变得动荡混乱。1229 年窝阔台登基后，为平息扎兰丁叛乱，委任绰儿马罕为统将，率军三万，出征西波斯和西亚。1230 年，绰儿马罕进军阿塞拜疆，波斯西部各地贵族闻风丧胆，1231 年 8 月，扎兰丁在波斯西北山区阿米德附近为当地库尔德人所杀。扎兰丁死后，绰儿马罕驻营水草肥美的阿塞拜疆穆干草原，继续在西亚攻城略地。1231—1241 年，绰儿马罕转战外高加索、亚美尼亚、格鲁吉亚和小亚细亚，曾两度侵袭巴格达，引起阿拔斯王朝哈里发穆斯坦绥尔（1226—1242）的巨大恐慌。

1241 年，绰儿马罕病逝，拜住那颜接任其职，统领驻营波斯的蒙古军继续经略西亚。多桑说："绰儿马罕死后，继由拜住统率，摧陷抄掠波斯以西诸地

---

① 道森. 出使蒙古记 [M]. 吕浦，译. 北京：中国社会科学出版社，1983：44.

者，亘二十年。"① 1242 年，拜住挥师小亚细亚，占领额儿哲鲁木②。1243 年 3
月，占领西瓦思③，鲁木的塞尔柱王朝苏丹凯亦·豁思鲁二世纳币求和。1243
年，蒙古军还侵入叙利亚，阿勒颇称降纳贡。1244 年，小亚美尼亚国王海屯一
世遣使，向拜住表示称臣纳款，成为蒙古帝国的藩属。1245 年，拜住占领底格
里斯河上游的起剌特和阿米德，摩苏尔和大马士革均表示归附蒙古。格鲁吉亚
女王鲁速丹尼也臣服拔都。受贵由汗委任，宴只吉带负责西亚征略活动，1247
年 7 月 17 日，他抵达拜住营帐。到 13 世纪 40 年代，蒙古帝国已征服西亚大部
分地区。

2. 阿思凌使团（1245）

与柏朗嘉宾出使蒙古汗廷的同时，受教皇英诺森四世派遣，1245 年，阿思凌
使团出使西亚的蒙古统将拜住营地，前去探听蒙古人信息，它是多明我会第一次
派往蒙古的使团。阿思凌（Ascelin de Lombardie）为首的使团，最初同行者三人，
他们是阿尔伯里克（Alberic）、亚历山大（Alexandria）、西蒙·圣康坦（Simon de
Saint-Quentin），均为多明我会修士。途中，安德·龙如美（Andre de Longjumeau）
和吉沙尔·克雷莫纳（Guichard de Cremone）二人加入阿思凌一行。

据法国著名汉学家伯希和（P. Pelliot，1878—1945）考订和推测，1245 年
3 月④，阿思凌携带两份教皇信函，从里昂出发。多明我会修士范珊·薄韦
（Vincent de Beauvais，？—1264 年左右）在他的《史鉴》（Speculum historiale）
一书中说："这时，那位教皇还派遣宣教会士阿思凌偕同另外三位与自己不同教
派的教侣作伴，携带教会信札前往达达人军营，信札中劝谕达达人停止杀戮，
接受正教。我由一宣教会士，即洗满·圣康坦（Symone de Sancto-Quintino）处，
在他出使返回之后，得知达达地方的事。"⑤ 阿思凌使团从里昂出发，经海路，
在地中海东岸的阿克登陆，也许一段时间内，他们在巴勒斯坦和叙利亚各地辗

① 多桑. 多桑蒙古史（下册）[M]. 冯承钧，译. 北京：上海书店出版社，2001：27.
② 额儿哲鲁木（Erzurum）：今土耳其埃尔祖鲁姆。
③ 西瓦思（Sīvās）：今土耳其锡瓦斯。
④ 伯希和. 蒙古与教廷 [M]. 冯承钧，译. 北京：中华书局，1994：81.
⑤ 伯希和. 蒙古与教廷 [M]. 冯承钧，译. 北京：中华书局，1994：86.《达达史》记载，
西蒙·圣康坦回来后把自己的旅途所见所闻记录下来，写成一本小册子。不幸的是，原
文已散失。今日所见西蒙·圣康坦所谓的《达达史》，系范珊·薄韦转录在 1253 年成书
的《史鉴》之中。

转，后经行大亚美尼亚、小亚美尼亚①和格鲁吉亚之地，抵达格鲁吉亚首府第比利斯（Tiflis）。在第比利斯，吉沙尔·克雷莫纳加入阿思凌使团，他是第比利斯修道院僧侣，熟悉西亚历史地理，精通拉丁语、波斯语和蒙古语，是一名译员。乔治·G·古兹曼（George G. Guzman）说："可以肯定地说阿思凌的使团经过了格鲁吉亚的梯弗利思（第比利斯）。西蒙明确地记录了吉沙尔·克雷莫纳在梯弗利思（第比利斯）加入使团的旅途中来。"② 1247 年 5 月，阿思凌使团拜访了驻屯里海西岸今纳希切万东北部的拜住夏营地。

　　阿思凌在拜住营地劝说蒙古人停止杀戮和接受基督教的使命几乎收效甚微。究其原因，一是阿思凌傲慢无知，漠视外交礼仪，不是一个老练圆滑的外交家。按照蒙古人习俗，使臣拜见蒙古统治者，要送到宫廷去的任何牲畜或其他东西，都须由他们持着在两堆火之间通过，使物品加以净化，完成"净火"仪式，涤除厄运，带来吉祥。阿思凌拒绝向代表大汗的拜住行三跪礼，并声称，他受派遣而来"不是为了向野蛮人下跪，而是为了追究他们的滔天罪行"③。若强其屈遵蒙古礼，宁死不从。④ 此等言行颇具挑衅，令与会的蒙古官员大发雷霆，拜住多次想杀了阿思凌，宴只吉带为其求情，方免招杀身之祸。二是阿思凌蔑视蒙古世界霸权。在蒙古帝国看来，大汗的权威是天命所归，至高无上，不容挑衅。四方来者，均须向大汗及其代表称臣纳贡。遵循蒙古帝国外交朝贡礼仪，使臣应先向蒙古统治者呈上贡物礼品，以示使命达成之真心实意。所以，当蒙古人问使团带有何种贡品，使团直言教皇没有给人送礼的习惯，并声称教皇历来都是接受他人的赠礼，直白地表明更不可能为异教徒备礼⑤，阿思凌的一席话让蒙古人大感惊讶，可想而知，阿思凌出使拜住营地希望达成教皇使命的结果。在劝勉蒙古人改宗基督教问题上，蒙古官员的回答是，"你要求我们接受基督教，

---

① 大亚美尼亚：（Greater Armenia）古代西南亚的一个王国，位于今土耳其西北部。公元 7 世纪形成国家，11 世纪为塞尔柱突厥人所灭。小亚美尼亚或西里西亚（Lesser Armenia or Little Armenia）：大亚美尼亚灭亡后，亚美尼亚人一部分迁移到谷儿只（格鲁吉亚）、波斯等地，另一部分人迁移到西里西亚（Silesia），12 世纪又建立起国家，史称小亚美尼亚。

② GUZMAN G G. Simon of Saint-Quentin and the Dominican Mission to the Mongol Baiju: A Reappraisal [J]. Speculum, 1971, 46（2）: 243.

③ 戈尔曼. 西方的蒙古史研究 [M]. 陈弘法，译. 呼和浩特: 内蒙古教育出版社, 1992: 24.

④ 戈尔曼. 西方的蒙古史研究 [M]. 陈弘法，译. 呼和浩特: 内蒙古教育出版社, 1992: 24.

⑤ PRAWDIN M. The Mongol Empire: Its Rise and Legacy [M]. London: George Allen and Unwin ltd, 1953: 283.

也就是说像你和你的同伙那样去当狗！难道你的罗马教皇不是狗，难道说你们基督教徒们都不是狗"①？因阿思凌拒绝护送使团前往哈剌和林，拜住派遣使臣将教皇信函和译文快马递送给蒙古大汗。在等候蒙古大汗回信期间，阿思凌在拜住营帐逗留了两个月，多次赴拜住营帐请求答书，均受到拜住的漠视，甚至在烈日炎炎下待命终日，饥渴难耐。1247年7月中旬，阿思凌收到贵由汗给拜住的谕旨抄本和拜住致教皇英诺森四世的回信。

1248年9月，阿思凌使团携拜住那颜信函和突厥人爱别吉和基督徒薛儿吉思二名蒙古使者启程回罗马。爱别吉和薛儿吉思是首次出使西欧的蒙古使者，并与教皇进行了密谈，密谈内容和结果均不得而知。1248年11月22日，教皇英诺森四世签署致拜住那颜复信，交给爱别吉和薛儿吉思，希望与蒙古人建立一种平等、友好的关系，不要杀害基督徒。伯希和说："教皇答书略谓使臣来述使命；并谓他本人亦曾遣使者将宗教真理告知拜住与蒙古贵人；对于蒙古人沦于谬误，颇致惋惜，并劝彼等勿再屠杀，尤其是勿杀基督教徒。"② 这一事件首开了西欧基督教世界和蒙古帝国友好往来的新局面。③ 伯希和评论阿思凌使团的活动时说："尽管阿塞林（阿思凌）的行动有越轨之处，但是一个法兰克人与蒙古人联合起来同穆斯林进行斗争的想法，于1247年在拜住的大本营中得到了强化；这些经过美索不达米亚和中亚基督教徒们深思熟虑的想法，已经可以感觉出来了……"④ 正如法国学者裴化行所言："教皇被劝化蒙古人入教及联络蒙王夺回圣地的热情所激发，就遣派方济各会同多明我会的修士，担任这种重要的工作。"⑤

3. 拜住致教皇英诺森四世信（1247）

经伯希和考证，拜住致教皇信函的抄件，内容如下：

奉合罕本人圣命，拜住转告教皇知悉。你的使节业已抵达，送来你致我等之书信。你的来信言语傲慢，我等不知道他们这样做是奉你的命令，还是自作主张。你在来信中写道：你们杀害、处死、消灭了

① 戈尔曼. 西方的蒙古史研究［M］. 陈弘法，译. 呼和浩特：内蒙古教育出版社，1992：24.
② 伯希和. 蒙古与教廷［M］. 冯承钧，译. 北京：中华书局，1994：148.
③ GUZMAN G G. Simon of Saint-Quentin and the Dominican Mission to the Mongol Baiju：A Re-appraisal［J］. Speculum，1971，46（2）：232-249.
④ 戈尔曼. 西方的蒙古史研究［M］. 陈弘法，译. 呼和浩特：内蒙古教育出版社，1992：24-25.
⑤ 裴化行. 天主教十六世纪在华传教志［M］. 萧濬华，译. 北京：商务印书馆，1936：29.

许多人。这是上苍不可动摇的旨意和决定，他要我们占有全世界。谁
服从这一旨意，谁就可以保住自己的土地、水和财产，得到受命占有
全世界的人的庇佑。但是，谁不听从这一旨意和决定，自行其是，谁
就将被杀死、消灭。我等现在向你们转达这一旨意和决定。倘若你们
希望拥有我们的土地、水和财富，你教皇理应亲自来我们处，谒见那
受命拥有全世界的人；倘若你们不听从上苍和那受命拥有全世界的人
的永恒旨意，此情我们不知道，上苍是知道的。为此，你应先遣使节
来，禀告我们你是否前来谒见，你是想同我们友好，还是与我们为敌。
你要尽快遣使前来，把你们对这一命令的答复禀告我们。我等于阴历
七月之第二十日通过爱别吉（Aybeg Ai-bag）和薛儿吉思（Sargis）传
达这一命令，写于习仙思营帐。

——摘自伯希和《蒙古与教廷》

拜住致教皇英诺森四世信，与柏朗嘉宾携贵由大汗至英诺森四世回信所表
达的意思相差无几，再次表明蒙古霸权思想。

（三）安德·龙如美出使蒙古

1. 大卫奉使西欧

1247 年，贵由即位后的第二年，任命宴只吉带（野里知吉带）为征西军统
领。《元史》记载，"八月，命野里知吉带率领撤思蛮（绰儿马罕）部兵征
西"①。并下令帝国各宗王所属部族军中每十人签发二人从征，还下令现有的驻
波斯的蒙古军和被征服的西亚地区军民悉数归宴只吉带统管，把经略鲁迷（鲁
姆）、格鲁吉亚、叙利亚阿勒颇等地的全权委付给宴只吉带，任何人不得干预。
西亚各地统治者均应向宴只吉带臣服纳贡。"自蒙古国建立以来，除木华黎而
外，那颜中没有第二人被授予这样大的权力。"② 鉴于蒙古帝国的霸权主义，以
及罗马教皇与神圣罗马帝国皇帝之间的激烈斗争，教皇与蒙古人继续保持外交
接触暂缓。但是，站在与蒙古人交往前列并取代罗马教皇的西欧统治者则是法
国国王路易九世。

路易九世（1226—1270）是法国卡佩王朝第六任君主，他实行司法、币制
和军事改革，镇压贵族叛乱，遏止封建主混战，发展经济和文化，治国政绩斐
然，法国王权强化，王国和平繁荣。路易九世也是一名虔诚的天主教徒，恪守

① 宋濂，等. 元史（卷二）[M]. 北京：中华书局，1976：39.
② 韩儒林. 元朝史（上册）[M]. 北京：人民出版社，1986：198.

94

宗教礼仪，修建小圣堂，崇拜圣物，排斥异端，成为天主教世界的楷模，1297年被教皇卜尼法斯八世封为"圣徒"，时称路易九世为圣路易。路易九世宗教热情高昂，认为征讨穆斯林是自己义不容辞的职责。1244 年 10 月，法兰克十字军在加沙惨败的消息传到欧洲后，他誓言参加十字军。1245 年，路易九世响应教皇英诺森四世在里昂宗教会议上的号召，筹备第七次十字军东征。1248 年 8 月，路易九世在法国马赛的西北侧兴建艾格-莫特（Aigues-Mortes）港，组建一支近3000 名骑士的十字军，准备出兵援助近东的十字军国家。8 月 25 日，他在艾格-莫特登船，28 日率领船队出港，9 月 17 日抵达塞浦路斯利马索尔港，与塞浦路斯国王亨利一世同驻尼科西亚（Nicosia），他们决定将埃及作为征战的目标。1249 年 6 月 6 日，路易九世占领埃及的杜姆亚特，进军开罗，但在曼苏拉为马木路克王朝所拒止。1250 年 4 月，路易九世投降，并与他的余部一起被俘。路易九世的第七次十字军东征对基督教世界来说是一次可怕的失败，它加快了西欧君主希望同蒙古人结成反伊斯兰统一战线的步伐。①

路易九世驻军塞浦路斯期间，1248 年 12 月 14 日，自称大卫（Moriffat David）和马可（Marcus）的两名聂思脱里派基督徒声称是今伊拉克摩苏尔人，"懂叙利亚文、突厥文和阿拉伯文"②，受蒙古统将宴只吉带委派，出使西欧，拜见西欧君主，路易九世接见了他们。大卫和马可向路易九世介绍了蒙古境内基督教发展情况，强调帝国政府的宗教宽容政策，基督教堂的兴建，基督教赋税徭役的豁免，基督教财产土地的保护。③ 同时，大卫和马可还向路易九世介绍了贵由汗等蒙古王室成员、宴知吉带等蒙古将领受洗基督教的情况。

大卫和马可呈上了宴只吉带致法国国王信函，信函所具时间为伊斯兰历正月下旬，伯希和认为大致相当 5 月 15—24 日。这封信由曾出使蒙古汗廷的法国传教士安德·龙如美翻译。路易九世了解了来信的主要内容，一是高度赞誉路易九世的赫赫政绩，祝愿路易王国长治久安，祝愿基督教十字军反伊斯兰教战争捷报频传。二是表示蒙古帝国愿与西欧君主建立反对伊斯兰的军事合作，共同对付穆斯林。并期盼蒙古军来年夏季进攻巴格达时，国王能够率军攻打埃及，

① Harry W. Hazard ed. *A History of the Crusades*, Vol. Ⅲ, ［M］. London：The University of Wisconsin Press，1975：522.
② 道森. 出使蒙古记 ［M］. 吕浦，译. 北京：中国社会科学出版社，1983：137.
③ PRAWDIN M. *The Mongol Empire：Its Rise and Legacy* ［M］. London：George Allen and Unwin ltd，1953：247.

相互配合①。柔克义就认为，"波斯蒙古军统将野里知吉带的一个使团（大卫使团）到达尼科西亚，携来向国王（路易九世）致敬的信函，'国王的名声已传遍了整个西亚'，而且，一致认为，他将把西亚从撒剌逊人（穆斯林）手里解放出来，为恢复圣地，向蒙古人提供反对伊斯兰的援助"②。三是对基督教徒表示诚挚的同情。与以往蒙古帝国致西欧基督教世界的信函相比，此信一反常态，多为赞美之词，语气友善谦和，毫无傲慢之言。有学者认为此信系伪造，但是，路易九世信以为真，十分高兴，于是马上决定派遣安德·龙如美出使西亚，复信给蒙古统将宴只吉带，互通友好。伯希和说："圣类思（圣路易）与其谋士以及教皇使节奥登·沙多鲁商议后，决定派遣出两路使团以回报宴只吉带之来使；法兰西国王之使者将与倒的、马儿古思同时出发，其一部系回报宴只吉带，另一部则继续前往大汗之宫殿。圣类思致翰与宴只吉带以及大汗。"③

兹将宴只吉带来信的拉丁文译本，转录如下：

> 至尊上苍之圣威，普天下之王合军之福荫，宴只吉带致书，向掌管许多省区的大王、世界之坚强保卫者、基督教之剑、圣洗礼之胜利、教会之荣冠、教法之维护者、王子、法兰西王（愿上苍扩大他的辖地，让他永葆王权，使他的意志永远体现在法律中，人世间，不仅是现在，而且在将来，以全体众生、全体僧侣、全体宗徒之神圣带领者之真理的名义，阿门！）致以无数遍的问候和祝福。请他接受这些祝愿，得到他的宠爱。感谢上苍，我知尊严的国王业已登陆，愿至高的创造主促成我们亲切会见，以使我们联合起来。除了祝愿之外，他从信中还会知道，我们遵照主的意愿，唯一关心的是基督教会的利益，使各基督教国王的权力得以巩固，此外别无他求。我求上苍恩赐基督教世界诸国王的军队以胜利，让他们战胜那些蔑视十字军的敌人。我们由尊贵的王那里（上苍使他尊贵），受贵由之遣（愿上苍使他更加强大），带着权力和委命前来，以使全体基督教徒摆脱奴役、赋税、差遣、劳役和同化，获得自由，享受荣誉，受人尊敬，财产不被他人窃取，废弃的教堂得以恢复，禁令被废除，不再有人敢于禁止你们以安详和欣悦

---

① Eric Voegelin. *The Mongol Orders Of Submission To European Powers*, 1245—1255 [J]. Byzantion, Vol. 15 (1940—1941)：380.

② 贝凯，韩百诗，译注. 柏朗嘉宾蒙古行纪鲁布鲁克东行纪 [M]. 耿昇，何高济，译. 北京：中华书局，1985：195.

③ 伯希和. 蒙古与教廷 [M]. 冯承钧，译. 北京：中华书局，1994：185-186.

之心情为我们的国家祈祷。我们派遣我们忠实可信的赛甫丁·木偰非·倒的（大卫）和马儿古思（马可）为使，向你们报告这些美好的意愿，并当面说明我们的情况。愿王子接受他们的意见，信任他们。普天下之王（愿他的尊荣与日俱增）在他的信中主张，在上苍的法律中，拉丁派、希腊派、阿（亚）美尼亚派、聂思脱里派、雅各派以及所有向十字架祈祷的人之间不存在差别。他们在我们这里协和一致。我们希望大王不要把他们分开，而要对所有基督教徒普施慈悲。愿国王的慈悲永存，长在，愿上苍赐善。

——摘自伯希和《蒙古与教廷》

2. 安德·龙如美出使蒙古（1249）

安德·龙如美（约1200—?），塞纳-瓦兹（Seine-et-Oise）州龙如美（Lonjumeau）小城人，多明我会修士，通晓波斯语和阿拉伯语。安德·龙如美深受国王路易九世信任，1238—1239年出使东罗马帝国君士坦丁堡，迎回耶稣受难的圣物荆棘王冠。[1] 1245—1247年，受教皇英诺森四世委派，参加柏朗嘉宾使团出使蒙古汗廷。1248年，路易九世率军东征并驻扎在塞浦路斯，安德·龙如美服务于圣路易身边。

1249年1月27日，安德·龙如美使团随同大卫和马可两名蒙古使者离开塞浦路斯尼科西亚，出使宴知吉带驻地。据奥登·沙多鲁记载，安德·龙如美使团一行七人，即三名多明我会修士安德·龙如美、若翰·卡尔卡松（Jean de Carcassonne）和纪尧姆（Guillaume），二名书记，二名国王官员。与之前出使蒙古使团比较，人数最多，都通晓回回语（Sarrazinnois）。安德·龙如美是使团之长。若翰·卡尔卡松神父是法国香槟人，热心基督教传播，"他格外受圣类思王的宠幸"[2]，被派往蒙古西部边界，主要劝导蒙古人归依基督教。较流行的观点是，安德·龙如美使团首先在地中海东岸的安条克（Antioche, Anthiochia, Antiochiae，或译为安提俄克或安都）登陆，也有部分作者认为使团首先抵达圣让答克（古代的托勒密城）。1249年3月14日，路易九世收到安德·龙如美可能

---

① 荆棘王冠：《圣经·新约·福音书》记载，耶稣被审判处以极刑前，罗马士兵用长满尖刺的荆棘编成圈环，戴在耶稣头上羞辱和折磨他，无情被行刑人鞭笞和殴打，耶稣鲜血直流，痛苦不堪，声称自己是弥赛亚，是以色列王。这项用来刺伤耶稣受难的荆冠从此成为基督教圣物，世人誉为荆棘王冠，现馆藏法国巴黎圣母院，是巴黎圣母院重要文物。

② 伯希和. 蒙古与教廷 [M]. 冯承钧，译. 北京：中华书局，1994：193.

在摩苏尔写的来信。1249 年 4 月左右，龙如美一行到达宴只吉带大不里士营地，履行"净火"仪式后①，听从了宴只吉带的建议，决定赶赴蒙古汗廷，亲自向蒙古汗呈递路易九世信函。② 1251 年 3 月，使团返回凯撒里亚③。1249 年 3 月至 1251 年 3 月两年间，安德·龙如美一行的旅行活动很不清楚。也许宴只吉带在 1249 年四五月间得悉贵由汗死讯已久，知道蒙古大汗之位久而未立，皇后斡兀立海迷失摄政（1248—1251），宴只吉带不便代表帝国回复路易九世。所以，安德·龙如美一行以及蒙古使者大卫继续前行。伯希和认为，使团经行里海东岸和玉龙杰赤，一年后，"似在一二五〇年初"④，抵达霍博、叶密立（额敏河）两河间的贵由封地，斡兀立海迷失在此友善地接见了安德·龙如美。斡兀立海迷失留有致法王路易九世的书信和名叫"纳石失"（Nasich）金锦赠礼，路易九世不满意斡兀立海迷失的答书。斡兀立海迷失回信的蒙文原件和拉丁译本都没有被保留下来，近世仅仅根据约因维尔（Joinville）的《圣路易传》一个相关内容简短的记载。兹转录约因维尔所记载的斡兀立海迷失之信札如下：

> 和平是好事，盖在和平之地，用四足行者可以安然食草，用两足行者可以安然耕田。用将此事谕汝知悉，汝不来附，则不能获有和平。盖长老若翰将向吾人奋起，使众人执兵而斗，兹命汝等每年贡献金银，设若违命，将汝与汝民同灭。

> ——摘自伯希和《蒙古与教廷》

考察斡兀立海迷失致路易九世信函，不难得出如下观点，此信内容傲慢无礼，非常符合蒙古帝国外交用语，常常以恐吓语气，要求对方称臣纳贡，体现了蒙古霸权观念。这也使路易九世非常懊悔，暂时放弃了法兰克人联合蒙古人攻打伊斯兰教徒的计划。此外，安德·龙如美出使蒙古，耳闻目睹了蒙古帝国境内有不少基督教徒，从宗教利益出发，路易九世始终赞助劝化蒙古帝国属民皈依基督教。所以，1253 年 1 月，路易九世致信教皇英诺森四世，提升东方基

---

① 道森. 出使蒙古记 [M]. 吕浦, 译. 北京：中国社会科学出版社, 1983：217. 鲁布鲁克说，龙如美使团必须在两堆火之间通过，有双重原因：一是因为他们带了礼物，二是因为他们想要献给礼物的皇帝（贵由汗）已经去世了。

② Eric Voegelin. *The Mongol Orders Of Submission To European Powers*, 1245—1255 [J]. Byzantion, Vol. 15 (1940—1941)：380-381.

③ 凯撒里亚：是古罗马人建立的一座濒临地中海的港口城市，其遗址位于今以色列西北部。

④ 伯希和. 蒙古与教廷 [M]. 冯承钧, 译. 北京：中华书局, 1994：221.

督教教区地位，并推荐安德·龙如美负责此项工作。教皇采纳了路易九世的提议，但授权驻东方的教廷公使奥登沙多鲁执行这一计划，十四世纪初东方基督教教区发展迅速。

安德·龙如美一行出使蒙古，无论是经行的时间、行程路线和应答往来信息皆较为模糊，究其原因，与蒙古帝国内部权力斗争不无关系。1241 年窝阔台汗死，六皇后乃马真氏脱列哥那称制（1241—1246），专权国政，大汗位空虚五六年，四方诸侯乘机壮大。早在第二次西征期间，作为西征军统帅的长支宗王拔都与窝阔台汗的长子贵由发生了尖锐矛盾，两人关系非常紧张。贵由选汗大会，拔都托病，谢绝赴会。1246 年在脱列哥那的坚持下，她儿子贵由被推举为大汗。1247 年贵由把经略波斯和西亚的任务全权委托给重臣宴只吉带。中古阿拉伯历史家乌马里说，宴只吉带受命管辖波斯和西亚，是去铲除高加索地区拔都的力量。[1] 1248 年初，贵由汗亲率大军浩浩荡荡西行，许多文献表明贵由西行主要是出征拔都。1248 年 3 月，贵由行军至横相乙儿（今新疆准噶尔盆地西北乌伦古河）上游河曲处，暴毙，他在位时间共三年。贵由死因如何？《元史》《世界征服者史》和《史集》均无记载。鲁布鲁克说，谣传贵由系为拔都的奸细毒死，或与拔都的兄弟昔班酒醉斗殴致死。"他（贵由）是由于服用了给予他的某些药而死去的，一般怀疑这是拔都干的。"[2] 贵由死后，皇后斡兀立海迷失摄政，各宗王在汗位继承上发生激烈争议。史载，"定宗（贵由）崩后，议所立未决。当是时，已三岁无君"[3]。"朝廷久未立君，中外恟恟，……而觊觎者众"[4]。在拔都强力推举下，拖雷的长子蒙哥被拥立为新大汗（1251—1259）。鲁布鲁克记载，"贵由去世后，出于拔都的意愿，蒙哥被推选为汗"[5]。拔都因拥立有功，获益颇丰。蒙哥汗执掌帝国东部，而拔都控制帝国西部。蒙哥登位是蒙古帝国最大的政治事件，它表明汗位从窝阔台系转移到拖雷系，察合台系和窝阔台系联合起来反对术赤系和拖雷系，黄金家族分裂不断扩大，王公贵族各自经营自己的兀鲁思，蒙古帝国渐次瓦解。贵由派驻波斯和西亚的宴只吉带也成了蒙古王公贵族政治斗争的牺牲品。1251 年 6 月蒙哥继位后，大肆镇压异己，下令逮捕宴只吉带，并交给拔都处死。《元史》记载，"冬，以宴只吉带违

---

① 韩儒林. 元朝史（上册）[M]. 北京：人民出版社，1986：198.

② 道森. 出使蒙古记 [M]. 吕浦，译. 北京：中国社会科学出版社，1983：165.

③ 宋濂，等. 元史（卷二）[M]. 北京：中华书局，1976：40.

④ 宋濂，等. 元史（卷三）[M]. 北京：中华书局，1976：44.

⑤ 道森. 出使蒙古记 [M]. 吕浦，译. 北京：中国社会科学出版社，1983：165.

命，遣合丹诛之，仍籍其家"①。

（四）鲁布鲁克出使蒙古

1. 鲁布鲁克奉使蒙古（1252）

威廉·鲁布鲁克（William of Rubruck），是中世纪法国佛兰德斯（Flanders）卡塞尔（Cassel）鲁布鲁克村人。因文献记载缺失，鲁布鲁克出生和去世的时间无法确定。苏联学者戈尔曼推测，他出生时间应在1215—1220年之间，去世时间不晚于1270年。② 1246—1250年间，鲁布鲁克陪同路易九世参加第七次十字军东征，并与路易九世一起在圣地巴勒斯坦地区的阿克活动。1251年，龙如美出使蒙古返回欧洲，带回有关蒙古汗室一些聂思脱里派基督徒的具体资料，非常虔诚的基督教国王路易九世很关心这些宗教表象。1252年，鲁布鲁克受路易九世秘密派遣，携带致拔都长子撒里答（Sartack）的书信与礼物出使蒙古。

鲁布鲁克是方济各会的首领之一，他所率领的使团一行五人，团员包括方济各会修士巴塞罗缪、教会执事戈塞特、作为译员的叙利亚基督徒阿卜都剌，以及买来的仆人尼古拉斯（Nicholas）。1252年初春，威廉·鲁布鲁克在阿克登船，与拜占庭帝国的菲利普使团一同前往君士坦丁堡。1252年冬至1253年春，鲁布鲁克在君士坦丁堡的一年里，他有意识地主动去跟君士坦丁堡的亚美尼亚商旅沟通交流，试图了解更多关于蒙古帝国的信息。③

1253年5月7日，鲁布鲁克一行从君士坦丁堡出发，走南俄草原之路，正式踏上东行之旅。使团沿黑海南岸取道北上，5月21日，到达克里米亚的商贸中心索尔达亚（Soldaia，即苏达克Sudak），蒙古商人经常在此活动，鲁布鲁克在此打探了一些相关信息。6月3日，使团初见蒙古人，在蒙古人带领下，鲁布鲁克会见了拔都的一个亲戚，名叫司哈塔台（Scatatai），他是管理该地区500人左右的首领。8月1日，鲁布鲁克在一个首要官员、聂思脱里派基督徒豁牙黑的带领下抵达钦察草原拔都长子撒里答的营地。鲁布鲁克早知撒里答是基督徒，他们以基督教传教士身份拜见撒里答，并呈上路易九世致撒里答信函。在信中，路易九世祝福撒里答信奉基督教，善待基督徒，希望撒里答允许他们获得在其辖区内自由传教的特权，同时希望撒里答与近东地区的十字军国家结成统一战

---

① 宋濂，等. 元史（卷三）[M]. 北京：中华书局，1976：45.

② 戈尔曼. 西方的蒙古史研究 [M]. 陈弘法，译. 呼和浩特：内蒙古教育出版社，1992：17.

③ ROCKHILL W W. *The Journey of William of Rubruck to the Eastern parts of the World*，1253-55 [M]. London：Hakluyt Society，1900，Intrductory Notice：37.

线以共同对付穆斯林。① 撒里答表示自己无权答复使团的请求，立马派人护送鲁布鲁克前往他父亲拔都的营帐。鲁布鲁克到达拔都营地后，表现出拜见拔都的真诚实意，"穿着僧袍站在那里，赤着脚，光着头""我们的向导告诉我们，跪下来说话。我跪下一条腿，像对一个人下跪一样。但是向导打手势暗示我，要跪下两条腿。我不愿意在这件事情上争论，就双腿跪下"②。不过，鲁布鲁克所得到的回复与撒里答的答复一样，拔都也无权擅自决定留下鲁布鲁克一行在蒙古传教，希望使团前往蒙古本土面见蒙哥大汗。按照拔都要求，除留下执事戈塞特回到撒里答那里之外，使团其余的人继续前往蒙哥汗廷。9月15日，使团先跟随拔都后在蒙古人的护送下离开伏尔加河下游拔都营地，十二天后过乌拉尔河（Урал，扎牙黑河）向南行走，穿越康里人地区，经过近四个月的艰苦跋涉和严寒考验后，11月中下旬，抵达海押立（Qayaligh Cailac，今哈萨克巴尔喀什湖东南塔尔迪库尔干附近），海押立是一个大市镇，鲁布鲁克在此休息了十二天，等待蒙哥汗的官员接洽。12月27日，鲁布鲁克一行抵达哈剌和林以南的蒙哥大汗冬营地（汪吉河）。

1254年1月4日，鲁布鲁克在冬营地首次受到蒙哥大汗接见，陈述了自己出使蒙古的意图，鲁布鲁克说："您是上帝赐予世界上巨大权力的人，因此我们恳求陛下准许我们留在贵国，为了您、您的妻子和您的孩子们而礼拜上帝。"③蒙哥大汗对于鲁布鲁克在蒙古本土传教的要求暂未给予答复。4月鲁布鲁克随蒙哥大汗返回帝国首都哈剌和林。5月24日，使团在哈剌和林第二次受到蒙哥大汗接见。5月26日，蒙哥汗派人询问鲁布鲁克赴蒙古的原因，鲁布鲁克再次强调自己只是一名普通的传教士，此次赴蒙古纯粹出乎个人的宗教热情，仅希望帝国给予他在蒙古地区自由传教的权力。"向所有的人宣讲福音，乃是我们的宗教的责任。因此，当蒙古民族的盛名传入我的耳朵时，我就充满了来到他们（蒙古人）那里的强烈愿望。正当我怀着这种强烈愿望时，我听说撒儿塔（撒里答）是一位基督教徒。因此我就来到他那里。"鲁布鲁克的要求没有得到蒙哥大汗的同意。④ 在哈剌和林逗留五个月后，1254年8月8日，鲁布鲁克和他的译员获得允许离开哈剌和林，走了两个月零十天，9月16日到达拔都营地，11月1日离开金帐汗国首府萨莱，经阿兰人山区，过铁门（Derbent，打耳班，关隘

① JACKSON P. *The Mission of Friar William of Rubruck：His Journey to the Court of the Great Khan Möngke*，1253—1255［M］. London：Hakluyt Society，1990：43.
② 道森. 出使蒙古记［M］. 吕浦，译. 北京：中国社会科学出版社，1983：145.
③ 道森. 出使蒙古记［M］. 吕浦，译. 北京：中国社会科学出版社，1983：173.
④ SINOR D. *The Mongols in the West*［J］. Journal of Asian History. 1999（33）：23.

之意）、穆甘草原（Moan）、纳希切万（Nakhichevan，一译纳黑出汪）。1255 年 2 月 2 日，一行抵达亚美尼亚古城阿尼（Ani）。尔后，过阿拉克斯河（Araxes，阿拉斯河），4 月 4 日到达地中海东岸城市凯撒利亚，6 月 16 日抵达塞浦路斯尼科西亚。因路易九世已经回到法国，鲁布鲁克没有立即前往巴黎向路易九世汇报蒙古之行的情况，而是从尼科西亚到安条克，经的黎波里，1255 年 8 月，应邀前往巴勒斯坦阿克讲授神学，其间，完成他的出使报告《东行纪》（*Ltinerary*）撰写，并派人转呈路易九世，完成了他的出使工作。

2. 鲁布鲁克东行目的

鲁布鲁克是中世纪最伟大的旅行家之一，他携有路易九世致撒里答的信函，但他一再否认自己的使者身份，在蒙哥汗致路易九世的信函中，鲁布鲁克还在申辩说："不要称我们为使者，因为我曾清楚地告诉过蒙哥汗，我们不是路易国王的使者。"[1] 伯希和说，他"有时高声宣言，有时慎密声明其非法兰西国王专使"[2]，否认赴蒙古肩负任何政治任务。他赴蒙古的真正使命和意图是什么？学者莫衷一是。霍渥斯（H. H. Howorth）、西诺尔（Denis Sinor）、杰克逊（Peter Jackson）等认为，鲁布鲁克赴蒙古纯粹出于个人传教热情，意在劝化蒙古人改奉基督教。柔克义认为，鲁布鲁克赴蒙古主要是刺探蒙古人情报。亨利·玉尔认为，鲁布鲁克赴蒙古既为传教，也兼为打听蒙古帝国军事意图。[3] 梳理鲁布鲁克出使全过程，我们可以推测，鲁布鲁克赴蒙古的任务主要有三：第一，尽量收集蒙古人情报。前已所述，路易九世是在领导第七次十字军东征且大卫和马可使臣拜见了他的前提下派遣鲁布鲁克出使蒙古，面对崛起的蒙古帝国，西方基督教君主们需要弄清蒙古人的情况。

第二，试图与蒙古帝国达成和平协议，甚至可能的情况下与蒙古人结成反伊斯兰军事合作。路易九世时代，法国王权强大，但是，十字军东征运动已成明日黄花，对于西方基督教世界而言，东方的马木路克王朝的坚决反击和蒙古帝国在伊斯兰世界的迅猛扩张，都给西方君主们莫大的压力。不过，西方的十字军和东方的蒙古人有一个共同的对手，那就是在埃及崛起的伊斯兰力量马木路克王朝，可能的情况下，双方是可以结为同盟的。至少在相互交往中可以弄清对方的战略意图和军事实力，所以，路易九世非常希望通好蒙古汗王。故，鲁布鲁克使团在 1253 年 12 月 26 日前往蒙哥冬营地途中，拔都派出的护送人私

---

①　道森. 出使蒙古记 [M]. 吕浦，译. 北京：中国社会科学出版社，1983：223.

②　伯希和. 蒙古与教廷 [M]. 冯承钧，译. 北京：中华书局，1994：227.

③　裕尔. 东域纪程录丛 [M]. 考迪埃，修订. 张绪山，译. 北京：中华书局，2008：123.

下告诉鲁布鲁克说："在拔都给蒙哥汗的信中说，您（鲁布鲁克）请求撒儿塔给予军队和援助，以便反对萨拉森（萨拉逊）人。听到这些话，我非常惊奇，并且感到烦恼，因为我知道您（路易九世）的信件的要点，并且知道信中没有提到这种要求，而只是劝告他做一切基督教徒的朋友，劝他高举十字架，并成为十字架的一切敌人的敌人。"① 尽管，鲁布鲁克否认军政同盟的出使目的，但也婉转地道出赴蒙古的政治意图。

第三，希望在蒙古地区传教，劝谕蒙古人归奉基督教。柔克义认为，威廉·鲁布鲁克在凯撒利亚期间，与路易九世一起会见了出使蒙古本土归来的安德·龙如美，以及前来拜见路易九世的拜占庭帝国使节菲利普。尽管安德·龙如美出使蒙古在外交上失败，却给路易九世提供了宝贵的第一手情报。其间，拜占庭帝国菲利普使节讲述了自己出使南俄草原的奇异历险，鲁布鲁克从菲利普那里获得很多有价值的情报，最后使他决定赴蒙古，并走南俄草原之路而非柏朗嘉宾的亚美尼亚之路前往蒙古帝国。鲁布鲁克选择这一路线是希望风闻信仰基督教的拔都长子撒里答会给教友们赴蒙古友好的帮助，可以在蒙古人中顺利地建立起新的传教团，教化蒙古人，并寻求与蒙古帝国的和平。柔克义认为，鲁布鲁克出使蒙古任务之一是，"宣讲正教，把散居在蒙古帝国内的基督徒携归罗马教廷"②。伯希和认为："圣类思虽不欲其主权重受蒙古人之侮辱，然始终情愿直接赞助劝化安德·龙如美所谓志愿皈依之人民入教。"③ 毋庸置疑，赴蒙古传教始终贯穿于西欧基督教世界与蒙古帝国早期交往的实践之中，也是促使鲁布鲁克东行蒙古的重要精神力量。

3.《鲁布鲁克东行纪》

柏朗嘉宾、阿思凌、龙如美出使蒙古，留下一批珍贵的历史文献。比较而言，柏朗嘉宾正式受罗马教廷指派，携有教皇英诺森四世致蒙古皇帝书信，拥有使节一切权力，他奉使蒙古汗廷的报告则成为欧洲人撰写的第一部蒙古历史，并闻名于世。阿思凌、龙如美等出使蒙古的资料也为十三世纪上半叶蒙古历史提供了很好的补充。但是，西欧与蒙古帝国早期交往中，关于蒙古人和蒙古帝国更全面、更详细的资料，当属鲁布鲁克的《东行纪》。

1257—1266 年，鲁布鲁克获路易九世批准回欧洲后在巴黎生活，其间，与英国学者、方济各会修士罗杰·培根（Roger Brabant）相会，罗杰·培根对鲁布

---

① 道森. 出使蒙古记 [M]. 吕浦，译. 北京：中国社会科学出版社，1983：167.
② 贝凯，韩百诗，译注. 柏朗嘉宾蒙古行纪鲁布鲁克东行纪 [M]. 耿昇，何高济，译. 北京：中华书局，1985：195.
③ 伯希和. 蒙古与教廷 [M]. 冯承钧，译. 北京：中华书局，1994：227.

鲁克出使蒙古的经历尤感兴趣，并在自己的百科全书《大著作》（*Opus Majus*）中详细记录了鲁布鲁克的活动。罗杰·培根是唯一留下鲁布鲁克及其出使报告的同时代人。

考察英国学者道森编撰的《出使蒙古记》，其中的《鲁布鲁克东行纪》全文分三十八章，主要体现在以下四个方面：

第一，鲁布鲁克在呈递给路易九世的报告中，反复申明前往蒙古，是自己本人自愿并希望在信仰聂思脱里派基督教的金帐汗国拔都汗长子撒里答的地盘传播天主教，并不是作为路易九世的使者拜会撒里答以求军事合作的达成。此点在学界疑点重重，但鲁布鲁克在报告中反复表明了上述观点。在苏达克，他对一同前往蒙古经商的君士坦丁堡商人申明，赴蒙古是奉方济各会之命传播基督教的福音。他对商人们说："我曾公开在圣索菲亚宣称，我既不是您（路易九世）的也不是任何人的使节。……不过是奉我会之命。"① 在第一次见到蒙古人之际，当他被问及前来蒙古的目的何在，鲁布鲁克非常谨慎地回答："没有人强迫我去，如果我不愿意，我就不会去，因此我去是出于我自己的意志，也是由于我的上级的意志。我极为注意，从来不说我是您（路易九世）的使者。"② 在哈剌和林，鲁布鲁克与一位来自耶路撒冷的亚美尼亚修士谈话，再次强调自己赴蒙古的目的只为传教，并希望感化蒙哥汗。他说："教友，我将乐意地力劝他（蒙哥汗）成为一个基督教徒，因为我来到这里的原因就是要向一切人宣讲这个宗旨。"③ 所以，拔都汗的书记官告诉鲁布鲁克，在拔都给蒙哥汗的信中说，路易九世请求信仰基督教的撒里答给予军队和援助以便共同反对萨拉森（撒拉逊）人，鲁布鲁克听后非常惊奇。他说："因为我知道您（路易九世）的信件的要点，并且知道信中没有提到这种要求，而只是劝告他做一切基督教徒的朋友，劝他高举十字架，并成为十字架的一切敌人的敌人。"④

第二，鲁布鲁克强调蒙古帝国的霸权思想和霸凌行径，并断言蒙古人对欧洲的战争定会再次降临。在报告第二十八章中，鲁布鲁克第一次来到蒙哥汗斡耳朵冬营，他抱怨蒙古人在接待上实行差别对待的不公行为。作为护送鲁布鲁克的蒙古人向导住大帐、喝美酒。而鲁布鲁克他们一行，"只分配给我们三人一座简陋的小帐幕，在这小帐幕里，仅仅能放下我们的行李，支起我们的床，并

---

① 道森. 出使蒙古记 [M]. 吕浦，译. 北京：中国社会科学出版社，1983：109.
② 道森. 出使蒙古记 [M]. 吕浦，译. 北京：中国社会科学出版社，1983：124.
③ 道森. 出使蒙古记 [M]. 吕浦，译. 北京：中国社会科学出版社，1983：169.
④ 道森. 出使蒙古记 [M]. 吕浦，译. 北京：中国社会科学出版社，1983：167.

烧起一小堆火"①。

在蒙哥汗初次接见鲁布鲁克之前，使团成员被严格审查，询问他们前来所负的使命，鲁布鲁克则说："因为他们现在是如此傲慢自负，因此他们相信，整个世界都渴望同他们讲和。"② 在叙说蒙哥汗致路易国王书信的内容时，鲁布鲁克写道："我们（蒙哥汗）通知你的，乃是长生天的命令。当你听到这个命令并相信它时，如你愿服从我们，就派遣使者前来。这样，我们就可确实知道，你愿和我们和平相处，还是兵戎相见。当由于长生天气力里，整个世界自日出至日落之处都在安乐与和平之中统一起来时，我们从事的事业是什么，人们就会明了了。如你得悉长生天的命令后，不愿注意并相信它，说：'我们的国家离得很远，我们有高山大海'，抱着这样的自信，你就率领军队抗拒我们，那么，我们知道我们能做什么，长生天——他能变难为易，变远为近——也知道我们能做什么。"③ 在回信中，蒙哥汗表示希望派蒙古使节随鲁布鲁克前往西欧并拜见法王路易九世，鲁布鲁克婉言谢绝，蒙哥汗遣使臣至西欧计划未实现。

第三，鲁布鲁克一行从君士坦丁堡出发，经黑海—亚速海航行，在顿河入海口登陆前往伏尔加河流域撒里答地面。首先，他详细记述了亚速海周邻地区的名城，以及诸部族臣属蒙古人情况。索尔达亚（Soldaia），今苏达克（Sudak）是西亚和斡罗思的贸易中心。"所有来自突厥并愿前往北方诸国的商人都取道于此，同样的，来自斡罗思和北方诸国并愿前往突厥的商人也都经过这里。后者带来松鼠皮和貂皮以及其他珍贵的毛皮，而前者则带来棉布、丝织品和香料。"④ 马特里加（Matrica）是十世纪以来黑海地区重要的政治和商业中心。"来自孔士坦丁堡前往上述马特里加城的商人们派他们的三桅帆船一直航行到塔纳亦思河（顿河），以便购买大量干鱼，如鲟鱼、白鱼及其他各种的鱼。"⑤ 其次，鲁布鲁克记述了黑海西北岸的顿河入海口之居民齐奇亚人（Ziquia）、速维人（Suevi）、亦比里人（Iberi，格鲁吉亚人），他们都不服从蒙古人统治。但是，黑海东南岸的特列比宗德的统治者圭多（Guido）及其继承者埃曼纽尔·康内纳斯（Emmanuel Comnenus，1238—1263）服从蒙古人统治。黑海西岸的拜占庭帝国虽不臣属于蒙古人统治，但保持纳贡关系。总之，"从塔纳亦思河（顿河）口起，向西直至多瑙河，这一大片地区全是属于鞑靼人的——甚至在多瑙

---

① 道森. 出使蒙古记 [M]. 吕浦，译. 北京：中国社会科学出版社，1983：167.
② 道森. 出使蒙古记 [M]. 吕浦，译. 北京：中国社会科学出版社，1983：168.
③ 道森. 出使蒙古记 [M]. 吕浦，译. 北京：中国社会科学出版社，1983：223.
④ 道森. 出使蒙古记 [M]. 吕浦，译. 北京：中国社会科学出版社，1983：108.
⑤ 道森. 出使蒙古记 [M]. 吕浦，译. 北京：中国社会科学出版社，1983：108.

河那一边朝向孔士坦丁堡方向的若干地区——布剌海（Blakia）（这是阿珊［As-
san］们的领土），甚至直至思克剌沃尼亚（Sclavonia），都向鞑靼人进贡"①。

需注意的是，鲁布鲁克在整个旅程中，多次与被蒙古人征服的地方精英们
交谈，了解他们的生活现状和宗教情况，然后向路易九世禀告，蒙古人在征服
地区所造成的破坏性之大，被征服和统治地区的民众受奴役和剥削程度之深，
都是史无前例的。所以，中亚、西亚和东欧被征服的民众都有强烈的反蒙古人
情绪，他们希望西欧君主拯救他们。譬如，归附蒙古人统治的亚美尼亚王沙歆
沙（Sahensa）想摆脱蒙古人奴役。②

通过考察撒里答管辖区域，鲁布鲁克认为，顿河中下游流域的居民如莫克
沙人纯粹是异教徒。在前往蒙古汗廷途中，1253 年 6 月 7 日圣灵降临节前夕，
鲁布鲁克教化了遵行希腊仪式基督教的阿兰人。在圣灵降临节，他感化了一个
撒拉森人，并促成撒拉森人愿意接受基督教洗礼。鲁布鲁克在《东行纪》中详
细叙述了蒙古帝国上自皇帝大汗下至黎民百姓有大量的基督教徒，"到处见到聂
思脱里派基督教徒，……另外蒙古境内的克烈、蔑里克、乃蛮三大部落都有聂
思脱里派基督教徒，契丹国（中国北部）15 个城市有聂思脱里派教徒"③。蒙哥
汗的妻妾信仰聂思脱里派，其宫廷建有基督教堂。"在回去的路上，我看见在斡
耳朵的东边（距斡耳朵约有用弩射出一支箭的距离之两倍）有一座帐幕，它的
顶上有一个小十字架。我因此大为高兴。"④ 基督教在蒙古帝国的发展使圣路易
深感欣慰。蒙古帝国的宗教宽容、兼收并蓄政策对被征服地区的基督教徒、穆
斯林等宗教生活产生了积极影响。

还需指出的是，我个人认为，鲁布鲁克热衷在蒙古帝国境内传播基督教，
但他也不时表现出对其他宗教的轻视。在拔都的斡耳朵，鲁布鲁克评论金帐汗
国的穆斯林时说："我很奇怪，是什么魔鬼把摩诃末的教规带到那里（不里阿
耳）去的……然而不里阿耳人却是萨拉森人中最坏的一类人，他们比任何其他
人更坚定地固守摩诃末的戒律。"⑤ 鲁布鲁克途经贵由领地至哈剌和林路上，了
解到畏兀儿人、西夏人、吐蕃人、大契丹人信仰佛教，"所有这些民族居住在一
片广大地区里，这个地区北至太和岭，东至大洋，南至粟特的由游牧的蒙古人

---

① 道森. 出使蒙古记［M］. 吕浦，译. 北京：中国社会科学出版社，1983：109.
② 道森. 出使蒙古记［M］. 吕浦，译. 北京：中国社会科学出版社，1983：235.
③ 江文汉. 中国古代基督教及开封犹太人［M］. 上海：知识出版社，1982：115.
④ 道森. 出使蒙古记［M］. 吕浦，译. 北京：中国社会科学出版社，1983：168-169.
⑤ 道森. 出使蒙古记［M］. 吕浦，译. 北京：中国社会科学出版社，1983：144.

居住的那一部分。他们都臣服于鞑靼人，并且都是崇拜偶像的"①。"在上面提到的海押立城中，有三座庙，我进入其中的两座，以便看看他们愚蠢的信仰。"② 风闻西京（Segin，大同）有一个聂思脱里派主教区，鲁布鲁克说："在那里的聂思脱里派教徒什么也不懂。他们说的祷告词，他们拥有的宗教经典，都是叙利亚文，可是他们并不懂这种语言，因此他们只好像我们不懂语法的修士们那样唱歌。这种情况说明了这样的事实：他们是彻底地腐化了。"③

第四，鲁布鲁克更全面、更详细地记述了蒙古人的生活和生产方式。十三世纪中叶，无论是森林蒙古人还是草原蒙古人都大量地从事饲养业。蒙古人饲养的牲畜主要是牛、羊、马和骆驼。特别是蒙古马，身躯短小、四腿健壮、忍渴耐寒，最适于在森林和草原上长途奔跑。作为大漠南北的游牧民族，蒙古人依四季变换以逐水草而生。"鞑靼人没有固定的住处，也不知道下一次将住在哪里。"④ "每一个首领，根据他管辖人数多少，知道他的牧场的界限，并知道在冬夏春秋四季到哪里去放牧他的牛羊。"⑤

蒙古人无论男女老幼都是马上骑手。"所有的妇女都跨骑马上，像男人一样。"⑥ 格鲁塞说："游牧者尽管在物质文化上发展缓慢些，但他一直有很大的优势。他是马上弓箭手。"⑦ 蒙古人狩猎一般情况下不使用弓箭刀矛，而是采取追猎的方法。狩猎是古代游牧民族重要的经济补充，为了获得更多食物，整个部落骑手往往赶来进行集体围猎。一群人、一群马不分昼夜轮番追赶，直至把狼豹、獐狍、土拨鼠（Sogur，索古尔）、野兔、小羚羊、野驴、羱羊等动物累死。这种追击猎物的办法后来在征服欧洲人的战斗中获得巨大成功。

狩猎和游牧生活使蒙古人很少采集植物果实，蒙古人的食物主要是各种兽肉、牛羊肉以及奶酪。妇女们鞣制毛皮、缝制衣服，挤牛奶。男人们制造弓箭、马镫、马鞍、马嚼子，照管马匹，挤马奶，酿造忽迷思。⑧ 鲁布鲁克说，蒙古人吃的主要是小米、面粉、风吹肉干、腊肠、羊肉、睡鼠、酸奶块（grut，格鲁特）等。喝的是忽迷思（Cosmos，马奶子）、哈剌忽迷思、艾朗（牛奶，airan）等奶饮料。每逢重要节日宴乐起舞，唱歌、拍手、踏脚，有时男女彼此竞饮，

① 道森. 出使蒙古记［M］. 吕浦，译. 北京：中国社会科学出版社，1983：162.
② 道森. 出使蒙古记［M］. 吕浦，译. 北京：中国社会科学出版社，1983：155.
③ 道森. 出使蒙古记［M］. 吕浦，译. 北京：中国社会科学出版社，1983：162.
④ 道森. 出使蒙古记［M］. 吕浦，译. 北京：中国社会科学出版社，1983：111.
⑤ 道森. 出使蒙古记［M］. 吕浦，译. 北京：中国社会科学出版社，1983：112.
⑥ 道森. 出使蒙古记［M］. 吕浦，译. 北京：中国社会科学出版社，1983：120.
⑦ 勒内·格鲁塞. 草原帝国［M］. 蓝琪，译. 北京：商务印书馆，1998：6.
⑧ 道森. 出使蒙古记［M］. 吕浦，译. 北京：中国社会科学出版社，1983：121.

"真正是一副令人厌恶和饕餮的样子"①。不过，鲁布鲁克特别欣赏蒙古人的忽迷思，"那天晚上，我们的向导给我们忽迷思喝。当我喝它时，由于害怕和新奇，我全身出了汗，因为我以前从来没有喝过它。不管怎样，我感到它的滋味很好，而它也确实是很好喝的"②。

　　游牧生活使蒙古人向来居无定所。蒙古人以氏族为单位，在营地搭建毡帐，所有的毡帐围着族长的大帐形成一个个的圆圈屯落，他们占有周围的牧场草地。十三世纪，蒙古社会发生巨变。氏族组织解体，在大家庭基础上产生霸占氏族牧场的贵族（那颜），以部落首领（汗）为首的蒙古那颜集团尤其是通过战争占有了更多数额的牧场和畜群。鲁布鲁克说："我曾经数过，（撒里答）有一辆车用二十二头牛拉一座帐幕，十一头牛排列成一横排，共排成两横排，在车前拉车。"③ 撒里答的斡耳朵非常华丽堂皇，"在我们看来，他的斡耳朵是很大的，因为他有六个妻子，而住在他旁边的他的长子有两三个妻子，每一妻子有一座巨大的帐幕，并且或许有二百辆车子"④。撒里答的父亲拔都"有二十六个妻子，每一个妻子有一座大帐幕，另外还有其他的小帐幕，安置在大帐幕后面，供仆役们居住"⑤。

　　蒙古人信仰原始宗教萨满教，萨满教崇拜最高神长生天（腾格里）。无论生老病死、婚丧嫁娶、医治疾病、祈福驱邪、战争媾和，蒙古人都会事先祈问上天，事后感谢上天。"在这个时期，蒙哥汗的正妻生了一个儿子。占卜者们被叫来，预言这个小孩的命运。"⑥ 所以，萨满教巫师在蒙古人的心目中就是传达上天意志的神。"正如蒙哥汗所承认的，他们的占卜者（萨满教巫师）是他们的教士，占卜者命令做的任何事情，统统立即执行，毫不迟延。"⑦

　　鲁布鲁克非常详细地报告了自己的旅程及其在途中的所见所闻，全面叙述了蒙古人的游牧生活方式、饮食习惯、婚姻习俗、男女社会分工等信息，其内容丰富、广泛，为后世研究中世纪蒙古史、中亚史以及中西交流史等问题提供了重要的参考资料，也使西欧人进一步加深了对蒙古人和蒙古帝国的认识。随着鲁布鲁克返回欧洲，西方基督教世界与蒙古帝国的早期交往告一段落。

---

① 道森. 出使蒙古记 [M]. 吕浦, 译. 北京：中国社会科学出版社, 1983：115.
② 道森. 出使蒙古记 [M]. 吕浦, 译. 北京：中国社会科学出版社, 1983：125.
③ 道森. 出使蒙古记 [M]. 吕浦, 译. 北京：中国社会科学出版社, 1983：112.
④ 道森. 出使蒙古记 [M]. 吕浦, 译. 北京：中国社会科学出版社, 1983：134.
⑤ 道森. 出使蒙古记 [M]. 吕浦, 译. 北京：中国社会科学出版社, 1983：113.
⑥ 道森. 出使蒙古记 [M]. 吕浦, 译. 北京：中国社会科学出版社, 1983：219.
⑦ 道森. 出使蒙古记 [M]. 吕浦, 译. 北京：中国社会科学出版社, 1983：216-217.

4. 蒙古帝国与西欧早期交往的历史影响

蒙古帝国第二次西征（1236—1242），扫荡了大半个东欧和中欧地区，先后击败阿兰人（阿速人）、钦察人（库蛮人）、罗斯人（斡罗思人）、波兰人（孛烈儿人）和匈牙利人（马札儿人），在东起额尔齐斯河，西至斡罗思，南起巴尔喀什湖、里海和黑海，北达北极圈附近区域，建立起金帐汗国（1243—1502）。蒙古帝国第二次西征及金帐汗国在斡罗思的统治，对西欧产生重大影响，西欧社会一片惶恐。为刺探蒙古帝国军政要情，了解蒙古人的战略意图，甚或感化蒙古统治阶级，以罗马教皇和法国国王为代表的西欧社会先后派出传教士使团出使蒙古帝国。1245—1255 年，柏朗嘉宾、阿思凌、龙如美、鲁布鲁克等人奉使东行，开启西欧与蒙古帝国的早期往来，拉开中古时代亚欧大陆东西方直接交往的序幕，推动了东西方的文化交流，对蒙古帝国和西欧社会的发展产生了重要影响。

第一，如前所述，1245—1255 年，柏朗嘉宾、阿思凌、龙如美、鲁布鲁克等人奉命出使东方，他们对十三世纪蒙古人和蒙古帝国的风俗习惯、军政组织、宗教文化、历史地理进行了系统考察。他们的考察报告深受西欧人喜爱，对东方世界的描述开阔了欧洲人认识十三世纪蒙古人和蒙古帝国的视野。苏联学者Я·М·斯维特说："普兰·迦尔宾的《蒙古人的历史》在十三世纪所赢得的声誉不亚于哥伦布初次发现新大陆时写下的信件。……鲁布鲁克的《游记》也如同普兰·迦尔宾的著作一样，在十三世纪至十四世纪成了最流行的书籍之一。"[1] 同样，这两部作品也是中世纪西欧有关蒙古和整个东方的历史、地理、民族、宗教、文化和社会的第一批经典作品。

1245—1255 年西欧传教士东行蒙古帝国之前，西方对世界的认识仅限于地中海世界，对地中海世界以外的亚洲了解甚少。希罗多德在《历史》中也只是风闻东方有一个赛里斯国。正如伊西多罗（Isidoro di Sivglia，560—约 636）所言："我们对中国人的外表一无所知，却对他们的丝绸非常熟悉。"[2] 蒙古帝国的宗教宽容政策大大方便了西欧传教士们在帝国各地的活动，柏朗嘉宾使团、阿思凌使团、龙如美使团和鲁布鲁克使团出使蒙古，通过实地考察、调查走访，耳闻目睹了蒙古帝国的地理位置、地形特点、山川湖泊、经济生活、生产方式、生活方式、风俗习惯、宗教生活、文化生活、社会组织、政治特征等信息。"柏

---

[1] 戈尔曼. 西方的蒙古史研究 [M]. 陈弘法，译. 呼和浩特：内蒙古教育出版社，1992：22.

[2] 白佐良，马西尼. 意大利与中国 [M]. 萧晓玲，白玉崑，译. 北京：商务印书馆，2002：22.

朗嘉宾明确地说，凡是他没有亲身经历的事，他都是依据生活在蒙古人中间的那些基督教的俘虏的报道。"[①] 1245 年 4 月柏朗嘉宾使团从法国东南部的里昂出发，开始艰辛的蒙古之行，他们向东经德意志、波兰、波希米亚和斡罗思，穿越南俄大草原，受到驻营第聂伯河的蒙古统将阔连察，和驻营伏尔加河流域的撒里答和拔都汗的友善接待，后经斡儿答营地，在哈刺和林得到贵由汗接见。1247 年 11 月返回里昂。1245 年 3 月阿思凌使团从里昂出发，通过海路在地中海东岸的阿克登陆，经行小亚美尼亚、大亚美尼亚和格鲁吉亚，1247 年 5 月，阿思凌拜访了里海西岸的拜住夏营地。1249 年 1 月安德·龙如美使团随同大卫（蒙古使者）离开塞浦路斯，在安条克登陆出使西亚的蒙古统将宴知吉带驻地，之后赴蒙古汗廷，经里海（宽田吉思海）东岸和阿姆河入海口的玉龙杰赤，抵达今我国新疆霍博、叶密立之间的贵由封地，受到摄政斡兀立海迷失的友好接见。1251 年 3 月，龙如美使团返回地中海东岸城市凯撒里亚。1253 年 5 月鲁布鲁克使团从君士坦丁堡出发，走南俄草原之路，沿黑海南岸取道北上，经克里米亚的商贸中心苏达克，拜访钦察草原的撒里答和拔都营帐。在拔都汗的安排下，鲁布鲁克使团过乌拉尔河南行，穿越里海北岸的康里人地区，经巴尔喀什湖地区、伊犁河谷、海押立，最终抵达蒙古帝国首都哈刺和林。在哈刺和林逗留五个月后，1254 年 8 月鲁布鲁克使团获准离开，经伏尔加河下游的萨莱、高加索山区，过打耳班走廊、穆甘草原、纳希切万、亚美尼亚古城阿尼。1255 年 4 月抵达凯撒利亚。

西欧前往蒙古帝国的早期使者，特别是柏朗嘉宾使团和鲁布鲁克使团，他们穿越广阔无垠的钦察草原，通过波涛汹涌的第聂伯河和伏尔加河，饥肠辘辘地拜见金帐汗国统治者撒里答和拔都，借助蒙古向导的帮助，对蒙古高原毫无观念的西欧传教士使团顺利地抵达蒙古帝国的政治中心哈刺和林，他们长途跋涉，亲眼所见，亲耳所闻，仔细收集起来的大量地理资料改变了西欧人对黑海、里海、贝加尔湖、高加索山、钦察草原、伊犁河谷和蒙古高原以往的模糊传闻，突破了西欧人以地中海世界为中心的世界观[②]。西欧人第一次真正与历来完全不为所知的蒙古人直接接触，留下一批珍贵的文字记载，向西方人介绍了东方的各种情况，修正了西方一些关于东方的错误概念，更全面、更准确地给西欧人带来关于蒙古帝国和东方世界的新知识，打破了西欧人与蒙古人与世隔绝的历

---

① G. F. 赫德逊. 欧洲与中国 [M]. 李申，等译. 北京：中华书局，1995：116.

② GUZMAN G G. Christian Europe and Mongol Asia：First Medieval Intellectual Contact between East and West [J]. Medieval Studies. 1989：241.

史，这一间隙的沟通是西欧人自己完成的，它为东西方人员往来大开方便之门。

第二，1245—1255 年，柏朗嘉宾、阿思凌、龙如美、鲁布鲁克等人奉使东方，他们所提供的报告和资料，为后世研究中世纪蒙古史、中亚史以及中西交往史提供了珍贵的文献史料。戈尔曼说："普兰·迦尔宾和鲁布鲁克的这两部作品在十八世纪耶稣会士历史学家们的作品问世之前的若干世纪之中，几乎是西欧有关蒙古的唯一读物。"① 柏朗嘉宾和鲁布鲁克的作品，其史料价值不言而喻。

柏朗嘉宾的《蒙古人的历史》和鲁布鲁克的《东行纪》两部作品的史学价值主要体现在学术性和趣味性两个方面。戈尔曼说，其学术价值仅次于《马可·波罗游记》，其趣味程度仅次于《鄂多立克东游录》。

在学术价值上，柏朗嘉宾是撰写蒙古史的西欧第一人，他的出使报告《蒙古人的历史》是欧洲人最早记述蒙古人和蒙古帝国的第一手资料。1245—1247年，柏朗嘉宾通过对蒙古人和蒙古帝国的实地考察，记述了十三世纪前半期蒙古人和蒙古帝国的社会经济、政治制度、军事动态、风习道德、法规条约、宗教信仰等情况。他注意到蒙古人实行一夫多妻制，保留着父死子继和兄终弟及的传统风俗。他认为蒙古人整个社会上下男女老幼都弥漫着尚武的气息，都有很强的征服野心。他坚信蒙古人一定会对西欧基督教世界发起新一轮的军事行动，基督教世界一定要团结起来。他考察了被蒙古帝国征服的东欧和中欧一些国家和民族受奴役的现状，呼吁基督教世界坚决抵抗蒙古人的侵略行径。他对与蒙古人缔结和平协议不抱任何幻想，针对蒙古人的军政组织、战略战术，提出应建立类似蒙古人的领户千户制。武器装备上，应配备硬弓利斧，短剑长矛应增设倒钩，尤其要配备蒙古人非常害怕的弩。战略上，强调蒙古骑兵在平原上可发挥强大且优越的攻坚能力，建议西欧应尽量将军队分散在森林地带，采取游击战术，避其锋芒。针对蒙古军夜晚突袭战术，西欧要引起高度警备。针对蒙古帝国以战养战的作战方式，西欧一定要坚壁清野，使蒙古军粮草枯竭。在城防方面，他建议城堡守将应充分准备好粮食、水和木柴，修筑坚固的城墙，开挖深水壕沟，以便与蒙古人相对峙。简言之，柏朗嘉宾出使蒙古的报告，通过自己实地考察，全面、准确地掌握了蒙古帝国的军事政治情况，并成为十三世纪中叶，西方人研究蒙古帝国的权威资料。戈尔曼说："普兰·迦尔宾著作的几乎全部、鲁不鲁克著作的若干片断被收入了当时几部著名的中世纪百科全书：

---

① 戈尔曼. 西方的蒙古史研究［M］. 陈弘法，译. 呼和浩特：内蒙古教育出版社，1992：22.

博韦之樊尚（卒于 1264 年）的十卷百科全书《大鉴》（Speculum Majoris），罗杰·培根的《大著作》（Opus Majus）。"① 柏朗嘉宾和鲁布鲁克在西方蒙古史的研究上，的确起到了开拓者的作用。

如果说，柏朗嘉宾出使蒙古，他的《蒙古人的历史》是西欧人撰写蒙古史的第一人。那么，鲁布鲁克出使蒙古，他的《东行纪》则更全面、更详细地记述了蒙古人的生活方式和生产方式。十三世纪中叶，蒙古人从事游牧业，饲养牛、羊、马和骆驼。鲁布鲁克特别强调蒙古马的优点，蒙古马虽身躯短小，但四腿健壮、忍渴耐寒，最适于在森林和草原上长途奔跑，所以，蒙古马远程奔袭能力好，战斗力特别强。蒙古人作为大漠南北的游牧民族，因自然条件和社会生产力的限制，随四季变换以逐水草而生。"每一个首领，根据他管辖下人数多少，知道他的牧场的界限，并知道在冬、夏、春、秋四季到哪里去放牧他的牛、羊。因为在冬季，他们来到南方较温暖的地区，在夏季，他们到北方较寒冷的地方去。冬季，他们把牛、羊赶到没有水的地方去放牧，这时那里有雪，雪就可以供给他们水了。"② 水、草是游牧民重要的生产要素和追求目标。蒙古人无论男女老幼都是马背上的骑手。正如柏朗嘉宾所言："年轻姑娘们骑马并在马背上飞驰，同男人们一样敏捷。我们甚至看见她们携带着弓和箭。"③ 狩猎作为古代游牧民族重要的经济补充，蒙古人更欣赏围猎方法。狩猎和游牧生活使蒙古人很少采集植物果实，"他们既没有面包，也没有食用的草本植物、蔬菜或任何其他东西，什么也没有，只有肉"④。蒙古人的食物主要是各种兽肉、牛羊肉、奶和奶酪、小米和面粉。妇女们鞣制毛皮、缝制衣服，挤牛奶。男人们制造弓箭、马镫、马鞍、马嚼子，照管马匹，挤马奶，酿造忽迷思。柏朗嘉宾特别欣赏蒙古人的忽迷思（马奶子）。蒙古人信仰原始宗教萨满教，崇拜天神腾格里，体现出朴素的民间虔敬思想。正因为如此，蒙古帝国实行宗教宽容政策。

十三世纪，蒙古社会发生巨变。氏族组织解体，出现财富分化和阶级分化，产生了霸占氏族牧场的贵族那颜，以部落首领（汗）为首的蒙古那颜集团尤其是通过战争占有更多数额的牧场和畜群。柏朗嘉宾说，大汗、贵族拥有大量的金银、丝绸和珠宝。鲁布鲁克观察到，撒里答的斡耳朵非常华丽堂皇，有 6 个妻子，每一个妻子都有一座巨大的帐幕，有 200 辆车子。撒里答的父亲拔都汗

---

① 戈尔曼. 西方的蒙古史研究［M］. 陈弘法，译. 呼和浩特：内蒙古教育出版社，1992：22.

② 道森. 出使蒙古记［M］. 吕浦，译. 北京：中国社会科学出版社，1983：112.

③ 道森. 出使蒙古记［M］. 吕浦，译. 北京：中国社会科学出版社，1983：18.

④ 道森. 出使蒙古记［M］. 吕浦，译. 北京：中国社会科学出版社，1983：17.

有 26 个妻子。所以，鲁布鲁克的《东行纪》更全面、更详细地考察了蒙古人经济生活、风俗习惯、社会组织和宗教文化等情况。

在趣味程度上，《蒙古人的历史》和《东行纪》两部作品情节生动，故事描写情趣盎然。柏朗嘉宾描述蒙古人的外貌时写道："蒙古人两眼之间和两个颧骨之间较其他民族为宽。他们的面颊也相当突出在他们的嘴上面；他们有一个扁平的和小的鼻子，他们的眼睛是小的，他们的眼皮向上朝向眉毛。他们中的绝大部分是细的，但也有少数例外；他们的身高几乎都是中等。"柏朗嘉宾关于蒙古人的描述，字里行间虽无奇异怪诞之语，但是具体生动饱满，使蒙古人这一蒙古利亚人种的体征跃然纸上，活脱脱展现在读者眼前，透视出蒙古高原地理因素塑造出蒙古人基本特征的事实。也正因为这一貌不惊人的"野蛮人"让欧洲人惊愕不已、铭记在心。① 在描述蒙古人的食物时，柏朗嘉宾栩栩如生地写道："他们的食物包含一切能吃的东西，因为他们吃狗、狼、狐狸和马。""如果他们有马奶的话，他们就大量喝它；他们也喝母羊、母牛、山羊，甚至骆驼的奶。他们自己没有葡萄酒、麦酒或蜂蜜酒，除非别的民族运给或赠送他们。再者，在冬季，除富有的人外，他们是没有马奶的。他们把小米放在水里煮，做得如此之稀，以致他们不能吃它，而只能喝它。他们每个人在早晨喝一二杯，白天他们就不再吃东西；不过，在晚上，他们每人都吃一点肉，并且喝肉汤。但是，在夏天，因为他们有很多的马奶，他们就很少吃肉，除非偶尔有人送给他们肉，或者他们在打猎时捕获某些野兽或鸟。"② 十三世纪初，蒙古人作为游牧民族自然以动物为生，狩猎成为必要的经济补充，蒙古高原地势更高，气候尤为严酷，恶劣的自然条件下甚至可能出现"人相食"的悲惨局面。

鲁布鲁克返欧经过高加索山区的旅途中，可谓历经艰难险阻，但仍然对高加索山狗记忆犹新。"那里的狗是如此高大和如此凶猛，以致它们能追赶公牛，咬死狮子。"③ 描述蒙古妇女的勒勒车时，鲁布鲁克视之为优美的艺术品，赞叹不已，无以言表。他说："结过婚的妇女为她们自己制造了非常美丽的车子，这些车子的形状，我不知道怎么用文字来为您（圣路易）描绘，除非用一幅画来表示。事实上，如果我知道怎么绘画就好了，那我就可以为您画出每一事物的图画。"④ 叙述东来哈刺和林的各色能工巧匠之时，鲁布鲁克认识了被俘东来的法国巴黎金匠威廉师傅（Willam Buchier），目睹了他为蒙哥汗在宫廷宴饮上制

---

① 道森. 出使蒙古记 [M]. 吕浦，译. 北京：中国社会科学出版社，1983：7.
② 道森. 出使蒙古记 [M]. 吕浦，译. 北京：中国社会科学出版社，1983：17-18.
③ 道森. 出使蒙古记 [M]. 吕浦，译. 北京：中国社会科学出版社，1983：143.
④ 道森. 出使蒙古记 [M]. 吕浦，译. 北京：中国社会科学出版社，1983：113.

造了一棵大银树储酒器，鲁布鲁克写道："为蒙哥汗制造了一棵大银树，在它的根部有四只银狮子，每一只狮子嘴里有一根管子，喷出白色的马奶。在树干里面，有四根管子通到树顶上，管子的末端向下弯曲。在每一根管子上面，有一条镀金的蛇，蛇的尾巴盘绕在树干上。这四根管子中，一根管子流出葡萄酒，一根管子流出哈剌忽迷思，即澄清了的马奶，一根管子流出 Boal，即蜂蜜酒，一根管子流出米酒，称为 ter-racina。在每一根管子下面，即在树的根部，在四只狮子之间，有四个银盆，准备各自承接一种饮料。在树顶上，他制造了一个手执喇叭的天使。在树下面，他造成一个地穴，地穴里可容一个人躲藏，有一根管子从地穴里经过树干中心通到天使那里。最初他制造了几个风箱，但是风箱发出的风力不够强。在宫殿外面有一个房间，房间里贮藏着各种饮料，仆人们站在那里，准备着当他们听到天使吹响喇叭时，就把饮料倒出来。这棵树有银制的树枝、树叶和果子。"① 这一工艺奇特、造型优美的贮酒器深受蒙哥汗和大臣们的赞许。蒙古兴起之初，人口不多，于是，招纳或降服各色人以增加自己的力量。蒙古人骑兵虽强，但攻打城墙楼郭需要各种机械，所以，蒙古人尽量利用和优渥各色工匠艺人以补其缺陷。蒙古人崛起的主要原因可以说，一是马力，二是匠艺。这也是蒙古人兼蓄并用其他民族长处以补自己短处的典型案例。鲁布鲁克关于威廉师傅技艺高超的形象描写，浓墨重彩。他的视角独特犀利，文字功夫细腻优雅。鲁布鲁克以更敏锐的目光和良好的文化素养记述他在东方的所见所闻，惠及后世，使欧洲重新发现中国。正如 н·п·沙斯吉娜所说："鲁不（布）鲁克的著作在中世纪东方游记中占有首要地位。"②

　　第三，推动了基督教在蒙古帝国的发展。1206 年成吉思汗统一蒙古前，蒙古高原上的乃蛮部、克烈部、汪古部、篾儿乞部已信奉聂思脱里派基督教（Nestorian，景教）。蒙古帝国统治集团内部有相当一批王公贵族属于虔诚的基督教徒。窝阔台的正妻脱列哥那（乃蛮人），蒙哥汗、忽必烈汗和旭烈兀汗的母亲唆鲁禾帖尼（克烈人）、旭烈兀的正妻脱忽思（克烈人）、拔都汗长子撒里答等都是顶礼膜拜耶稣的基督教徒。成吉思汗、窝阔台汗、贵由汗三朝元老镇海丞相、蒙哥汗的中书右丞相孛鲁合（Bulgai，孛鲁欢）、旭烈兀的大将怯的不花和成-帖木儿也是基督教徒。鲁布鲁克记载："乃蛮人是聂思脱里基督徒。""（传说中的约翰王）他是一座叫作哈剌和林的小城的主人，他手下的民族叫作

---

① 道森. 出使蒙古记［M］. 吕浦，译. 北京：中国社会科学出版社，1983：194-195.
② 戈尔曼. 西方的蒙古史研究［M］. 陈弘法，译. 呼和浩特：内蒙古教育出版社，1992：19.

克烈和篾儿乞，他们是聂思脱里基督徒。"①

依靠军事扩张建立起来的蒙古帝国是历史上空前绝后的、横跨亚欧大陆的庞大帝国。在帝国所辖区域内，民族众多、宗教信仰多元，既有信仰萨满教的，也有尊奉儒教、道教和佛教的，还有崇信伊斯兰教和基督教的，蒙古统治者充分认识到原始的萨满教已不适应帝国不同信仰的多民族宗教生活需要。为能够增强军事扩张和政权统治的精神感召力，避免单一宗教凌驾于汗权之上，无论从政治上还是军事上考量，蒙古统治者都竭力提倡宗教信仰自由，实行兼收并蓄的宗教宽容政策。十三世纪蒙古帝国时代，基督教已成为帝国一支举足轻重的宗教力量。所以，当西方基督教世界主动派遣传教士使团前往蒙古帝国传教，蒙古统治者多持支持和交往态度。

柏朗嘉宾、阿思凌、龙如美与鲁布鲁克等出使蒙古，耳闻目睹了基督教在蒙古帝国备受尊崇的情景，他们也非常珍惜沿途向蒙古人传播基督教的机会，积极宣讲基督教义，规劝蒙古人改信基督教。柏朗嘉宾出使蒙古汗廷，受到贵由汗友好接待，曾企图规劝贵由汗皈依天主教。柏朗嘉宾记载："他宫中的一些基督教徒对我们说他们确信他将会受皈依而成为一位基督教徒，他们已经发现了一种明显的征兆。即他把一些神职人员留在自己身旁，而且还向他们提供俸禄"②。志费尼说："合答原来从他的幼年起就作为阿塔毕侍奉他；因他从信仰说是一个基督徒，贵由也受到该教的培育，而其印象绘于他的心胸，'犹如刻在石头上的图画。'此外尚有镇海［的影响］。他因此极力礼遇基督徒及其教士；当这事到处盛传时，传教士就从大马士革、鲁木、八吉打、阿速（As）和斡罗思（Rus）奔赴他的宫廷；为他服劳的也大部分是基督教医生。……结果基督教的教义在他的统治期间兴盛起来。"③ 龙如美发现蒙古帝国境内基督教的强大实力，最先向法国国王路易九世提出在远东地区建立教会神职人员等级制想法。④ 柏朗嘉宾和龙如美关于远东地区基督徒发展的报告在西欧宗教界传播开来，直接激发鲁布鲁克前往蒙古传教的热情。鲁布鲁克留居蒙哥汗廷期间，接受聂思脱里派基督教徒的请求，为聂思脱里派基督教徒做祈祷，亲自指导聂思脱里派

① 贝凯，韩百诗，译注. 柏朗嘉宾蒙古行纪鲁布鲁克东行纪［M］. 耿昇，何高济，译. 北京：中华书局，1985：235.

② 贝凯，韩百诗，译注. 柏朗嘉宾蒙古行纪鲁布鲁克东行纪［M］. 耿昇，何高济，译. 北京：中华书局，1985：107.

③ 志费尼. 世界征服者史［M］. 何高济，译. 北京：商务印书馆，2004：282-283.

④ 伯希和. 蒙古与教廷［M］. 冯承钧，译. 北京：中华书局，1994：227.

基督教徒忏悔救赎。"在那里，我们一共为六个人施行了洗礼。"① 柏朗嘉宾与鲁布鲁克出使蒙古有力地推动了西欧基督教在蒙古帝国的传播和发展。

在西亚，值得一提的是，旭烈兀的长后脱忽思可敦，她是克烈部首王汗的孙女，在伊利汗国很有权势和影响，西亚的聂思脱里派基督教在她的支持下有相当程度的发展。斯普勒认为，"她有力地支持基督教徒，以致在她的保护下，基督教社团受到很大影响，为了恳求她，旭烈兀支持、保护、厚待这些社团，以致汗国各地能够修建教堂，在脱忽思可敦的帐殿旁边，经常建立起行军教堂，钟声缭绕不断"②。所以，"在宗主教马天合（Mar Denha，1265—1281，一译马基哈）的领导下，聂思脱里教会的教阶组织被重新组织起来，并且从波斯和印度洋扩展到里海和太平洋"③。十三世纪中叶，在蒙古帝国境内，聂思脱里教会设有波斯及东方宗主教区及其 25 个主教区。④ 聂思脱里教会在伊利汗国的力量相当强大，地位十分崇高，宗主教驻节地设在波斯。主教区附表如下：

十三世纪中叶聂思脱里派基督教主教区驻节地

一区	军迪沙普尔（Jandisapur）
二区	尼西宾（Nisibis）
三区	巴士拉
四区	摩苏尔
五区	塞琉西亚（Beth Seleucia）
六区	哈勒旺（Halwan）
七区	波斯和凡城（Van）
八区	呼罗珊
九区	赫拉特

① 道森. 出使蒙古记 [M]. 吕浦，译. 北京：中国社会科学出版社，1983：225.
② Bertold Spuler：*History of the Mongols*，*Based on Eastern and Western Accounts of the Thirteenth and Fourteenth Centuries*，London Routledge & Kegan paul，1972：121.
③ 道森. 出使蒙古记 [M]. 吕浦，译. 北京：中国社会科学出版社，1983：21.
④ 宝贵贞，宋长宏. 蒙古民族基督宗教史 [M]. 北京：宗教文化出版社，2008：76-77.

续表

十区	阿拉伯和阔脱罗拔（Cotroba）
十一区	秦尼（Sinae）（西京大同）
十二区	印度
十三区	亚美尼亚
十四区	大马士革
十五区	阿塞拜疆
十六区	剌夷（Ray）和塔巴里斯坦（Tabaristan）
十七区	低廉（Daylam）
十八区	撒麻耳干（撒马尔罕）
十九区	可失哈耳（喀什）
二十区	巴尔赫（Balkh）
二十一区	塞吉斯坦（Sejistan）
二十二区	哈马丹
二十三区	汗八里（北京）
二十四区	唐兀忒（甘州）
二十五区	瑙察（Nuachet）

　　在中国，蒙古帝国三次西征，大批西亚和东欧的基督教徒被迫东来，其中多数随蒙古统治者进入内地。史料记载，元初大都地区有聂思脱里派基督教徒 3 万余人，华北地区设汗八里主教区管理，西北地区设唐兀忒主教区管理。有元一代，东方的蒙古君主们继续对基督教采取宽容政策。多桑说："忽必烈对佛教虽甚热心，然对于基督教、伊斯兰教、犹太教悉皆尊重。基督教举行大祭之日，

忽必烈召之至，焚香后，亲吻福音书。"① 以忽必烈为首的蒙古统治者积极保护基督教，准许传教士在帝国各地自由传教，拨款修教堂，成立宗教组织，按时发放廪给，蠲免赋税徭役。元朝中央特设崇福司，委任聂思脱里派基督徒爱薛为首，专管基督教会事务。1275 年左右，景教在大都、甘州、唐兀惕、天德、西安等地广为流传。1315 年，崇福司改为崇福院，统领全国基督教掌教司 72 所。1320 年，崇福院又复名为崇福司。1330 年，基督徒已达 3 万余人。基督教在中国的传播和发展可谓盛况空前。

元代，罗马教皇派驻中国的传教使者日渐增多。1289 年，罗马教皇尼古拉四世（Nicholas Ⅳ，1288—1292）派遣方济各会修士孟特·戈维诺（Giovanni di Monte Corvino，1247—1328）携带教皇致忽必烈大汗的信件前往东方。1294 年孟特·戈维诺抵达汗八里（Khan baliq，元大都，北京），得到元成宗铁穆耳（Temür，1295—1307）友好接待，并允许他在大都传教。孟特·戈维诺在汗八里建有天主教教堂二所，购买异教徒幼童四十名（7—11 岁）为之洗礼，授以拉丁文，传授天主教礼仪，组成唱诗班。他还成功地使汪古部首领、驸马高唐王、信奉聂思脱里派的阔里吉思改信天主教，阔里吉思在其藩邸赵王城修建有天主教堂。孟特·戈维诺还使六千多人接受天主教洗礼，其中地位显赫者如掌管崇福司的爱薛、镇江府路总管府达鲁花赤马薛里吉思。"所有组成为左卫、右卫阿速亲军都指挥司的阿速人都是天主教的信奉者，人数达 3 万人。"② 1307 年 7 月，罗马教皇克勒芒五世（Clement Ⅴ，1305—1314）正式任命孟特·戈维诺为汗八里大主教及全东方宗主教，并派佩里格林、安德烈等七人为副主教，前来中国协助孟特·戈维诺传教。③ 天主教主教制在中国开始确立。④ 1311 年，克勒芒五世又派彼德等三人来中国协助孟特·戈维诺。孟特·戈维诺在中国传教三十四年。十三世纪下半期，基督教在中国元朝繁荣了四十年。

1316 年，意大利传教士鄂多立克（Odoricus de Portu Naonis）来中国游历。1318 年，方济会修士和德里（Odorico da Pordenone）来中国。1338 年，教皇本笃十二世（Benedict Ⅻ，1334—1342）特派方济各会修士马黎诺里（Giovanni da Marignolli）为首的数十人使团来到元大都。寓住汗八里三年后，马黎诺里使

① 多桑. 多桑蒙古史 [M]. 冯承钧，译. 上海：上海书店出版社，2001：327.
② 中国大百科全书·中国历史·元史 [Z]. 北京：中国大百科全书出版社，1985：128.
③ 其中四人在印度被伊斯兰教徒杀害，约 1313 年佩里格林（Peregrino de Castello）、安德烈（Andrea da Perugia）、热拉多（Gerardo Albuini）三人到达汗八里。
④ Jean Richard. *La papauté et les missions catholiques en Orient au moyen âge* [J]. In：Mélanges d'archéologie et d'histoire, tome 58, 1941：248.

团三十二人请求返欧，1353 年，马黎诺里回到教皇驻节地阿维农。1354 年，受神圣罗马帝国皇帝查理四世（1347—1378）之请，马黎诺里在布拉格负责修订《波希米亚编年史》，并将其出使东方的见闻编入书中。这些传教使者、旅行家的交往活动，促进了中国与西欧基督教世界的相互交流，促使元朝基督教人数骤增，传教范围不断扩大。1500 年，除原来的大都、唐兀惕、蒙古高原等地外，天主教已发展到镇江、扬州和泉州等东南沿海一带。①

---

① Kenneth Scott Latourette. *A History of the Expansion of Christianity*，Vol. 2 ［M］. New York：Haper & Brothers Publishers，1944：412.

第三章

西亚的蒙古人与西欧的关系（1260—1335）

1252—1260 年蒙古帝国第三次西征，旭烈兀在西亚建立伊利汗国。伊利汗国（1256—1335）与元帝国保持密切友好的宗藩关系，与东临的察合台汗国交恶。1257 年金帐汗国别儿哥继位后，为争夺阿塞拜疆，与伊利汗国失和。伊利汗国对西边的马木路克王朝奉行军事扩张政策，不断用兵叙利亚。13 世纪 60 至90 年代，十字军国家在近东地区所据地盘日益为埃及的阿尤布王朝和马木路克王朝所收复，十字军东征运动的日渐式微为伊利汗国与西欧寻求反马木路克王朝的军事合作提供了契机。

1265 年、1271 年、1274 年和 1276 年，伊利汗国阿八哈四次遣使西欧。1285 年、1287 年、1289 年和 1291 年，阿鲁浑也四次遣使罗马、巴黎和伦敦。他们都希望与罗马教皇、英法国王寻求军事合作，共同对付马木路克王朝。1302 年合赞皈依伊斯兰教，仍遣使出访罗马和巴黎。1322 年不赛因与马木路克王朝结成睦邻友好关系。伊利汗国与西欧不断遣使，致力于建立反马木路克王朝的军事联盟收效甚微。

伊利汗国和西欧频繁派出使团，双方联系活络，关系亲善，尤其是拉班·扫马出访拜占庭帝国、罗马教廷和西欧各国，并写下《西方见闻录》，成为东西方文化交流史上的佳话。

一、伊利汗国的形成

（一）蒙古帝国在中亚的统治

成吉思汗西征，历时五年，灭花剌子模帝国，征服了整个河中地区和呼罗珊地区，同时袭扰了北波斯，扫荡了钦察草原，占领了北起咸海，南临波斯湾，东自帕米尔，西至高加索山的广袤地区。毋庸置疑，蒙古帝国第一次西征给中亚地区各族人民的生命和财产造成了巨大的破坏。但是，蒙古大军也消除了妨碍东西方交往的屏障，打通了闭塞的亚欧大陆通道，客观上促进了东西方物质文明和精神文明的交往。

　　蒙古帝国征服花剌子模后，在中亚地区建立起帝国的统治权。文献记载：成吉思汗"既定西域，置达鲁花赤于各城，监治之"①。《蒙古秘史》第263节也记载："成吉思汗占领回回国后，降旨在各城设置答鲁合臣。"②《元史》卷1《太祖本纪》同样记载：太祖"十八年癸未（1223），遂定西域诸城，置达鲁花赤监治之"。所以，巴托尔德认为："从1223年开始，蒙古人在河中与花剌子模的统治权已无人挑战。伊本·阿尔·阿昔儿与志费尼都证明了如此事实：因为蒙古统治权的建立，河中地城邑较之呼罗珊、伊拉克诸城从蒙古人的破坏中恢复得更快、更多。"③

　　达鲁花赤，相当于突厥语八思哈，波斯语舍黑捏。达鲁花赤为蒙古帝国在占领区及重要城镇所设置的最大军政监治长官，负责监临占领区被委任的当地官员，位于占领区当地统治者之上，握有最终裁定权。成吉思汗占领花剌子模帝国后，命长子术赤镇守，在花剌子模各城设置达鲁花赤。同时委任效力于蒙古帝国的原花剌子模国玉龙杰赤的贵族世家牙老瓦赤（牙剌哇赤）、马思忽惕父子为花剌子模全权总管。《蒙古秘史》第263节记载："从兀笼格赤城来了回回人姓忽鲁木石的名叫牙剌哇赤、马思忽惕的父子两人，向成吉思汗进奏管理城市的制度。成吉思汗听了后，觉得有道理，就委派他的儿子马思忽惕·忽鲁木石与我们的答鲁合臣们一同掌管不合儿、薛米思坚、兀笼格赤、瓦丹、乞思合儿、兀里羊、古先、答里勒等城。"④ 值得一提的是，尽管蒙古军曾攻略波斯北部的刺夷、赞章、加兹温等城市，但是，到1224年成吉思汗班师东返，蒙古汗帝国在波斯还没有建立起军政统治。达鲁花赤在中亚的设置，说明蒙古汗国对该地区行使了统治权，一定程度上有利于被征服的中亚地区的社会经济恢复和发展。

　　（二）绰儿马罕西征（1231—1239）

　　1229年窝阔台即位（1229—1241），继续父汗西征未竟之业，开始蒙古帝国第二次西征。第二次西征有两个目标，一是前已所述的钦察草原和东欧；二是

① 何秋涛. 元圣武亲征录（丛书集成初编）[M]. 北京：商务印书馆，1939：106.
② 余大钧，译注. 蒙古秘史 [M]. 石家庄：河北人民出版社，2001：454.
③ W. Barthold, *Turkestan down to the Mongol invasion*, Porcupine Press INC, 1977, p. 456.
④ 余大钧，译注. 蒙古秘史 [M]. 石家庄：河北人民出版社，2001：454. 瓦丹，《元史》作斡端、忽炭，今新疆和田。乞思合儿，《元史》作可失哈耳，今新疆喀什。兀里羊，《元史》作鸭儿看，清代作叶儿羌，今新疆莎车。古先，《元史》作曲先、苦叉，今新疆库车。答里勒，《元史》作塔林、答林，今新疆塔里木河。

剿灭流窜在西亚的花剌子模沙扎兰丁。《蒙古秘史》记载:"绰儿马罕箭筒士使巴黑塔惕国(巴格达的阿拔斯王朝)归附了。听说那里地方好,物产好,斡歌歹·合罕降旨道:'命绰儿马罕箭筒士为探马,驻在那里,每年把黄金、黄金制品、浑金、织金、绣金、珠子、大真珠、长颈高腿的西马、骆驼、驮用的骡子送来。'"①

1. 绰儿马罕西征

绰儿马罕西征的主要原因是镇压花剌子模沙扎兰丁的复国运动和消灭巴格达的阿拔斯王朝。《蒙古秘史》记载:窝阔台汗说,"父汗成吉思汗未征服完毕而留下的百姓有巴黑塔惕国的合里伯·莎勒坛,曾派绰儿马罕箭筒士去征讨,如今可派斡豁秃儿、蒙格秃二人去增援"②。

第一次西征大军撤回漠北后,蒙古帝国在中亚地区实行较为松弛的军政统治,扎兰丁在北波斯开始从事花剌子模复国运动。1224 年,扎兰丁抵达波斯西北部剌夷城,以伊斯法罕为首都,设官置府。志费尼记载:"算端保留了每个人在军中的原位,并授予他们每人一个职务。至于地方长官,他分别给予适当的工作,同时颁发必要的诏旨和敕令。"③ 1225 年,扎兰丁攻占阿哲儿拜占首邑大不里士并迁都至此,尔后又占领谷儿只首府梯弗利思(第比利斯)。到 1228 年,波斯西部基本上成为扎兰丁复国运动的基地。拉施特说:"算端的帑藏又重新由于篾力阿失剌甫的财富而充裕起来。因为算端击溃了格鲁吉亚人并攻下了阿黑刺试,他的强大的名声便传开了。密昔儿(埃及)和叙利亚的篾力们仿效和平之城哈里发的(榜样),派遣使者带着礼物去到他的宫中。算端的事业又兴隆起来。"④

鉴于扎兰丁复国运动的蓬勃发展,1229 年,窝阔台汗为平息花剌子模王子扎兰丁的叛乱和中止花剌子模帝国的复辟,委以绰儿马罕为统帅,率 3 万蒙古军出征波斯和西亚。志费尼记载:"世界的皇帝合罕把绰儿马罕派往第四大洲,颁发一道札儿里黑⑤称:四方的大将和八思哈应随军出发,向绰儿马罕提供援助;于是成帖木儿从花剌子模,经薛合里斯塔纳出兵,同时候把代表诸王的其他异密,置于他的麾下。"⑥

① 余大钧,译注. 蒙古秘史 [M]. 石家庄:河北人民出版社,2001:478.
② 余大钧,译注. 蒙古秘史 [M]. 石家庄:河北人民出版社,2001:468.
③ 志费尼. 世界征服者史(下)[M]. 何高济,译. 北京:商务印书馆,2004:464.
④ 拉施特. 史集(第二卷)[M]. 余大钧,周建奇,译. 北京:商务印书馆,1985:46.
⑤ 札儿里黑(yarlïgh):圣旨、敕令之意。
⑥ 志费尼. 世界征服者史(下册)[M]. 何高济,译. 北京:商务印书馆,2004:540.

1230 年，绰儿马罕率军直奔扎兰丁常驻地阿哲儿拜占，波斯西部各地贵族闻风丧胆。扎兰丁得不到西亚军民支持，只身逃往波斯西北山区阿米德附近，1231 年 8 月 15 日，为当地库尔德人所杀，花剌子模帝国彻底灭亡。

扎兰丁死后，1231—1241 年的十年中，绰儿马罕一直是波斯西北部的蒙古军统帅，他继续在西亚攻城略地，征服了伊拉克、阿哲儿拜占和谷儿只，驻营水草丰美的穆干草原和阿兰平原。1233 年，蒙古西征军再次兵临桃里寺（大不里士），在献纳大量金银、布帛和技艺精湛的工匠条件下，大不里士免遭屠戮。1236 年，绰儿马罕兵入格鲁吉亚，摧毁了刚加，女王鲁速丹尼从梯弗里斯逃往库塔伊西，第比利斯地区臣服蒙古帝国。1239 年，蒙古军洗劫大亚美尼亚都城阿尼和卡尔斯城。1240 年，大亚美尼亚国王前往哈剌和林觐见蒙古大汗，窝阔台汗颁旨给绰儿马罕将其领地交给大亚美尼亚国王统治。

2. 拜住和宴只吉带经营西亚

1241 年绰儿马罕病逝，拜住（Baichu、Baiju）那颜继任其职，统率波斯的蒙古军，继续经略西亚。1242 年拜住挥师西指鲁木①，占领额儿哲鲁木城②。1243 年 6 月 26 日，鲁木的塞尔柱苏丹凯·豁思鲁二世（1237—1245，一译凯库思老）在额儿詹章③亲自率兵迎战蒙古军，凯·豁思鲁二世的塞尔柱军队遭到毁灭性打击，拜住占领西瓦思④、托卡特和开塞利，凯·豁思鲁二世逃往科尼亚，向蒙古帝国称臣求和。至此，小亚细亚的塞尔柱苏丹国成为蒙古帝国的直属藩地。格鲁塞说："拜住由于进攻科尼亚的塞尔柱克苏丹国，在蒙古征服中做出了重要的贡献。"⑤ 蒙古帝国的版图扩展到拜占庭帝国边境。

1243 年蒙古军还侵入叙利亚，阿勒颇城献纳战赋。1244 年小亚美尼亚（西里西亚）国王海屯（1226—1269）遣使拜住营地，主动表示称臣纳贡。"它使亚美尼亚人把亚洲的新君主当作反对塞尔柱克或马木路克伊斯兰社会的保卫者。"⑥ 1245 年拜住占领底格里斯河上游的起剌特和阿米德，摩苏尔和大马士革地区均归附蒙古，自愿承认蒙古帝国的宗主权，从而巩固了蒙古人在库尔德斯坦的统治。格鲁吉亚女王鲁速丹尼也向拔都称臣为藩。至十三世纪四十年代，西亚大部分地区均为蒙古人所征服。

---

① 鲁木（Rūm）：今土耳其小亚细亚地区。

② 额儿哲鲁木（Erzurum）：今土耳其埃尔祖鲁姆。

③ 额儿詹章（Erzincan）：今土耳其埃尔津詹。

④ 西瓦思（Sīvās）：今土耳其锡瓦斯。

⑤ 勒内·格鲁塞. 草原帝国［M］. 蓝琪，译. 北京：商务印书馆，1998：335.

⑥ 勒内·格鲁塞. 草原帝国［M］. 蓝琪，译. 北京：商务印书馆，1998：336.

　　1246 年贵由汗即位，1247 年 8 月贵由汗（1246—1248）任命亲信野里知吉带（宴只吉带）为西征军统领，负责西亚征略活动。《元史·定宗》记载："八月，命野里知吉带率搠思蛮（绰儿马罕）部兵征西。"① 贵由汗下令帝国各宗王所属部族军中每十人签发二人从征，还下令现有的驻波斯的蒙古军和被征服的西亚地区军民悉数归宴只吉带统管，把经略鲁迷（鲁木、鲁姆）、格鲁吉亚、阿勒颇等地全权委付宴只吉带，任何人不得干预。西亚各地统治者均应向宴只吉带臣服纳贡。"自蒙古国建立以来，除木华黎而外，那颜中没有第二人被授予这样大的权力。"② 关于拜住和宴只吉带的管理职责尚不明晰，伯希和认为，宴只吉带的权力超过了拜住。1248 年，贵由汗死。格鲁塞说："贵由的去世很可能使欧洲免遭一次可怕的灾难。贵由梦想的不只是打败钦察汗——根据迦儿宾的记载——而且要征服基督教世界。无论如何，他似乎已经把注意力专注于欧洲。"③ 1251 年 6 月蒙哥继位后，大肆镇压异己，下令逮捕宴只吉带，并交给拔都处死。

　　（三）旭烈兀西征（1252—1260）

　　历经蒙古帝国第一、第二次西征之后，中亚、东波斯、南波斯、阿塞拜疆、格鲁吉亚、亚美尼亚、小亚细亚的大部分地区皆为蒙古帝国所有。13 世纪中叶，亚洲大陆只有西波斯尚未完全臣服，尤其是作为伊斯兰世界的政治和宗教中心的巴格达偏安一隅，苟延残喘，成为蒙古帝国进一步扩张的目标。1251 年蒙哥被推选为蒙古帝国第四任大汗后，委派胞弟旭烈兀坐镇波斯，统兵征讨尚未降服的西方国家，发动了蒙古帝国第三次西征，即旭烈兀西征。史载：宪宗二年（1252），"秋七月，命忽必烈征大理，诸王秃儿花、撒（丘）［立］征身毒，怯的不花征没里奚（亦思马因人），旭烈征西域苏丹诸国"④。所以，旭烈兀西征的主要目标是里海以南的亦思马因派阿剌模忒宗教国和巴格达的阿拔斯王朝。

　　1. 阿剌模忒宗教国的灭亡（1256）

　　亦思马因派，一名木剌夷，属伊斯兰教什叶派的主要支派之一。9 世纪亦思马因派在埃及建立起法蒂玛王朝。1078 年亦思马因派传道师哈散·本·萨巴被逐出埃及后，在北波斯传教和发展组织。1090 年哈散·本·萨巴从塞尔柱突厥

　　① 宋濂，等. 元史（卷二）［M］. 北京：中华书局，1976：39.
　　② 韩儒林. 元朝史（上册）［M］. 北京：人民出版社，1986：198.
　　③ 勒内·格鲁塞. 草原帝国［M］. 蓝琪，译. 北京：商务印书馆，1998：347.
　　④ 宋濂，等. 元史（卷三）［M］. 北京：中华书局，1976：46.

人手中夺取低廉①的阿剌模忒堡，并以此为大本营，创立新亦思马因派，在里海以南山区形成独立的宗教王国。新亦思马因派又称阿萨辛派，其最大的特点是神化伊玛目，前三任谢赫否认法蒂玛王朝哈里发为本派的宗教领袖，并自称是"隐遁的伊玛目"。在伊斯兰世界，阿萨辛派被视为"异端"。

12 世纪，十字军在近东地区的军事活动使埃及和叙利亚的法蒂玛王朝、艾尤卜王朝政局动荡，阿萨辛派乘机扩展到伊拉克、叙利亚和黎巴嫩。阿剌模忒宗教国第八任谢赫是鲁坤丁·忽儿沙（1225—1256），在成吉思汗西征和窝阔台汗统治时期曾遣使希望与蒙古帝国修好，《元史译文证补》记载："太祖西征，大军既渡阿姆河，木剌夷遣人输款。"② 但是，木剌夷表现出企图在波斯取代花剌子模帝国的野心，这与蒙古帝国向西扩张无疑存在巨大冲突。近代学者荷治松认为："1238 年叙利亚的亦思马因派派遣使节前往西部（沿海地区），目的是希望结成穆斯林—基督教徒联盟共同对抗蒙古人。"③

1251 年蒙哥即位后，为解除阿萨辛派的威胁，派遣旭烈兀率军征讨阿剌模忒宗教国。1252 年年初，旭烈兀派遣阔阔－亦勒该和怯的不花为先锋，率 12000 人出征忽希斯坦，为蒙古西征大军扫清障碍。1253 年 3 月，怯的不花率 5000 蒙古军围攻吉儿迭库赫④要塞，因堡垒十分坚固，加上阿萨辛人顽强抵抗，吉儿迭库赫堡历经两年攻打未果，蒙古部将不里战死。8 月，蒙古军进攻剌夷附近的沙的司堡，怯的不花也没有成功拿下。1255 年 12 月阿剌模忒宗教国谢赫阿老丁被害，长子鲁坤丁·忽儿沙继承谢赫之位。忽儿沙专横残暴，不积极抵抗蒙古军。

1253 年 10 月，旭烈兀亲率主力西征，途经中亚、别失八里等处行尚书省行政长官马思忽惕前来拜见。1255 年 6 月，忽希斯坦地区长官纳昔剌丁前往旭烈兀营地表示归附。1256 年 5 月，旭烈兀大军渡过阿姆河，受到阿姆河等处行尚书省阿儿浑阿合的迎接。9 月，旭烈兀军队到达哈剌罕和毕思塔木，派出赫拉特总督为使者前往鲁坤丁·忽儿沙驻堡劝降，忽儿沙首鼠两端。1256 年 9 月 2 日，旭烈兀下令：右翼军不花－帖木儿和阔阔－亦勒该从马赞达兰出发、左翼军涅古迭儿－斡忽勒和怯的不花从胡瓦尔（Khuvār）和塞姆南出发，旭烈兀自己率领一万中军全线进攻阿剌模忒诸堡。9 月 22 日，旭烈兀军队进逼达马万德，兵临忽

---

① 低廉（Dailam）：西波斯的布韦希王朝的一地区，位于今伊朗吉兰省和马赞达兰省西部之间地区。

② 洪钧. 元史译文证补（卷二十四）[M]. 北京：中华书局，1985：304.

③ Timothy May. *A Mongol-Ismâ îlî Alliance?*: *Thoughts on the Mongols and Assassins*, Journal of the Royal Asiatic Society, Third Series, 2004, 14（3）：235.

④ 吉儿迭库赫（Girdkūh）：今伊朗达姆甘城西约 18 千米。

儿沙所在的麦门底司堡城下。麦门底司堡，虽地势险要，山高路陡，但是，在郭侃的弩炮和流星般的火箭射击下，忽儿沙一片恐慌，并"采取拖延战术"①，企图苟延残喘。11月19日，忽儿沙离开麦门底司堡，觐见旭烈兀，并俯首称臣。忽儿沙在前往哈剌和林的路途中被杀，阿剌模忒宗教国灭亡。

2. 阿拔斯王朝的灭亡（1258）

旭烈兀灭亡阿剌模忒宗教国后，下一个目标便是巴格达的阿拔斯王朝。1256—1257年，旭烈兀在加兹温和兰麻撒耳附近扎营过冬。1257年3月，旭烈兀自加兹温移师哈马丹，准备全力进攻巴格达。9月10日，旭烈兀派出第一批使者前往巴格达招降哈里发。旭烈兀的招降遭到哈里发穆斯台绥木（1242—1258）的拒绝。1257年11月，旭烈兀兵分三路，向巴格达挺进。驻营鲁木的拜住为右翼军，从伊拉克的埃尔比勒向摩苏尔推进，进攻巴格达的西面；怯的不花、忽都孙和额里怯为左翼军，从波斯的洛雷斯坦和胡齐斯坦向巴格达东南部推进；旭烈兀亲率主力中军，沿波斯的克尔曼沙阿和忽里汪南下。约翰·马森·斯密斯认为，除伊斯兰世界归顺的首领随军作战外，蒙古军右翼为6万人、左翼3万人、中军4万人，蒙古军合计13万人。② K. 帕克认为，旭烈兀的军队，包括亚美尼亚、格鲁吉亚的援兵，总计20万人。③

1258年1月29日，蒙古军对巴格达发起总攻。旭烈兀的中军攻打阿札木城楼；怯的不花所属军队攻打合勒瓦思城门；忽里等术赤系宗王部队攻打巴咱儿·莎勒坛城门；拜住和孙扎黑的军队攻打巴格达西面的阿都忒城门。哈里发派维齐尔出城求和，被旭烈兀拒绝。蒙古军猛攻巴格达城连续六天六晚，郭侃的石炮千人队在攻城战中发挥了巨大作用，先后摧毁阿札木和巴咱儿·莎勒坛城楼。近代西方学者弗兰克和尼德汉姆认为，元代汉人弩炮的投射力，重可达250磅，远可抵167码。此外，攻城器中还有射程达2500步的火箭和石油燃烧瓶。④ 2月5日，哈里发企图乘船逃跑不成，无奈之下决定缴械投降，派出次子阿不法思勒·奥都剌合蛮奉币求和，旭烈兀拒绝接见并继续攻城。2月10日，哈里发为首的3000名高官显贵出城投降。13日，蒙古军进入巴格达城，大肆烧杀掳掠，长达17天之久，金银、骡马和所有财产占为己有，整座城市中都充满

① Daftary, Farhad. *The Isma' ilis*: *Their History and Doctrines* [M]. London: Cambridge University Press, 2007: 393.

② KOMAROFF L, *The Legacy of Genghis Khan*, BRILL LEIDEN · BOSTON, 2006: 130-131.

③ PARKER, K. S. *The Indigenous Christians of theArabic Middle East in an Age of Crusaders, Mongols, and Mamlūks* (1244—1366) [D]. Royal Holloway University of London, 2012.

④ KOMAROFF L, *The Legacy of Genghis Khan*, BRILL LEIDEN · BOSTON, 2006: 127.

了尸体。波斯史家韩达刺·穆思托非·卡兹维尼说巴格达死者达 80 万人，1262 年旭烈兀致函法国国王路易九世时称巴格达被杀者 20 万人。[1] 20 日，旭烈兀下令处死哈里发穆斯台绥木，立国五百余年的阿拔斯王朝宣告灭亡。

3. 叙利亚的艾尤卜王朝灭亡

阿拔斯王朝灭亡后，旭烈兀并不满足于巴格达，继续向西延伸，伊斯兰世界处于惶恐之中。1258 年 8 月 1 日，摩苏尔的阿答毕[2]巴忒刺丁·鲁鲁[3]亲自到篾刺合（Maragha，今伊朗马拉盖）拜见旭烈兀，以示忠顺。8 月 6 日，小亚细亚的塞尔柱王朝两苏丹凯·卡兀思二世和乞立赤·阿儿思兰三世[4]前往大不里士晋见旭烈兀，表示臣服。8 月 7 日，波斯南部法尔斯的阿答毕阿不·别克儿派他的儿子赛德前来大不里士，祝贺旭烈兀成功占领巴格达。旭烈兀则继续向叙利亚和埃及扩张，他甚至计划派出郭侃向塞浦路斯进发。《元史》记载："戊午，旭烈兀命侃西渡海，收富浪。"[5]

13 世纪 50 年代的叙利亚，主要是两支政治力量：一是萨拉丁缔造的艾尤卜王朝，掌控叙利亚大部分地区；二是十字军在叙利亚沿海狭长地带建立的十字军国家——其北部为波赫蒙德六世的安条克公国、兼领的黎波里伯国，其南部为提尔、阿克[6]和雅法三个男爵领地的耶路撒冷王国。波赫蒙德六世是北部邻国小亚美尼亚国王海屯一世的女婿，他追随岳父海屯，成了蒙古帝国的盟友。

1259 年 9 月 12 日，旭烈兀兵分三路，以怯的不花的军队为先锋、失克秃儿和拜住那颜的军队为右翼军、孙扎黑的军队为左翼军，旭烈兀亲领中军主力出征叙利亚。蒙古军抵达上两河流域的迪亚别克尔地区，占领篾牙法里勤、阿米德、尼西宾和哈兰诸地，渡过幼发拉底河后，大军开始包围阿勒颇。阿勒颇自古以来就是叙利亚的北大门，地当要冲，当地军民倚仗城坚池固顽强抵抗。1260 年 1 月 18 日，蒙古军架石炮、筑栅栏，双方鏖战一周。1 月 24 日，蒙古军攻破外城，经过四十昼夜的血战，攻克内堡。巴赫布拉攸斯在《叙利亚编年史》中说："他们把 20 门弩炮推入阵地，1 月 24 日他们进入该城。他们是在一次大胜后占领了除城堡以外的阿勒颇城的，城堡一直坚持到 2 月 25 日。"[7] 叙利亚的

---

① David Mogan, *The Mongols*, Blackwell Publishing Ltd, 2007：133.

② 阿答毕（Atābeg）：一译阿塔卑，地方统治者。

③ 巴忒剌丁·鲁鲁（Badr al-Dīn Lu'lu'）：一译别都鲁丁·卢卢。

④ 乞立赤·阿儿思兰三世（Qilich Arslan）：一译鲁克纳丁。

⑤ 宋濂，等. 元史（卷一百四十九）[M]. 北京：中华书局，1976：3525.

⑥ 阿克（Acre）：一译阿迦、阿卡，在今以色列北部，位处地中海沿岸。

⑦ 勒内·格鲁塞. 草原帝国 [M]. 蓝琪，译. 北京：商务印书馆，1998：458.

艾尤卜王朝苏丹纳昔儿·优素福企图逃亡埃及。旭烈兀委任法黑剌丁·撒乞为阿勒颇的行政长官、秃格勒-巴黑失为军事长官，掌管阿勒颇。蒙古军继续向叙利亚西南部的大马士革挥师，阿勒颇是大马士革的屏障，阿勒颇陷落，大马士革长官闻风请降。3月1日，怯的不花的先锋军进入大马士革，旭烈兀在大马士革设官镇守。蒙古军继续在叙利亚攻城略地，1260年夏，前锋直达加沙。

适值蒙哥汗去世的讯息传到，按照蒙古帝国旧例，旭烈兀停止战事，委任怯的不花统率1万~2万军队，"镇守叙利亚，伺机进攻埃及"①，自己班师回到波斯的阿哲儿拜占。旭烈兀获悉兄长忽必烈登上大汗之位，表示拥戴忽必烈为大汗。1264年，幼弟阿里不哥与兄长忽必烈争位战败。忽必烈遣使旭烈兀，传旨将阿姆河以西直至埃及边境的波斯和西亚地区军民划归旭烈兀管治，封他"为从阿母河起以迄叙利亚、密昔儿等遥远边境的君王"。② 于是，原属蒙古帝国直接掌管的波斯和西亚地区，变成旭烈兀的兀鲁思，伊利汗国形成（1260—1355）。

二、13世纪60至90年代十字军东征运动日渐式微

13世纪60至90年代，十字军东征运动在近东地区日渐衰落。八次大规模的十字军东征，可以说，只有第一次被视为最成功的且最重要的军事远征。1096年西欧十字军联军冲入耶路撒冷，据约翰·弗朗斯（John France）保守估计，"第一次十字军总兵力5万~6万，其中约7000人为骑士和贵族。如果按照骑士和步兵的力量比例为1∶3考虑，那就意味着步兵约有2万人。除此之外，还要加上每名骑士要带一到两名侍从以及无法估算的非战斗人员——像教士、妇女、儿童，等等。因此，不仅骑士的数量，整支军队的总人数，估计还应稍稍再多些"③。在中世纪，毫无疑问，这是一支非常庞大且令人生畏的军事力量。通过第一次东征，十字军在近东地区主要是叙利亚和巴勒斯坦沿岸地带先后建立起爱德萨伯国、安条克公国、的黎波里伯国和耶路撒冷王国等四个十字军拉丁国家。彼得·托劳说：第一次十字军"多次击败安纳托利亚的塞尔柱人，收复了拜占庭帝国失去的疆土，攻占了安条克，并将圣城耶路撒冷从异教徒的手中夺回"④。

---

① Smith, Jr. J. M. *Ayn Jālūt*: *Mamlūk Sucess or Mongol Failure*? [J]. *Harvard Journal of Asiatic Studies*, 1984, (44): 307-345.
② 拉施特. 史集（第三卷）[M]. 余大钧，周建奇，译. 北京: 商务印书馆，1986: 94.
③ 彼得·托劳. 十字军东征 [M]. 张巍，译. 上海: 上海三联书店，2020: 64.
④ 彼得·托劳. 十字军东征 [M]. 张巍，译. 上海: 上海三联书店，2020: 90.

但是，十字军在近东地区缺乏牢固的根基，十字军国家为了现实政治利益和经济利益内部矛盾重重，爱德萨和耶路撒冷是勃艮第公爵的公国，安条克是诺曼底公爵的领地，的黎波里是普罗旺斯伯爵的领地，他们心怀鬼胎，互不团结，因而遭到以埃及为首的近东地区穆斯林的沉重打击。1130 年毛绥勒（摩苏尔）的埃米尔伊马杜丁·赞吉（Imad al-Din Zanki，1127—1146）开始向十字军发动大规模的反攻，收复了叙利亚北方重要据点阿勒颇，成为反十字军的伊斯兰英雄先驱。1144 年爱德萨沦陷，叙利亚的许多重要城市落入赞吉王朝（1127—1262）之手，尽管罗马教皇立即呼吁新一轮的十字军东征，但是，在西欧的回应远不如 1095 年克勒芒宗教会议的号召那样引发群众运动。

1187 年 7 月，艾尤卜王朝（1171—1250）苏丹萨拉丁在赫淀战役中大败耶路撒冷王国国王 G. D. 律西安（1186—1192），十字军遭到毁灭性惨败，"法兰克军约计二万人，除渴死的和热死的不计外，几乎全部被俘"[1]。包括圣殿骑士团和医院骑士团在内的耶路撒冷的守军，其中约 1200 名重装骑士和 4000 名轻骑兵在此战役中基本被歼[2]，已经无法再进行有力的抵抗，法兰克人接近被赶出叙利亚和耶路撒冷[3]，耶路撒冷王国事实上已不复存在。圣城的陷落在欧洲再次掀起十字军运动的狂潮，虽然英狮心王理查占领了拜占庭帝国属地塞浦路斯岛，在巴勒斯坦攻占了阿克（1191），但是十字军已无法夺回耶路撒冷。1192 年狮心王理查与艾尤卜王朝缔结和约后，西欧基督教国家夺取圣地的念头，事实上已烟消云散。

第四次十字军东征（1202—1204），西欧基督教国家收复"圣墓"的宗教热情基本丧失，放弃了既定的直接夺取圣城（也称金城）耶路撒冷的军事目标。第四次十字军东征的目标是信仰基督教的拜占庭，拉丁人在君士坦丁堡建立起一个拉丁帝国。欧洲并非每一个人都沉醉于这次十字军运动，几乎有一半十字军拒绝把目标转向君士坦丁堡。[4] 所以，有学者认为，十字军 1204 年的胜利只是一次新的军事与商业联盟的胜利。"虽然攻占君士坦丁堡的行为是十字军东征精神的反常表现，并且在当时的欧洲也遭到猛烈的抨击，但威尼斯对第四次东

---

① 希提. 阿拉伯通史（下册）［M］. 马坚，译. 北京：商务印书馆，1979：776.

② 据估算，1180 年耶路撒冷王国的人口达到高峰，欧洲人有 10~12 万人，其中约 4 万人居住在阿卡，3 万人在耶路撒冷，2.5~3 万人在提尔。（彼得·托劳. 十字军东征［M］. 张巍，译. 上海：上海三联书店，2020：101 页。）

③ 法兰克人：十字军东征时代（1096—1291），塞尔柱人称十字军为法兰克人，阿拉伯语 al-frang 或 al-ifrang，被用来称呼欧洲人。

④ H. G. Koenigsberger, *Medieval Europe* （400—1500）［M］. Longman Group （FE）Ltd，1987：256.

征的结果还是感到高度满意。"①

从第五次十字军东征开始，罗马教皇在这场收复"主的坟墓"运动中失去了组织者、鼓动者的核心作用。第五次十字军东征由神圣罗马帝国皇帝腓特烈二世自任统帅，主攻埃及。1219 年 11 月，攻下尼罗河港口城市达米埃塔（Damietta，拉丁文，现代的杜姆亚特）。在教皇的诅咒中，腓特烈二世在曼苏拉同样招致失败，被迫离开埃及。而后腓特烈二世纯粹出于贸易扩张的原因又进行了第六次东征。1229 年 2 月，腓特烈二世与艾尤卜王朝苏丹卡米勒·穆罕默德（1218—1238）达成为期十年的折中协议，腓特烈二世支持卡米勒对付艾尤卜家族成员中的其他政敌，换取了耶路撒冷以及连接耶路撒冷至阿卡的走廊地带管理权。3 月，腓特烈二世进入耶路撒冷圣墓教堂祈祷。5 月，从阿卡踏上回家旅程。1244 年，撒列哈·奈只木丁苏丹（1240—1249）邀请花剌子模突厥人再次收复耶路撒冷。

十字军最后两次较大的军事行动则由法王路易九世组织。1248 年路易九世领导第七次十字军进攻埃及的艾尤卜王朝。"为侵略埃及，法兰西用尽了它所有的军队和财力；他在塞浦路斯海上布满了 1800 艘帆船；按最保守的估计船上也得有 5 万人之多。"② 但是法王最终也落得兵败被俘的境地（1250），被迫缴纳40 万金币之后获得释放。之后路易九世在近东苦心经营防御工事四年，修葺阿卡、海法、凯撒里亚和西顿等港口城市的城堡和军事要塞，并于 1270 年再次发动进攻北非突尼斯的第八次十字军运动。尽管如此，法军还是难逃失败的厄运。所以，H. G. 科尼格斯伯格说："法王的最后冒险纯粹是一场闹剧。"③ 希提也指出："1270 年他（路易九世）又率领另一支无用的十字军，去侵略突尼斯，结果病死在那里。"④ 十字军东征日渐式微客观上为伊利汗国寻求与西欧军事合作提供了契机。"法兰克人虽占据一些强大的防守堡垒，但早已丧失了有效的和独立的进攻能力，他们有可能联合蒙古人形成威胁。"⑤

---

① 彼得·托劳. 十字军东征［M］. 张巍，译. 上海：上海三联书店，2020：125.

② 爱德华·吉本. 罗马帝国衰亡史（下册）［M］. 黄宜思，黄雨石，译. 北京：商务印书馆，1997：476.

③ H. G. Koenigsberger, *Medieval Europe* (400—1500)［M］. Longman Group (FE) Ltd, 1987：260.

④ 希提. 阿拉伯通史（下册）［M］. 马坚，译. 北京：商务印书馆，1979：786.

⑤ Holt, P. M. *Mamluk-Frankish diplomatic relations in the reign of Baybars* (658—76/1260—77)［J］. Nottingham Medieval Studies, 1988 (1), Vol. 32 (No. 1)：p. 186.

三、伊利汗国的外部政治环境

（一）伊利汗国与元帝国保持友好的宗藩关系

13 世纪中叶，旭烈兀在西亚建立伊利汗国，政治上与元帝国保持着密切友好的宗藩关系。伊利汗，历史上和学术界大都认同藩属之意。1253 年蒙哥大汗派遣旭烈兀统率西征，被征服的波斯和西亚被视为蒙古帝国的共同财产。乌马里记载："正如我们的亦思法杭人詹思丁长老所云，旭烈兀生前不是独立的统治者，而是以其兄蒙哥合罕的代表人的身份来实行统治的，底儿罕和底纳儿钱币上铸的不是他的名字，而是其兄的名字。"① 旭烈兀依蒙古帝国战利品分配之例，把从西亚夺来的财富，挑选出金银珠宝奇珍送给蒙哥大汗。木法答刺说："旭烈兀须将其五分之二的掠获物送付大汗廷。"② 伊利汗国的建立和伊利汗的称谓是蒙元帝国所认可，始于忽必烈大汗。1259 年蒙哥大汗在攻打四川钓鱼城战斗中身亡。因蒙哥汗生前未指定汗位继承人，汗位之争在忽必烈与阿里不哥兄弟之间展开。为获得旭烈兀的支持，忽必烈将阿姆河以西地区授予旭烈兀。《史集》载：忽必烈"封旭烈兀汗为从阿母河起以迄叙利亚、密昔儿等遥远边境的君王"③。

大卫·摩根说："伊利汗国未改信伊斯兰教之前的三十年里，与忽必烈大汗保持着密切的关系，在伊利汗的提名候选与册封上从没有遇到任何麻烦。"④ 伊利汗国奉元朝皇帝为宗主，一直接受元朝皇帝的册封。1265 年 2 月，旭烈兀病逝前，遗命长子阿八哈。阿八哈说："忽必烈合罕是长房，怎能不经他的诏赐就登临［汗位］呢？"⑤ 五年后，忽必烈大汗特使抵达伊利汗廷，"带来了赐给阿八哈汗的诏旨、王冠、礼物，让他继承自己的光荣的父亲成为伊朗地区的汗，沿着父祖的道路前进"⑥。阿八哈接到元朝的册封后，1270 年 11 月，举行登基庆典。1282 年 4 月，阿八哈酗酒猝死，阿八哈汗的弟弟帖古迭儿-阿合马被拥戴为伊利汗。阿合马信仰伊斯兰教，企图改变蒙古帝国和伊利汗国反埃及的马木路克王朝传统政策，招致忽必烈大汗和伊利汗国一批信仰佛教或基督教的蒙古

---

① 刘迎胜. 蒙元帝国与 13—15 世纪的世界［M］. 上海：三联书店，2013：15.
② 刘迎胜. 蒙元帝国与 13—15 世纪的世界［M］. 上海：三联书店，2013：17.
③ 拉施特. 史集（第三卷）［M］. 余大钧，周建奇，译. 北京：商务印书馆，1986：94.
④ MORGAN D. *Medieval Persia 1040—1797*［M］. *London and New york*：*Longman*，1988：62.
⑤ 拉施特. 史集（第三卷）［M］. 余大钧，周建奇，译. 北京：商务印书馆，1986：103.
⑥ 拉施特. 史集（第三卷）［M］. 余大钧，周建奇，译. 北京：商务印书馆，1986：136.

贵族反对。阿八哈之子阿鲁浑积极联络一批反阿合马的政治力量，推翻了阿合马政权，登上伊利汗位。1286 年 2 月，"兀儿都乞牙从合罕处来到，带来诏敕如下：册封阿鲁浑继承其父为汗，封赐不花以丞相的尊荣称号"①。简言之，前几任伊利汗均视忽必烈大汗为宗主，忽必烈大汗则把伊利汗作为西域的藩王。

元中央政府不仅对伊利汗加以册封，而且对伊利汗国功勋大臣也赐官封爵。阿鲁浑与帖古迭儿争位，异密首领不花力挺阿鲁浑为伊利汗国的继承人。《史集》记载，不花说："只要我手里拿着这把军刀，除了阿鲁浑以外，谁也坐不了王位。"②不花为阿鲁浑成为新一任伊利汗立下了赫赫功劳，阿鲁浑汗委任不花为伊利汗国丞相，元廷也赐封不花以丞相的尊荣称号。同样，1324 年，异密首领出班拥戴不赛因有功，伊利汗请元廷给予出班加官晋爵。《元史》记载："冬〔十一月〕乙丑……诸王不赛因言其臣出班有功请官之，以出班为开府仪同三司、翊国公，给银印、金符。"③

伊利汗奉元朝皇帝为宗主，在伊利汗国流通的货币和对外关系的国书上也充分体现出来。多桑记载，"旭烈兀时代之货币留存于今者，货币上大汗之名在旭烈兀之前。其阿剌壁文曰：'最大可汗，伊利汗大旭烈兀。'至其后人，则仅在货币上自称曰可汗之达鲁花赤"④。在伊利汗国与西方基督教国家的外交中，伊利汗一概以元朝为宗主从事外交活动。现存阿八哈兔儿年（1267 年或 1279年）颁发的敕令以及 1289 年阿鲁浑致法国国王腓力四世的答书上，"钤朱印三方……其汉文印应是大汗册封时并赐阿鲁浑者"⑤。尽管，1291 年后的诸伊利汗，历史文献中未见元中央政府的册封记载，但双方的宗藩关系犹存，伊利汗继续承认"北京大汗的普通统治权"⑥。

伊利汗国与元帝国的藩属关系亲密友好，大大地促进了中国与西亚以及欧洲的经济、文化交流。旭烈兀西征，蒙哥大汗征集 1000 多名中国火炮手、弓弩手从军，带出大量先进武器装备，发挥重要作用，"从宗王旭烈兀征剌里西番、斜巨山、桃里寺、河西诸部，悉下之"⑦。中国火炮在当时堪称世界一流。从此，中国的火药武器及制造技术传入波斯、阿拉伯，进而传入欧洲。此外，旭

① 拉施特. 史集（第三卷）[M]. 余大钧，周建奇，译. 北京：商务印书馆，1986：194.
② 拉施特. 史集（第三卷）[M]. 余大钧，周建奇，译. 北京：商务印书馆，1986：182.
③ 宋濂，等. 元史（卷二十九）[M]. 北京：中华书局，1976：651.
④ 多桑. 多桑蒙古史（下册）[M]. 冯承钧，译. 上海：上海书店出版社，2001：143.
⑤ 多桑. 多桑蒙古史（下册）[M]. 冯承钧，译. 上海：上海书店出版社，2001：238-239.
⑥ 雷纳·格鲁塞. 蒙古帝国史 [M]. 龚钺，译. 北京：商务印书馆，1989：266.
⑦ 宋濂，等. 元史（卷一二二）[M]. 北京：中华书局，1976：3010.

烈兀还从中国带去不少精通天文、历法的学者及其医学、天文历法、历史等著作，促进了波斯科技文化的发展。波斯著名的天文学家纳速鲁丁·徒昔编纂《伊利汗国天文表》，曾向中国学者学习天文推步术。1283 年忽必烈遣使孛罗、爱薛出使伊利汗国。孛罗在伊利汗廷与李大迟、倪克孙等中国学者积极参与《史集》《伊利汗国的中国的科学宝藏》的编修。乞合都时代（1291—1295），孛罗还将元朝的钞法向伊利汗廷推介，使波斯见识到了世界上最早实行的中国纸币和雕版印刷术。至今，波斯语中还保留"钞"（chāo）字。

（二）伊利汗国与金帐汗国关系的恶化

金帐汗国（1242—1502）是蒙古帝国四大汗国中建立最早的西北宗藩国。蒙古帝国第二次西征后，1243 年拔都以伏尔加河下游的萨莱为中心建立起金帐汗国，其疆域东起额尔齐斯河，西括斡罗思，南滨巴尔喀什湖、里海和黑海，北达北极圈附近。疆域图上，金帐汗国南邻伊利汗国，东界察合台汗国和元朝，西接拜占庭帝国。1253 年蒙古帝国开始第三次西征，金帐汗国派出忽里、巴剌罕和秃塔儿三位宗王来到波斯，效力于旭烈兀。拔都时代（1243—1256），旭烈兀与金帐汗国关系友好。1257 年拔都之弟别儿哥登上汗位后，金帐汗国与伊利汗国开始失和，并最终兵戎相见，两国之间的战争断断续续近百年。

考察旭烈兀与别儿哥失和的主要成因，第一，拔都和别儿哥拥戴蒙哥汗有功，获益最多，金帐汗国成为蒙古帝国中领土最大的宗藩国。蒙哥把格鲁吉亚作为封地授予别儿哥，别儿哥自恃拥戴蒙哥有功且侍奉蒙哥，凌驾于旭烈兀之上，不断派出急使并显示自己的权力，使旭烈兀心生怨恨。拉施特记载："［先是］拔都曾派别儿哥陪伴蒙哥合罕到京城哈剌和林去，在亲族中间让他［蒙哥］登上皇位，他［别儿哥］在某一时期曾在蒙哥合罕身边效劳，由此不断向旭烈兀汗处派遣急使，显示自己的权力。由于别儿哥是兄长，旭烈兀忍受下来。"①

第二，1253 年金帐汗国派出忽里、巴剌罕和秃塔儿三宗王随旭烈兀出征西亚，三宗王之中，一是拔都之兄斡儿答的长子忽里，二是拔都之弟昔班的儿子巴剌罕，三是拔都之弟不哇勒的孙子秃塔儿。三宗王的军队在协助旭烈兀征服中东后，留驻伊利汗国，扎营阿塞拜疆的大不里士和篾剌合。巴剌罕和秃塔儿背叛图谋败露后，旭烈兀处死了秃塔儿和巴剌罕，不久，忽里也暴毙。别儿哥怀疑是旭烈兀所为，心存报复之念想。

第三，别儿哥汗是金帐汗国最早信仰伊斯兰教的汗王。1258 年旭烈兀攻占巴格达，大行烧杀掳掠，处死哈里发穆斯台绥木，伊斯兰世界的支柱——阿拔

---

①　拉施特. 史集（第三卷）［M］. 余大钧，周建奇，译. 北京：商务印书馆，1986：91.

斯王朝灭亡。这一切使别儿哥大为反感，别儿哥恼恨地说，旭烈兀"毁灭了木速蛮（伊斯兰教徒）的所有城市，打倒了所有木速蛮君王家族，不分敌友，未经亲族商议就消灭了哈里发。如果永恒的上帝佑助我，我要向他追偿无罪者的血"[①]。

第四，伊利汗国与金帐汗国发生交恶，最主要的原因是阿塞拜疆领土之争。14世纪的阿塞拜疆包括今天的阿塞拜疆共和国和伊朗的东、西阿塞拜疆省。阿塞拜疆水草丰美，有良好的冬季牧场穆甘平原和理想的夏季牧场阿剌答黑（Ala-Tagh）山地。阿塞拜疆也是西亚到东欧的商贸必经之地。伊利汗国非常重视这一地区，其京城或设在大不里士，或设在篾剌合，或赞詹附近的苏丹尼耶。阿塞拜疆在伊利汗国统治时期有了很大发展。别儿哥汗（1257—1266）则认为，在蒙古帝国的分封中，阿塞拜疆是金帐汗国的属地。由于双方都高度重视阿塞拜疆的重要性，最终引发两汗国在外高加索地区长期的军事冲突。

第五，金帐汗国与马木路克王朝结盟反对伊利汗国。旭烈兀和别儿哥在阿塞拜疆问题上的矛盾，让双方结下不解之仇。为了能够彻底打败伊利汗国，别儿哥汗开始寻求军事盟友，先后派遣使者出使马木路克王朝和拜占庭帝国，企图建立一个反伊利汗国的军事联盟。拜占庭帝国考虑到伊利汗国已统治小亚细亚大部分地区，希望与伊利汗国保持友好的睦邻关系。而马木路克王朝强烈意识到，西亚的蒙古人是继十字军之后对埃及和叙利亚构成的最大威胁，所以，埃及的马木路克王朝认为与金帐汗国结盟是遏制伊利汗国的绝好途径。

1263年7月，基于共同的敌人和需要，马木路克王朝与金帐汗国建立起反伊利汗国的军事联盟。马木路克王朝不断怂恿或协助金帐汗国与伊利汗国交战，削弱伊利汗国在叙利亚战争中对马木路克王朝的军事压力，这也是伊利汗国长期用兵叙利亚并未能彻底征服叙利亚的主要原因之一。正如 Б. Д. 格列科夫所说："埃及所迫切关心的是离它较远的金帐汗国在与伊朗旭烈兀朝敌对关系继续甚或加剧时仍能壮大、顺利发展。马木鲁克算端的打算很简单：旭烈兀朝伊朗是辖有叙利亚的埃及的邻国，两国的国界线在美索不达米亚，强大的伊朗对马木鲁克算端是个威胁。还有什么手段比两个蒙古汗国相互敌对更为有效呢？因此，马木鲁（路）克朝埃及外交政策的全部基本任务就在于：千方百计地维持这种敌对状态，并尽可能加强它。"[②]

---

① 拉施特. 史集（第三卷）[M]. 余大钧，周建奇，译. 北京：商务印书馆，1986：91.
② 格列科夫，雅库博夫斯基. 金帐汗国兴衰史 [M]. 余大钧，译. 北京：商务印书馆，1985：63-64.

　　伊利汗国与金帐汗国的交恶，主要表现在断断续续近百年的战争（1257—1355）。其规模较大的战役主要是捷列克河之战（1262）、库拉河之战（1265）、哈剌—八黑之战（1284）和霍伊之战（1355）。为了替被旭烈兀害死的金帐汗国三宗王报仇，1262 年 8 月，别儿哥汗命令秃塔儿的从兄弟、别儿哥的侄孙那海率军 3 万，越过打耳班，突袭伊利汗国。12 月，在捷列克河，旭烈兀仓促应战并大败，长子阿八哈侥幸逃回沙别兰。1265 年，那海又打着为秃塔儿报仇的旗号，率领大军再次从打耳班方向侵犯伊利汗国，阿八哈任命宗王玉疏木忒北上反击那海。7 月，在库拉河的察罕沐涟河①附近双方展开厮杀，那海被伊利汗国军队射伤眼睛后，带着自己的人逃回设里汪。1284 年，忙哥帖木儿乘阿鲁浑汗位不稳之机，发动了对阿鲁浑的军事进攻。阿布尔-哈齐-把阿秃儿汗说，忙哥帖木儿派遣脱歹和突儿客台统率 8 万人的军队去攻打阿鲁浑汗，阿鲁浑汗派遣脱合察儿率领大军应敌，两军在哈剌—八黑交战，金帐汗国军队被打败。1335 年，伊利汗不赛因死，权臣、统将各自拥立傀儡为汗，伊利汗国处于混乱状态。1355 年，札你别汗（1342—1357）率领一支庞大的军队征讨伊利汗国，沿途所向披靡，直入阿塞拜疆，阿失剌甫与札你别汗在霍伊展开大战，阿失剌甫战败，札你别汗委派自己的儿子别儿迪别为阿塞拜疆总督，实现了占领阿塞拜疆的夙愿。1358 年，伊利汗国的蒙古人札剌亦儿部哈散之子兀洼思崛起，兵进大不里士，兼并了阿塞拜疆。金帐汗国也因汗位之争陷入内战，双方之间长达百年的战争以两败俱伤结束。

　　伊利汗国与金帐汗国的交恶，无论对蒙古帝国还是伊利汗国和金帐汗国都产生较大负面影响。首先，伊利汗国与金帐汗国之间长期战争，客观上加速了蒙古帝国的瓦解。蒙古帝国最西端的两大藩属国——伊利汗国和金帐汗国——全力争夺阿塞拜疆的控制，战争持续百年，元帝国鞭长莫及，无暇顾及两者之间的冲突，两者与元朝中央的关系渐行渐远，各自走向独立或半独立之路。其次，伊利汗国与金帐汗国的长期战争，妨碍了伊利汗国与马木路克王朝之间争夺叙利亚。为索求阿塞拜疆，金帐汗国积极寻求军事盟友，不断派遣使者出使埃及马木路克王朝。马木路克王朝意识到伊利汗国是继十字军之后对埃及的最大威胁，"拜伯尔斯和别儿哥是这一外交政策的策划者，这种政策也为他们的继承者所继承"②。拜伯尔斯下令"开罗、麦加、麦地那和耶路撒冷的星期五呼图

---

　　①　察罕沐涟河：今阿塞拜疆共和国的阿克苏河（Aq-Su）。
　　②　Favereau，M. *The Gorden Horde and Mamluks*［J］. *Gorden Horde Review*. 2017，5（1）：110.

白仪式上，诵念拜伯尔斯的名字之后要诵念别儿哥的名字"①。1263 年马木路克王朝与金帐汗国建立起共同反对伊利汗国的军事联盟。

别儿哥到札你别统治金帐汗国的近百年期间，金帐汗国不断对伊利汗国发起一系列军事进攻，埃及的马木路克王朝都给予了金帐汗国直接或间接的支持；同样，在伊利汗国与马木路克王朝争夺叙利亚的战争中，金帐汗国一系列大规模的军事行动，也使伊利汗国腹背受敌，无法全力争夺叙利亚。格鲁塞说："埃及算端拜巴尔思利用这种外交关系促成了成吉思汗族人中间的隔离，由于有术赤王室的支持，有别儿哥在高加索方面的牵制，他得以成功地拦住了旭烈兀王室向叙利亚的推进。"② 正因为如此，这也加速了伊利汗国积极主动寻求与西欧基督教世界的交往，以求结成反马木路克王朝的军事合作。

（三）伊利汗国与察合台汗国的战争

察合台汗国也是蒙古帝国的西北宗藩国，是成吉思汗次子察合台及其后王在我国西北和中亚地区建立的地方政权，政治中心设在阿力麻里。1225 年成吉思汗大分封，畏兀儿地到阿姆河以北的草原地带属察合台。1251 年合剌旭烈拥护蒙哥汗，被立为察合台汗国的统治者。忽必烈与阿里不哥争位，阿鲁忽承认忽必烈为大汗，忽必烈把按台山（阿尔泰山）到阿姆河之间的地带划归阿鲁忽管理。1265 年阿鲁忽死，木八剌沙未经忽必烈大汗允许而自立称汗，忽必烈派察合台宗王八剌即位。1271 年八剌死，在海都的支持下，八剌之子笃哇成为察合台汗国之主，察合台汗国为窝阔台汗国海都所控制。1306 年前后，笃哇兼并窝阔台汗国大部分领地，将天山南北和河中地区置于自己的统治之下，并向半独立方向发展。14 世纪初，察合台汗国臻于鼎盛，其疆域东起吐鲁番和罗布泊；西至阿姆河，临伊利汗国；北及巴尔喀什湖，与金帐汗国为界；南抵印度。1346—1347 年合赞算端汗被杀后，察合台汗国渐次分为东、西两部分。

伊利汗国与察合台汗国的关系并非友好，而是长期处于紧张状态。蒙古帝国第一次西征后，阿姆河以北的中亚城郭农耕之地由中央政府设别失八里等处行尚书省管理。忽必烈与阿里不哥争位，1260 年阿里不哥册立阿鲁忽为察合台汗国之主。阿里不哥兵败后，忽必烈仍无力控制中亚。1269 年春，术赤系、窝阔台系和察合台系三方宗王未经元帝国同意，在塔剌思河流域会盟，召开了一场瓜分阿姆河以北地区的忽里勒台，形成了术赤系、窝阔台系和察合台系宗王

① Poole, S. L. *A History of Egypt in the Middle Ages* [M]. London: Methuen & Co. Ltd, 1925: 266.
② 格鲁塞. 草原帝国 [M]. 魏英邦, 译. 西宁: 青海人民出版社, 1996: 437.

为一方，反对拖雷系宗王忽必烈和阿八哈为一方的两大同盟。会议决定河中地区的 2/3 归八剌，1/3 归海都和忙哥帖木儿，并决定 1270 年春由八剌率军渡过阿姆河夺取伊利汗国的东部门户——呼罗珊。呼罗珊地区之争成为察合台汗国与伊利汗国交战的首要原因。

为履行塔剌思会盟的条款，海都派出宗王钦察和察八忒率 3000 骑兵前往八剌以提供援助，但海都并不希望八剌强大，嘱咐钦察和察八忒伺机离开八剌。钦察和察八忒的叛逃，使来自窝阔台汗国的军援化为乌有，它既削弱了八剌的军事力量，使八剌孤军奋战，更严重地影响了八剌军队的士气和战斗力。

1270 年 4 月，阿八哈率军从波斯的阿塞拜疆出发，在弘忽鲁兰①接见了忽必烈大汗派来的急使迭怯彻克，了解到迭怯彻克在八剌军营被截留时的所见所闻，增强了迎战八剌的信心。拉施特记载：迭怯彻克说八剌"他们全部时间饮酒、娱乐，他们的马不中用"②。1270 年 7 月 22 日，阿八哈以秃卜申宗王、撒马合儿和罕都那颜的部队为右翼，以玉疏木忒宗王和孙台、阿儿浑阿合、失克秃儿那颜的部队为左翼，以阿八台那颜的部队为中军，展开赫拉特会战。伊利汗国全军上下齐心协力、斗志高昂，经过三次猛攻，八剌全军溃败，仅仅带着 5000 残兵回到不花剌。八剌的失败导致众叛亲离，最终抑郁而终。伊利汗国收回八剌占领的呼罗珊直至阿姆河岸之地。

阿八哈取得赫拉特大捷，伊利汗国东部边境地区的军事压力大为减轻。察合台汗国军队惨败，在相当长的时期内察合台宗王木八剌沙、笃哇沦为海都的附庸。可以说，赫拉特大战的惨败使察合台汗国走向衰落。刘迎胜说："察合台汗国在很大程度上保持着游牧民的旧俗。一国之汗或一部之长，往往以勇武著称。得势时四方来归，从者如云；一旦破败，部下顿作鸟兽散。"③ 察合台汗国势力的急剧衰退，为元朝忽必烈经营中亚创造了有利条件，察合台汗国曾占据的和田、叶尔羌和喀什噶尔等地也回到忽必烈手中。为威慑西北藩王，1271 年忽必烈在阿力麻里设置幕府，派驻大军，委任皇子那木罕镇守西域。1303 年笃哇、海都之子察八儿请和元朝，共同承认元朝的宗主地位。

（四）伊利汗国与马木路克王朝的外交关系

伊利汗国对埃及的马木路克王朝奉行传统的军事扩张政策。自伊利汗国缔造者旭烈兀开始，直至完者都统治时期（1304—1316），除帖古迭儿（1282—

---

① 弘忽鲁兰（Qongqur-Öleng）：褐草地之意，即伊朗的赞詹和阿卜哈尔之间的大草原。
② 拉施特. 史集（第三卷）[M]. 余大钧，周建奇，译. 北京：商务印书馆，1986：120.
③ 刘迎胜. 察合台汗国史研究[M]. 上海：上海古籍出版社，2006：226.

1284）之外，伊利汗不断用兵叙利亚，并希望与西欧基督教国家建立起反马木路克王朝的军事联盟。伊利汗国所进行的叙利亚战争，一次又一次失利。1322年，伊利汗国最终与马木路克王朝签订和约，开始睦邻友好的邦国关系。

1259 年马木路克王朝摄政王穆扎法尔·赛福丁·库图兹篡夺王位，自立为苏丹，但是，库图兹面临的首要任务是应对蒙古人的军事扩张。灭掉阿拔斯王朝后，旭烈兀继续挺进叙利亚，1260 年旭烈兀占领叙利亚南北两大城市阿勒颇和大马士革，前锋已达加沙，兵锋直指埃及。按照蒙古帝国传统的外交策略，旭烈兀首先派出一个多达 40 人的使团前往埃及，向库图兹呈递通牒，企图以军事威胁手段强迫库图兹臣服蒙古帝国。马木路克王朝在埃及和叙利亚的士兵，大多是前花剌子模帝国扎兰丁的突厥蛮军队，"不再是传统的呼罗珊人，而是新买进来的突厥奴"①，他们怀有国恨家仇，誓死抵抗蒙古人的军事进攻。1260 年7 月，库图兹处死旭烈兀使团，出征叙利亚，迎击蒙古军。9 月，拜伯尔斯的马木路克军与怯的不花的镇守军在艾因贾鲁特（今约旦河左岸贝桑附近）会战，蒙古军寡不敌众，统帅怯的不花阵亡，蒙古人在叙利亚的所占地全部丧失。斯塔夫里阿诺斯认为，艾因贾鲁特战役"挽救了伊斯兰教世界，标志着蒙古帝国衰亡的开端"②。实际上，艾因贾鲁特战役并未给伊利汗国的军队造成决定性影响。1260 年 11 月，旭烈兀乘拜伯尔斯刺杀苏丹库图兹、篡夺苏丹王位而引发埃及内乱之际，派遣约 6000 人的蒙古军再次出兵叙利亚，攻克阿勒颇和哈马两城。12 月，蒙古军在霍姆斯与当地穆斯林军队展开激战，即第一次霍姆斯之战，蒙古军败退。

1265—1266 年，马木路克王朝出兵伊利汗国的附属国小亚美尼亚，拜伯尔斯占领叙利亚沿海地区的凯撒里亚、阿尔苏夫、萨法德、雅法等地，在伊斯肯德鲁纳特俘虏了小亚美尼亚王子列文。阿八哈因为北方战事而无力出兵小亚美尼亚，海屯只好向拜伯尔斯求和③，"两国签订了七年的停战协议"④，作为休战和释放王子列文的条件，1269 年阿八哈释放了被俘的马木路克王朝军将领宋豁儿。面对马木路克王朝、金帐汗国和察合台汗国的军事威胁，阿八哈非常希望

---

① MORGAN D. *Medieval Persia*，1040—1797 ［M］. London：Routledge，2015：20.

② 斯塔夫里阿诺斯. 全球通史——1500 年以前的世界 ［M］. 吴象婴，等译. 上海：上海社会科学院出版社，1999：386.

③ Reuven Amitai. *The Mongols in the Islamic Lands：Studies in the History of the Ilkhanate*，Ashgate Publishing，Limited Gower House，2007：12.

④ POOLE S L. *A History of Egypt in the Middle Ages* ［M］. London：Methuen & Co. Ltd，1925：280.

与西方基督教世界结成反马木路克王朝的军事联盟。1279 年盖拉温篡夺苏丹王位，马木路克王朝大马士革长官宋豁儿叛乱并通好伊利汗国。为报阿布鲁斯坦战败之辱，1280 年 9 月，阿八哈汗委任宗王忙哥·帖木儿统率 5 万蒙古军，并在 3 万小亚美尼亚、格鲁吉亚和波赫蒙德七世的法兰克人协助下进军叙利亚。1281 年 9 月，盖拉温（1279—1290）亲率 8 万军队在霍姆斯与蒙古军展开会战①，史称第二次霍姆斯之战。盖拉温亲临战场指挥，蒙古军统帅忙哥·帖木儿遭遇突袭坠马而逃，蒙古军大乱。盖拉温乘机发起总攻，蒙古军全线溃败，再一次被逐出叙利亚。

1282 年阿八哈去世，帖古迭儿继承汗位（1282—1284），成为伊利汗国第三任统治者。帖古迭儿皈依伊斯兰教，放弃蒙古帝国传统的征服叙利亚和埃及政策，是"一个狂热的穆斯林统治者，他破坏基督教堂，使得大量的蒙古人改变他们原有的宗教信仰，并且派遣使节到埃及向苏丹提出和平与友谊的建议"②。1282 年，帖古迭儿两次遣使埃及，致信盖拉温，向马木路克王朝倡议和谈。盖拉温在大马士革隆重接见了蒙古使者，同意帖古迭儿的和平外交政策。不过，1284 年阿八哈的儿子阿鲁浑借口帖古迭儿热衷伊斯兰教和勾结马木路克王朝，公开反叛帖古迭儿，阿鲁浑登上了伊利汗位，帖古迭儿与马木路克王朝的约和失之交臂。

1295 年合赞夺取伊利汗位之后，改信伊斯兰教，开始全方位的社会经济改革，伊利汗国的经济迅速恢复和发展，国力日渐强盛。1299—1303 年，合赞汗三次用兵叙利亚，对马木路克王朝发起新的军事进攻。1299 年 10 月，合赞汗亲率 9 万骑兵进攻叙利亚，阿勒颇和哈马两城请降。12 月，蒙古军在霍姆斯再一次与马木路克王朝苏丹纳绥尔率领的 2 万埃及骑兵相遇，即第三次霍姆斯之战。是役，合赞汗以占绝对优势的兵力取得胜利，击毙的黎波里长官等统将数人以及埃及骑兵近千人，纳绥尔败还开罗，霍姆斯和大马士革纷纷纳款称降。纳绥尔回到埃及后，积极组建新军，准备抵抗蒙古军的入侵。1300 年 9 月，合赞汗派忽都鲁沙率 3 万大军为先锋，决定重征叙利亚。纳绥尔也从开罗出发，进抵大马士革城。是年冬，雨多雪大，两军粮秣缺乏，人畜冻死者甚多。合赞汗只好放弃进兵之策，退出叙利亚。1303 年，合赞汗决定第三次出征叙利亚。3 月，蒙古军先锋统帅忽都鲁沙进攻阿勒颇和哈马城。4 月，忽都鲁沙抵达大马士革

---

① R. Amitai. *Mongols and Mamluks：The Mamluk-Ilkhanid War* 1260—1281 ［M］. London：Cambridge University Press，1995：189.

② Adel Allouche. *Teguder's Ultimatum to Qalawun*，International Journal of Middle East Studies，1990，22（4）：441.

区，在大马士革以南 20 英里（约 32.19 公里）的苏法尔草原，蒙古人、亚美尼亚人和格鲁吉亚人组成的 5 万联军与马木路克王朝苏丹纳绥尔率领的埃及军队展开鏖战，因蒙古军缺水乏食，全军溃败。埃及军奋勇追击，俘虏蒙古士兵 1 万余人，合赞进攻叙利亚受到重创。苏法尔草原之役后，伊利汗国再也无力继续大规模对叙利亚战争。1322 年，伊利汗国与埃及马木路克王朝订立睦邻友好条约。

总而言之，我认为伊利汗国对叙利亚战争的根本原因是：埃及的马木路克王朝是西亚的蒙古人进一步扩张的最大障碍，伊利汗国企图征服叙利亚借以巩固蒙古人在西亚的统治并实现建立世界帝国的迷梦。当然，伊利汗国不断地用兵叙利亚给马木路克王朝、叙利亚和伊利汗国本身造成重大的人员伤亡，消耗了伊利汗国大量的钱财，伊利汗国各种矛盾更尖锐化和复杂化，一定程度上助推西亚的蒙古人伊斯兰化。

此外，马木路克王朝不断击败西亚的蒙古人入侵，既巩固了马木路克王朝在埃及和叙利亚的统治地位，也保护了伊斯兰文明。正如阿米泰所言：马木路克人"是为宗教信仰而战、为国家生存而战、更为他们的人身自由而战。同时马木路克人也是居于统治地位的阶级，在他们看来除了战胜伊利汗国的蒙古人别无选择"①。马木路克人在抗击蒙古人和十字军的斗争中谱写了一曲又一曲的乐章，成功地阻止了蒙古人的西扩，把叙利亚和埃及重新结合起来，并得到穆斯林世界的公认。"当马木路克在埃及巩固他们的统治时……他们毕竟是一个统治伊斯兰世界的外来者，他们需要把他们作为传统统治者的地位合法化。"② 正如卡尔·佩特里所言："伯海里系马木路克王朝开始普遍为穆斯林所接受，马木路克政权被视为伊斯兰教的救星。"③

四、西亚的蒙古人与西欧的关系

（一）西欧与西亚的蒙古人的早期关系

1. 列班阿答与阿思凌出使拜住营地

成吉思汗崛起之前，中古时代的亚欧大陆闭塞，与东方并无直接交往，西

① R. Amitai. *Mongols and Mamluks: The Mamluk-Ilkhanid War* 1260—1281, Cambridge University Press, 1995: 234.

② Levanoni, A. *Shajar al-Durr: A Case of Female Sultanate in Medieval Islam* [J]. World History Connected, 2010 (2), Vol. 7 (No. 1): 11.

③ PETRY G F, *The Cambridge History of Egypt*, Vol. ⅰ [M]. London: Cambridge University Press, 1998: 248.

方世界对蒙古人的认知主要源自传说。"在西方，人们依旧接受和相信约翰长老的古老传说和故事，相信整个亚洲有大量的基督教徒。"① 蒙古帝国第二次西征（1235—1241），消灭斡罗思，威逼波兰和匈牙利，欧洲一片惶恐。为化解蒙古帝国对西欧基督教世界的威胁，西欧迫切希望接触和了解蒙古人。

1233—1241 年绰儿马罕西征，西亚大部分地区为蒙古帝国所控制。蒙古帝国奉行宗教宽容政策，蒙古统治者也支持信仰自由，伯希和说，绰儿马罕妻子的两个兄弟都是基督徒。② 绰儿马罕厚待聂思脱里派教徒，波斯地区的基督教发展空间较为宽松。

1241 年窝阔台汗委派列班阿答（Raban Ara）为波斯副司教（vicarius orientis），掌管西亚地区的基督教事务。列班阿答优待基督教徒，西亚地区的不少人甚至蒙古人也改信基督教。亚美尼亚编年史家刚加的基拉罗斯（Kirakos de Ganjak）说：列班阿答"既莅其地，基督教徒苦难大苏，既免于死，复免为奴。先是大食城如帖必力思及纳黑出汪之类，居民敌视基督教徒，禁称基督之名，基督教徒不特未敢建设礼拜堂树立十字架，甚至不敢出行城市。列班既至，建礼拜堂，树十字架，命人日夜击版，公然用本教仪式殡葬死者，持福音书、十字架，执烛唱歌，而随之行"③。"列班的到来给基督教徒带来了极大的宽慰，把他们从死亡与奴役中拯救出来。"④

列班阿答也希望协调罗马天主教与蒙古帝国之间的关系，积极与罗马教廷沟通。现存梵蒂冈的列班阿答致罗马教皇书记载："受教皇管辖的东方副司教列边阿答致书庄严之教皇陛下，向您请求教导，以帮助他的无能……现在，主啊！我向您的圣德，向列位大主教、主教和归您父权管辖的列位国王请求，宽恕这位皇帝（成吉思汗——引者）的罪恶和过失吧！这样做的原因是：为了我们基督教教侣免遭杀戮和掳掠，为了使圣地免遭破坏，为了使我们的主耶稣基督的坟茔免遭前所未有的践踏。"⑤ 在信中，列班阿答也表达了西亚的基督教会愿意接受罗马教廷的管理之意。列班阿答成为沟通西欧最早的蒙古帝国代表之一。

---

① *Simon of Saint-Quentin and the Dominican Mission to the Mongol Baiju: A Reappraisal* By Gregory G. Guzman, Speculum, Vol. 46, No. 2（Apr. 1971），p. 233. Medieval Academy of America. 中世纪在西欧长期流传着祭司约翰的传说，约翰是东方某一基督教国家的强大的国王。几个世纪以来，基督教世界君主们梦想与祭司约翰国王建立联系，从东、西方大举进攻伊斯兰世界。

② 伯希和. 蒙古与教廷 [M]. 冯承钧，译. 北京：中华书局，1994：56.

③ 伯希和. 蒙古与教廷 [M]. 冯承钧，译. 北京：中华书局，1994：55.

④ 勒内·格鲁塞. 草原帝国 [M]. 蓝琪，译. 北京：商务印书馆，1998：441.

⑤ 伯希和. 蒙古与教廷 [M]. 冯承钧，译. 北京：中华书局，1994：36.

在 13 世纪中叶，十字军东征日薄西山，蒙古帝国迅猛扩张，基督教在蒙古帝国发展较好，与蒙古统治者的外交往来成为罗马教廷的必然首选，教皇英诺森四世主动向蒙古帝国派出使团。乔治·G. 古兹曼（Gregory G. Guzman）说："这位教皇，作为欧洲名义上的领袖，感觉有责任去努力将西方的基督教从蒙古人的灾难中拯救出来。由于缺乏军事力量，罗马教廷只能运用外交手段，因此，教皇的努力包括正式派遣出使蒙古的使团。"[1]

前文已述，1245 年年初，为劝告西亚蒙古人停止杀戮基督徒和答复列班阿答，阿思凌奉英诺森四世之命出使西亚。1247 年 5 月，阿思凌使团抵达蒙古军将拜住那颜（Baijǔ-noyan）营地。因阿思凌拒绝向拜住行跪拜礼，心高气傲的拜住非常愤怒。乔治·G. 古兹曼说："蒙古人感觉阿思凌傲慢自大，缺乏机智和外交手腕。拜住再三对他们很生气，尤其是因为他们坚持教皇高于大汗而且拒绝在拜住面前跪拜而生气。"[2] 阿思凌南在大不里士拜访了列班阿答。1248 年秋阿思凌回到意大利，向教皇呈上拜住复信和他自己的出使报告《鞑靼史》。

需要指出的是，在阿思凌回到西欧的随员中有两名蒙古使者爱别吉和薛儿吉思，他们受拜住之命，代表蒙古帝国拜见罗马教皇。《大编年史》记载，1248 年拜住使臣抵达西欧，教皇英诺森四世非常重视蒙古使臣，多次前往使者住所看望和交谈。在 1248 年 11 月 22 日教皇致拜住的回信中，教皇劝勉蒙古人停止杀戮，甚至鼓励西亚的蒙古人出兵拜占庭帝国，蒙古使臣婉言谢绝了教皇的建议。阿思凌一行虽然未达使命，但是，拜住遣使罗马教皇，开了蒙古帝国派遣使臣前往西欧交往的先河。

2. 大卫使团和安德·龙如美使团

1245 年教皇英诺森四世在里昂召开公会，号召西欧各国君主支持法国国王路易九世的第七次十字军东征。1248 年 11 月，两名摩苏尔聂思脱里派基督徒大卫和马克，自称是西亚的蒙古军事统帅宴只吉带的使者，在塞浦路斯拜见路易九世，声称贵由大汗对西方基督教世界友好。格鲁塞说："野里知吉带（宴只吉带）当时正在计划进攻巴格达的哈里发朝（10 年后，旭烈兀将给这一行动带来一个胜利的结果），抱着这种目的，野里知吉带想与即将在埃及对阿拉伯世界发

① *Simon of Saint-Quentin and the Dominican Mission to the Mongol Baiju: A Reappraisal* By Gregory G. Guzman, Speculum, Vol. 46, No. 2 (Apr. 1971), p. 233. Medieval Academy of America.

② *Simon of Saint-Quentin and the Dominican Mission to the Mongol Baiju: A Reappraisal* By Gregory G. Guzman, Speculum, Vol. 46, No. 2 (Apr. 1971), p. 249. Medieval Academy of America.

起进攻的圣路易的十字军联合。"①

为争取西亚蒙古人的军事支持，1249 年路易九世派遣法国多明我会修士安德·龙如美使团出使西亚。伯希和说："圣类思与其谋士以及教皇使节奥登·沙多鲁商议后，决定遣出两路使团以回报宴只吉带之来使；法兰西国王之使者将与倒的（大卫）、马儿古思（马克）同时出发，其一部系回报宴只吉带，另一部则继续前往大汗之宫廷。圣类思致函与宴只吉带以及大汗。"② 安德·龙如美使团随蒙古使者从塞浦路斯出发，在格鲁吉亚的第比利斯拜访了西亚的宴只吉带营地。在窝阔台汗国封地叶密立，皇后斡兀立海迷失友好地接见了安德·龙如美，但海迷失的复信威逼路易九世归附蒙古帝国，令法王大失所望。约因维尔记载，斡兀立海迷失的答书说："和平是好事，盖在和平之地，用四足行者可以安然食草，用两足行者可以安然耕田。用将此事谕汝知悉，汝不来附，则不能获有和平。盖长老若翰将向吾人奋起，使众人执兵而斗，兹命汝等每年贡献金银，设若违命，将使汝与汝民同灭。"③ 斡兀立海迷失的回信，使路易九世暂时放弃了与蒙古人联合进攻耶路撒冷地区的计划。

（二）伊利汗国与西欧的外交关系

1. 伊利汗国与西欧外交关系的历史背景

古叙利亚西濒地中海，东接两河流域，南达埃及，是亚欧大陆的中转站，战略地位非常重要，是基督教世界和伊斯兰世界长期争夺的焦点。9 世纪中叶后，阿拔斯王朝衰落，已无力管控埃及和叙利亚。

1258 年旭烈兀灭阿拔斯王朝，在西亚建立起伊利汗国。自旭烈兀以来，伊利汗大多奉行军事扩张政策，叙利亚成为伊利汗国与马木路克王朝反复争夺的目标。拜伯尔斯为使马木路克王朝苏丹政权在伊斯兰世界合法化，积极扶植流亡的阿拔斯王室贵族为傀儡，在埃及恢复哈里发制，埃及的马木路克王朝成为伊斯兰世界的支柱。这种局势也成为蒙古人向西扩张的最大障碍。1260 年艾因贾鲁特战役，马木路克王朝打破了蒙古人不可战胜的神话，遏制了蒙古人的西扩。1281 年阿八哈派出重兵并在藩属国亚美尼亚、格鲁吉亚以及叙利亚的法兰克人参与下进攻叙利亚，蒙古军大败。1303 年苏法尔草原之战，蒙古军又一次遭到马木路克王朝军队的沉重打击。伊利汗国在叙利亚的多次失利，促使它积极与叙利亚的十字军和西欧基督教国家寻求军事合作，实行远交近攻的外交

---

① 勒内·格鲁塞. 草原帝国 [M]. 蓝琪，译. 北京：商务印书馆，1998：442-443.

② 伯希和. 蒙古与教廷 [M]. 冯承钧，译. 北京：中华书局，1994：185-186.

③ 伯希和. 蒙古与教廷 [M]. 冯承钧，译. 北京：中华书局，1994：225-226.

政策。

伊利汗国与北面的金帐汗国和东北面的察合台汗国一直处于交恶状态。伊利汗国与金帐汗国交恶始于旭烈兀时代（1260—1264）。表面上，双方的冲突源于宗教信仰的不同，实质上是为了争夺阿塞拜疆。伊利汗国与金帐汗国断断续续进行了近百年的战争，牵制了伊利汗国对叙利亚的军事扩张。另外，伊利汗国也不断受到阿姆河以东的察合台汗国对呼罗珊地区的攻击，特别是1269年塔剌思会盟，海都和八剌"目的是要建立一个以海都为首的反对元朝忽必烈汗和波斯伊利汗的联盟"①。1271年赫拉特会战，阿八哈汗大胜，八剌沦为海都的附庸，但是，察合台汗国宗王尼兀答儿经常袭扰伊利汗国领地。面对金帐汗国和察合台汗国的军事进攻，伊利汗国已无力大规模向西扩张，也促使伊利汗国寻求西欧基督教世界的军事合作。格鲁塞说："波斯汗国从一开始就明显地受到钦察可汗们的敌视，后来又受到察合台诸汗们的敌视，不久便陷于四面楚歌的境地，来自高加索或阿姆河方向的不断的侧击使波斯汗国瘫痪，阻止了它向叙利亚方向的扩张。"②

1096—1291年，西欧基督教世界对叙利亚、巴勒斯坦、埃及和突尼斯等近东地区发起八次大规模的战争，时间断断续续近二百年，史称十字军东征。可以说，仅仅第一次十字军东征可被称为较成功的军事远征，西欧封建主在近东地区先后建立起四个十字军国家。由于十字军在近东地区缺乏牢固的关系，无法形成统一的军事力量，遭到近东穆斯林军队的顽强反击。自1192年狮心王理查与艾尤卜王朝（1171—1250）苏丹萨拉丁缔结和约，十字军在叙利亚仅仅保有提尔到雅法狭长的沿海地带，叙利亚大部分地区为艾尤卜王朝所控制，西欧基督教国家夺取圣地基本上穷途末路。此外，西欧基督教国家进行的第四次十字军东征（1202—1204），放弃了夺取耶路撒冷的目标，转而进攻同属于基督教世界的拜占庭帝国，并在君士坦丁堡建立起拉丁帝国（1204—1261）。神圣罗马帝国皇帝腓特烈二世组织的第五、第六次十字军东征，进攻埃及均遭失败。1248年的第七次十字军的目标是埃及，路易九世为侵略埃及，用尽了法国所有的军队和财力，1250年路易九世兵败被俘。1270年路易九世又发动了第八次十字军东征，十字军在突尼斯仍未逃脱失败的厄运。在伊斯兰世界的重锤下，十字军东征运动日渐式微，西欧基督教国家也积极谋划与西亚的蒙古人开展军事合作以共同对付马木路克王朝。

① 王治来. 中亚史纲 [M]. 长沙：湖南教育出版社，1986：486.
② 勒内·格鲁塞. 草原帝国 [M]. 蓝琪，译. 北京：商务印书馆；1998：463.

2. 伊利汗国与西欧的外交活动

（1）阿八哈汗与英王爱德华一世的合作尝试

13 世纪 60 年代后，十字军东征运动已是明日黄花，拜伯尔斯苏丹（1260—1277）领导马木路克人不断攻克十字军在近东地区的据点和堡垒。1263 年拜伯尔斯占领卡拉克，1265 年夺取凯撒里亚和医院骑士团大本营阿尔苏夫，1266 年收复圣殿骑士团大本营萨法德，1268 年占领雅法和安条克。尤其是安条克，它是继耶路撒冷沦陷后，十字军在近东的大本营，拜伯尔斯在此歼灭十字军 16000 人，给十字军国家以沉重打击，加速了十字军国家的灭亡。1268 年教皇克雷芒四世（1265—1268）呼吁西欧各国君主支持法王路易九世领导的第八次十字军东征。英国王子爱德华在圣路易的感召下，向法王借款 7 万英镑，作为英国十字军东征的军费。1270 年爱德华率领 7000 人来到撒丁岛，加入了圣路易的十字军东征。

1270 年 7 月，法王路易九世统率的十字军联军在突尼斯的迦太基登陆，但是，十字军严重缺水，突尼斯哈夫西德王朝统治者阿布·阿卜杜拉·穆罕默德·穆斯坦绥尔坚决抵抗，加上十字军军中痢疾流行，联军死亡现象十分严重，连路易九世本人也未能幸免，8 月 25 日，他患病客死他乡。圣路易的弟弟、安茹的查理劝说王子腓力与拜伯尔斯签订停战协定。英国王子爱德华对此十分愤怒，希望与西亚的蒙古人合作进攻马木路克人。他宣誓："以上帝作证，即便所有跟随我的人都背离了我，我也要和侍从官佛温去阿克，至死不渝！"[1] 雅克·巴威奥特说："爱德华看上去是想要去实现路易九世首先企图在圣地完成的事业（或者我们可以如此猜测）：在西西里越冬后，1271 年他前往圣地，希望借助蒙古人的力量重新夺回耶路撒冷。"[2]

圣路易远征突尼斯的失败，拜伯尔斯深信西欧基督教国家不可能兵援爱德华。1271 年春，耶路撒冷的局势进一步恶化，爱德华完全意识到仅仅凭不足 7000 人的英国十字军是无法与马木路克人抗衡的，所以，他试图与伊利汗国阿八哈汗联合，共同进攻马木路克人。为此，爱德华派出雷吉纳尔德·罗塞尔、戈德弗鲁瓦·沃思、约翰·帕克出使伊利汗国，阿八哈同意协同爱德华作战，因阿八哈在呼罗珊正与察合台汗国八剌汗交战，故派出驻营鲁木的一万余蒙古军出兵叙利亚。在撒马合儿的统率下，蒙古人蹂躏了安条克、阿勒颇、哈马、

① LOCKHART L, *The Relations between Edward I and Edward II of England and the Mongol Īl-Khāns of Persia* [J]. Iran, 1968（6）：23.

② PAVIOT J. *England and the Mongols*（*c.* 1260—1330）[J]. Journal of the Royal Asiatic Society, Third Series, 2000, 10（3）：309.

霍姆斯直至凯撒里亚的许多城乡，掠夺了大批人口牲畜后，回到小亚附近的营地，蒙古人的侵扰暂缓了马木路克人给爱德华的军队的压力。但是，爱德华在阿克附近的进攻却不理想，大批英国士兵水土不服，协助爱德华的近东十字军积极性也不高。1272 年 9 月，爱德华乘船从阿克回国，1274 年 8 月加冕，是为爱德华一世（1272—1307）。

罗马教皇格列高利十世（1271—1276）希望重新组织新的十字军，在 1274 年 5 月的里昂公会上，因为阿八哈汗使节的到来，格列高利十分高兴，并邀请蒙古使节参加会议。蒙古使节并非为宗教使命而来，伊利汗国希望与西欧基督教国家展开军事合作，使节传达了阿八哈汗出兵耶路撒冷的愿望，教皇在公会上呼吁西欧各国君主与伊利汗国联盟。在伊利汗国使节回国时，格列高利还赠以华服，付以致阿八哈汗的书信（1274 年 3 月 13 日），并表明在基督教军队抵达耶路撒冷前，将遣使伊利汗国。1274 年，在小亚美尼亚国王勒文三世（Leon Ⅲ）的呼吁下，阿八哈汗又派出一个大型使团出使西欧，强烈表达了从穆斯林手中解救耶路撒冷的意愿，希望英王爱德华一世再次出兵耶路撒冷。1275 年 1 月，爱德华一世在致阿八哈汗的书信中，告知他正筹备一支十字军，希望阿八哈汗能履行神圣计划，因教皇尚未做出决定，所以不能确定出兵耶路撒冷的具体时间，希望阿八哈汗善待东方的基督徒。爱德华一世说："吾人欣悉君之爱护基督教，与君援助基督教与圣地而反对基督教敌之决心，颇深感谢。请君执行此种神圣计划。至若吾人到达圣地与夫基督教徒通过之时，现尚未能奉告。盖吾人作答之时，教皇对于此时尚未决定也。一俟决定之日，即以奉告。吾人敢以圣地与东方一切基督教徒之事奉托。"[①] 1275 年 10 月，爱德华一世获悉蒙古人 1274 年在进攻幼发拉底河比拉失败的消息。

1276 年 11 月，阿八哈汗又派出格鲁吉亚人约翰和詹姆斯·瓦萨里两人出使西欧，拜会了教皇约翰二十一世（1276—1277）和法王腓力三世，并前往英国伦敦，再次向英王表达，西欧君主若出兵耶路撒冷，伊利汗国将给予军事援助。但是，西欧君主们除表达歉意外，都没有响应阿八哈汗的倡议。二位使臣还转告了阿八哈和忽必烈皇帝愿意优待基督徒。1277 年教皇约翰二十一世去世，尼古拉三世（1277—1280）成为新教皇。尼古拉三世派出彼得等五名传教士前往伊利汗国传教，并携有教皇致阿八哈的书信。

（2）拉班·扫马的西行

13 世纪亚美尼亚编年史家巴·赫布拉攸斯说，元代中国涌现出两位杰出的

---

① 多桑. 多桑蒙古史（下册）[M]. 冯承钧，译. 上海：上海书店出版社，2001：190.

聂思脱里派基督徒——拉班·扫马和麻古思。

拉班·扫马（Rabban Sauma，1225—1294），畏兀儿人（一说汪古人），信奉聂思脱里派基督教，通晓蒙古语，作为与马可·波罗同时代的人，拉班·扫马出使西欧，其欧洲游记关于西方的描述堪与《马可·波罗游记》关于东方的描述相媲美，被学术界称为"逆向的马可·波罗"。拉班·扫马出生于1225年元大都汗八里，家族显赫，其父昔班（Shiban），官职必阇赤、达鲁花赤、札鲁花赤、巡察使。《元史·昔班传》记载："昔班，畏吾人也。……昔班事世祖潜邸，命长必阇赤。中统元年，以为真定路达鲁花赤，改户部尚书、宗正府札鲁花赤。"① 其母克雅姆塔（Keyamta），夫妻婚后多年无子，祈求上帝，斋戒数年，诞下一子，欣喜之至，取名巴·扫马②。拉班·扫马年届二十娶妻成家，父母希望子承父业。但是，拉班·扫马心系宗教，崇尚冥想隐修生活。史载，"他过着一种严格的贞洁与谦卑的生活且全身心投入，以获得精神之超越，他努力使自己契合于来世的万事万物。当他年届二十时，其心燃起熊熊圣火，烧尽罪恶之荆棘（或荆棘之来源），涤去诸种淫猥和污秽，净化其灵魂。因他更喜主之爱，他紧握犁把，不愿看身后。他毫不犹豫地抛弃世俗之阴暗，并立刻抛弃属于他的娱乐之物。他视美食为无物，且滴酒不沾"③。扫马的言行，与父母的期待相差甚远，然不改初衷，终为父母理解和支持。扫马三十岁时，接受总主教马·吉瓦吉斯（Mar Giwargis）的剃度仪式，在汗八里郊区一小山洞隐居，虔诚苦修七年，声名远播，成为一位德高望重的苦修僧。史载，"他的德行让他成为一非常可敬之人，终于，其美德在彼地流传开去，群众常常聚集于他周围，聆听其话语，每个人都将荣誉划拨于他（归于他）"④。拉班·扫马年岁已高，"蒙古人之艰苦生活和沙漠地区之长期逗留已使他不堪忍受"⑤，在乞合都汗（1291—1295）的支持下，1291年，拉班·扫马在篯刺合建起圣乔治（Mar George）教堂，"教堂里安放四十名殉道者之遗物、圣·史蒂芬之遗物、被切成碎块儿之圣·詹姆斯及殉道者德麦特里优斯（Demetrius）之遗物"⑥。1294年1月，拉班·扫马在巴格达病逝，享年70岁。

---

① 宋濂，等. 元史（卷一百三十四）[M]. 北京：中华书局，1976：3246.
② 巴·扫马，Bar Sauma，叙利亚语，斋戒之子。
③ 佚名. 拉班·扫马和马克西行记 [M]. 朱炳旭，译. 郑州：大象出版社，2009：2.
④ 佚名. 拉班·扫马和马克西行记 [M]. 朱炳旭，译. 郑州：大象出版社，2009：3.
⑤ 佚名. 拉班·扫马和马克西行记 [M]. 朱炳旭，译. 郑州：大象出版社，2009：45.
⑥ 佚名. 拉班·扫马和马克西行记 [M]. 朱炳旭，译. 郑州：大象出版社，2009：45.

麻古思（Markos），一译马克（或马可），1245 年出生于山西科尚城（Kung-Tschang）。① 其父贝尼尔（Bayniel），是科尚城景教区副僧正②，也是一位虔诚的教侣，"一正直而又信仰坚定的人，他纯洁无瑕，在上帝的教堂里矢志不移地侍奉之，严格而认真地遵守其律法"③。麻古思幼时接受了良好的宗教教育，通晓蒙古语，笃定隐修，仰慕拉班·扫马，不辞辛苦，前往汗八里，拜师为徒。史载："拉班·扫马问之曰：'你为何不避辛苦来我这里？'马克对他说：'我切望成为一名修道士（隐士）。因我闻听你之盛德，故我抛弃一切来此找您，望蒙成我之夙志。'"④ 三年的隐修苦行生活后，麻古思接受了总主教马·聂思脱留斯（Mar Nestorius）的剃度仪式，成为一名真正的修士。

拉班·扫马和麻古思两人虔诚修行，终日斋戒，他俩最大的心愿是前往耶路撒冷朝圣，巡礼基督教圣迹，瞻仰基督教圣物。"一天，他们冥想，拉班·扫马道：'如果我们离开此地，往西方出发，对我们会有极大之助益，因我们能够[拜谒]神圣殉教者和天主教神父之墓，得到[他们]的祝福。如万有之主基督延长我们的寿命，赐恩惠于我们，则我们可去耶路撒冷，如此我们便能得到对我们罪行的完全宽恕和对我们愚蠢罪恶的赦免。'"⑤ 1275—1276 年，两人超脱凡尘，决意西行圣城，在忽必烈大汗允准下，不为所惧，不辞劳苦，开始了他们的宗教之旅。江文汉说："1278 年，他们二人为了求天主'赎罪'，决心起程西行，前往朝拜'圣地'耶路撒冷。元世祖忽必烈由于梦想夺取'圣地'，也支持这两个畏兀尔景教僧前往，代他收集情报并探听欧洲信教的君主有无配合进军的可能。"不过，江文汉先生关于忽必烈政治意图的观点似乎无史料证明。⑥

拉班·扫马和麻古思克服路途遥远之苦，奋勉践行朝圣之愿。二人从汗八里出发，经麻思故乡科尚城，受到百姓欢迎，并得到汪古部统治者爱不花（Konbogha）和君不花（Ibogha）的热情接待。爱不花是蒙古帝国贵由汗的女

---

① 法国学者夏博（M. Chabot）认为科尚城为山西省霍山府，英国学者亨利·玉尔认为科尚城为山西省东南的霍州府，伯希和则认为科尚城为山西省东胜州。

② 景教实行等级分明的教界制，传教士分八级，最高级为总主教（Catholicus/Patriarch），第二级为总主教（Metropolitan），第三级为主教（Bishop），第四级为司祭（Presbyter），第五级为副僧正/执事（Archdeacon/Diaconate），第六级为助祭（Deacon），第七级为副助祭（Sub-deacon），第八级为读经师（Reader）。

③ 佚名. 拉班·扫马和马克西行记［M］. 朱炳旭，译. 郑州：大象出版社，2009：5.

④ 佚名. 拉班·扫马和马克西行记［M］. 朱炳旭，译. 郑州：大象出版社，2009：5.

⑤ 佚名. 拉班·扫马和马克西行记［M］. 朱炳旭，译. 郑州：大象出版社，2009：7.

⑥ 江文汉. 中国古代基督教及开封犹太人［M］. 上海：知识出版社，1982：107.

婿，君不花是当朝皇帝忽必烈的女婿。爱不花和君不花为拉班·扫马和麻古思精心准备了坐骑、衣物和钱粮。从科尚城来到唐古忒，兴庆府的百姓闻听两位高僧前往金城朝圣，"不分男女老幼，咸急切前去会见，因唐古特之民是热忱的信徒，他们思想纯洁。他们送给两僧各种礼物，并接受两人的祝福，随后一大群人护送他们上路"①。从唐古忒（Tangut）城经洛顿（Loton，和阗，或于阗，或和田）和喀什噶尔（喀什），在答剌速（Teleos，一译怛逻斯，作为河流，即今哈萨克斯坦的塔拉斯河）河岸拜见窝阔台汗国之首脑海都。

他俩继续前行，抵达呼罗珊地区的徒思（Tus），拜谒圣·马·申雍（Saint Mar Senyon）修道院，启程前往巴格达，在伊利汗国都城篾剌合拜见波斯聂思脱里派基督教大总管马·登哈（Mar Denha，1266—1281），禀明从汗八里前来耶路撒冷朝圣，大总管给了他们介绍信，同意他们参观泰西封的塞琉西亚（Seleucia）大教堂和伯加迈（Beth Garmai）的马·伊塞克尔（Mar Ezekiel）圣墓。然后，他俩经过额尔比勒、摩苏尔、辛贾尔、尼西宾和马尔丁，拜谒了两河流域的马·奥金（Mar Awgin）圣墓，巡礼了戈扎尔塔（Gazarta）圣迹，参观了马·米迦勒（Mar Michael）修道院，沿途受到各地神父和僧侣的祝福。

在大总管马·登哈的帮助下，他俩拜见了伊利汗阿八哈，"阿八哈很友好地接见了他们，并且非常乐意他们前往耶路撒冷朝圣，还给他俩签发沿途官书和引荐信"②。阿八哈汗还命令各地贵族积极帮助拉班·扫马和麻古思实现耶路撒冷朝圣心愿。拉班·扫马和麻古思抵达亚美尼亚古都阿尼（Ani）城后，因为叙利亚北部的战事，去耶路撒冷的计划中止，只好折回波斯大总管处，结束了他俩的宗教之旅。正如马·登哈所言："此非去耶路撒冷之时也。国内动乱，路已经中断。现在观之，你们已得所有教堂及其中之圣物（或遗迹?）的祝福，照我看，当一人以纯洁之心敬拜它们时，便绝不亚于去耶路撒冷朝圣。"③

1280年在脱古思可敦的支持下，马·登哈委任麻古思为驻中国的"契丹和汪古教区总主教"，拉班·扫马为"东方突厥巡察总监"（Visitor-General），两人的宗教地位非常高。1281年2月24日，马·登哈在巴格达去世。25日，波斯各地主教认为麻古思"在种族和语言上和蒙古人有联系"④，一致推选37岁的麻古思为马·登哈的继承人——"东方教会宗主教和教务大总管"，称雅八拉哈

① 佚名. 拉班·扫马和马克西行记 [M]. 朱炳旭，译. 郑州：大象出版社，2009：9-10.
② MCLEAN N. *An Eastern Embassy to Europe in the Years* 1287—8 [J]. The English Historical Review, 1989, 14 (54)：303.
③ 佚名. 拉班·扫马和马克西行记 [M]. 朱炳旭，译. 郑州：大象出版社，2009：15.
④ 江文汉. 中国古代基督教及开封犹太人 [M]. 上海：知识出版社，1982：107.

三世（Yahbhallaha Ⅲ），驻节地为巴格达城，负责管理东起中国，西至巴勒斯坦，北达西伯利亚，南滨斯里兰卡的东方景教教区事务。11 月 2 日，阿八哈汗驾临巴格达，麻古思前往巴格达觐见阿八哈汗，在科可（Koke）大教堂举行授职大典，并接受阿八哈汗的祝贺和履新的信物——圣杯、圣冠、阳伞、斗篷、牌子和任命书，"准他代表教会、修道院、僧侣、牧师、助祭等每年征税三万第纳尔或十八万银（Zuze）"①。雅八拉哈三世在巴格达掌教三十六年。1295 年合赞汗及西亚的蒙古人皈依伊斯兰教，伊利汗国伊斯兰化，基督教迫害事件屡屡发生。1317 年 11 月，心力交瘁的雅八拉哈三世在篾剌合修道院谢世，享年 72 岁。芮传明说："在被任命为东方教会的主教后，则花费了大量精力，与蒙古人的朝廷展开外交接触，试图使其教徒免受穆斯林统治者的折磨、劫掠，乃至屠杀。"②

3. 伊利汗国与西欧的军事合作

近代法国历史学家让·里沙尔在评价 13 世纪 60 年代西欧基督教世界对西亚的蒙古人之态度时说："整个基督教世界都想把蒙古人当作同穆斯林进行斗争的同盟者。"③ 旭烈兀在西亚优待基督教，关爱基督徒，伊利汗廷吸引了不少欧洲文人为之服务。1261 年，旭烈兀派出的第一位欧洲使者是多明我会修士、英国人大卫·艾施比，他在 1262 年完成使命后，一直在伊利汗国效劳近十五年。罗马教廷非常欣慰，教皇亚历山大四世致信并劝谕旭烈兀汗皈依基督教，并以此巩固蒙古人在西亚的统治。文献记载："君之入教，足使上帝与为人类舍身十字架之基督嘉悦。……君之入教，臣民必亦随之，则为功尤大，而永劫不灭之褒赏必增。……若君有此决心，可速执行。君将见基督军队之公然辅助，使君征服回教诸国之权力大增。君若遵守公教之教训，政权将必巩固。"④

自赞吉、萨拉丁、拜伯尔斯和盖拉温不断打击十字军，西欧基督教世界在近东的局势每况愈下。与此同时，旭烈兀在西亚建立起伊利汗国，并与埃及马木路克王朝反复争夺叙利亚。共同的敌人和政治利益使伊利汗国开始主动寻求与西欧基督教国家开展军事合作，双方也决意建立反马木路克的军事联盟，特别是 13 世纪 70 至 90 年代双方互派使者。多桑说："当时蒙古宫廷与基督教界诸君长因利害之共同，遂成立亲善之交际。欧洲见有一大国胁迫埃及，斥地至

---

① 佚名. 拉班·扫马和马克西行记 [M]. 朱炳旭，译. 郑州：大象出版社，2009：22.

② 佚名. 拉班·扫马和马克西行记 [M]. 朱炳旭，译. 郑州：大象出版社，2009：3.

③ 戈尔曼. 西方的蒙古史研究 [M]. 陈弘法，译. 呼和浩特：内蒙古教育出版社，1992：175. 注 66.

④ 多桑. 多桑蒙古史（下册）[M]. 冯承钧，译. 上海：上海书店出版社，2001：143-144.

于西利亚边境，颇为欣慰。"①

阿八哈汗（1265—1282）第一次遣使西欧是 1265 年。1267 年教皇克勒芒四世致信阿八哈，感谢阿八哈崇奉基督教及迎娶拜占庭公主玛丽亚，希望阿八哈坚定消灭穆斯林之大志，表示共谋收复巴勒斯坦之大业。爱德华一世也致信阿八哈（1274 年 1 月 26 日），感谢耶路撒冷大主教托马斯（Thomas）的亲信、传教士大卫（David）前来拜见，并就阿八哈汗出兵圣地颇感欣慰。英王说："吾人欣悉君之爱护基督教，与君援助基督教与圣地而反对基督教敌之决心，颇深感谢。请君执行此种神圣计划。"② 因为教皇此时尚未决定出兵巴勒斯坦，爱德华一世以圣地与东方一切基督教徒事务托付给阿八哈，一俟出兵时间确定，立刻奉告阿八哈汗。

1274 年，阿八哈听从亚美尼亚国王建言，争取罗马教皇和西欧基督教王国为收复巴勒斯坦提供援助，第二次派遣二位使臣出使西欧。使臣一人死于途中，另一人及译员大卫·艾施比、二名蒙古随从抵达里昂。时值教皇格列高利十世召开里昂公会，教皇邀请伊利汗国使臣在会上宣读阿八哈汗书信，阿八哈在信中表明愿以伊利汗国军队与西欧基督教军队合攻穆斯林。大卫·艾施比为里昂公会起草了题为《关于鞑靼事务》的报告。使臣回来之时，教皇赠以华服，付以复信（1274 年 3 月 13 日）。教皇在信中告之阿八哈，"在基督教军队能达海外以前，将遣使者奉书至汗所"③。

1276 年，阿八哈第三次派遣约翰（Jean）和雅克（Jacques）两名格鲁吉亚基督徒出使西欧，拜会罗马教皇约翰二十一世（Jean XXI，1276—1277）、法王腓力和英王爱德华，阐述阿八哈军事合作问题，"言国王如遣军赴圣让答克登岸，其主即以兵来助"④。二人在法国参观了圣登尼斯修道院（St. Denys），并说明阿八哈和忽必烈愿意崇奉基督教。正如此，教皇选派圣方济各会吉尔哈德·帕尔托（Gerhard de Parto）、安东尼·帕尔梅（Antoine de Parme）、约翰·阿加特（Jean Ste Agathe）、安德鲁·弗洛伦斯（Andre de Florence）、马修·阿雷提（Mathieu de Aretio）五人赴东方传教。1278 年新任教皇尼古拉三世（Nicolas Ⅲ，1277—1280）派遣五人携带教皇致阿八哈和忽必烈信（1277 年 4 月 1 日）和在蒙古帝国传教委任书前往伊利汗国，信中说："书言设有基督教军

---

① 多桑. 多桑蒙古史（下册）［M］. 冯承钧，译. 上海：上海书店出版社，2001：188-189.
② 多桑. 多桑蒙古史（下册）［M］. 冯承钧，译. 上海：上海书店出版社，2001：190.
③ 多桑. 多桑蒙古史（下册）［M］. 冯承钧，译. 上海：上海书店出版社，2001：190.
④ 多桑. 多桑蒙古史（下册）［M］. 冯承钧，译. 上海：上海书店出版社，2001：190.

至圣地，君许亲以兵助，会攻基督教之敌。书末言欲吾人信从使者之言。吾人闻使者言，君及君之伯父忽必烈大汗，甚愿罗马教会遣派堪能授君等与君之子弟臣民基督教义之人至君之国。……举行未受洗者之洗礼。如君意有所欲，可命其赴大汗所。"①

西欧君主虽有初步建议，但并未共同协商，更无从采取联合行动，罗马教廷仅仅派出传教士团，只是从宗教层面上希望伊利汗国善待东方基督徒，非常愿意接受未受洗者皈依正教，设立新教堂，传播基督教。鉴于种种原因，西欧各国对伊利汗国的军事合作并没有积极响应和行动。伊利汗国与西欧的军事合作始终无法实现。

阿鲁浑汗为抗击察合台汗国和金帐汗国的军事挑衅，特别希望借助西欧力量共同打击埃及的马木路克王朝。1285 年阿鲁浑汗遣使西欧，致信教皇霍诺留四世（Honorius IV，1285—1287）和法王腓力四世说："埃及的土地在你们和我们之间……希望你我双方两面夹攻。"②

在蒙古汗王派往罗马教廷及西欧各国的使团中，影响最大的是 1287 年伊利汗国拉班·扫马历史性出使欧洲。

1258 年旭烈兀征服巴格达，大肆屠杀穆斯林③，赦免基督徒，尤其旭烈兀的长后脱古思可敦④善待西亚的基督徒，基督教在伊利汗国发展迅速。同时代的亚美尼亚史家基拉罗斯说："攻占报达时，旭烈兀之妻脱古思可敦为聂思托里安教派基督教徒讲话，或者另一种说法，她为基督教徒们的生命求情。旭烈兀赦免了他们，并允许他们保有财产。"⑤ 旭烈兀甚至把哈里发的一座宫殿和星期五清真寺送给波斯聂思脱里派大主教马基哈。篾牙法里勤是雅各派基督教的老区，亚美尼亚教派的中心，基督徒很多。旭烈兀攻打篾牙法里勤时，唯有基督徒幸免于难。基拉罗斯说："这些教堂受到尊重，由圣·马鲁塔收集的数不清的遗物也同样受到尊重。"⑥ 在西亚的基督徒心中，蒙古人成了西亚基督教的救世主和解放者。

在西亚，蒙古统治者大多倾向于基督徒，相当一批有重要影响力的女性是

---

① 多桑. 多桑蒙古史（下册）［M］. 冯承钧，译. 上海：上海书店出版社，2001：191.
② 阿·克·穆尔. 一五五〇年前的中国基督教史［M］. 郝镇华，译. 北京：中华书局，1984：124.
③ 基拉罗斯说 9 万，多桑说 8 万。
④ 脱古思可敦（Doquz khatun）：也译脱忽思合敦。
⑤ 勒内·格鲁塞. 草原帝国［M］. 蓝琪，译. 北京：商务印书馆，1998：451.
⑥ 勒内·格鲁塞. 草原帝国［M］. 蓝琪，译. 北京：商务印书馆，1998：456.

虔诚的基督教信仰者。唆鲁禾帖尼别吉信仰聂思脱里派基督教，她是克烈部王罕的侄女，是成吉思汗幼子拖雷的长妻，是蒙哥大汗和忽必烈大汗、旭烈兀汗的母亲。脱古思可敦是旭烈兀的长妻，她也是克烈部王罕的侄女。在旭烈兀的可敦们中，脱古思的侄女秃乞台哈敦和侄孙女忽都鲁沙哈敦，她们都是虔诚的基督徒。甚至旭烈兀汗还迎娶了拜占庭皇帝巴列奥略王朝米凯尔八世的玛丽公主为妻。这些宫廷妃嫔在蒙古帝国的宗教事务上起了举足轻重的作用。拉施特说：脱古思哈敦"她受到充分的尊敬，很有权势。因为客列亦惕人基本上都信奉基督教，所以她经常支持基督教徒，基督教徒在她的时代势力很盛。旭烈兀尊重她的意志，因此对基督教徒大加保护、厚待：在所有的领地上都建立起教堂，在脱忽思哈敦的帐殿旁经常搭起（行军）教堂，并（在那教堂里）打钟"①。13 世纪后期，蒙古帝国信仰自由的宗教宽容政策，也为教皇为首的西欧君主们希望在蒙古帝国和伊利汗国传教基督教和达成军事合作方面创造了有利的条件。

1282 年 4 月，阿八哈汗去世，阿八哈的弟弟帖古迭儿（Tegder，1282—1284）继位。帖古迭儿彻底改变伊利汗国反马木路克王朝的传统政策，结好马木路克王朝，改奉伊斯兰教，自称阿合马（Ahmad），监禁波斯聂思脱里派基督教总主教和大总管雅八拉哈三世，迫害伊利汗国的基督教徒。史载："他于是相信奸人之语，下令将马·雅巴拉哈大总管、拉班·扫马和艾米尔沙莫特打入大牢。他收回先王（阿八哈）赐予他们之诏书（Pukdane），复夺大总管之住所和腰牌（Paiza）。"②此举遭到阿八哈之子阿鲁浑宗王的强烈反对，并利用武力夺取了伊利汗位。阿鲁浑登位后，立刻恢复伊利汗国的反马木路克王朝政策，保护西亚的基督教徒，重用雅八拉哈三世。为了与西欧基督教世界建立密切的关系以对抗马木路克王朝，1285 年阿鲁浑致信教皇霍诺留四世，信中说："由于萨拉逊人③的土地将处在你们与我们之间，我们将共同包围和扼死它。……在上帝、教皇和大汗的庇护下，我们将驱除萨拉逊人！"④所以，阿鲁浑汗提议，十字军在叙利亚的阿克或埃及的达米埃塔登陆，伊利汗国将出兵协助行动，并承诺：阿勒颇和大马士革归蒙古人，耶路撒冷归十字军。

阿鲁浑汗倾向于基督教，力图征服叙利亚，为尽快结成反马木路克王朝的军事合作，为此他与总主教雅八拉哈三世商议，选出一位适合出使西欧与罗马

---

① 拉施特. 史集（第三卷）［M］. 余大钧，周建奇，译. 北京：商务印书馆，1986：19-20.

② 佚名. 拉班·扫马和马克西行记［M］. 朱炳旭，译. 郑州：大象出版社，2009：24.

③ 萨拉逊人（Saracens）：近东地区的穆斯林。

④ 勒内·格鲁塞. 草原帝国［M］. 蓝琪，译. 北京：商务印书馆，1998：472.

教廷及西欧君主建立更为密切关系的人，以寻求西欧基督教世界联合夺取耶路撒冷和叙利亚的军事合作。雅八拉哈三世熟知拉班·扫马完全有能力胜任这一特殊任务，所以，他果断地向阿鲁浑汗推荐了拉班·扫马为伊利汗王和波斯聂思脱里派基督教会的使节。拉班·扫马欣然接受这一任务，他说："我极愿任此特使，希望马上就走。"① 拉班·扫马一行带上阿鲁浑汗赐予的两千米思哈勒（Mathakale）约一千英镑的金子、30 匹良马、一个腰牌（Paiza）、几封书信和礼物，以及大总管雅八拉哈三世几封信和赠送教皇的礼物，正式出使西欧。

1287 年 3 月，拉班·扫马使团四人，以拉班·扫马为首，翻译一人，名月吉惕（Uguet），另二名团员为撒八丁（Sabadin Arkhaon）、托马斯（Thomas de Anfusis）。他们沿古商道西北至黑海，在黑海南岸的特拉布宗港乘船前往拜占庭帝国，在君士坦丁堡受到皇帝安德洛尼卡二世（Andronicus Ⅱ，1282—1328）的热情款待。拉班·扫马参观了宏伟壮观的圣索菲亚大教堂（圣智堂）以及君士坦丁堡诸多基督教堂、圣墓和圣徒遗迹。然后，启程前往意大利，目睹了意大利南部海岸地区爆发中的火山，两个月后，抵达那不勒斯，又到了罗马。不幸的是，4 月 3 日，教皇霍诺留四世去世，新教皇尚未选举产生，十二位红衣主教无法与伊利汗国使节商议军事合作这一重大问题，拉班·扫马只好暂且与之探讨基督教神学教义，拉班·扫马也特别强调聂思脱里派基督教和解放耶路撒冷对伊利汗国的重要性，他说："要知道，我们的许多长老（第 7 世纪以及后来的几个世纪中的聂思托里安教传教士们）曾到突厥人、蒙古人和中国人的居住地，对他们进行教化。今天，许多蒙古人已经是基督教徒，他们中有君王和皇后的孩子们，他们接受了洗礼，信仰基督。他们在扎营地建造教堂。阿鲁浑王与主教团结。他希望叙利亚归他所有，恳求你们援助解放耶路撒冷。"② 拉班·扫马参观了圣彼得和圣保罗教堂，拜谒圣母玛利亚教堂和施洗约翰教堂，瞻仰耶稣的无缝长袍。在托斯卡纳和热那亚，使团受到当地人的热烈欢迎。史载："当热那亚人闻听阿鲁浑王特使到达时，他们的长官集合大批市民，将他迎进城。"③

因新教皇选出尚需时日，拉班·扫马继续西行前往法国，9 月 10 日，到达巴黎，受到法王腓力四世（1285—1314）的热烈欢迎。史载："他们去巴黎之国晋见弗朗西斯（Fransis）国王。王派一大群人接他们，极隆重地迎他们入城。……王曰：'汝为何来？谁派你来？'拉班·扫马语之曰：'阿鲁浑王和东方

---

① 佚名. 拉班·扫马和马克西行记 [M]. 朱炳旭，译. 郑州：大象出版社，2009：27.

② 勒内·格鲁塞. 草原帝国 [M]. 蓝琪，译. 北京：商务印书馆，1998：473.

③ 佚名. 拉班·扫马和马克西行记 [M]. 朱炳旭，译. 郑州：大象出版社，2009：34.

教会大总管为耶路撒冷事派我来.'"① 拉班·扫马呈上阿鲁浑汗致法王腓力四世的信函和礼物，希望与法王统一行动，收复圣地。阿鲁浑汗致法王腓力四世的信至今保存在法国国家档案馆，其内容如下：

> 长生天气力里，皇帝福荫里，阿鲁浑汗，致书于法兰克王，贵国使臣巴什麻至，据云：伊勒汗出征埃及时，汝欲派兵接应。有志如是，深感嘉尚。余虔信天气，将于豹儿年（一千二百九十年）冬季末月矜出师。春季第一月驻兵大马斯，汝如预定时地，践约兴师，大福荫护助里，耶路撒冷可克。余以之畀汝。否则会军之时地无定，吾人之行动不一，则无利益之可言矣。汝可遣派娴习各方语言之使臣，以法国出产稀罕可爱之礼物至。然非长生天气力里皇帝福荫里不可。吾使名蒙喀里尔，并以奉闻。
>
> 牛儿年夏季第一月　刚达郎写来②

腓力四世表示愿意与伊利汗国合作。腓力四世说："虽然蒙古人非基督徒，但如果他们真的要与阿拉伯人开战以夺取耶路撒冷，对我们来讲，我国与（之）开战亦尤为合适，如基督愿意，我将全力以赴。"③ 在巴黎访问的一个月期间，拉班·扫马拜谒了圣察帕勒教堂，参观了索尔邦至圣丹尼勒修道院。腓力四世还亲自带领拉班·扫马在王宫寝室瞻仰了圣物荆棘冠。

而后，拉班·扫马前往加斯科尼拜见英王爱德华一世，呈上阿鲁浑汗和雅八拉哈三世致爱德华一世的信函和礼物。爱德华一世对阿鲁浑汗提议解放耶路撒冷之事特别高兴，他说："我们这些城市佩十字徽号的国王，我们所考虑的就是这些事，就此事而言，当我闻知阿鲁浑和我看法一致时，我感到非常安慰。"④ 爱德华一世为拉班·扫马使团举行盛大宴会。但是，英法两国君主都没有就与伊利汗国军事合作问题做出具体明确的安排。

拉班·扫马启程回国，途中经热那亚，前往罗马拜见新当选的教皇尼古拉四世（Nicholas Ⅳ，1288—1292），"教皇派一教区大主教和一大群人迎接之。

---

① 佚名. 拉班·扫马和马克西行记［M］. 朱炳旭，译. 郑州：大象出版社，2009：35.

② 江文汉. 中国古代基督教及开封犹太人［M］. 上海：知识出版社1982：131.

③ 佚名. 拉班·扫马和马克西行记［M］. 朱炳旭，译. 郑州：大象出版社，2009：35.

④ LOCKHART L. *The Relations between Edward I and Edward II of England and the Mongol Īl-Khāns of Persia*［J］. Iran，1968（6）：25.

拉班·扫马立刻觐见坐于宝座上之教皇"①。听完拉班·扫马关于阿鲁浑汗提议军事合作的汇报后，教皇作致阿鲁浑汗答书，"其意略得汗书及聆使者之言，甚喜。其尤慰者，指挥大地诸君主心灵之天主，不惟感格阿鲁浑，使之善待其所属之基督教民，且使之表示其欲发展基督教疆域之意思。复次教皇表示其感谢之意，并为蒙古汗列举正教之信条"。"闻使者言，其汗若能夺耶路撒冷国于逆徒之手，拟于此耶路撒冷城中受洗。此意固佳，然不如先行洗礼，得上帝之助，将不难拯救此国。且为拯救自身计，受洗之事亦刻不容缓。此事将使上帝嘉悦，而使其臣民增加云云。"② 不过，尼古拉四世也只谈阿鲁浑汗洗礼之事，也无心商讨军事合作事宜。

当然，教皇对拉班·扫马"之尊敬超乎平常，他对拉班·扫马说'如果您与我们一起过节，甚好，因为您会了解我们的习惯'"③。教皇邀请拉班·扫马参加复活节（4月10日）前一周的庆祝仪式，参加教皇主领的天主教"弥撒"，亲自授予拉班·扫马按聂思脱里派基督教仪节主领圣餐。临行前，教皇赠给拉班·扫马"一小片耶稣基督的衣服、一片圣母玛利亚之披肩即头巾、彼处圣徒遗体之一些碎片"④，委任拉班·扫马为所有基督徒的巡察总监。拉班·扫马一行完成使命后，按原路回到伊利汗国，将教皇和法王的礼物和祝福信呈递给阿鲁浑汗。阿鲁浑汗非常高兴，任命拉班·扫马为御前聂思脱里派基督教牧师，并允许拉班·扫马在伊利汗帐旁建立教堂，为阿鲁浑汗的儿子完者都受洗入教，取名尼古拉，以示向罗马教皇致敬。拉班·扫马出使西欧基督教国家，虽然受到罗马教皇、法国国王、英国国王的热情款待，但是，与西欧君主们协同进攻埃及马木路克王朝的军事合作收效甚微。⑤

1289年4月，阿鲁浑汗又派出热那亚人布斯卡里诺·德·吉索菲（Buscarell de Gisulfo）出访西欧。布斯卡里诺使团7月15日到达罗马，受到尼古拉四世盛情接见。12月，布斯卡里诺拜见法王腓力四世，呈上阿鲁浑汗信函，再三申明伊利汗国希望与法王结成解放圣地耶路撒冷的军事合作，并承诺为法国军队提供二三万匹战马，战后耶路撒冷归法国。阿鲁浑汗致法国国王腓力四

① 佚名. 拉班·扫马和马克西行记 [M]. 朱炳旭，译. 郑州：大象出版社，2009：38.
② 多桑. 多桑蒙古史（下册）[M]. 冯承钧，译. 上海：上海书店出版社，2001：237.
③ 佚名. 拉班·扫马和马克西行记 [M]. 朱炳旭，译. 郑州：大象出版社，2009：38.
④ 佚名. 拉班·扫马和马克西行记 [M]. 朱炳旭，译. 郑州：大象出版社，2009：40-41.
⑤ 《世界史略》记载，阿鲁浑痛恨穆斯林臣僚管理财政舞弊作奸，委任犹太人撒都剌为财政长官、库尔德人八里思贝（Mobariz-Bey）叛乱，阿鲁浑派遣200富浪人在摩苏尔平息，另500富浪人驻军巴格达。多桑. 多桑蒙古史（下册）[M]. 冯承钧，译. 上海：上海书店出版社，2001：226.

世信，现藏于法国国家档案馆，信中说："阿鲁浑以预备会兵共取圣地之意通知法兰西国王。设若国王亲以兵来，阿鲁浑将偕谷儿只之二基督教国王至少以兵二万骑往会。顾法兰西王与其诸藩臣颇难运送所需之马渡海，阿鲁浑将以二三万匹赠之或售之。阿鲁浑且能在罗姆为之预备粮储，将命人以牲畜、骆驼、谷面及其他军食付之。"① 1290 年 1 月，布斯卡里诺带着教皇尼古拉四世的引荐信前往英国，拜见爱德华一世，阿鲁浑表示若爱德华一世率领十字军远征耶路撒冷，阿八哈汗将亲自统兵进攻马木路克人。但是，西欧对东征运动日渐冷淡。格鲁塞说："西方国家与蒙古人此次合作的不能成功可视为一场灾难，因为，这是西方凭借蒙古人的联合行动以适当的规模对抗撒拉森人并获得成功的最后机会。"②

阿鲁浑并未因为西方基督教世界的冷淡反应而灰心丧气，1291 年 3 月阿鲁浑第四次遣使西欧，使团三人，以察罕（Zagan，受洗改名为安德烈［Andre］）为首，布斯卡里诺和莫拉修斯（Moracius）陪同出访罗马、巴黎和伦敦。在伦敦，爱德华一世对蒙古人收复圣地耶路撒冷表现出一定热情，1291 年夏，爱德华一世派出亲信杰佛里·德·兰利使团，带着白隼出访伊利汗国。1291 年 5 月18 日，马木路克王朝攻克阿克，历时二百年的十字军东征以西欧彻底失败告终。8 月 21 日，教皇尼古拉四世再致书阿鲁浑公然表示赞美阿鲁浑之子合儿班达（完者都）受洗基督教，取名尼古拉，并督促阿鲁浑本人改信基督教。8 月 23日，尼古拉四世因阿克和提尔陷落，派遣纪尧姆（Guillaume de Cherio）和马太（Mathiu de Civitate Theatina）二人携书致阿鲁浑，说明教皇发动西欧基督教国家组织新的十字军讨伐穆斯林，"路易九世本来寄予极大希望，希望能建立鞑靼人与天主教徒之间的联盟，以击败穆斯林或撒拉逊"③，纪尧姆并言英王爱德华将以大军渡海以联合阿鲁浑收复圣地。"设得阿鲁浑之助，其事必成。捏古剌促其从速举行洗礼，并遣军恢复圣地。"④ 教皇还致书忽鲁黑可敦，鼓励她劝勉阿鲁浑之子合赞入教。

1291 年 12 月，杰佛里由热那亚经特拉布宗、锡瓦斯、开塞利、凡湖、霍伊，最终抵达伊利汗国都城大不里士。1292 年夏，在阿剌塔黑夏营地，杰佛里

---

① 多桑. 多桑蒙古史（下册）［M］. 冯承钧，译. 上海：上海书店出版社，2001：239.

② LOCKHART L. *The Relations between Edward I and Edward II of England and the Mongol Īl-Khāns of Persia*［J］. Iran, 1968（6）：26.

③ 艾田蒲. 中国之欧洲：上册［M］. 许钧，前林森，译. 桂林：广西师范大学出版社，2008：47.

④ 多桑. 多桑蒙古史（下册）［M］. 冯承钧，译. 上海：上海书店出版社，2001：240.

使团拜见了伊利汗国乞合都汗（Qaiqatu, 1291——1295）。乞合都治下，国内财政拮据，无力与西欧军事联盟。1293 年 1 月 11 日，杰佛里使团带着乞合都回赠爱德华一世的一只雪豹回到英国。

1295 年 10 月，合赞成为伊利汗国新的统治者，虽然他改信了伊斯兰教并以伊斯兰教为国教，伊利汗国成为伊斯兰国家，但是他继承了旭烈兀、阿八哈和阿鲁浑所推行的反埃及马木路克王朝和联合西欧夺取叙利亚的外交政策。1299 年合赞汗取得第三次霍姆斯之战胜利后，西欧基督教国家与西亚的蒙古人共同组织远征军收复圣地耶路撒冷的希望再次被燃起。阿拉贡王国国王雅各二世（1291—1311）积极遣使以示祝贺，同时表示为伊利汗国解放圣地助一臂之力。多桑记载："言闻其胜上帝之敌，甚喜，愿以海舟、士卒、粮马等物来助，请以所需语使者。并言曾命其臣民欲赴此种地域从合赞军者，任其往从。如欲其以军往助，则请以将来所攻取之圣地与其他地域五分之一为报。末言，冀其阿剌贡臣民自由旅行西利亚，巡礼圣墓，不纳贡赋。"① 1301 年，教皇卜尼法斯八世（1294—1303）致信合赞汗，也表达愿意共同出兵叙利亚之意。

为实现联合西欧对抗马木路克王朝，1302 年，合赞派出布斯卡里诺出使西欧，布斯卡里诺先访问罗马和巴黎。4 月 12 日，合赞致信教皇，承诺联合出兵巴勒斯坦计划，同时强调西欧基督教国家不要忘记曾经允诺的约定。1303 年年初，布斯卡里诺抵达伦敦，合赞汗也带去一封致英王爱德华一世的信函，合赞在信中"明显地抱怨法兰克人长期来没有与蒙古人共同重新征服圣地做任何尝试，希望爱德华一世出兵耶路撒冷"②。爱德华一世在 3 月 12 日的复信中说，他非常担忧耶路撒冷的局势，但是，西欧各国之间的战争妨碍了他全身心投入收回圣地这件事。爱德华说："基督教国家正陷于相互间交战，如果天下太平，即可为重新征服圣地而携手共进。"③ 1303 年，合赞第三次发起对叙利亚的进攻，在苏法尔草原之役，合赞军队惨败，伊利汗国再也无力发动与马木路克王朝争夺叙利亚的战争，西欧各国君主与合赞联合进攻马木路克王朝的行动也从未出现。

需提及的是，经过十字军第四次东征的沉重打击和拉丁帝国（1204—1261）的残暴掠夺和奴役，1261 年 8 月，拜占庭帝国虽然重新夺回君士坦丁堡和推翻

① 多桑. 多桑蒙古史（下册）[M]. 冯承钧，译. 上海：上海书店出版社，2001：315.
② LOCKHART L. *The Relations between Edward I and Edward II of England and the Mongol Īl-Khāns of Persia* [J]. Iran, 1968（6）：29.
③ LOCKHART L. *The Relations between Edward I and Edward II of England and the Mongol Īl-Khāns of Persia* [J]. Iran, 1968（6）：29.

拉丁帝国，但是，帝国本身已满目疮痍，一蹶不振，苟延残喘。为减轻来自安纳托利亚的、臣属于伊利汗国的罗姆苏丹国不断侵扰给拜占庭帝国造成的新压力，拜占庭帝国对伊利汗国采取和亲政策。巴列奥洛格王朝（1261—1453）米凯尔八世（1259—1282）"为了维护伊利汗国的旭烈兀和金帐汗国的那海双方对自己的好感，他给了他们每人一个自己的私生女做妻子。……坦白地说，我们讨好他们，用卑躬屈膝的谄媚，和给他们荣誉的婚姻关系，用源源不断的珍贵且大量的礼物使他们富足"①。1265 年，拜占庭公主玛丽亚（Maria）在安条克大主教攸西米乌斯（Euthymius）的护送下前往伊利汗国与旭烈兀完婚，行至凯撒里亚，闻讯 2 月 8 日旭烈兀病逝，"然仍东行至汗所，阿八哈遂娶之"②。玛丽亚的蒙古名称是帖思必捏（Despina），一译特思皮纳，希腊语，公主之意。拉施特记载："［阿八哈汗］的最后一个哈敦为特拉彼宗德（Trebizond）君主的女儿帖思必捏。"③ 实际上，玛丽亚不是特拉彼宗德君主的女儿，是米凯尔八世的公主。1302 年，安德洛尼卡二世（1282—1328）遣使伊利汗国，拜见合赞，希望合赞能迎娶拜占庭公主为妻，以劝谕罗姆苏丹国停止侵略东罗马疆域，合赞许之。拉施特记载："从伊斯坦布尔君王法昔里兀思（安德洛尼卡——引者注）处来了一些急使，带来了礼物，他们宣布：法昔里兀思愿意接受伊斯兰君王（合赞——引者注）的荫护，并将自己的女儿献给他做妃子来侍奉他。君王亲切地对待他们。"④ 1304 年 5 月，合赞去世，其弟完者都即位（1304—1316）。安德洛尼卡二世将妹妹玛丽亚嫁给完者都，也称帖思必捏可敦（Despina khatun）。"完者都以阿八哈汗妃大特思皮纳之封地赐之。"⑤

完者都曾于 1288 年受洗基督教，取名尼古拉。但是，1310 年他改信什叶派伊斯兰教，历史记载他是一位虔诚的穆斯林。不过，在对外关系上，完者都如其兄合赞汗一样，希望与西欧建立起反马木路克王朝的联盟。1305 年完者都派遣马马剌黑（Mamalac）和秃满（Touman）携带致教皇克雷芒五世（Clement V 1305—1314）、法王腓力四世和英王爱德华一世的书函出使西欧，马马剌黑一行先到法国，拜会法王腓力四世，口头传送完者都的友谊，并希望与西欧各国君主联合进攻马木路克王朝。完者都在 1305 年 5 月 13 日或 14 日拟定此信，现藏

---

① 丹尼斯·塞诺. 丹尼斯·塞诺内亚研究文选［M］. 张锡彤，张广达，译. 北京：中华书局，2006：130.

② 多桑. 多桑蒙古史（下册）［M］. 冯承钧，译. 上海：上海书店出版社，2001：149.

③ 拉施特. 史集（第三卷）［M］. 余大钧，周建奇，译. 北京：商务印书馆，1986：101.

④ 拉施特. 史集（第三卷）［M］. 余大钧，周建奇，译. 北京：商务印书馆，1986：328.

⑤ 多桑. 多桑蒙古史（下册）［M］. 冯承钧，译. 上海：上海书店出版社，2001：381.

于法国国家档案馆，他在信中陈述自己与元成宗铁穆耳、窝阔台宗王察八儿、察合台宗王都哇和金帐汗宗王脱脱和好如初，蒙古帝国各兀鲁思已经重新联合为一整体，道路复通，望遵守祖辈以来与西欧君主们的传统友谊，团结合作，夹攻马木路克王朝。

完者都致法王腓力四世信，其内容如下：

> 完者都算端致书法兰克王：昔者，法兰克诸王，皆与我曾祖（旭烈兀）、我祖（阿八哈）、我父（阿鲁浑）、我兄（合赞）相友善。道路虽遥，彼此尝遣使赍国书，礼物相赠，汝当忆之。今者，大福荫护里，身登大位，吾人欲遵曾祖父兄之志，准其绳墨，守其约法，以治天下。吾与若辈情如手足，前因奸徒播弄，以致失和，然余甚以增进两国睦谊为念也。铁穆耳可汗、脱脱汗、察八儿、都哇，均为成吉思汗后裔，前因不睦，致有四十五年之战争。大福荫护里，现复和好如初。由是东起南家之国（中国），西抵塔剌之湖，我辈之民族皆联合为一，道路复通。吾辈相约，苟有离心离德者，当共击之。余爱和平如是，安能忘曾祖父兄之友谊？特遣使马马剌黑、秃满二人往使汝国。余闻若辈法兰克王，和好亲睦，实为得计。天气助里，敢有扰乱汝国和局者，汝辈讨之；敢有扰乱吾国和局者，吾辈讨之。有志如是，天气鉴临。
>
> 七○四年蛇儿年夏季第一月第八日，阿里章（Alidjan）写来。①

两位使者拜会腓力四世后，秃满前往英国，爱德华一世不幸去世，继位的爱德华二世（1307—1327）接见了伊利汗国使者，他非常感谢完者都汗的坦诚和友谊。爱德华二世致信完者都（1307年10月16日），承诺将尽力配合完者都攻打埃及。

爱德华二世致完者都的答书，其内容如下：

> 吾人接悉殿下使者致先王爱都哇儿书，并聆悉使者转达之词。君与君祖父对于我父所表达之友谊，吾人甚感。今又遣使欲增进国交以续前人之好。书言赖上帝之恩佑，君等复修旧好，自东方以达于海，皆享和平。吾人闻之，无任欣慰。至若重缔海外以断之国交，吾人敢

---

① 江文汉. 中国古代基督教及开封犹太人 [M]. 上海：知识出版社，1982：132.

信不久将赖上帝之助，以将来之和好继前此之争端。①

11 月 30 日，爱德华二世又致信完者都汗，信中说："苟能解除种种困难，吾人甚愿聚集全力歼灭摩诃末派之信徒。观今之势，似可图之。据吾人所闻，此邪教之经文亦预言其将灭。请君完成计划，尽除此派。兹遣里德（Lidd）主教威廉等赴汗廷传布公教，鼓励人民讨伐摩诃末派之信徒。该主教等抵君国时，希善待之。"② "若我们配合默契，邪恶的异端行将毁灭，祝愿您获得成功，实现值得称道的计划。"③

完者都向教皇承诺：西欧基督教国家发兵耶路撒冷之日，他将以 10 万大军、20 万匹战马、20 万担小麦协助基督教军队收复耶路撒冷。教皇克雷芒五世致信完者都（1308 年 3 月 1 日），答曰："知君请吾人恢复圣地。……吾人闻之甚慰。然此事必须详审如何成功之方法。脱赖上帝之助，待至气候适宜渡海之时，吾人将遣使或奉书以闻，以便殿下践约。然甚愿君归向基督之教，俾能取得天堂幸福与此世光荣。"④

但是，与西欧合作反埃及马木路克王朝始终未能实现。究其原因，除十字军东征日薄西山之外，事实上，"欧洲人并不信任蒙古人，也就阻止了联盟的建立"⑤。

不赛因统治时期（1317—1335），伊利汗国中央集权渐次瓦解，地方军事贵族割据称雄，历史上对叙利亚的战争伊利汗国几乎以失败告终，自 1295 年伊斯兰教成为伊利汗国国教后，基督教在伊利汗国的地位和处境大不如前。1322 年不赛因与马木路克王朝修好约和，结成睦邻友好关系，所以，伊利汗国不赛因没有遣使西欧。相反，因来自马木路克王朝、伊利汗国鲁木总督帖木儿塔失，以及突厥部酋乌马尔的军事侵略，小亚美尼亚危机重重。1320 年，年方 10 岁的小亚美尼亚国王勒文五世求助教皇约翰二十二世（1316—1334），希望得到西欧君主的军事援助。为此，1322 年 7 月 13 日，约翰二十二世致书不赛因，反复陈述小亚美尼亚国王与旭烈兀家族历来的亲密友好关系，希望不赛因关心小亚美尼亚。约翰二十二世还提及旭烈兀家族历任统治者与基督教国家的友好亲善关

① 多桑. 多桑蒙古史（下册）[M]. 冯承钧，译. 上海：上海书店出版社，2001：399.

② 多桑. 多桑蒙古史（下册）[M]. 冯承钧，译. 上海：上海书店出版社，2001：400.

③ LOCKHART L. *The Relations between Edward I and Edward II of England and the Mongol Īl-Khāns of Persia* [J]. Iran, 1968（6）：30.

④ 多桑. 多桑蒙古史（下册）[M]. 冯承钧，译. 上海：上海书店出版社，2001：400.

⑤ MORGAN D. *Medieval Persia*（1040—1797）, London and New York：Longman, 1988：64.

系，鼓励不赛因改信基督教。教皇在 7 月 12 日致不赛因的书信中说："吾人常闻君之祖先迭遣使向罗马教皇与圣座表示敬意，并使同一使臣致书于富浪诸王表示友好。前任诸教皇与诸基督国王曾以礼待使者。君之祖先与诸国王且互致馈赠。脱君遵先人之例，亦遣使来，吾人实无任欢慰也。"①

随着伊利汗国历史条件的变化，不赛因虽没有遣使西欧寻求军事合作，但是，他默许了罗马教皇约翰二十二世任命的弗兰科斯·贝鲁塞（Francois de Peruse）为伊利汗国都邑苏丹尼耶的基督教大主教，1323 年纪尧姆·阿答（Guillaume de Ada）接任弗兰科斯·贝鲁塞大主教。在勒文五世的求助下，不赛因还遣军二万支持勒文五世政权，并请求马木路克王朝苏丹纳绥尔对小亚美尼亚息兵修和，1323 年小亚美尼亚与埃及议定十五年停战条约。1335 年，不赛因去世，伊利汗国正式瓦解。

五、伊利汗国与西欧外交关系的历史影响

伊利汗国基于对付埃及的马木路克王朝以及征服叙利亚，西欧基督教世界为了收复马木路克王朝控制的圣地耶路撒冷，共同的敌人使伊利汗国和西欧基督教国家谋求实现对付埃及马木路克王朝的军事合作，伊利汗国主动和频繁地派出宗教使团，以基督教为媒介，双方相互遣使，联系活络，关系亲善。伊利汗国与西欧密切而友好的外交实践对伊利汗国、西欧基督教世界和伊斯兰世界的发展产生了重要影响。

其一，伊利汗国与西欧密切而友好的外交活动，促进了东西方的文化交流和景教在西亚的发展。

伊利汗国作为蒙古帝国的藩属，与宗主元帝国关系密切，十分友好。伊利汗国致力于与西欧基督教国家建立对付马木路克王朝的军事合作，双方频繁往来，亲善友好。所以，伊利汗国在东西方的交流中起了重要的中介作用。在蒙古帝国统治下，特别是蒙古帝国后期，蒙古宗王的约和使亚欧大陆的交通环境变得更加自由和便利。继柏朗嘉宾、鲁布鲁克、阿思凌和龙如美使团之后，以拉班·扫马、麻古思（雅八拉哈三世）、马可·波罗、孟高维诺、鄂多立克、马黎诺里为代表的东西方基督徒，自由往来于西亚、东亚和西欧之间，留下一大批出访资料。尤其是拉班·扫马遍访罗马教廷和西欧各国，写下《西方见闻录》。马可·波罗途经西亚、中亚和东南亚，以写实手法叙述在中国的所见所闻，著有《东方见闻录》。所有这些，开阔了欧洲人认识蒙古人和蒙古帝国的眼

---

① 多桑. 多桑蒙古史（下册）[M]. 冯承钧，译. 上海：上海书店出版社，2001：420.

界，也拓宽了中国人了解西欧基督教世界的视野。西亚的蒙古人，在旭烈兀
（1256—1265）、阿八哈（1265—1282）、阿鲁浑（1284—1291）、合赞（1295—
1304）、完者都（1305—1326）的积极推动下，与西欧友好往来，频繁派出使
团，送达国书，互赠礼物，相互交往。

蒙古帝国实行信仰自由和兼收并蓄的宗教政策，相当多的蒙古宗王贵族信
奉基督教，基督教势力在蒙古帝国占有举足轻重的地位。英国学者道森说："基
督教在蒙古的地位是比较强的，在传教活动方面甚至提供了比西方基督教界所
了解到的更为巨大的机会。由于他们同克烈部王族通婚，大汗们的妻子和母亲
中，有许多是基督教徒，包括他们之中某些最有影响的人物在内，如蒙哥、忽
必烈、旭烈兀的母亲'唆鲁和帖尼或莎儿合黑帖尼别姬'和旭烈兀的正妻脱古
思可敦，后者被亚美尼亚编年史作者称为第二个圣海伦娜。"① 同时，伊利汗国
与西欧频繁而友好的外交活动，也为聂思脱里派基督教在西亚的发展创造了良
好的条件。13 世纪中叶，聂思脱里派基督教在波斯及东方设立 1 个宗主教驻节
地和 25 个主教区。宗主教驻节地设在伊利汗国，伊利汗国建有 18 个主教区，
分别是一区军迪沙普尔（Jandisapur）、二区尼西宾（Nisibis）、三区巴士拉、四
区摩苏尔、五区塞琉西亚（Beth Seleucia）即巴格达教区、六区哈勒旺
（Halwan）即克尔曼沙阿教区、七区波斯和凡（Van）城、八区呼罗珊、九区赫
拉特、十区阿拉伯和阔脱罗拔（Cotroba）、十三区亚美尼亚、十四区大马士革、
十五区阿塞拜疆、十六区剌夷（Ray）和塔巴里斯坦（Tabaristan）即德黑兰教
区、十七区低廉（Daylam）即吉兰教区、二十区巴尔赫、二十一区塞吉斯坦
（Sejistan）、二十二区哈马丹。

聂思脱里派基督教在伊利汗国的巨大发展，除与西欧密切友好的外交关系
这一因素有关外，还与大多数伊利汗政治上的支持和财政上的扶植息息相关。
1258 年旭烈兀攻陷巴格达，大赦城内基督徒并允许他们保有自己的财物，旭烈
兀甚至还把阿拔斯王朝哈里发穆斯台绥木（1242—1258）的一座宫殿赠给波斯
的聂思脱里派基督教大总管马基哈（1257—1263）。马基哈奉旭烈兀和脱古思可
敦之命，在巴格达建立科可新教堂和景教教廷。阿八哈、阿鲁浑、乞合都也积
极扶持伊利汗国各地基督教会，他们是叙利亚聂思脱里派基督教宗主教马基哈
和雅八拉哈三世的保护人。在西亚的蒙古人关爱下，凭借伊利汗们的大笔财政
拨款，聂思脱里派基督教在西亚建有大量的修道院，景教在东方的驻节地设在
波斯，教廷设在巴格达。阿八哈赐封新任大总管雅八拉哈三世金牌和委任书的

---

① 道森. 出使蒙古记［M］. 吕浦，译. 北京：中国社会科学出版社，1983：19（绪言）.

同时，允准他每年在西亚征税三万第纳尔，约合 1.5 万英镑用于景教教会开支。乞合都为拉班·扫马在马拉盖建立圣乔治教堂，赐赠大总管雅八拉哈三世七千第纳尔赏金，约合 3500 英镑。在阿鲁浑大力支持下，雅八拉哈三世推倒马拉盖的沙利塔教堂（Mar Shalita），大兴土木，修建新教堂。即使合赞皈依伊斯兰教，伊利汗国伊斯兰化，但是，合赞仍保护国内的基督徒，赐赠雅八拉哈三世五千第纳尔作为开支费用，颁诏埃尔比勒城堡属于景教，收回景教教会在埃尔比勒叛乱中失去的财物。雅八拉哈三世在马拉盖花费四十二万银币新修壮丽的施洗约翰修道院。"彼建筑落成，每件东西皆华美，其装饰更是如此之美，以致无法用语言形容。建筑物很美，门尤其漂亮，其上层建筑起于雕刻版（或柱?）之上，其基础确以纹石铺成。他以纹板制门，饰以图案，其楼梯亦以纹石制成。何语能［令人满意地］描述其［高贵］? 建厦之址有巨大安慰［神效］，肃穆壮丽。神坛门前、墓和圣器收藏室前之幕［帘］最为绝妙。它们以织物制成，织物上饰有镂空图案，并用精金线绣其上。建筑物之墙甚高，［以至其高度］根本无法爬越。说到修道院之水供应，亦甚奇巧，水流灌注于僧侣之每个小室，又以槽沟［或水管］排出各种污物。最近，修道院中建一主教廷，宝座今天仍在里面，因为主教没离开那里。多数按手礼［圣职人们仪式］在此举行，法令即宗教法规亦在那儿签署。"①

当然，伊利汗热情支持和保护基督教，完全出于政治和军事的考量。通过扶持西亚的基督教并获得基督教的支持，对内巩固伊利汗的统治地位，对外为伊利汗国早日实现联合西欧基督教国家对付马木路克王朝创造良好的氛围。所以，日本学者杉山正明说，伊斯兰化的西亚蒙古人"本身的宗教性都很淡薄。旭烈兀汗国，也不过是为了统治的必要才披上伊斯兰国家的外衣"②。正因为基督教的势力在伊利汗国的不断扩大，罗马教皇非常渴望西亚的蒙古人皈依基督教，罗马教廷不断派出使者，伊利汗国与西欧基督教世界的文化交流和宗教交往日益加强。1280 年，意大利人多明我会修士尼科尔多·孟特克罗思（Ricoldo de Montecroce）在伊利汗国都城大不里士通过一名翻译以阿拉伯语传播基督教。在伊利汗国，各式各样的人种、语言、文化、宗教几乎都没有受到蒙古汗王的限制，形成了多元文化并存和共生的状态。

其二，伊利汗国与西欧密切友好的外交关系，促进了更多的西欧人员在伊利汗国的效力和服务。

---

① 佚名. 拉班·扫马和马克西行记［M］. 朱炳旭，译. 郑州：大象出版社，2009：66.
② 杉山正明. 忽必烈的挑战.［M］. 周俊宇，译. 北京：社会科学出版社，2015：245.

　　从斡罗思到印度尼西亚，从朝鲜到叙利亚的整个亚欧大陆，蒙古帝国几乎要与所有的种族和民族打交道，在征税、司法、宗教等许多管理部门的工作中，蒙古人必须依靠被征服地区的精英们为其效力和服务，伊利汗国更是如此。英国史学家加文·汉布里说："特别是伊利汗国，非常广泛地任用了外族行政官员为其政权服务。"① 因为与西欧密切友好的外交活动，更多的西欧人员穿梭于伊利汗国和西欧之间，并为伊利汗国服务。在为伊利汗国效力的西欧人员中，既有大陆的意大利人和法国人，也有海岛的英国人，他们皆为虔诚的基督徒，作为伊利汗的亲信被任命为使者、侍从、译员或官员。1262 年，阿八哈派出 23 人使团访问法国国王路易九世，多明我会两名修士时任翻译。1263 年，西欧人理查德（Richard）和匈牙利人约翰（John）被选为蒙古使团成员，一同拜访路易九世。1274 年，阿八哈派出 16 人使团出使西欧，在法国里昂召开的天主教第十四次公会上，理查德在大会上翻译拉丁文本阿八哈致罗马教皇信，教皇特邀理查德参加"关于鞑靼事务"报告的起草工作。理查德结束出访任务后，一直在伊利汗国工作十五年。一同出访的，还有英国多明我会修士阿什比的大卫（David of Ashby），他是旭烈兀和阿八哈的心腹。在伊利汗国，大量的意大利人也作为蒙古使团成员被派往西欧。1285 年，阿鲁浑派往罗马教廷的第一个外交使团的团长是比萨人亦佐儿，此人受到忽必烈的信任，在波斯和中国很有影响。1288 年，教皇尼古拉四世（Nicholas Ⅳ）写信委任九名意大利人是"鞑靼王的翻译"②。

　　西亚的蒙古人与西欧开展积极友好的外交往来，也给西亚的非蒙古人效力于伊利汗国提供了广阔的舞台，其中佼佼者当数波斯犹太人拉施特。拉施特·阿丁·法兹勒·阿剌赫（Rashīd al-Dīn Fadl Allāh，1247—1318），是合赞、完者都和不赛因三位伊利汗的宰相，是伊利汗国大历史学家。作为一名宰相（1298—1318），他为合赞汗朝全面设计社会改革的蓝图，给伊利汗国带来四十年的政治稳定、经济繁荣、文化昌盛和社会发展。作为一名学者，他是 14 世纪伟大的历史学家之一，其奉诏编纂的《史集》，卷帙浩繁，体大思精，大多信史实录，彰显世界史观，可谓是第一部真正意义上的世界通史巨著。

　　其三，伊利汗国和西欧致力于实现反马木路克王朝的军事合作，虽结果收效甚微，但一定程度上也影响了伊利汗国的政策走向。

---

① 　加文·汉布里. 中亚史纲要 [M]. 吴玉贵，译. 北京：商务印书馆，1994：153.

② 　丹尼斯·塞诺. 丹尼斯·塞诺内亚研究文选 [M]. 张锡彤，张广达，译. 北京：中华书局，2006：217.

伊利汗国前期（1260—1295），除帖古迭儿外，旭烈兀、阿八哈、阿鲁浑和乞合都，皆走传统的扩张之路，出于征服叙利亚的需要，伊利汗在西亚偏爱基督教徒，支持聂思脱里派基督教，扶植信奉天主教的小亚美尼亚，保护亚美尼亚和格鲁吉亚王国。为缓解金帐汗国、察合台汗国和马木路克王朝给伊利汗国带来的巨大威胁，伊利汗国实行远交近攻的外交政策，致力于与西欧基督教国家达成军事合作，共同对付埃及的马木路克王朝。伊利汗国和西欧双方开展了密切友好的外交往来。但是，1291 年阿克陷落后，十字军东征运动以彻底失败告终，西欧在近东地区再无力发起新的军事行动，伊利汗国与西欧的军事合作化为乌有，马木路克王朝成为伊斯兰世界的政治中心，这种局势迫使伊利汗国调整在西亚的传统统治政策。在伊利汗国后期（1295—1355），1295 年合赞以伊斯兰教为国教。完者都和不赛因彻底抛弃蒙古人的传统统治方式，积极依靠西亚的穆斯林贵族，尤其是波斯贵族，与领有埃及和叙利亚的马木路克王朝缔结和平，伊利汗国伊斯兰化，成为西亚的伊斯兰国家。

第四章

东亚的蒙古人与西欧的关系（1260—1368）

　　蒙古帝国的建立使亚欧大陆连为一体，1271 年忽必烈改国号为大元。有元一代，高度重视驿站建设，奉行宗教宽容政策，行"汉法"，海外贸易和城市经济繁盛，蒙古帝国统治下的和平，便利了西欧商旅、外交使节沿丝绸之路前往中国。

　　1264 年马可·波罗的父亲和叔父经金帐汗国抵达中国，1269 年受忽必烈大汗委派出使罗马教廷。1271 年波罗兄弟携马可·波罗觐见忽必烈大汗。马可·波罗在元廷被委以重任，巡视和考察帝国各地。1291 年忽必烈委派波罗家族三人护送阔阔真王妃前往伊利汗国完婚，并出使罗马教廷、英国、法国和阿拉贡。1295 年三人回到故乡威尼斯。马可·波罗的东方见闻形成脍炙人口的《马可波罗行纪》，成为东西方文化交流和中西交通的美谈。

　　1318 年意大利方济各会托钵僧鄂多立克沿传统的地中海至黑海商道，游历伊利汗国，经海路赴印度、印尼和占婆，抵达元大都。1330 年鄂多立克回到意大利，写成广为流传的《鄂多立克东游录》。

　　1291 年意大利方济各会修士约翰·孟特戈维诺受教皇委派出使东方，经伊利汗国泛海前往元帝国。1294 年孟特戈维诺来到元大都并深受元廷钦佩和尊崇。他在京城建天主教堂，为信徒洗礼，劝导高唐王阔里吉思改信天主教。1307 年孟特戈维诺被教皇克雷芒五世任命为第一任汗八里大主教和整个东方的总主教，进一步推动了中西文化的交流。

　　1336 年元顺帝遣使罗马，觐见教皇本笃十二世，拜谒威尼斯市议会、匈牙利国王和西西里国王。1339 年教皇派出约翰·马黎诺里使团前往中国。马黎诺里向元顺帝进献骏马一匹，成为轰动朝野的盛事。

　　1260—1368 年东亚的蒙古人与西欧的关系呈现双向友好态势，元政府派出使节与罗马教廷和拉丁国家开展外交联系，西欧除官方交往外，也有一批商人、传教士和旅行家以个人身份东来中国，进行民间经贸往来和文化交流。东亚的蒙古人与西欧的友好关系开启了天主教在中国的传播，使欧洲人进一步了解了中国，元代成为古代中国对外文化交流的鼎盛时代。

一、东亚的蒙古人与西欧关系的历史条件

（一）蒙古统治下的和平

十三四世纪是蒙古人的世纪。大漠南北统一之前，北方草原战乱频仍，社会动荡不安，人民生活困苦，社会生产破坏。在蒙古部落奴隶制向封建制大转变时代，成吉思汗（1162—1227）顺应历史潮流，阔步走上历史舞台，以和平代替战乱，以统一结束分裂。1201 年成吉思汗灭泰亦赤兀部，1202 年亡塔塔儿部，1203 年消灭克烈部，1204 年打败乃蛮部，完成蒙古地区的统一，蒙古民族共同体形成。1206 年大蒙古国（Yeke Mongghol Ulus）建立，成吉思汗成为全蒙古高原大汗，为巩固新兴政权的统治，实行领户分封制，健全怯薛制①，颁布札撒②，设置札鲁忽赤③，创建蒙古文字，蒙古社会封建化完成，并成为蒙古民族历史发展的里程碑。

为满足新兴军事封建贵族掠夺财物和开疆拓土的需要，成吉思汗及其继承者发动了一系列战争，掀起一股强劲的军事扩张浪潮。1207 年征服"林木中百姓"，1211 年统一畏兀儿和哈剌鲁，1218 年打垮西辽，1227 年消灭西夏，1234 年灭亡金朝。1247 年降服吐蕃，1255 年统一大理。1219—1225 年蒙古帝国发动第一次西征，消灭花剌子模帝国，在中亚地区建立起蒙古人的统治。1235—1242 年，蒙古帝国发动第二次西征，征服钦察和斡罗思，在钦察草原和东欧建立起金帐汗国。1252—1260 年蒙古帝国发动第三次西征，推翻阿拔斯王朝，在西亚建立起伊利汗国。历经数十年征战，横跨亚欧大陆的蒙古帝国形成，并成为历史上亘古未有的庞大帝国。蒙古帝国的扩张以燎原之势，绵延数十年，以暴力方式结束众多衰败、腐朽的封建王朝统治，武力打破以往相互隔绝、分散和孤立的状态，整个亚欧大陆各地区和民族连为一体，世界各国、各地区、各民族的联系大大扩展。

1260 年忽必烈登上大汗之位，经四年汗位之争（1260—1264），阿里不哥降服，忽必烈胜出，漠北与中原连成一体。1271 年忽必烈改国号为大元，建年号中统，大哉乾元，中华正统。"建元表岁，示人君万世之传；纪时书王，见天下

---

① 怯薛（kešig）：禁卫军。
② 札撒（Jasaq）：法度、军令。
③ 札鲁忽赤（Jarquchi）：断事官。

一家之义。法《春秋》之正始，体大《易》之乾元。炳焕皇猷，权舆治道。"①
元世祖祖述变通，附会汉法。中央设中书省总领全国政务，枢密院执掌军务，
御史台监察百官、司黜陟；地方设立行省、路、府、州、县，负责地方行政和
财政；另设宣政院主管西藏事务，澎湖巡检司管理澎湖和台湾；调整怯薛军，
新建侍卫亲军，分地分族组建镇戍军；尊崇藏传佛教，创立帝师制，在西藏实
现有效的政治治理，奠定藏族统一于中华民族大家庭的基础；修建世界性大都
市元大都，万国来朝，彰显至高无上的皇权。1279 年忽必烈灭南宋，李唐以来
长达五百年的中国封建割据政权和民族纷争终止，幅员广大、民族众多的中国
统一，中华民族和中华文明加速融合。元朝于中国，赫赫荣光。"自封建变为郡
县，有天下者，汉、隋、唐、宋为盛，然幅员之广，咸不逮元。汉梗于北狄，
隋不能服东夷，唐患在西戎，宋患常在西北。若元，则起朔漠，并西域，平西
夏，灭女真，臣高丽，定南诏，遂下江南，而天下为一，故其地北逾阴山，西
极流沙，东尽辽左，南越海表。盖汉东西九千三百二里，南北一万三千三百六
十八里，唐东西九千五百一十一里，南北一万六千九百一十八里，元东南所至
不下汉唐，而西北则过之，有难以里数限者矣。"②

有元一代，名义上，蒙古帝国以元朝为宗，察合台汗国、窝阔台汗国、金
帐汗国和伊利汗国为藩。察合台汗国和窝阔台汗国位于中亚，介于东亚的元朝
和西亚的伊利汗国之间，利益关系错综复杂。伊利汗国与察合台汗国和金帐汗
国长期交恶，察合台汗国和窝阔台汗国在西域不断起兵反叛元廷。四十余年的
纷争令各汗国征战不已，为摆脱困局，1304 年蒙古诸汗王约和。大德八年
(1304) 三月，察合台汗国统治者笃哇、窝阔台汗国统治者察八儿遣使入元，请
命罢兵，通一家之好。《元史》记载："癸酉，诸王察八儿、朵瓦等遣使来附，
以币帛六百匹给之。"③ 笃哇、察八儿与元廷约和后，三方商定，遣使伊利汗国
和金帐汗国，各汗王也依例议和罢兵。伊利汗国史家哈沙尼记载："回历 704 年
撒法鲁月 19 日 (1304 年 9 月 19 日)，元成宗之使偕察八儿、都哇等人之使，抵
达波斯之篾剌合，诏告了约和之事。"④ 元廷希望各汗国和睦相处，化干戈为玉
帛。次月，伊利汗国统治者完者都"在木干草原会见钦察汗脱脱的使臣。蒙古
诸兀鲁思之间的约和当于此时最后达成。完者都为表示对元成宗、都哇、察八

---

① 宋濂，等. 元史 (卷四) [M]. 北京：中华书局，1976：65.

② 宋濂，等. 元史 (卷五十八) [M]. 北京：中华书局，1976：1345.

③ 宋濂，等. 元史 (卷二十一) [M]. 北京：中华书局，1976：460.

④ 刘迎胜. 察合台汗国史研究 [M]. 上海：上海古籍出版社，2006：325.

儿的使臣的敬意，设盛宴以待之"①。现藏于法国国家档案馆的1305年伊利汗完者都致法国国王腓力四世信函，有力证明了1304年蒙古各兀鲁思约和盛事。蒙古汗王的议和成功，结束了长年累月的蒙古帝国内部之间的纷争，蒙元帝国复归一统，扬名欧亚，交往大开。

（二）完善的驿站体系、发达的交通网络

蒙古帝国幅员辽阔，设驿路，开关塞，联络交通，建立起完备的驿站体系，中央与地方、内地与边疆、宗主与藩属联系密切。窝阔台汗时（1229—1241），建都哈剌和林，创立驿站制，设置哈剌和林—中原汉地、哈剌和林—察合台汗国、察合台汗国—金帐汗国三条主要驿道，驿站初具规模。

元朝建立后，非常重视驿站建设，驿站规模进一步扩大，驿站制度进一步完善，形成完备的驿站体系。元代的驿传网络，以元大都（汗八里）为中心，辐射帝国四面八方，"东连高丽，东北至奴儿干（黑龙江下游），北达吉利吉思（叶尼塞河上游），西通伊利汗国和钦察汗国，西南抵乌斯藏（西藏），南接安南、缅国"②。大漠南北置达达站，中原和江南地区置汉站，辽东地区另设狗站。《元史》记载，中书省所辖腹里各路站赤一百九十八处，河南江北等处行中书省所辖站赤一百七十九处，辽阳等处行中书省所辖站赤一百二十处，江浙等处行中书省所辖站赤二百六十二处，江西等处行中书省所辖站赤一百五十四处，湖广等处行中书省所辖站赤一百七十三处，陕西行中书省所辖站赤八十一处，四川行中书省所辖站赤一百三十二处，云南诸路行中书省所辖站赤七十八处，甘肃行中书省所辖脱脱和孙马站六处。在中国，蒙古帝国的水站四百二十四处、陆站六百一十四处、步站十一处、牛站二处、轿站三十五处、狗站一十五处，总计一千三百八十三处，水陆交通，星罗棋布，朝令夕至。大站设驿令，小站设提领，交通枢纽之地设脱脱和孙。至元十三年（1276），中央设置通政院总理全国驿站，1311—1320年，汉站又为兵部掌管。各地驿站由路、府、州、县管理，配备牛、马、驴、狗、舟、车、轿，供驿使乘骑所用，驿站提供生活物资及补贴。《元史》记载："元制站赤者，驿传之译名也。盖以通达边情，布宣号令，古人所谓置邮而传令，未有重于此者焉。凡站，陆则以马以牛，或以驴，或以车，而水则以舟。其给驿传玺书，谓之铺马圣旨。遇军务之急，则又以金字圆符为信，银字者次之；内则掌之天府，外则国人之为长官则主之。其官有

---

① 刘迎胜. 察合台汗国史研究［M］. 上海：上海古籍出版社，2006：326.
② 韩儒林. 元朝史［M］. 北京：人民出版社，1986：423.

驿令，有提领，又置脱脱和孙于关会之地，以司辨诘，皆总之于通政院及中书兵部。"① 元廷与金帐汗国、伊利汗国皆有驿路相通，也使亚欧大陆的使臣商旅往来畅通无阻，"适千里者，如在户庭；之万里者，如出邻家"。中外交通大开，前所未有。《元史》记载："元有天下，薄海内外，人迹所及，皆置驿传，使驿往来，如行国中。"②

为传送军政紧急文书，元廷设立急递铺，每铺设一邮长和铺兵五人，铺兵依次递传，日夜兼程，送达文书消息，是为元政府的伟大创举。《元史》记载："元制，设急递铺，以达四方文书之往来，其所系至重，其立法盖可考焉。世祖时……每十里或十五里、二十五里，则设一铺，于各州县所管民户及漏籍户内，签其铺兵。中统元年（1260），诏：随处官司，设传递铺驿，每铺置铺丁五人。"③ 马可·波罗记述："应知此一驿与彼一驿之间，无论在何道上，大汗皆命在每三哩地置一小铺，铺周围得有房屋四十所，递送大汗文书之步卒居焉。每人腰系一宽大腰带，全悬小铃，俾其行时铃声远闻。彼等竭力奔走一切道路，止于相距三哩之别铺，别铺闻铃声，立命别一铺卒系铃以待。奔者抵铺，接替者接取其所赍之物，暨铺书记所给之小文书一件，立从此铺奔至下三哩铺卒，所以大汗有无数铺卒，日夜递送十日路程之文书消息。缘铺卒递送，日夜皆然，脱有必要时，百日路程之文书消息，十日夜可以递至，此诚伟举也。"④

元代完善的驿站体系，极大推动了蒙古帝国交通网络的发展，加强了蒙古帝国各地区的政治、经济联系，促进了蒙古帝国与亚欧大陆各地之间人员往来、商旅交通和文化交流。《元史》记载："于是四方往来之使，止则有馆舍，顿则有供帐，饥渴则有饮食，而梯航毕达，海宇会同，元之天下，视前代所以为极盛也。"⑤ 马可·波罗为元代的驿站体系赞叹不已，"应知有不少道路从此汗八里城首途，通达不少州郡。此道通某州，彼道通别州，由是各道即以所通某州之名为名，此事颇为合理。如从汗八里首途，经行其所取之道时，行二十五哩，使臣即见有一驿，其名曰站（Iamb），一如吾人所称供给马匹之驿传也。每驿有一大而富丽之邸，使臣住宿于此，其房舍满布极富丽之卧榻，上陈绸被，凡使

① 宋濂，等. 元史（卷一百零一）[M]. 北京：中华书局，1976：2583.

② 宋濂，等. 元史（卷六十三）[M]. 北京：中华书局，1976：1563.

③ 宋濂，等. 元史（卷一百零一）[M]. 北京：中华书局，1976：2596.

④ 马可·波罗. 马可波罗行纪[M]. 沙海昂，注. 冯承钧，译. 北京：中华书局，2004：394.

⑤ 宋濂，等. 元史（卷一百零一）[M]. 北京：中华书局，1976：2583.

臣需要之物皆备。设一国王莅此，将见居宿颇适"①。

元代交通十分发达。唐宋以来，我国经济中心日渐南移。元统一中国后，政治稳定，社会安定，元大都是全国的政治中心，天子脚下，官吏庞大，加速了南货北运的发展。《元史》记载："元都于燕，去江南极远，而百司庶府之繁，卫士编民之众，无不仰给于江南。"② 元代南北物质交流的途径主要为三：陆路、河槽和海运。为使南北河槽畅通，至元二十六年（1289），元政府凿成二百五十余里的会通河。至元二十八年（1291），凿成一百六十四里许的通惠河。至此，南北大运河全线贯通，我国黄河、淮河、长江和钱塘江四大水系连为一体，南北漕运畅通，物资交流便利，南粮北运盛况空前。《元名臣事略》记载："江淮、湖广、四川、海外诸番土贡、粮运、商旅、懋迁，毕达京师。"③ 运漕商旅，往来不绝。

海运运量大、成本低，江南财赋北输十分便捷，元政府非常重视海运开辟。《元史》记载："自丞相伯颜献海运之言，而江南之粮分为春夏二运。盖至于京师者一岁多至三百万余石，民无挽输之劳，国有储蓄之富，岂非一代之良法欤。"④ 元代海运线路，前后开辟了三条，三线路的起点均为刘家港（江苏太仓浏河），出长江口海航，沿黄海近水（清水洋、黑水洋、灵山洋）北上，经山东半岛以东入渤海，第一条线达于河北武清，第二条线达于天津大沽，第三条线达于山东掖县。"元代海运的开辟是中国海运史上划时代的大事。它对于商业的发展、大都的供给和繁荣、南北交通的畅通、官民造船业的扩大、航海技术的提高，都具有重大的作用。"⑤

（三）兼容并蓄的宗教政策

蒙古帝国以武力起朔漠、并西域、平西夏、灭女真、臣高丽、定南诏、下江南而天下为一，又以军事暴力征服中亚、西亚伊斯兰世界和东欧基督教世界，在历史上缔造了一个空前绝后的大帝国。蒙古帝国疆域广袤，帝国境内民族多元、种族多元、文化多元。宗教上，萨满教、佛教、道教、儒教、伊斯兰教、基督教、犹太教、摩尼教等亚欧大陆各色宗教并存。1235 年动工兴建的蒙古帝国政治中心哈剌和林，也可说是世界主要宗教汇聚的大场所。"和林城位于今蒙

---

① 马可·波罗. 马可波罗行纪 [M]. 沙海昂，注. 冯承钧，译. 北京：中华书局，2004：393.
② 宋濂，等. 元史（卷九十三）[M]. 北京：中华书局，1976：2364.
③ 《元名臣事略》卷二，《淮安忠武王（伯颜）》引《野斋李公文集》。
④ 宋濂，等. 元史（卷九十三）[M]. 北京：中华书局，1976：2364.
⑤ 韩儒林. 元朝史 [M]. 北京：人民出版社，1986：421-422.

古国后杭爱省厄尔得尼召北，方圆十二里，东西向和南北向两条道路交会于城中心，并通向四门，道路两侧也有店肆、作坊、官舍、寺院、民居。按照穆斯林史书的记载，和林城分回回人区和汉人区两个区，还有十二座佛寺、两座清真寺及一座基督教堂。"① 忽必烈的上都②城中，大龙光华严寺、大乾元寺是佛教寺宇，长春宫、崇真万寿宫、太一宫是道观，还有清真寺。多元宗教在蒙古帝国的共存，很大程度上决定了帝国实行信仰自由和宗教宽容的政策。蒙古本土的萨满教既不能强加给被征服的民众，也不可干预各色人的宗教信仰。作为亚欧大陆的新统治者，蒙古大汗清醒地认识到佛教、基督教、道教和伊斯兰教已植根于各民族、各种族的精神生活之中。而且，这些主要宗教皆教义学说系统，宗教组织完备，蒙古原始朴素的萨满教远非所及。所以，蒙古人的原始信仰萨满教已不适应帝国新的政治需要。

出于政治考虑，蒙古统治者历来奉行经世致用的原则，为达到因其俗而柔其人的统治目的，蒙古帝国从征服一开始，就对各种宗教采取了兼容并蓄的政策，并成为帝国的一项基本国策。在帝国境内，既保持蒙古人的原始宗教萨满教，又宽容道教、佛教、基督教和伊斯兰教。成吉思汗规定，帝国境内所有的宗教都应受到尊重和保护。志费尼记载：成吉思汗"因为不信宗教，不崇奉教义，所以，他没有偏见，不舍一种而取另一种，也不尊此而抑彼；不如说，他尊敬的是各教中有知识的、虔诚的人。认识到这样做是通往真主宫廷的途径。他一面优礼相待穆斯林，一面极为敬重基督教徒和偶像教徒。他的子孙中，好些已各按所好，选择一种宗教：有皈依伊斯兰教的，有归奉基督教的，有崇拜偶像的，也有仍然恪守父辈、祖先的旧法，不信仰任何宗教的；但最后一类现在只是少数。他们虽然选择一种宗教，但大多不露任何宗教狂热，不违背成吉思汗的札撒，也就是说，对各教一视同仁，不分彼此"③。这种信仰自由、宗教宽容的政策，成吉思汗的继承者皆忠实地遵守。

窝阔台汗为人宽厚敦和，体恤百姓，不纵容官员恶行，善恶赏罚分明，宗教宽容有加，严禁利用宗教相互攻击和侮辱。试举一例，"一个穆斯林向一个畏吾儿异密借了四个银巴里失，无力偿还这笔钱。他因此抓住他，辱骂他，要他放弃穆罕默德的教义，改信偶像教的律条，否则就要他在市场中心出丑，挨一百脚掌。那个穆斯林，被他们恐吓得手足失措，请求宽限三天，并且到合罕的

---

① 李治安. 忽必烈传 [M]. 北京：人民出版社，2004：11.

② 上都：元朝的夏都，遗址位于今内蒙古自治区正蓝旗东 20 千米闪电河北岸，今内蒙古多伦县境内.

③ 志费尼. 世界征服者史（上册）[M]. 何高济，译. 北京：商务印书馆，2004：27.

朝见殿去，在那里他扬起棍端的一个标记。合罕叫把他带上来。当他了解到那个穷人的境况时，他命令把他的债主们找来，他们被指控犯下迫害穆斯林的罪行。至于那个穆斯林，他受赐一个畏吾儿妻子和一所房屋。接着合罕下令在市场中心打畏吾儿人一百脚掌，赏给穆斯林一百巴里失"①。

在成吉思汗和窝阔台统治下，全真教努力效忠蒙古帝国，祭五岳四渎，恭行醮事，全真教在蒙古汗廷的重视下蓬勃发展，并一度势力膨胀，恃方凶愎，占夺佛寺，以致出现佛道重大矛盾和冲突，影响帝国的统治。为压制全真教，蒙哥和忽必烈先后三次组织佛道辩论，全真教的势力一定程度上被削弱。不过，全真教仍然是北方道教的重要力量，并继续为帝国统治者所信任。

贵由登基后，秉承祖辈、父辈的宗教政策，特别优待基督教。贵由三大臣中的太傅合答和中书右丞相镇海都是基督教徒，他们对贵由的宗教态度影响大，以至小亚细亚、叙利亚、中亚和斡罗思的基督徒慕名奔赴贵由汗所，乐意为其服务，基督教在贵由统治下兴旺发达。志费尼记载："合答原来从他的幼年起就作为阿塔毕侍奉他；因他从信仰说是一个基督徒，贵由也受到该教的培养，而其印象绘于他的心胸，'犹如刻在石头上的图画'。此外尚有镇海［的影响］。他因此极力礼遇基督徒及其教士；当这事到处盛传时，传教士就从大马士革、鲁木、八吉打、阿速（As）和斡罗思（Rus）奔赴他的宫殿；为他服务的也大部分是基督教医师。"② 柏朗嘉宾说，在贵由汗廷服务的基督徒告诉他们，"他们坚信，他（贵由）即将成为一个基督教徒，关于这一点，他们有明显的证据，因为他供养着基督教的教士们，并且以基督教方面的供应品供养他们；再者，在他的大帐幕前面经常附设一座礼拜堂，他们也像其他基督教徒一样，在规定的时间里在那里公开地唱歌并敲击木板，按照希腊人的方式举行礼拜仪式"③。

蒙哥汗蠲免帝国境内所有宗教团体一切徭役和军役，宗教人士享有赋税豁免权，对伊斯兰教、基督教和佛教等各种宗教团体尊敬和礼遇，尤其优待伊斯兰教。志费尼记载："成吉思汗和（蒙哥）合罕的法令而被蠲免了赋课之扰者，即穆斯林中大赛夷和优秀的伊祃木；他们称为也里可温（erkeün）的基督徒中，僧侣和学者；偶像教徒中，他们叫做脱因的教士、著名的脱因们；还有在所有这些种类的人中，那些年老和无力谋生者。"④ "在各色人和各宗教团体中，他对穆斯林们最表尊敬和礼遇。他把最大量的礼物和捐献赠给他们，享有最大权

① 志费尼. 世界征服者史（上册）［M］. 何高济，译. 北京：商务印书馆，2004：244.
② 志费尼. 世界征服者史（上册）［M］. 何高济，译. 北京：商务印书馆，2004：282.
③ 道森. 出使蒙古记［M］. 吕浦，译. 北京：中国社会科学出版社，1983：66.
④ 志费尼. 世界征服者史（下册）［M］. 何高济，译. 北京：商务印书馆，2004：657.

利的也正是他们。"①

忽必烈也把宗教看作强化皇权必不可少的工具，元世祖对马可·波罗说："全世界所崇奉之预言人有四，基督教徒谓天主是耶稣基督，回教徒谓是摩诃末，犹太教徒谓是摩西，偶像教徒谓其第一神是释迦牟尼。我对于兹四人，皆致敬礼，由是其中在天居高位而最真实者受我崇奉，求其默佑。"② 忽必烈既秉承了先辈所制定的信仰自由、宗教宽容政策，也道出了蒙古帝国宗教政策之现实政治需要的实质，即利用各种宗教作为统治黎民百姓的辅助手段。1326 年天主教传教士安德鲁在给罗马教皇的信中说："在此大帝国境内，天下各国人民，各种宗教，皆依其信仰，自由居住。盖彼等以为凡为宗教，皆可救护人民。……吾等可自由传道，虽无特别允许，亦无妨碍。"③ 自由和宽容意识成为蒙古帝国宗教政策的基本内核，也是元廷遵循的宗教法则，它为元帝国宗教发展提供了政策保障和宽松环境。

为统治中原和江南汉地百姓，马可·波罗说，忽必烈对一切宗教都很宽容，尤其偏爱三宝，对佛教大加尊崇，以至于"虔诚的佛教徒、蒙古史家萨囊彻辰甚至给忽必烈冠以呼图克图（qutuqtu，崇敬的、神圣的）和查克拉瓦蒂（Chakravartin，宇宙之君主）这些称号"④。在佛教事务中，八思巴以佛法辅佐忽必烈，1260 年忽必烈大弘密乘，封八思巴为国师。八思巴亲自为忽必烈和察必皇后举行吉祥金刚喜灌顶仪式，忽必烈完全皈依藏传佛教。1270 年忽必烈进封八思巴为帝师，统领释教。有元一代，世世以吐蕃高僧为帝师，掌理宣政院，帝师不仅成为吐蕃地区的政教首领，也是元帝国佛教最高统领。元帝国以宗教促西藏统一，将吐蕃纳入王朝的统治之下，如此佳政良策，以致佛教团体庞大，僧侣数量剧增，影响深远。至元二十八年（1291），"宣政院上天下寺宇四万二千三百一十八区，僧、尼二十一万三千一百四十八人"⑤。在忽必烈的继承者中，元成宗铁穆耳（1295—1307）、元武宗海山（1308—1311）、元仁宗爱育黎拔力八达（1312—1320）、元泰定帝也孙铁木儿（1324—1328）、元文宗图帖睦尔（1329—1331）与忽必烈一样都是虔诚的佛教徒，他们赏赐、赠与寺观大量土地财产，豁免寺观税差特权，提拔僧侣高职显位，斥巨资抄写佛经。元成宗

---

① 志费尼.世界征服者史（下册）［M］.何高济，译.北京：商务印书馆，2004：658.
② 马可·波罗.马可波罗行纪［M］.沙海昂，注.冯承钧，译.北京：中华书局，2004：305.
③ 张星琅.中西交通史料汇编（第一册）［M］.北京：中华书局，2003：334.
④ 勒内·格鲁塞.草原帝国［M］.蓝琪，译.北京：商务印书馆，1998：378-379.
⑤ 宋濂，等.元史（卷十六）［M］.北京：中华书局，1976：354.

大德五年（1301），颁诏"赐昭应宫、兴教寺地各百顷，兴教仍赐钞万五千锭；上都乾元寺地九十顷，钞皆如兴教之数；万安寺地六百顷，钞万锭；南寺地百二十顷，钞如万安之数"①。"中书省臣言'江南诸寺佃户五十余万'"②，寺观经济规模庞大。元仁宗至大四年（1311），颁诏："赐大普庆寺金千两，银五千两，钞万锭，西锦、彩缎、纱罗、布帛万端，田八万亩，邸舍四百间。"③ 延祐三年春，元仁宗"赐上都开元寺江浙田二百顷，华严寺百顷"④。秋七月，"赐普庆寺益都田百七十顷"⑤。冬十月，"建帝师八思巴殿于大兴教寺，给钞万锭"⑥。延祐六年三月，"赐大兴教寺僧斋食钞二万锭"⑦。六月，"赐大乾元寺钞万锭，俾营子钱，供膳修之费，仍升其提点所为总管府，给银印，秩正三品"⑧。《元史》记载："仁宗天性慈孝，聪明恭俭，通达儒术，妙语释典，尝曰：'明心见性，佛教为深；修身治国，儒道为切。'"⑨ 元文宗天历二年春正月（1329），"帝幸大崇恩福元寺"⑩。五月，"幸大圣寿万安寺，作佛事于世祖神御殿，又于玉德殿及大天源延圣寺作佛事"⑪。冬十一月，"畏兀僧百八人作佛事于兴圣殿"⑫。十一月，"命帝师率群僧作佛事七日于大天源延圣寺"⑬。"以平江官田百五十顷，赐大龙翔集庆寺及大崇禧万寿寺。"⑭ 至顺元年春正月（1330），元文宗"遣使赍金千五百两、银五百两，诣杭州书佛经。赐海南大兴龙普明寺钞万锭，市永业地"⑮。二月，"命市故瀛国公赵显田，为大龙翔集庆寺永业。……帝曰：'吾建寺为子孙黎民计，若取人田而不予直，非朕志也。'"⑯ 夏四月，"括益都、般阳、宁海闲田十六万二千九十顷，赐大承天护圣寺为永

---

① 宋濂，等. 元史（卷二十）[M]. 北京：中华书局，1976：434.
② 宋濂，等. 元史（卷二十）[M]. 北京：中华书局，1976：428.
③ 宋濂，等. 元史（卷二十四）[M]. 北京：中华书局，1976：547.
④ 宋濂，等. 元史（卷二十五）[M]. 北京：中华书局，1976：572.
⑤ 宋濂，等. 元史（卷二十五）[M]. 北京：中华书局，1976：574.
⑥ 宋濂，等. 元史（卷二十六）[M]. 北京：中华书局，1976：586.
⑦ 宋濂，等. 元史（卷二十六）[M]. 北京：中华书局，1976：588.
⑧ 宋濂，等. 元史（卷二十六）[M]. 北京：中华书局，1976：589.
⑨ 宋濂，等. 元史（卷二十六）[M]. 北京：中华书局，1976：594.
⑩ 宋濂，等. 元史（卷三十三）[M]. 北京：中华书局，1976：728.
⑪ 宋濂，等. 元史（卷三十三）[M]. 北京：中华书局，1976：734.
⑫ 宋濂，等. 元史（卷三十三）[M]. 北京：中华书局，1976：743.
⑬ 宋濂，等. 元史（卷三十三）[M]. 北京：中华书局，1976：744.
⑭ 宋濂，等. 元史（卷三十三）[M]. 北京：中华书局，1976：745.
⑮ 宋濂，等. 元史（卷三十四）[M]. 北京：中华书局，1976：750.
⑯ 宋濂，等. 元史（卷三十四）[M]. 北京：中华书局，1976：753.

业"①。九月，"至治初以白云宗田给寿安山寺为永业"②。十二月，"诏：'龙翔集庆寺工役、佛事，江南行台悉给之。'……丁卯，命西僧于兴圣、光天宫十六所作佛事"③。至顺二年（1331），春正月，"住持大承天护圣寺僧宝峰加司徒。……丁亥，以寿安山英宗所建寺未成，诏中书省给钞十万锭供其费，仍命燕铁木儿、撒迪等总督其工役"④。二月，"命田赋总管府税矿银输大承天护圣寺"⑤。"以籍入速速、班丹、彻理帖木儿赀产赐大承天护圣寺为永业。"⑥

忽必烈偏爱佛教，并不影响他尊崇其他宗教。在伊斯兰教方面，蒙古帝国重用木速蛮（Muslim）回回人，花剌子模人牙老瓦赤长期任中原汉地札鲁花赤，阿沙不花任中书右丞相。至元二年（1265），忽必烈颁诏："甲子，以蒙古人充各路达鲁花赤，汉人充总管，回回人充同知，永为定制。"⑦ 元朝在中央设回回哈的司管理全国的穆斯林。在帝国的西北藩属国中，影响最大者莫过于伊利汗国，1295 年统治者合赞（1295—1304）定伊斯兰教为国教，伊利汗国伊斯兰化。伊斯兰教在蒙古帝国的西亚、中亚、东亚甚至在东欧传播更广泛，影响更深远。

在基督教方面，早在成吉思汗统一蒙古高原前，汪古部、乃蛮部和克烈部等部族有不少贵族信仰基督教。在黄金家族成员中，许多贵族都是虔诚的基督徒。成吉思汗的崛起和蒙古帝国的军事征略，柏朗嘉宾和鲁布鲁克在与蒙古统治者交往之中，耳闻目睹了蒙古帝国的宗教宽容政策，以及基督教徒在蒙古帝国的发展。他们认为，蒙哥时代，基督教徒、佛教徒和穆斯林混居在一起，各司其教，各安其所。宪宗四年（1254），鲁布鲁克使团前往哈剌和林，在海押立城中，他考察了偶像教徒，"所有（偶像教徒的）和尚都剃光了头，穿上红色袍子，同时他们从剃头那天起就戒绝肉食，一百或二百成群居住"⑧。也了解了穆斯林，更关注聂思脱里派基督徒。缘于基督教在帝国地位尊崇，鲁布鲁克使团在蒙古本土也深受欢迎。鲁布鲁克说，五旬节的礼拜日（2 月 23 日），"所有东方基督徒的狂欢节到来时，大妃忽都台和她的扈从在那周斋戒。她每天都到我们的礼拜堂来，把食物赐给教士和其他基督徒。头一周有很多基督徒到那儿去

① 宋濂，等. 元史（卷三十四）[M]. 北京：中华书局，1976：756.
② 宋濂，等. 元史（卷三十四）[M]. 北京：中华书局，1976：767.
③ 宋濂，等. 元史（卷三十四）[M]. 北京：中华书局，1976：770.
④ 宋濂，等. 元史（卷三十五）[M]. 北京：中华书局，1976：773.
⑤ 宋濂，等. 元史（卷三十五）[M]. 北京：中华书局，1976：778.
⑥ 宋濂，等. 元史（卷三十五）[M]. 北京：中华书局，1976：779-780.
⑦ 宋濂，等. 元史（卷六）[M]. 北京：中华书局，1976：106.
⑧ 贝凯，韩百诗，译注. 柏朗嘉宾蒙古行纪鲁布鲁克东行纪 [M]. 耿昇，何高济，译. 北京：中华书局，2002：250.

做礼拜。她赐给我和同伴每人一件外衣和一条裤子，用灰锦缎制成，有丝绸镶边，因为我的同伴抱怨说她的皮袍太重"①。棕树主日（4月5日），鲁布鲁克使团在哈剌和林谒见蒙哥大汗，聂思脱里派基督徒排队迎接他们。鲁布鲁克说在拜见会上"继教士后，僧侣致了他的祝词，再就轮到我。他（蒙哥）答应第二天到教堂去。教堂相当大，很美观，整个顶篷用织金绸料铺盖"②。

忽必烈对基督教徒也优礼有加，常常出席基督教的主要节庆活动。马可·波罗说：每年三月的复活节，忽必烈大汗"届时召大都之一切基督教徒来前，并欲彼等携内容四种福音之《圣经》俱来。数命人焚香，大礼进奉此经，本人并虔诚与经接吻，并欲在场之一切高官大臣举行同一敬礼。彼对于基督教徒主要节庆，若复活节、诞生节等节，常遵例为之。对于回教徒、犹太教徒、偶像教徒之主要节庆，执礼亦同"③。唐兀地区、汪古部故地、江南镇江、杭州、泉州等地，基督教活跃频繁。镇江路副达鲁花赤马薛里吉思，以弘扬基督教为己任，大兴土木，修建基督教堂，筹集教产，以供教务之需。爱薛（怯里马赤）是最受忽必烈宠幸的基督教徒近臣之一，受到元廷历任皇帝重用。"爱薛，西域弗林人。通西域诸部语，工星历、医药。初事定宗，直言敢谏。时世祖在藩邸，器之。中统四年，命掌西域星历、医药二司事，后改广惠司，仍命领之。……奉诏使西北宗王阿鲁浑所。既还，拜平章政事，固辞。擢秘书监，领崇福使，迁翰林学士承旨，兼修国史。……大德八年（1304），授平章政事。……仁宗时，封秦国公。卒，追封太师、开府仪同三司、上柱国、拂林忠献王。"④ 至元二十六年（1289），忽必烈设立崇福司，官及二品，专门管理全国基督教事务。地方设置七十二所也里可温（元代对基督徒和教士的通称）掌教司，基督教徒享有蠲免差发优渥，基督教在忽必烈时代得到前所未有的发展，聂思脱里派基督教在甘肃、宁夏、天德、西安、大都等地，设置主教区。《元史》记载，天历三年（1330），在大都，信奉基督徒的斡罗思人多达万人。马可·波罗说，福州及江南也里可温多达七十余万户。

蒙元时代，兼容并蓄的宗教政策使伊斯兰教在帝国发展迅速。成吉思汗借

① 贝凯，韩百诗，译注. 柏朗嘉宾蒙古行纪鲁布鲁克东行纪［M］. 耿昇，何高济，译. 北京：中华书局，2002：281.
② 贝凯，韩百诗，译注. 柏朗嘉宾蒙古行纪鲁布鲁克东行纪［M］. 耿昇，何高济，译. 北京：中华书局，2002：287.
③ 马可·波罗. 马可波罗行纪［M］. 沙海昂，注. 冯承钧，译. 北京：中华书局，2004：305.
④ 宋濂，等. 元史（卷一百三十四）［M］. 北京：中华书局，1976：3249.

助木速蛮商人为之服务并统一蒙古高原，木速蛮与蒙古统治集团不是盟友胜似盟友，花剌子模人牙老瓦赤、富商奥都剌合蛮、不花剌贵族赛典赤·赡思丁、权臣阿合马、忻都、伯颜皆为蒙元汗廷炙手可热的穆斯林，为蒙古帝国经营政治、理商生财，地位备受尊崇。元代社会关系上，蒙古、色目、汉人、南人四等，钦察、唐兀、阿速、秃八、康里、回回、乃蛮、乞失迷儿等，俱系色目，社会地位仅次于蒙古人。中统年间，大都路的回回人发展到二千九百五十三户，多为政商显赫之家。拉施特说：哈剌章省（云南行省）"有一座大城……省就设在此城，该处居民全都是穆斯林"①。值得一提的是，在崇尚藏传佛教的整个忽必烈家族，安西王阿难答皈依伊斯兰教，成为整个家族的第一位穆斯林。他笃定伊斯兰信仰，并影响其麾下数量庞大的军队改宗伊斯兰教。拉施特说："木速蛮的信仰在他心中已经巩固起来，不可动摇，他背诵过《古兰经》，并且用大食文书写得很好。他经常把［自己的］时间消磨于履行戒律和祈祷上，同时，他还使依附于他的十五万蒙古军队的大部分皈依了伊斯兰教。"② 阿难答改信伊斯兰教一事，成为诠释蒙古帝国信仰自由和宗教宽容政策的最佳案例。

（四）活跃的商业贸易、繁荣的城市经济

元统一中国，为稳定社会和发展生产，行"汉法"，改变游牧民族以往变农田为牧场的传统游牧生产方式，高度重视农业生产，农业逐渐恢复和发展。《元史》记载："农桑，王政之本也。太祖起朔方，其俗不待蚕而衣，不待耕而食，初无所事焉。世祖即位之初，首诏天下，国以民为本，民以衣食为本，衣食以农桑为本。"③ 为此，元政府颁布《农桑辑要》，俾民崇本抑末；设司农司和四道巡行劝农司。至元七年（1270）十二月，忽必烈"改司农司为大司农司，添设巡行劝农使、副各四员，以御史中丞孛罗兼大司农卿。安童言孛罗以台臣兼领，前无此例。有旨'司农非细事，朕深谕此，其令孛罗总之'"④。1271年元廷颁布《户口条画》，整顿户籍，编户齐民；禁止官员占民田为牧地，严禁贵族豪强的畜牧损坏百姓禾稼桑果；兴修水利；招徕流民，减免租税，鼓励垦荒，逃户复业者，差税一年全免，次年减半；大力开垦军民屯田，以资军饷，以实戍边。"大抵芍陂、洪泽、甘、肃、瓜、沙，因昔人之制，其地利盖不减于旧；和林、陕西、四川等地，则因地之宜而肇为之，亦未尝遗其利焉。至于云南、

① 拉施特. 史集（第二卷）［M］. 余大钧，周建奇，译. 北京：商务印书馆，1985：333.
② 拉施特. 史集（第二卷）［M］. 余大钧，周建奇，译. 北京：商务印书馆，1985：333.
③ 宋濂，等. 元史（卷九十三）［M］. 北京：中华书局，1976：2354.
④ 宋濂，等. 元史（卷七）［M］. 北京：中华书局，1976：132.

八番、海南、海北，虽非屯田之所，而以为蛮夷腹心之地，则又因制兵屯旅以控扼之。由是而天下无不可屯之兵，无不可耕之地矣。"[1] 置仓廪，常平仓，赈济灾民，发展生产。

在元政府系列措施的激励下，至元三十年（1293），全国民户已达14002760，某些地方户口数大致与宋金相当。中原和沿海地区农业生产发展喜人。"天下岁入粮数，总计一千二百十一万四千七百八石。腹里，二百二十七万一千四百四十九石。行省，九百八十四万三千二百五十八石。……江浙省四百四十九万四千七百八十三石"[2]，江浙省占全国岁入粮总数三分之一强。"江南三省天历元年（1328）夏税钞数，总计中统钞一十四万九千二百七十三锭三十三贯。江浙省五万七千八百三十锭四十贯。江西省五万二千八百九十五锭一十一贯。湖广省一万九千三百七十八锭二贯。"[3] 江浙省为江南三省夏税钞数之冠，江西省次之。农业生产工具和技术不断改进，元代以降，苎麻艺于河南，木棉种于陕西，枝繁叶茂，无异于本土。尤其是在全国范围内推广木棉栽种法，棉花种植面积不断扩大，产量普遍提高，棉花代替丝麻成为黎民百姓生产、生活的重要原料之一，其意义非凡。不过，元中后期，由于种种原因，农业生产发展呈现停滞状态。

元代的手工业分官营手工业和民间手工业两大类。官营手工业为中央和地方政府直接控制，专门设官置邸，手工业制作体系日趋完备，且规模大、产量高、产品精。工部总理全国手工业，设置"尚书三员，正三品；侍郎二员，正四品；郎中二员，从五品；员外郎二员，从六品。掌天下营造百工之政令。凡城池之修濬，土木之缮葺，财物之给受，工匠之程式，铨注局院司匠之官，悉以任之"[4]。工部下设院、司、局、库，从事坑冶、织染、烧窑、制皮、杂造等。地方各路、府、州、县均设手工业局院。蒙元官营手工业呈现三大特点：一是皆为皇亲国戚和封建衙门需要置业产品；二是丝织品产量高，质量精美，尤其御用织物纳失失（金线混织、上贴大小明珠的金绮），质量上乘；三是各色兵器种类多，且不断创新，新产品回回炮和火铳是其突出代表。元代民间手工业在金代手工业的基础上进一步发展起来，主要表现为一家一户小生产作坊的家庭手工业，棉纺、制瓷、冶炼等某些行业出现雇佣劳动，景德镇的瓷业成为全国最大的制瓷中心，元代青花瓷是景德镇的新产品并远销东南亚和伊斯兰世

① 宋濂，等. 元史（卷一百）[M]. 北京：中华书局，1976：2558.

② 宋濂，等. 元史（卷九十三）[M]. 北京：中华书局，1976：2360.

③ 宋濂，等. 元史（卷九十三）[M]. 北京：中华书局，1976：2361.

④ 宋濂，等. 元史（卷八十五）[M]. 北京：中华书局，1976：2143.

界，深受中国和海外人民欢迎。伊本·白图泰说：中国瓷器从泉州港外销，"这种瓷器运销印度等地区，直至我国马格里布"①。不过因封建官府的压制和掠夺，元代民间手工业未能得到充分发展。

元统一全国后，为促进各地经济交流和商贸往来，元政府禁止使用铜钱，沿用宋金交钞之法，从中央到地方设置交钞提举司、平准库和回易库，先后发行中统元宝钞（1260）、至元宝钞（1287）、至大银钞（1309）和至正交钞（1350），在全国范围内流通统一的纸币。严禁伪造纸币，违者重罚。正如《元史》记载，至元十三年（1276）六月，"置行户部于大名府，掌印造交钞，通江南贸易"②。至元十四年（1277），夏四月，"丙戌，禁江南行用铜钱"③。十一月，"乙未，凡伪造宝钞、同情者并处死，分用者减死杖之，具为令"④。伊本·白图泰说："如有携带金银硬币去市上买东西者，则无人接受。"⑤ 不过，元统一的钞法，兴废无常。元代统一的纸币在全国范围内使用，商业经济日趋活跃。

元代的商业贸易，分国内贸易和国际贸易两线，国内外贸易又分官营和民营两类。在国内贸易上，元政府多实行专利垄断政策，盐、铁、酒、茶等许多重要商品皆由政府专卖，《元史》记载，"元初，以酒醋、盐税、河泊、金银铁冶六色，取课于民，岁定白银万锭"⑥。天历元年（1328）岁课类中有金课、银课、铜课、铅课、矾课、碱课、竹木课。其中盐课最为典型和重要，"国之所资，其利最广者莫如盐"⑦。盐的生产和销售实行官运官销或商运商销两种途径，盐课的收入约占全国财政的50%以上。正因为如此，元的盐政管理严格，盐法严酷，元盐法规定，"凡伪造盐引者皆斩，籍其家产，付告人充赏。犯私盐者徒二年，杖七十，止籍其财产之半；有首告者，于所籍之内以其半赏之。行盐各有郡邑，犯界者减私盐罪一等，以其盐之半没官，半赏告者"⑧。

民营商业中，贵族、官僚、色目商人和寺院僧侣依托特权，欺行霸市，巧取豪夺，与民争利，多为商贾。匪夷所思的是，蒙古王室成员从事斡脱钱高利贷活动，坐收渔利。民间商人多为小商小贩，深受官府和商贾压制，处境不佳。

① 马金鹏，译. 伊本·白图泰游记 [M]. 银川：宁夏人民出版社，1985：546.
② 宋濂，等. 元史（卷九）[M]. 北京：中华书局，1976：183.
③ 宋濂，等. 元史（卷九）[M]. 北京：中华书局，1976：190.
④ 宋濂，等. 元史（卷九）[M]. 北京：中华书局，1976：193.
⑤ 马金鹏，译. 伊本·白图泰游记 [M]. 银川：宁夏人民出版社，1985：547.
⑥ 宋濂，等. 元史（卷九十四）[M]. 北京：中华书局，1976：2386.
⑦ 宋濂，等. 元史（卷九十四）[M]. 北京：中华书局，1976：2386.
⑧ 宋濂，等. 元史（卷九十四）[M]. 北京：中华书局，1976：2386.

元统一全国后，因版图辽阔，交通网络完善，尤其南北大运河全线贯通，经商的人舍本逐末日趋，民营商业活动大大沟通了全国商品的流通。

元代的海外贸易，因袭宋制，政府操办，招徕蕃商，发展海外贸易。美国学者劳伦斯·贝尔格林说："忽必烈汗手中最有利的武器不是利剑长矛，也不是枪炮毒药，而是与其他国家建立贸易关系。"[1] 至元十四年（1277），元世祖忽必烈在泉州设立第一个市舶提举司，命闽广大都督忙兀台管领。后又在庆元、上海、澉浦设立市舶司，命福建安抚使杨发管领。至元十五年（1278），元世祖颁诏，鼓励海外贸易，"诸蕃国列居东南岛屿者，皆有慕义之心，可因蕃舶诸人宣布朕意。诚能来朝，朕将宠礼之。其往来互市，各从所欲"[2]。元朝东与高丽和日本，西与菲律宾群岛、印度半岛、马来西亚群岛、印度尼西亚群岛、南亚和西亚、伊斯兰世界和东非地区，北与斡罗思、拜占庭均买卖频发。在海外贸易中，中国的生丝、绸缎、金锦、青花瓷等商品深受各国人民喜爱。亚非的明珠珍宝、象牙玳瑁、钻石珐琅、沉香檀香等奢侈品纷纷东来。元代的海外贸易呈现欣欣向荣之景。至元二十一年（1284），元朝制定市舶法，实行"官本船"贸易，推行官本商办的办法，垄断海外贸易。官自具船、给本，选人入蕃易货，所获之利，依例抽税，官取七分，所易人取三分。至元二十二年（1285），忽必烈允许民间商人从事海外贸易。

元代商业贸易的发展，促进城市经济的繁荣，全国涌现出一大批新兴的工商业城市。元大都不仅是全国的政治中心，也是世界的经济中心之一。[3] 马可·波罗说："应知汗八里城内外人户繁多，有若干城门即有若干附郭。此十二大郭之中，人户较之城内更众。郭中所居者，有各地来往之外国人，或来入贡方物，或来售货宫中。所以城内外皆有华屋巨室，而数众之显贵邸舍，尚未计焉。……外国巨价异物及百物之输入此城者，世界诸城无能与比。盖各人自各地携物而至，或以献君主，或以献宫廷，或以供此广大之城市，或以献众多之男爵骑尉，或以供屯驻附近之大军。百物输入之众，有如川流之不息。仅丝一项，每日入城者计有千车。用此丝制作不少金锦绸绢，及其他数种物品。附近之地无有亚麻质良于丝者，固有若干地域出产棉麻，然其数不足，而其价不及丝之多而贱，且亚麻及棉之质亦不如丝也。此汗八里大城之周围，约有城市二

---

① 劳伦斯·贝尔格林. 马可·波罗传 [M]. 周侠，译. 海口：海南出版社，2010：16.
② 宋濂，等. 元史（卷十）[M]. 北京：中华书局，1976：204.
③ 马可·波罗. 马可波罗行纪 [M]. 沙海昂，注. 冯承钧，译. 北京：中华书局，2004：266.

百，位置远近不等。每城皆有商人来此买卖货物，盖此城为商业繁盛之城也。"①

来自日本、朝鲜、东欧、西欧、西非和西亚、中亚和南亚商队在蒙古帝国境内买卖络绎不接。肃州"产大黄甚富，商人来此购买，贩售世界"②。天德城"以商工为业，制造金锦，其名曰纳石失（nasich）、毛里新（molisins）、纳克（naques）。并织其他种种绸绢，盖如我国之有种种丝织毛织等物，此辈亦有金锦同种种绸绢也"。苏州是"一颇名贵之大城……恃商工为活。产丝甚饶，以织金锦及其他织物。此城甚大，周围有六十哩，人烟稠密，至不知其数"③。忽必烈时代，以泉州为中心的海外贸易空前繁荣。马可·波罗说，在泉州（刺桐）港，"印度一切船舶运载香料及其他一切贵重货物咸莅此港……由是商货宝石珍珠输入之多竟至不可思议，然后由此港转贩蛮子境内。我敢言亚历山大或他港运载胡椒一船赴诸基督教国，乃至此刺桐港者，则有船舶百余"④。杭州仍是大都会，城宽地阔，人烟稠集，五方之民云集，万物富足汇聚。太仓因元代海运的发展而兴旺发达，屯粮成市，蕃汉间处，欣欣向荣。

二、波罗家族的两次东行和《马可波罗行纪》

（一）波罗兄弟的两次东行

新航路开辟前，中古时代的欧洲商业贸易区主要集中在地中海—黑海商业贸易区和波罗的海—北海商业贸易区，特别是地中海—黑海商业贸易区十分活跃。蒙古帝国统治下的和平，极大便利了西欧商人沿丝绸之路前往中国贸易。意大利城市共和国纷纷建立，政府鼓励发展商业，支持对外贸易。传统的商业冒险精神激励着意大利商人前往世界各地发展商贸。有元一代，西欧来华的商人多是意大利威尼斯和热那亚商人。"作为通往东方财富的门户，威尼斯产生了一批精明的商人贵族阶层，这其中就包括有过多次东方之旅经历的波罗家族。……威尼斯人以其高效、务实的商业经营理念和能力而享誉欧洲。"⑤ 马

---

① 马可·波罗. 马可波罗行纪 [M]. 冯承钧，译. 上海：上海书店出版社，2004：237-238.

② 马可·波罗. 马可波罗行纪 [M]. 沙海昂，注. 冯承钧，译. 北京：中华书局，2004：204.

③ 马可·波罗. 马可波罗行纪 [M]. 冯承钧，译. 上海：上海书店出版社，2004：350.

④ 马可·波罗. 马可波罗行纪 [M]. 沙海昂，注. 冯承钧，译. 北京：中华书局，2004：609.

⑤ 劳伦斯·贝尔格林. 马可·波罗传 [M]. 周侠，译. 海口：海南出版社，2010：5.

可·波罗的父辈们为追逐商业利润两次前来中国。

马可·波罗说①，第一次始于 1260 年，他的父亲尼可罗·波罗（Nicolas）和他的叔父马菲奥·波罗（Matteo），熟知蒙古语，智贤博学。兄弟二人自威尼斯船载商货，抵达拉丁帝国君士坦丁堡，怀着有利可图的目的，他俩商议后，经黑海—亚速海，赴克里米亚的商贸中心苏达克经商。伊本·白图泰说，苏达克是世界四大港之一，时为金帐汗国管控。在苏达克，波罗兄弟商量决定陆行前往金帐汗国拜见驻营不里阿耳城②的别儿哥汗（1257—1266），受到别儿哥的热情款待，马克·波罗书第二章中记叙，"别儿哥颇喜他们弟兄二人之来，待遇优渥"③。他们把所带来的珍宝全部献给别儿哥，别儿哥颇爱其物，乃以两倍之价的礼物赠予。不里阿耳城是欧亚商业中心，毛皮、蜂蜡、蜂蜜之物闻名遐迩。

在不里阿耳居住一年后，因为伊利汗国旭烈兀与金帐汗国别儿哥为争夺阿塞拜疆发生战争，别儿哥汗战败，波罗兄弟决定从不里阿耳城出发，继续东行。经兀迦克（Oukak），过锡尔河，到达中亚名城、今天乌兹别克斯坦的布哈拉城，这是古代东西方商人的必经之地。马可·波罗说，中亚之主是察合台曾孙八剌（1266—1271）。在留居布哈拉城三年间，波罗兄弟邂逅伊利汗国派往元帝国的二位使臣，使臣建议他们前往中国拜见忽必烈大汗，且路途安全，必当享厚禄，居高位。旭烈兀的使臣说："大汗从未见过拉丁人，极愿见之。君等如偕我辈往谒大汗，富贵可致。且随我辈行，沿途亦安宁也。"④ 伊利汗国的使臣为波罗兄弟指明了通往元帝国交通之路。经过一年多跋涉，1264 年，兄弟二人抵达忽必烈大汗所，颇受优礼。忽必烈询问兄弟二人有关罗马教皇和教会、西欧各国君主和诸侯的政治事宜，他们知无不言，忽必烈也很喜欢他们并热情款待。"聆悉波罗弟兄二人所言拉丁人一切事情以后，甚喜。"⑤ 而后，忽必烈希望波罗兄弟陪同元帝国使臣豁哈塔勒（Cogatal）出使西欧，兄弟二人欣然应允。元廷界以

① 目前，关于马可·波罗的研究，肯定说与怀疑—否定说的论战焦点主要集中在三个方面：一是如何看待《马可波罗行纪》若干漏记或误记，其基本记载是否真实？二是马可·波罗在华的身份究竟如何？三是如何看待中国文献中没有马可·波罗的记载，马可·波罗是否来过中国？或可参考李治安. 百年以来对马可·波罗来华史实的厘清 [EB/OL]. 北京：中国社会科学网. 2019-04-20.

② 不里阿耳城：遗址在今伏尔加河附近的喀山之南 133 千米处。

③ 马可·波罗. 马可波罗行纪 [M]. 沙海昂，注. 冯承钧，译. 北京：中华书局，2004：6.

④ 马可·波罗. 马可波罗行纪 [M]. 沙海昂，注. 冯承钧，译. 北京：中华书局，2004：12.

⑤ 马可·波罗. 马可波罗行纪 [M]. 沙海昂，注. 冯承钧，译. 北京：中华书局，2004：18.

使命，赐之金牌，用蒙古语作书致信罗马教皇，一望教皇派遣通晓七艺的基督教博士百人来华辩论教义，二命使团将耶路撒冷的圣墓灯油携回大元。因为元帝国使臣豁哈塔勒中途患病，无力西行，等待波罗弟兄二人复命。波罗弟兄遭遇暴风雪雨，骑行三年，抵达小亚美尼亚的剌牙思①。1269 年 4 月，波罗弟兄到达阿克（Acre），闻讯教皇克雷芒四世（1265—1268）去世，面见了罗马教廷特使梯博（Thibaud de Plaisance），并商定暂回威尼斯探视家人。

马可·波罗说，波罗兄弟二人在威尼斯留居两年后，1271 年，第二次前往中国复命，并携带十七岁的马可·波罗往朝大汗。他们三人从威尼斯出发，径直赶赴阿克，拜见教廷特使梯博，取得特使同意，前往耶路撒冷取回圣墓灯油。不久梯博当选为新教皇，是为格列高利十世（1271—1276），三人复往阿克拜谒新教皇。"教皇以礼待之，并为祝福。嗣命宣教士二人往谒大汗，履行职务。此二人皆为当时最有学识之人。一名尼古勒（Nicole de Vicence），一名吉岳木（Guillaume de Tripoli）。教皇付以特许状及致大汗书。"② 他们五人从阿克行至剌牙思，适闻马木路克王朝拜伯尔斯侵袭并大肆蹂躏小亚美尼亚，教皇特使二人畏惧，不敢前行，乃以特许状和致大汗信函交付尼可罗·波罗和马菲奥·波罗。兄弟二人身兼蒙古帝国和罗马教廷使者双职，走陆路向北出发，经冬及夏，一路经过克尔曼、呼罗珊、巴里黑、巴达赫尚、帕米尔，长途跋涉三年有半。作为元廷使者，元朝完善的驿站体系令其便利，"他们来去并受沿途敬礼，凡有所需，悉皆供应"③。1275 年，三人抵达元朝的上都，觐见忽必烈大汗，"呈递其所赍之教皇书状。大汗甚喜。已而进呈圣墓灯油，大汗亦甚欢欣"④。及见马可·波罗在旁，大汗询问此为何人，尼可罗答曰"是为我子，汗之臣仆"⑤。忽必烈闻之甚喜，且马可·波罗熟习蒙古语言、书法和战术，为人聪颖，仪态端方，观察敏锐，博闻强识，"又能揣知大汗之一切嗜好"⑥，忽必烈对其宠爱有

---

① 剌牙思（Layas）：即阿牙思（Ayas）。

② 马可·波罗. 马可波罗行纪 [M]. 沙海昂，注. 冯承钧，译. 北京：中华书局，2004：29.

③ 马可·波罗. 马可波罗行纪 [M]. 沙海昂，注. 冯承钧，译. 北京：中华书局，2004：32.

④ 马可·波罗. 马可波罗行纪 [M]. 沙海昂，注. 冯承钧，译. 北京：中华书局，2004：33.

⑤ 马可·波罗. 马可波罗行纪 [M]. 沙海昂，注. 冯承钧，译. 北京：中华书局，2004：33.

⑥ 马可·波罗. 马可波罗行纪 [M]. 沙海昂，注. 冯承钧，译. 北京：中华书局，2004：36.

加，委以重任，巡视和考察蒙古帝国各地，完成忽必烈大汗交付的许多重要任务。马可·波罗不仅熟习蒙古帝国内部的政治局势，而且参与了元帝国国家管理中许多军政要务。

波罗家族三人在大都旅居十七年，思乡心切，"然大汗爱之初，欲置之左右，不许其归"①。1291 年，伊利汗国阿鲁浑汗（1284—1291）遣使元朝请婚，忽必烈选定阔阔真（Cocachin）公主为阿鲁浑新王妃，决定派遣马可·波罗和他的父亲、叔父护送阔阔真王妃前往伊利汗国，并出使罗马教廷、英国、法国和阿拉贡。"命备船十三艘，每艘具四桅，可张十二帆。……船舶预备以后，使者三人、赐妃、波罗弟兄同马可阁下，遂拜别大汗，携带不少随从及大汗所赐之两年粮食，登船出发。"②

1292 年，波罗家族三人从福建泉州港出发，走海路，离开中国，经南中国海、马六甲海峡、马来群岛、印度南部、印度西海岸、波斯湾，到达霍尔木兹，经巴士拉，抵达伊利汗国都城大不里士。正值阿鲁浑汗去世，阔阔真王妃为阿鲁浑之子合赞宗王所迎娶，波罗家族三人完成了忽必烈大汗交给他们的护送王妃的使命。奉忽必烈旨意，在伊利汗国的安排下，出使西欧。他们由陆路经亚美尼亚，抵达黑海南岸的商贸中心特列比宗德，途经君士坦丁堡，1295 年，三人回到威尼斯，结束了长期旅居异域的生涯。

1296—1298 年，为争夺地中海商业霸权，威尼斯与热拉亚发生海战。马可·波罗出于爱家之心，亲自任船长参战，威尼斯船队战败，1296 年或 1297 年马可·波罗被俘。在热拉亚监狱的六年，马可·波罗向狱友比萨人鲁斯蒂谦（Rusticiano）口述波罗家族三人旅行蒙古帝国的经历，鲁斯蒂谦"抓住了马可记忆力强、语言表达连贯、爱夸大其词的特点"③，用法语记录成书，是为享誉世界的《马可波罗行纪》（或称《东方见闻录》），本书写作时间是 1298 年。1299 年，马可·波罗被释放，回到威尼斯。此后二十年间，马可·波罗继续讲述他游历亚洲的故事，不断充实《东方见闻录》，马可·波罗说："他所见的异事尚未说到一半。"④ 许多人自发地誊抄马可·波罗的记述，"大约共有 119 种

---

① 马可·波罗. 马可波罗行纪［M］. 沙海昂，注. 冯承钧，译. 北京：中华书局，2004：37.

② 马可·波罗. 马可波罗行纪［M］. 沙海昂，注. 冯承钧，译. 北京：中华书局，2004：40.

③ 劳伦斯·贝尔格林. 马可·波罗传［M］. 周侠，译. 海口：海南出版社，2010：267-268.

④ 马可·波罗. 马可波罗行纪［M］. 冯承钧，译. 上海：上海书店出版社，1999：29.

不同版本的早期手稿被保存下来"①。1477 年，最早的《马可波罗行纪》印刷版本在纽伦堡出现。

（二）《马可波罗行纪》与蒙古帝国

马可·波罗（Marcopolo，1254—1324）生活的时代，是意大利工商业经济活跃和资本主义萌芽的时代，他的故乡威尼斯是地中海—黑海商业贸易圈的枢纽之一。

法国学者沙海昂（A. H. Charigon）注、冯承钧译的《马可波罗行纪》汉译本一书②，共四卷、229 章。

第一卷（第一章至七十四章）的内容，主要是马可·波罗自地中海岸赴忽必烈大汗驻夏之地上都沿途所见所闻。

第一二章叙述 1260 年马可·波罗的父亲和叔叔（波罗兄弟）自拉丁帝国君士坦丁堡赴黑海营商并抵达克里米亚的苏达克，然后前往金帐汗国别儿哥的汗所萨莱和不里阿耳城，因别儿哥汗与伊利汗国的旭烈兀汗交战，波罗兄弟决定渡伏尔加河继续东行。

第三四章叙述波罗兄弟穿越中亚沙漠戈壁之地，抵达察合台汗国名城布哈拉，并留居此地三年，在布哈拉邂逅伊利汗国使臣并在其邀请下一同前往，朝见元帝国忽必烈大汗。

第五六章叙述波罗兄弟抵达忽必烈汗所，颇受优礼。"大汗颇喜其至，垂询之事甚夥，先询诸皇帝如何治理国土，如何断决狱讼，如何从事战争，如何处理庶务。复次询及诸国王、宗王及其他男爵。""已而大汗详询关于教皇、教会及罗马诸事，并及拉丁人之一切风俗。"

第七八章叙述波罗兄弟为忽必烈大汗所信任，赐以金牌，携带致教皇书信，受命出使罗马教廷。波罗兄弟历经三年艰辛，抵达小亚美尼亚商业名港刺牙思。

第九十章叙述波罗兄弟从刺牙思首途，1269 年 4 月，抵于阿克。教皇克雷芒四世不幸去世，1269 年，波罗兄弟回威尼斯省亲并等待新教皇产生。

第十至十二章叙述 1271 年波罗兄弟带着年仅十七岁的马可·波罗自威尼斯启程，径赴阿克觐见新教皇格列高利十世，在耶路撒冷取回圣墓灯油，并前往

---

① 劳伦斯·贝尔格林. 马可·波罗传［M］. 周侠，译. 海口：海南出版社，2010：284.

② 贝内代托（L. F. Benedetto）认为，《马可波罗行纪》版本流传初期分成 A、B 两大分支。现存诸本 F、FG、TA、VA、P 属于 A 组，Z 则属于 B 组，剌木学编译 R 本时所用的抄本既有 A 组也有 B 组的。据现存诸本，可还原出《马可波罗行纪》最早的原本（简称 O）。在这一理论影响下，慕阿德、伯希和 1938 年出版的英译《马可波罗寰宇记》，将诸版本中文句连缀一起，世称百衲本。

元廷向忽必烈复命。

第十三、十四章叙述波罗兄弟携带马可·波罗在上都觐见忽必烈大汗,并呈上教皇致大汗的书信和圣墓灯油,大汗非常高兴。波罗兄弟向大汗引荐马可·波罗,忽必烈甚喜。

第十五、十六章叙述马可·波罗熟习蒙古语言、风俗、书法、战术,"精练至不可思议",忽必烈大汗常常对马可·波罗委以重任,马可·波罗皆能尽职。因大汗喜闻异事,马可·波罗"又能揣知大汗之一切嗜好",每次奉使途中注意收集各地奇闻逸事,"尤专访询,以备向大汗陈述","大汗尤宠之"。

第十七、十八章叙述波罗兄弟和马可·波罗(波罗三人)在元帝国留居十七年,思乡心切,受命护送伊利汗国阿鲁浑新妃阔阔真公主前往波斯完婚,及作为元朝使臣出访西欧基督教国家。马可·波罗使团六百人,规模浩大,"备船十三艘",携带两年粮食,航行十八个月,从福建泉州启程,走海路远行并抵达波斯。在伊利汗国的安排下,经黑海南岸商业大港特列比宗德、拜占庭帝国首都君士坦丁堡,1295年,波罗三人回到家乡威尼斯。

第十九章叙述濒临地中海西岸、臣属伊利汗国的小亚美尼亚(西利西亚),其民好勇尚武,物产丰富,尤其是刺牙思城港,"商业茂盛,内地所有香料、丝绸、黄金及其他货物,皆辐辏于此"。

第二十章叙述小亚细亚的罗姆苏丹国居民为突厥人、亚美尼亚人和希腊人,信仰伊斯兰教的突厥人以畜牧为生,亚美尼亚人和希腊人与突厥人杂居,以工商为业。小亚细亚"制造世界上最精美之毛毡",主要城市是科尼亚、凯撒里亚和锡瓦斯。

第二十一章叙述大亚美尼亚[①],居民为亚美尼亚人,信仰基督教,臣属伊利汗国,境内牧地优良,是西亚蒙古人的夏季牧场。主要都邑是埃尔津詹(阿儿赞干)和埃尔祖鲁姆(阿儿疾隆)。中古亚美尼亚盛产石油,埃尔津詹生产"世界上最良之毛织物"。

第二十二章叙述中古格鲁吉亚(谷儿只),居民信仰基督教,勇敢善射,国王大卫,臣属伊利汗国。"其地多城堡,产丝甚富,制种种金锦丝绸,极丽"。百物丰饶,人民以工商为业。

第二十三章叙述摩苏尔(毛夕里),摩苏尔人分为信仰伊斯兰教的阿拉伯人和库尔德人,部分摩苏尔人信仰基督教。"此地之一切金锦同丝绸名曰毛夕里纱

---

① 马可·波罗认为,大亚美尼亚的境界,西迄今土耳其境内的托罗斯山,东抵里海,南至两河流域,北接格鲁吉亚和高加索,止于打耳班(今俄罗斯里海滨城杰尔宾特)。

（Musselines）"，闻名遐迩。

第二十四至二十八章叙述巴格达（报达）是伊斯兰世界的宗教中心，出产世上最良海枣（椰枣）和纳石失（金锦）。（"报达城纺织丝绸金锦，种类甚多，是为纳石失（Nasich）、紫锦同不少别种奇丽织物。"）1255 年，旭烈兀进攻巴格达城，1258 年，践杀末代哈里发穆斯台绥木（1242—1258），阿拔斯王朝灭亡。

第二十九至三十九章叙述伊利汗国城乡经济、地方物产、工艺技术和居民习俗。伊利汗国都邑大不里士（帖必力思），城市规模大，是小亚细亚的政治和商业中心，居民以工商为业，"缘其制作种种金丝织物，方法各别，价高而奇丽也。此城位置适宜，印度、报达、毛夕里、格儿墨昔儿（Guermessir）及其他不少地方之商货，皆辐辏于此。拉丁商人数人，尤其是吉那哇（热拉亚）商人，亦至其城购货，并经营他种商业"。基督教三王在撒瓦（Savah）传播和发展。波斯的加兹温（可疾云）、库尔德斯坦（曲儿忒斯单）、洛雷斯坦、设拉子、伊斯法罕各地，良马颇丰，"国亦有驴，是为世界最美之驴。一头价值银马克三十，盖其躯大而健走"。伊利汗国在西亚进行了有效的统治，鼓励商业，保护商路，打击盗贼，营商环境良好。亚兹德（耶思德）城是古波斯至印度商道的中心，平原辽阔，商业茂盛，"居民制作丝织物名曰耶思的（yazdi）"。克尔曼（起儿漫）盛产突厥玉和铁矿石，居民擅长制作马鞍、靴刺、弓、剑，"手艺甚巧"。妇女善于女红，制作各色刺绣。克尔曼城乡美丽，"民宅不绝"，"所以旅行甚乐"。哈马底出产海枣、天堂果、黑鹧鸪、驼羊，尤其是哈马底牛，"身大，色白如雪"，"世界悦目之兽"，"其力甚强也"。当然，在历史上，哈剌兀纳人常出没于哈马底平原，大肆抄掠，"尽俘男女牲畜，杀其老弱，卖其壮丁妇女于他国，无能免者"。这一现象也成为伊利汗国在此管理的重要问题。忽鲁模思平原，"广二日程，内有美丽川流"。忽鲁模思城是波斯湾著名的中介贸易中心，"商业极其繁盛"，"商人以海舶运载香料、宝石、毛皮、丝绸、金锦与夫象牙暨其他货物数种，自印度来此，售于他商，转贩世界各地"。在忽希斯坦，马可·波罗十分关注忽必南的特产火熔铁矿渣，可制眼药，是"治眼疾之良药也"。

第四十至四十二章简要叙述木剌夷（Mulette）之历史沿革。木剌夷位于里海南岸山区，国人信仰伊斯兰教伊斯玛仪派，也称阿剌模忒宗教国。国王号山老，训练了一支擅长暗杀的敢死队阿萨辛。阿萨辛幼时习《古兰经》和武术，及至年长，"以一种饮料饮之，饮后醉卧，使人舁置园中"，园内有"酒、乳、蜜、水，与美女，充满其中。凡服从山老者得享其乐。所以诸人皆信其为天堂""若欲刺杀某大贵人，则语此辈曰：'往杀某人，归后，将命我之天神导汝辈至天堂。脱死于彼，则将命我之天神领汝辈重还天堂中。'" 1252 年，蒙古帝国第三次西征，旭烈兀灭阿剌模忒宗教国。

第四十三至四十六章叙述中亚历史地理、物产经济、风土人情。撒普儿干（Sapourgan）"尤出世界最良之甜瓜"，远销印度和中国。阿姆河以南约六十千米的巴里黑在 1221 年为成吉思汗第一次西征所残破，"昔之美丽宫殿以及大理石之房屋，已不复存在"。塔里寒（Talikhan）风景如画，山中产盐，其质"是为世界最佳之盐"，其量"可供全世界人之需，至于世界末日"。巴达赫尚（Badakchan，巴达哈伤）居民自称亚历山大与波斯帝国大流士公主的后人，此州出产红宝石，"甚美，而价甚贵"。居民善射，多衣兽皮。贵人衣布。

第四十七至五十章叙述帕筛（Pashai）和喀什米尔（客失迷儿）居民信仰佛教，自有其语言。帕米尔高原"其地甚高，而且甚寒，行人不见飞鸟。寒冷既剧，燃火无光"。喀什噶尔（可失合儿，Kachgar），隶属元帝国，居民信奉伊斯兰教，也有不少聂思脱里派基督教徒，喀什噶尔城是中国新疆名城，居民为工匠商贾，是印度与蒙古帝国和中国货物往来辐辏之所。

第五十一章叙述撒马尔罕（撒麻耳干，Samarkand），基督教徒和穆斯林杂居，悬柱灵异故事可以了解撒马尔罕不同宗教之冲突。撒马尔罕的实际控制者窝阔台之孙海都与元帝国忽必烈大汗发生三十年战争。

第五十二至六十三章叙述元帝国统治下的新疆和甘肃的自然地理和风土人情。叶尔羌（鸭儿看，Yarkend）为窝阔台之孙海都所控制，"居民遵守摩诃末教法，然亦有聂思脱里派同雅各派之基督教徒"。1272 年年初，马可·波罗东行，经过和阗，他说和阗（忽炭，Khotan）隶属元帝国，居民信仰伊斯兰教，黎民富庶，"百物丰饶，产棉甚富，居民植有葡萄园及林园，而不尚武"，与今日之和阗相差无几。播仙（培因）和且末（车尔成）盛产碧玉（和田玉）。楼兰（罗布）在罗布大沙漠边缘。自西徂东，"沙漠中无食可觅，故禽兽绝迹"。沙州（敦煌），居民多信仰佛教，也有景教徒和回教徒。马可·波罗特别关注沙州佛教徒的火葬习俗。哈密盛产水果，居民恃以为生，"其人爱娱乐，只知弹唱歌舞"。"妇女类皆美丽。"在欣斤塔剌思州，特产石棉（火浣布）。在肃州（酒泉郡），"山中并产大黄，甚富，商人来此购买，贩售世界"。甘州居民为佛教徒、穆斯林和基督教徒。"基督教徒在此城中有壮丽教堂三所。"其地婚俗为一夫多妻制或父死子继制。在甘州以北一千五百里为亦集乃城，它是通往哈剌和林的必经之地，居民信奉佛教，"颇有骆驼牲畜，恃农业牧畜为生"。哈剌和林，昔日牧场良好，河流巨大，风景美丽，是 12 世纪中叶至 13 世纪末欧洲盛传亚洲长老约翰的地方。

　　第六十四至七十四章叙述成吉思汗统一蒙古高原，蒙古人的游牧经济、社会制度、军事组织、宗教信仰和风俗习惯。特别注意的是，马可·波罗视克烈部酋王罕（王汗）为欧洲盛传的长老约翰，系统介绍了王罕与成吉思汗的恩恩怨怨。一代天骄成吉思汗知人善任，体恤民众，"占据其地以后，不扰居民，亦不损其财物"，"于是得地甚众"。与王罕在天德平原之战，借助基督伟力，"最后成吉思汗胜敌，长老约翰殁于阵中"，成吉思汗统一蒙古高原，"由是厚礼基督教徒"。马可·波罗误认为，成吉思汗的继承者为其子孙贵由、拔都、阿剌忽、蒙哥和忽必烈五任君主。蒙古大汗实行密葬制。

　　蒙古人以游牧为业，逐水草而生，"冬居平原，气候温和而水草丰肥足以畜牧之地。夏居冷地，地在山中或山谷之内，有水林牧场之处"。牧民住毡帐，牧牛驼，食肉饮乳，酷爱忽迷思。经济以畜牧为主，狩猎为辅。婚俗一夫多妻，也流行父死子继或兄终弟及。马可·波罗说："婚姻之法如下：各人之力如足赡养，可娶妻至于百数。然视第一妻为最驯良。赠聘金于其妻，或妻之父母。待等所生之子，较他人为众，盖其妻多如上述也。鞑靼可妻其从兄妹，父死可娶其父之妻，惟不娶生母耳。娶者为长子，他子则否，兄弟死亦娶兄弟之妻。婚时大行婚礼。"

　　男子善骑射，"其甲胄皆美，而价甚巨。其兵器有弓箭、剑、骨朵，然常用弓，缘其人善射，世无可比"。蒙古人能耐劳苦，侵略他国，世人无能及之，"是以今日为世界一大部分之主人"。蒙古军队实行千户制，作战勇猛迅捷。马可·波罗也叙述了成吉思汗命术赤收服森林中百姓诸部，云云。

　　最后，马可·波罗重点介绍了忽必烈大汗在上都的豪华大理石宫殿及宫殿礼仪。"内有一大理石宫殿，甚美，其房舍内皆涂金，绘种种鸟兽花木，工巧之极，技术之佳，见之足以娱人心目。"

　　第二卷（第七十五章至一五六章），马可·波罗从三方面叙述元朝的政治、军事、外交、经济和文化。（一）记述大汗忽必烈及其宫殿都城朝廷政府节庆游猎之事。（二）记述自大都西南行至缅甸国之沿途所经诸州城之事。（三）记述自大都行至杭福泉州之东南沿岸诸州之事。

　　第七十五至八十一章叙述大汗忽必烈文治武功之伟业。马可·波罗说，忽必烈大汗睿智英武，在位四十三年，"盖其为人类阿聃（Adam，亚当）以来迄于今日世上从来未见广有人民、土地、财货之强大君主"。至元二十八年（1291），"缘此叛逆乃颜傲甚，事实重大而危险也"，忽必烈亲征辽东，平定乃颜叛乱，凯旋汗八里，大行庆赏，加封金、银、海青牌符不等，仁者宽宏，禁止部将揶揄乃颜部基督徒，并尊崇基督教、犹太教、佛教和伊斯兰教的主要节庆。

第八十一至八十二章叙述忽必烈大汗体貌风仪及后妃侍寝法及其宗王。

第八十三至八十四章叙述忽必烈在元大都的大汗宫殿，以及皇太子真金别殿。大汗宫殿（大明殿）"足容六千人聚食而有余，房屋之多，可谓奇观。此宫壮丽富赡，世人布置之良，诚无逾于此者"。皇太子真金别殿（隆福宫）"形式大小完全与皇宫无异，俾大汗死后内廷一切礼仪习惯可以延存"。

第八十四章（重）重点叙述阿合马事件。色目人阿合马为人狡黠，善于理财和交际，深得忽必烈宠信。入相二十年，打击异己，贪赃枉法，权倾朝野，骄奢贪婪，作恶多端。"凡有美妇而为彼所欲者，无一人得免。妇未婚，则娶以为妻。已婚，则强之从之。"至元十九年（1282），阿合马为王著和高和尚所杀。

第八十五至九十三章叙述忽必烈大汗的禁卫一万二千骑和大朝会、大汗庆生、元旦节、大宴飨、狩猎仪礼。

第九十四至九十九章叙述汗八里商业贸易繁盛、人口众多。元政府发行元宝交钞，用树皮所造之纸币通行全国，"此种纸币之上，钤盖君主印信，由是每年制造此种可能给付世界一切帑藏之纸币无数，而不费一钱"。元制驿赤，"此道通某州，彼道通别州，由是各道即以所通某州之名为名，此事颇为合理。如从汗八里首途，经行其所取之道时，行二十五哩，使臣即见有一驿，其名曰站（Iamb），一如吾人所称供给马匹之驿传也"。元法赈灾，"其受损害者，则蠲免本年赋税，并以谷麦赐之，俾有食粮、种子。是为大汗之一德政"。忽必烈大汗下令在一切要道上种植树木。

第一〇〇至一〇三章叙述中国人酿造米酒，使用煤（石炭）为燃料。忽必烈赈济贫民。元廷重视天文历法，汗八里占星者五千人，"彼等有一种观象器，上注行星宫位，经行子午线之时间，与夫全年之凶点"。元朝使用十二生肖纪年法。

第一〇三章（重）叙述中国人求神拜佛习俗，"凡时和年丰、家人繁庶等事，皆向此神求之"。中国人相信灵魂不死。元政府鼓励孝敬父母，禁止一切赌博和欺诈行为。

第一〇四至一一九章叙述马可·波罗奉忽必烈大汗之命出使元帝国各地考察，"自汗八里城发足，西行亘四月程"。桑干河上的石拱桥美丽壮观，涿州城以工商见长，织造金锦丝绢。太原府都邑壮丽，工商发达，盛产兵器。平阳府是重要大城，产丝甚饶，传说长老约翰于此大战黄金王。马可·波罗西渡哈剌木连（黄河）后，羡慕哈强府商业茂盛。京兆府工商发达，田野处处植桑。关中州平原美丽，居民以工商为业，有丝甚饶，山谷里猛兽出没，骇人听闻。阿黑八里大州（利州路）土地肥沃，盛产稻麦，尤产生姜。在成都府，江上船舶甚众，"商人运载商货往来上下游，世界之人无有能想象其盛者"。吐蕃州"自经（蒙哥）残破以后，不复有居民，遂致野兽繁殖"。吐蕃州产麝香，畜藏獒。"境内无纸币，而以盐为货币"，居民"乐为盗贼"。建都州（建昌）"有一湖，内产珍珠，然大汗不许人采取"，山区产"一种突厥玉，极美而量多，除大汗有命外，禁人采取"。建都州出产麝香甚多，丁香繁殖，生姜、肉桂甚饶。哈剌章州（云南）出产良马，昆明（押赤，Jacin）"城大而名贵，商工甚众"，贸易买卖流行贝币。"此州出产毒蛇大蟒，其躯之大，足使见着恐怖；其形之丑，闻者惊异。"猎人捕蟒取胆入药，"其价甚贵"。金齿州，都永昌，无文字，盛产黄金，"此地之人皆用金饰齿"。金齿州流行妇女生子、男子坐月子习俗。

第一二〇至一二六章叙述元帝国与缅甸和越南的关系。1277年，忽必烈大汗派遣镇守永昌和哈剌章的蒙古军将赛典赤之子纳速剌丁率一万二千骑征略缅国（上缅）和班加剌国（下缅），大败敌方象军。"自此战后，大汗始有多象。"上缅国"居民是偶像教徒，自有语言，臣属大汗"，都城蒲甘建有金银二塔。下缅国"居民以肉、乳、米为粮，种植棉花，而棉之贸易颇盛，香料如莎草（souchet）、姜糖之属，甚众"。交趾国（越南），居民信奉佛教，自有其语言，"臣属大汗，每年入贡"。

第一二七至一二九章叙述马可·波罗返回四川成都之沿途见闻。阿木州以畜牧耕种为活，自有其语言，"妇女腿、臂带金银圈，价甚贵，男子亦然"。秃落蛮州居民信仰佛教，"人死焚尸，用小匣盛其余骸，携之至高山山腹大洞中悬之，人兽不能侵犯"。叙州其地多虎。

第一三〇至一三七章叙述马可·波罗还自涿州，复南行之江南沿途所见所闻。哈寒府城使用纸币，恃工商为生，织造金锦丝罗。强格路城产盐，"粒细而色白，运贩于附近诸州，因获大利"。强格里城"有丝及香料不少"。中定府（济南府）商人无数，商业茂盛，产丝丰饶。马可·波罗也重点记载了1262年李璮起兵叛乱事件。新州马头（济宁）百物悉皆丰饶，工商茂盛，水运繁忙。临州城为水上之城，"河中有船舶甚众"，"颇务工商"。邳州城，工商业发达，"此城为大汗征收赋税，其额甚巨"。西州城（宿迁）"大而华富"，黄河"河上有属于大汗之船舶，逾一万五千艘……每舟平均足容水手二十人，可载马十五匹暨其骑者，与夫食粮、军械、甲胄"。

第一三八章叙述忽必烈命伯颜征服南宋。

第一三九至一四四章叙述马可·波罗在江南地区的见闻。淮安州城制盐甚多，"供给其他四十城市之用，由是大汗收入之额甚巨"。宝应县城居民信奉佛教，以工商为活，产丝织锦，"种类多而且美，凡生活必需之物皆甚丰饶"。高邮"产鱼过度，野味中之鸟兽亦多"。泰州盛产盐，"城不甚大，然百物皆丰"。扬州"城甚广大，所属二十七城，皆良城"。扬州兵器制造闻名。南京城"有丝甚饶，以织极美金锦及种种绸绢"。

第一四五章叙述波罗兄弟和马可·波罗献计制造攻城机，发石炮攻襄樊。"每机可发重逾三百磅之石，石飞甚远"，"每机各投一石于城中，发声甚巨，石落房屋之上，凡物悉被摧毁"，鉴于此，宋安抚吕文焕献城纳降。

第一四五至一五六章叙述长江中下游地区风貌。长江浩瀚伟大，"虽合基督教民之一切江流海洋运载之数，尚不逮焉。虽为一江，实类一海"。"此江甚长，经过土地城市甚众。"小城瓜州囤聚稻谷甚多。镇江府产丝丰茂，织造金锦丝绢，"所以见有富商大贾"。镇巢军城土地丰饶，盛产粮食，"丝及供猎捕之禽兽甚多"。

苏州为一名城，"其城甚大，周围有六十哩，人烟稠密，至不知其数"。"此城有桥六千，皆用石建，桥甚高，其下可行船，甚至两船可以并行。"杭州是世界最富丽名贵之城，是"天城""行在"，"内有一万二千石桥，桥甚高，一大舟可行其下"。商贾甚众，颇富足。"衣饰灿丽，香气逼人，仆妇甚众，房舍什物华美。"西湖之丽，游船画舫，波光粼粼，令人忘返。衢州隶属行在，"有竹最粗长，为蛮子地方之最，粗四掌，长十五尺"。信州（上饶）"此城壮丽"。在福建，马可·波罗说，福州盛产高良姜，制糖甚多，珍珠、宝石交易活跃。泉州（刺桐）一切生活必需品充足，泉州港外贸繁盛，"凡输入之商货，包括宝石、珍珠及细货在内，大汗课额十分取一，胡椒值百取四十四，沉香、檀香及其他粗货值百取五十"。意大利热那亚、米兰、佛罗伦萨和威尼斯商人皆云集泉州。

第三卷（第一五七章至一九二章）记叙传闻中的日本、东印度、南印度、印度洋沿岸及诸岛屿、东非洲之故事。

第一五七章记述印度风物，马可·波罗十分好奇往来于印度诸岛的中国船舶，他说中国船枞木制造，仅具一甲板，有一舵，具四橹或二橹，无风之时，行船用橹，涂擦树油以防腐，船体大，"足载胡椒五六千担"。

第一五八至一五九章，马可·波罗记叙在中国以东的大海中为日本岛国（Zipangu），距中国大陆一千五百哩，"其岛甚大"，"据有黄金，其数无限"。岛上君主有一大宫，"其顶皆用精金为之"，"复次宫廷房室地铺金砖，以代石板，一切窗枢亦用精金，由是此宫之富无限，言之无人能信"。"忽必烈汗闻此岛广有财富，谋取之。"1274 年和 1281 年，忽必烈两次远征日本，均以惨败告终。

马可·波罗关于日本国盛产黄金的记叙，是促成哥伦布探险美洲的重要动因之一。

　　第一六〇至一八二章叙述中国与南洋、印度之政治和经济关系。中国帆船循东北信风或西南信风往返航行于南海与爪哇诸岛开展胡椒等香料贸易，"刺桐（泉州）、行在（杭州）船舶之赴诸岛皆获大利"。占婆向元廷称臣纳贡，"每年贡象二十头，乃国中最大而最美之象也"。爪哇出产黑胡椒、肉豆蔻、高良姜、丁香，"刺桐及蛮子之商人在此大获其利"。暹罗有二岛，大岛名桑都儿，小岛曰昆都儿，此地苏木茂盛，"黄金之多，出人想象之外"。朋丹岛较为荒野，多香树。麻里予儿岛（Malaiur，新加坡岛），约小爪哇岛，此岛上生活八大部落，产犀牛。在须闻答剌岛，"其地鱼多，世界最良之鱼也"。马可·波罗也关注此岛椰树。"土产椰子甚多，大如人首，鲜食甚佳，盖其味甜而肉白如乳也。肉内空处有浆，如同清鲜之水，然其味较美于酒及其他一切饮料。"南巫里岛盛产苏木。班卒儿岛"出产世界最良之樟脑，名称班卒儿樟脑，质极细，其量值等黄金"。班卒儿岛还生长一种面包树。加威尼思波剌岛（Gavenispola）因为气温和社会发展水平缘故，"其人裸体，男女皆无寸缕"。原始森林密布，"出产檀香、椰子、丁香、苏木及其他数种香料"。在案加马难岛（Angamanain），马可·波罗十分好奇狗头人身之传说，岛民处于原始社会，心性凶残，有食人习俗。

　　中世纪印度邦国林立，封建割据。锡兰岛特产大红宝石，"岛中国王有一红宝石，为世界红宝石中之最大而最美者"。"其长有一大掌，其巨如同人臂。是为世界最光辉之物，其红如火，毫无瑕疵，价值之大，颇难以货币计之。"马八儿（Maabar）连接锡兰岛与印度次大陆，盛产珍珠，"甚大而美"。岛民信奉佛教，视牛为圣物。木夫梯里国（Muftili）特产金刚石和世界质地精良的硬布。刺儿州（Lar）平原沃野，民风淳朴，信奉湿婆教，苦行僧笃定清心寡欲，"彼等不杀生，虽虱、蝇及任何生物亦然"。加异勒城（Cail）是波斯湾或红海与印度或中国贸易的中转站，"自怯失（Kais）、忽鲁模思（Ormuz）、阿丹（Aden，亚丁）及阿剌壁全境，运载马匹及其他货物而来者，皆停泊于此"，商业茂盛。此地传闻王母以割乳破腹相逼促成五兄弟和平相处。俱蓝（Coilum，奎隆）出产苏木、生姜、胡椒、蓝靛，及狮子、鹦鹉、孔雀等物，信奉佛教，"蛮子、地中海东（Levant，黎凡特）、阿剌壁诸地之商人乘舟载货来此，获取大利"。俱蓝臣属元帝国。戈马利（Comary，科摩林）为蛮荒之地，"有猿甚奇，不知者误识为人"。下里国（Ely）土产胡椒、生姜，中国船舶夏季来此贸易。马里八儿国

(Melibar）出产胡椒、生姜、肉桂、图儿比特①、椰子，古里布非常精美。沿马里八儿海岸沙滩，海盗猖獗。古里八儿是东西方商业中心之一，马可·波罗特别强调，古里八儿与中国贸易十分繁盛，"船舶自极东来者，载铜以代沙石。运售之货有金锦、绸缎、金银、丁香及其他细货香料，售后就地购买所欲之物而归。此国输出之粗货香料，泰半多运往蛮子大州，别一部分则由商船西运至亚丁，复由亚丁转运至埃及之亚历山大（Alexandrie），然其额不及运往极东者十分之一"。胡茶剌国（Guzarat，古吉拉特邦）是一大国，盛产胡椒、生姜、蓝靛和棉花，擅长制作皮革，"所制甚多，故每年运载皮革赴阿剌壁及他国之船舶，为数甚多"。胡茶剌沿海海盗十分猖獗，杀人越货。塔纳国（Tana）出产乳香和皮革，纺织美丽毛布。坎巴夷替国（Cambata，坎贝）盛产靛蓝和棉花，"制作皮革甚佳，贸易亦盛"。克思马可兰（Kesmacoran，莫克兰）国是中古时代隶属印度德里苏丹国的最西之邦，信奉印度教。

第一八三至一八四章叙述索科特拉岛女人国故事。索科特拉岛（Scoira，速可亦剌岛），面积甚大，所产龙涎香为上品，实行原始走婚制。岛民信仰聂思脱里派基督教，大主教隶属伊利汗国的巴格达总主教。岛中商业茂盛，"凡船舶之赴亚丁（Aden）者皆泊此岛"。

第一八五至一八七章叙述东非风貌。马达伽思伽儿岛（Madeisgascar，马达加斯加岛）是世界上最大岛屿之一，信仰伊斯兰教，实行部落长老制，岛上出产非洲象，"世界他州无能及者……象业贸易之盛，竟至不可思议"。阿巴西（Abbasie）即埃塞俄比亚，被称为中印度或第二印度，中古阿巴西州，既有信仰基督教的部落，也有信仰伊斯兰教的部落，宗教关系较为复杂，"国内多马也"，也有象军，亦多麒麟。土地肥沃，盛产粮食。

第一八八至一九一章叙述阿拉伯半岛南部沿海地带。阿丹国（Aden，亚丁），崇奉伊斯兰教，亚丁港是东非与中东、印度乃至中国的商贸集散地，印度货物抵达亚丁，在亚丁起货登岸，以骆驼运载，"陆行三十日，抵尼罗河，复由河运至亚历山大（Alexandrie）。由是亚历山大之回教徒用此阿丹一道输入胡椒及其他香料，盖供给亚历山大物品之道途，别无便利稳妥于此者也"。爱舍儿城（Escier）居民信奉伊斯兰教，有良港，"自印度运载不少商货之船舶咸莅于此"，地产乳香，"国主获利甚巨"。祖法儿城（Zhafar），隶属亚丁，为一重要港口城市，居民为穆斯林，"此地有白乳香甚多"，商人运输战马于印度，获利丰厚。位于阿曼湾的哈剌图城（Calatu）隶属忽鲁模思，盛产海枣和咸鱼，居民信仰伊

---

① 图儿比特（turbith），一种藤蔓草之根，花叶近似蜀葵，入药可作泻剂。

斯兰教，有优良大港，"亦从此港运输阿剌壁种良马至印度，其数甚众"。

　　第一九二章叙述伊利汗国的忽鲁模思（Ormuz）。忽鲁模思居民信奉伊斯兰教，隶属起儿漫（Kerman）管辖，也是波斯湾的咽喉之地。

　　第四卷（第一九三章至二二九章），主要记述蒙古帝国与西北藩王之间的关系。（一）君临亚洲之成吉思汗系蒙古宗王们之战。（二）亚洲北地。

　　第一九三至一九六章重点叙述窝阔台系宗王海都与叔父忽必烈大汗之间的战争。1251 年蒙哥即位，窝阔台之孙海都被迁于海押立（Qayaliq）。忽必烈与阿里不哥争位（1260—1264），海都支持阿里不哥，阿里不哥败降，海都谋求自立。忽必烈多次遣使征召海都入朝，"海都疑叔意不诚，拒不来朝"。1268 年，海都自恃"势力甚强"，兴兵南侵畏兀儿等地。1269 年，窝阔台系、察合台系和术赤系宗王举行塔拉斯会盟，海都为察合台宗王和术赤宗王推为盟主，对抗忽必烈和伊利汗国阿八哈汗。1270 年，忽必烈"对于海都扰害其人民土地事颇愤恚"，派太子真金驻兵镇海（今蒙古科布多东南），元军在别失八里击败海都。1271 年，皇子那木罕进军阿力麻里。1276 年，伯颜率元军击溃海都叛军，稳定大漠局势。1301 年，元成宗铁穆耳迎击海都、笃哇叛军，海都和笃哇在激战中受伤，海都死于归途。

　　第一九七至二一一章简要叙述伊利汗国伊利汗们的政治生涯。阿八哈汗（1265—1282）派遣长子阿鲁浑迎战海都和八剌军，"战争结果阿鲁浑胜而八剌败"。阿鲁浑与叔父帖古迭儿（1282—1284，阿合马）争位，因阿合马信奉伊斯兰教，交好马木路克王朝，改变了蒙古帝国传统的外交政策。阿鲁浑以叔父叛逆传统宗教信仰为借口，兴兵夺权。"两军既接，双方皆急欲战，冲突遂起。至是见飞矢蔽天如同雨下，战争酷烈，见骑士坠马仆地，闻仆地者及受伤致命者号痛悲泣之声……此一战也，双方死者甚众，而妇女之服丧号泣终身者颇多"，阿鲁浑最终夺取伊利汗位（1284—1291）。阿鲁浑生前好方术，君临伊利汗国六年，1291 年死，伊利汗位为叔父乞合都所有。乞合都汗（1291—1295）"颇好色，遂沉溺于女色之中。在位二年死，盖为人所毒杀也"。1295 年，合赞君临伊利汗位。

　　第二一二至二二九章简要叙述金帐汗国政局，及与伊利汗国的交战关系。成吉思汗长子术赤子女无数，分地最大者有三，各自形成拔都的金帐汗国（西钦察）、昔班的青帐汗国和斡鲁朵的白帐汗国（东钦察）。白帐汗国"饶有牲畜，如驼、马、牛、羊及其他动物"。"沿途山谷中居民皆为猎人，猎取价值贵重之罕见动物而获大利，是为貂、银鼠、灰鼠、黑狐及不少皮价甚贵之罕见动物。"其地设驿站，以供使臣往来所需。"每站有犬四十头，犬大如驴，载使臣自此站达彼站。"

在金帐汗国，斡罗思人信奉希腊教，民风淳朴，"男女皆甚美，皮白而发呈金褐色"，"纳贡于鞑靼国王脱脱，然其数甚微"。金帐汗国盛产貂皮、银鼠皮等北极贵重毛皮，是"世界毛皮中最美而最大者也"。

为争夺阿塞拜疆，金帐汗国别儿哥（1257—1266）与伊利汗国旭烈兀（1256—1265）互不相让，兵戎相见。马可·波罗说，1262 年，双方战前动员宣传，激励士气，砥砺前行。旭烈兀军三十万骑，别儿哥军三十五万骑，这一数据显然过于夸大。12 月，在捷列克河左岸附近，两军对峙，冲锋号角吹响，"双方发矢蔽空，不见天日。至是见死者仆地甚众，马匹亦然"。战争惨烈，双方伤亡无算。"及发矢已尽，遂执剑与骨朵，彼此交斫。杀人流血之甚，观之可悯，有断手者，有断臂者，人马仆地，其数之众至堪惨恻"，捷列克河之战以旭烈兀失败告终。

最后，马可·波罗叙述金帐汗国脱脱汗与那海之间的战争。在脱脱时代（1291—1308），金帐汗国内乱不已，那海独断专行，致使脱脱在 1298 年率重兵往讨那海，脱脱败走顿河。

（三）《马可波罗行纪》的历史影响

第一，《马可波罗行纪》大大丰富了欧洲人的地理与交通知识。

由于地理、交通等条件的限制，13 世纪之前的东西方交往几乎处于一种封闭或者间接了解的状态，欧洲人对东方世界特别是中国的认识基本上归于道听途说。在十三四世纪，横跨亚欧大陆的蒙古帝国建立后，东西方交往揭开新的一页，西方传教士、探险家、旅行家、商人和使团纷纷东来，欧洲人第一次直接与东方和中国交往，马可·波罗讲述的故事对当时的欧洲人来说几乎闻所未闻，这使欧洲人大为惊讶，《马可波罗行纪》的问世使欧洲人第一次真正认识和了解东方和中国，大大开拓了中古时代欧洲人关于东方和中国的地理和交通知识新视野。

马可·波罗才华横溢，童话般地描绘一个遥远且富庶又文明的东方世界特别是中国，他的《马可波罗行纪》成为中世纪西欧的畅销书。这本书的问世拓宽了中古时代欧洲人的视野，颠覆了罗马即世界、欧洲即世界传统的神话，一些学者更以《马可波罗行纪》提供的新知识来更新自己的观念。

《马可波罗行纪》冲破了欧洲人的地理认知盲区，开启了欧洲与中国的直接交往，改变了欧洲人对中国模糊的地理认识。在十四五世纪，《马可波罗行纪》是绘制亚洲地图的指南。贝尔格林说："生活在马略卡岛的加泰罗尼亚犹太人却在没有参照其他任何作家和史学家作品的情况下，仅通过仔细研究马可的游记，就为14世纪后期的航海家们绘制出了具有很大影响力的波多兰航海图和地图集。他们的地图集集中吸收了马可在游记中列举出的很多地方的特征。其他欧洲制图者也发现马可在书中提供的信息完全可信，并纷纷效仿和借鉴。坦率地说，与希腊、罗马作家的作品中呈现的离奇的内容相比，马可提供的信息的确算得上是比较可信的。"① 著名史学家杨志玖先生说："马可·波罗书中记载了大量的有关中国的政治、经济、社会情况、人物活动和风土人情，其中大部分都可在中国文献中得到证实，随着研究的深入，还可以继续得到证实。"②

1459年，著名画家弗拉·毛罗利用《马可波罗行纪》绘制出世界地图，这幅地图至今在威尼斯马尔西亚那国家图书馆馆藏。在马可·波罗时代，威尼斯出版的乔瓦尼·孔塔里尼的世界地图，以及罗马发行的约翰·勒伊斯绘制的世界地图，均受到《马可波罗行纪》的启示。勒伊斯说：他的东亚地形图"没有按照马里纳斯和托勒密的理论，而是在吸收一些较新的报告内容的基础上完成了地图的绘制，尤其是借鉴了《马可·波罗游记》中的一些内容"③。此外，15世纪佛罗伦萨的弗朗西斯科·裴哥罗梯编撰《通商指南》，《马可波罗行纪》成为他的重要参考资料。对欧洲人而言，马可·波罗在日本、中国、马来群岛和印度的所见所闻，都是欧洲人之前闻所未闻、见所未见的。

第二，《马可波罗行纪》直接推动了地理大发现。

《马可波罗行纪》是西欧认识十三四世纪的蒙古帝国的重要标志，书中关于日本、中国、马来群岛和印度的"黄金遍地，香料盈野"的描述，强烈地刺激了资本原始积累时期西方人前往东方寻找黄金和香料的欲望。"哥伦布在他带的那本意大利语版的《马可·波罗游记》的页边空白处所做的笔记表明，他特别关注马可曾提到的胡椒、肉桂、丁香等经济作物，哥伦布梦想能把这些东西带回欧洲大赚一笔。"④ 前意大利驻华大使奥利维耶罗·罗西说：马可·波罗的书"为西方人对完全是另一个世界的含混、笼统的了解提供了一线光芒，并最终启发克利斯托夫·哥伦布做探险旅行"⑤。哥伦布以《马可波罗行纪》为案头书，

---

① 劳伦斯·贝尔格林. 马可·波罗传［M］. 周侠，译. 海口：海南出版社，2010：293.
② 中国国际文化书院. 中西文化交流先驱——马可·波罗［M］. 北京：商务印书馆，1995：29.
③ 劳伦斯·贝尔格林. 马可·波罗传［M］. 周侠，译. 海口：海南出版社，2010：294.
④ 劳伦斯·贝尔格林. 马可·波罗传［M］. 周侠，译. 海口：海南出版社，2010：287.
⑤ 中国国际文化书院. 中西文化交流先驱——马可·波罗［M］. 北京：商务印书馆，1995：8.

对《马可波罗行纪》深信不疑，最终指引他发现了新大陆美洲。申友良也说："意大利的哥伦布，葡萄牙的达·伽马、鄂本笃，英国的卡勃特、安东尼·詹金斯和约翰逊、马丁·罗比歇等众多的航海家、旅行家、探险家读了《马可·波罗游记》以后，纷纷东来，寻访中国。"①

《马可波罗行纪》激发一代又一代西方的航海家、旅行家、商人、传教士、学者不远万里从海陆两路前往东方和中国旅行探险。著名的美国作家埃德加·斯诺在他的《我在旧中国十三年》一书中说："我从马可·波罗的旅记中，知道了很多的事情。……正是关于他自己的旅程的记述，激发起我的雄心。"② 在资本原始积累的时代，西欧需要冒险精神、探险意志，马可·波罗算是最伟大的探险家之一，最早撰写马可·波罗传记之一的中世纪作家赖麦锡认为，马可·波罗"甚至比哥伦布还伟大"③，"因为陆上旅行比海上航行条件更为艰苦，所以相比之下，前者显得更为重要。……伟大的灵魂才能经受沿途一连几天甚至数月缺吃少喝的严峻考验，才能沿着漫长而艰辛的道路完成如此艰巨的任务"④。正因为这种冒险精神和黄金热的刺激，包括中国在内的东方世界为欧洲人以血与火的暴力方式所掠夺。

第三，《马可波罗行纪》大大促进了东西方文化交流。

《马可波罗行纪》被誉为天下一大奇书，它以200多章的篇幅对亚洲风土人情的描绘，记载中国40多处城镇和乡村，使欧洲人意识到，遥远的中国是一个经济、文化高度发达的地方。马可·波罗以热情洋溢的语言向欧洲人揭开了奇异的东方世界之谜，展示了地大物博、物阜民丰的中国，第一次较全面地向欧洲人展示历史悠久、高度发达的东方文明和中华文明。他的著作是世界人民友好的象征，是东西方文化交流的纽带，是中国与意大利在中古时代友谊传递的生动体现。马可·波罗为中国和欧洲架起了一座友谊大桥，成为"沟通中西交流的第一人"。⑤

马可·波罗虽然不是第一个来到中国的欧洲人，但是早期出使蒙古帝国的欧洲使者多半只涉足蒙古帝国的金帐汗国、察合台汗国、窝阔台汗国、伊利汗

---

① 申友良. 马可·波罗时代 [M]. 北京：中国社会科学出版社，2001：208.

② 斯诺·埃德加. 我在旧中国十三年 [M]. 北京：生活、读书、新知三联书店，1973：22.

③ 劳伦斯·贝尔格林. 马可·波罗传 [M]. 周侠，译. 海口：海南出版社，2010：286.

④ 劳伦斯·贝尔格林. 马可·波罗传 [M]. 周侠，译. 海口：海南出版社，2010：286.

⑤ 中国国际文化书院. 中西文化交流先驱——马可·波罗 [M]. 北京：商务印书馆，1995：5.

国之地。通过马可·波罗和《马可波罗行纪》，欧洲人了解了遥远的中国。元代的宫廷礼仪，行政组织管理，赋税徭役，军事技艺，城郭和路桥建筑，行省状况，驿传体系，纸钞的发行与流通，造船与航海文明，游牧与农耕民族的饮食和民俗文化，伊斯兰教、基督教和佛教的传布，特别是中国各地物产丰富和经济繁荣的景象等，给欧洲人展示了多姿多彩、富有魅力的东方文化。诚如纪念马可·波罗离华回国 700 周年（1291—1991）大会所言："如果马可·波罗之前来华的欧洲人能够在中西文化交流的长河中吹起轻澜微波，那么马可·波罗在这条长河激起了轩然狂涛。可以这样确切地说，是马可·波罗正式沟通了中西文化交流。所以，马可·波罗作为中西文化交流的先驱者，是当之无愧的。"①"欧洲中世纪末，热那亚和威尼斯的商人们开创了一种不仅仅局限于简单的商品交易的国际贸易，实际上它是一种欧洲文明和中国文明的交往，这样，商人的作用必然延伸了，成为丰富文化交流的桥梁。"②

马可·波罗是意大利文艺复兴时代的文化传播者，他把令人神往的中国物质文明和精神文明介绍给欧洲，他的游记深受欧洲人喜爱并广为流传，大大推动了欧洲人走出"黑暗的"中世纪，并迈向资本主义新时代。"我们完全有理由说，马可·波罗是哥伦布和利玛窦的先驱；《马可·波罗游记》既是中国和西方、中国和意大利友好交往史上的一座高大的纪念碑，又是研究中古时代中国和亚洲的政治社会生活和东西方关系史的一部珍贵的历史文献。"③ 任何一个国家、一个民族要取得长足的进步与发展，就必须与其他国家、民族开展友好交往，取长补短；若闭关自守，囿于一方，势必会陷于落后、贫困和被动的境地。《马可波罗行纪》的历史意义和现实意义是我们坚持进一步改革和开放的倍增器。

第四，《马可波罗行纪》为全世界各国人民所喜爱，是世界各国人民的共同财富。

弗朗切斯科·圣索维诺在编撰《威尼斯指南》中说："'百万先生'马可·波罗被葬在了（圣·洛伦佐）教堂的柱廊下，他是在发现新大陆的克里斯托

---

① 中国国际文化书院. 中西文化交流先驱——马可·波罗 [M]. 北京：商务印书馆，1995：2.

② 中国国际文化书院. 中西文化交流先驱——马可·波罗 [M]. 北京：商务印书馆，1995：8.

③ 中国国际文化书院. 中西文化交流先驱——马可·波罗 [M]. 北京：商务印书馆，1995：6.

弗·哥伦布之前的第一位撰写新世界游记的人。"① 托马索·福加佐尼在他的百科全书式的《教会史》中记述修缮圣·洛伦佐教堂时写道："柱廊的中间就是最著名的威尼斯贵族马可·波罗先生的墓地。"② 1685 年，马可·波罗的声誉和地位被确认。

《马可波罗行纪》以巨大的真实性和不可思议的描述，将历史文献的朴实和传奇游记的美丽融为一体，不仅是一部科学和历史价值丰富的作品，也是一部情趣盎然、文字优美的文学作品，更是一部雅俗共赏、广受追捧的作品，在 15 至 18 世纪，《马可波罗行纪》被归为游记中最出类拔萃的奇闻逸事作品。目前，被保存下来的《马可波罗行纪》早期手稿版本为 119 种。《马可波罗行纪》问世以来，全世界手抄本和译本近三百种。马可·波罗有生之年就有了早期的托斯卡纳语本，后来相继出现威尼斯语、加泰罗尼亚语、阿拉贡语、拉丁语、日耳曼语、英格兰语等欧洲不同语言的版本。1445 年和 1446 年，在马可·波罗的故乡威尼斯发行了两个不同的手稿版本。活字印刷出现前，《马可波罗行纪》的发行量已经很大，最早的读者主要是学者、传教士和贵族。"仅仅几个月时间，意大利到处都在传阅马可的游记。"③ "《马可·波罗游记》终于在欧洲历史和文学界赢得了一席之地。"④ 意大利著名学者莫米利亚称《马可波罗行纪》是意大利 13 世纪最伟大的作品。1477 年，最早的《马可波罗行纪》印刷本在德国纽伦堡问世。由于游记的需求量一直增加，1481 年，奥格斯堡德语版发行。1556 年，皮皮诺的法语版本出版，1557 年，意大利语版本大受读者欢迎。

马可·波罗的足迹从黑海沿岸到伏尔加河流域、从高加索地区到南俄大草原、从高冷的帕米尔高原到广袤的罗布泊沙漠，从长城内外到大江南北，从美丽的南海到浩瀚的印度洋，从波斯湾到东非的桑给巴尔，从古老的耶路撒冷到历史悠久的中亚地区，马可·波罗已成为家喻户晓的人物。目前，马可·波罗与《马可波罗行纪》已经成为一门国际性的学问——马可·波罗学，《马可波罗行纪》成为世界各国人民的共同财富。

---

① 劳伦斯·贝尔格林. 马可·波罗传 [M]. 周侠，译. 海口：海南出版社，2010：283.
② 劳伦斯·贝尔格林. 马可·波罗传 [M]. 周侠，译. 海口：海南出版社，2010：283.
③ 劳伦斯·贝尔格林. 马可·波罗传 [M]. 周侠，译. 海口：海南出版社，2010：284.
④ 劳伦斯·贝尔格林. 马可·波罗传 [M]. 周侠，译. 海口：海南出版社，2010：284.

三、鄂多立克访元

（一）旅行家鄂多立克

鄂多立克（Odorico de Pordenone，1265—1331），意大利人，约 1265 年出生在意大利弗里乌黎省波登隆埃县诺瓦村一个戍卒家庭，是一名虔诚的方济各会托钵僧，笃定赤足步行，云游四方，"为了赢得某种灵魂之收获，越过海洋和访问异端诸国"①，方可得救。1314 年，他开始实施东游计划，从威尼斯启程，沿传统的地中海至黑海商道，途经君士坦丁堡（伊斯坦布尔）、特列比松（特列比宗德/特拉布宗）、额尔哲龙（埃尔祖鲁姆）、讨来思（大不里士）、孙丹尼耶、诃伤（卡尚）、耶兹德、设拉子、巴格达等地，从拜占庭帝国游历到蒙古帝国的伊利汗国。在波斯湾的忽里模子（霍尔木兹）乘船东赴印度。1321 年，鄂多立克抵达印度西海岸的塔纳，经无离拔（马八儿，印度西南海岸一带）、梵答刺亦刺（班达里）、僧急里（克兰格诺尔）、故临（奎隆），抵达斯里兰卡。在斯里兰卡又继续乘船前往印尼的苏门答腊、爪哇、八丹、塔纳马辛（麻里予儿/万丹），而后到达占婆（越南中南部）、尼科弗朗，约 1322 年抵达中国广州。鄂多立克误认为他仍在印度，称广州为"辛伽兰"，称中国为"上印度"。由广州继续东行至福建刺桐（泉州）和福州，北上至杭州和金陵府（南京），再从扬州沿大运河北上至元大都汗八里（北京）。

鄂多立克在元大都居住整整三年，1328 年，他离开元大都，踏上西向回家之路，经天德军（河套）、山西、陕西、西藏，复经阿富汗的喀布尔和伊利汗国的大不里士，由原路经额尔哲龙、特列比松、君士坦丁堡返程。1330 年，鄂多立克回到意大利故里弗里乌黎省的特利维索。他原本向教皇建言派遣一个以他为首的 50 人教会使团再次前往中国，不幸的是，在前往罗马拜见教皇的路上（比萨）身染重病。1330 年 5 月，鄂多立克弥留之际，在帕都亚的圣安东尼教堂将自己的经历口述，由索拉纳（Solagna）的僧侣威廉（Willianm）如实笔录，写成广为流传的《鄂多立克东游录》。1331 年 1 月，鄂多立克死于故乡。鄂多立克是中世纪四大旅行家之一，其影响仅次于马可·波罗。

---

① 布列资须奈德译. 海屯行纪　鄂多立克东游录　沙哈鲁遣使中国记［M］. 何高济，译. 北京：中华书局，2002：35.

（二）《鄂多立克东游录》与蒙古帝国

英国学者亨利·玉尔英译①、何高济汉译的《鄂多立克东游录》一书②，共52节。

第1节叙述鄂多立克乘船从威尼斯出发，渡过滂沱斯（Pontus，黑海），来到滂沱斯南岸的商业大港特列比宗德（Trebizond），从这里出发，进入大亚美尼亚，抵达额尔哲龙（Arziron）。额尔哲龙"在很久以前是一个美丽和极富庶的城镇，如果不是鞑靼人（Tartars）和撒剌森人（Saracens）给它造成极大损害的话，迄至今天它仍会是这样"③。

第2—4节主要叙述鄂多立克在伊利汗国游历主要城市的所见所闻。

讨来思④，曾是古代皇城，现为伊利汗国都城，是欧亚商贸中转站，商业贸易发达，"因为全世界几乎都跟该城有贸易往来"。"这是一个比现今世上任何其他城市更著名的城市，更宜于贸易的地方"。大不里士粮食充足，"因为地面上要没有何种粮食，或何类货物，你在讨来思却找得到它的大量贮存"。讨来思盛产盐，"该城附近有一盐山，它为整个地区提供大量的盐。这盐人人都随意尽量取用，无须向任何人付钱"。

孙丹尼牙⑤是伊利汗的夏营地，"是一个寒冷的地方，有很好的饮水供应，很多值钱的货物运送到那里售卖"。

---

① 藏于欧洲各国的《鄂多立克东游录》的抄本有76种，英国学者亨利·玉尔（Henry Yule，1820—1889）根据法国国立图书馆藏的拉丁文本，结合意大利文本，将《鄂多立克东游录》译成英文本，并附录在他的著作《古代中国闻见录》（第二卷）（*Cathay and the Way Thither*, Vol. Ⅱ），英译文题为 The Eastern Parts of the World described by Friar Odoric, the Bohemian, of Friuli, in the province of Saint Anthony.

② 清光绪十五年（1889），我国留学意大利的郭栋臣将鄂多立克游记的正文译成中文，题为《真福和德理传》，刊于武昌崇正书院。后来，香港《公教报》重印。参见布列资须奈德译. 海屯行纪　鄂多立克东游录　沙哈鲁遣使中国记［M］. 何高济，译. 北京：中华书局，2002：34.

③ 布列资须奈德译. 海屯行纪鄂多立克东游录沙哈鲁遣使中国记［M］. 何高济，译. 北京：中华书局，2002：37.

④ 讨来思（Tauris）：一译桃里寺，今伊朗东阿塞拜疆省之大不里士（Tabriz），明代史籍记载为帖必力思。

⑤ 孙丹尼牙（Soldania）：一译苏丹尼耶（Sultāniyya），《元史·西北地附录》译作孙丹尼牙，为伊利汗国新都。1290年，阿鲁浑汗在今伊朗西北的苏丹阿巴德、加兹温至大不里士干道西北约120千米处的弘忽鲁兰（Qungqur-Öleng）草地开建，由于此牧场群山环抱，地面广阔，故被选为伊利汗夏营地。1305年，由完者都汗完成。

以制陶和丝织驰名的柯伤①也盛产面包和酒。

耶思特②是伊利汗国第三大城市，物产丰富，"特别有大量的无花果；也有非常小的、绿如青草的葡萄干，比世上任何其他地方都更丰富"。

鄂多立克特别关注迦勒底（巴格达）的婚礼和忽里模子（霍尔木兹）③的葬礼习俗。

迦勒底的婚礼尚哭嫁。"我在此看见一个青年娶貌美少女为妻，她由另一些哭哭啼啼的漂亮少女陪同，年轻的新郎则衣着华丽地站在一旁，低垂着头。不一会儿，这个年轻人骑上他的驴子，新娘光着脚、一身褴褛地跟随他，并且牵着驴子，她的父亲在后面走着，祝福他们，直到他们到达丈夫的家里。"

忽里模子的葬礼习俗至今流传，强烈体现了丧礼操办过程中浓浓的追思之情。"有天我路过那里，适逢有人死了；于是人们就把该地所有的乐人都召来，接着，他们把死人放到房屋中央的床上，同时有两个女人围着他跳舞，乐人则玩弄铙钹和其他乐器。然后妇女中有两人抓住死人，拥抱他，给他唱悼词，其他的妇女一个接一个地站着，并且取出一支笛子，吹奏片刻，当某个人吹完后，她就坐下；这样他们持续通宵。到清晨时他们把他运往坟墓。"

鄂多立克也沉醉于波斯湾成片的、极富地方特色的枣耶林，"你发现那里的百姓几乎全靠枣耶子为生，而你用不着花上一个钱币就能买到四十二磅枣耶子"。在鄂多立克的眼中，伊利汗国是一个富庶、文明的国度。

第5—15节主要叙述鄂多立克在印度西海岸的塔纳所经历的基督教与伊斯兰教的冲突。

1321年，鄂多立克好奇地乘坐没有任何铁钉的线缝船（Jase）航行28天，抵达中世纪南亚重要的商业港口城市塔纳（Thane）。塔纳时为德里苏丹国图格拉王朝统治（1320—1414）④，百姓崇敬印度教，"因为他们崇拜火、蛇和树木"。但是，统治阶级上层则信奉伊斯兰教，德里苏丹国宗教关系复杂，宗教矛盾突出。鄂多立克重点叙述了他在塔纳目睹意大利昂科纳的僧侣托马斯、帕都

---

① 柯伤（Cassan）：今伊朗伊斯法罕省的卡尚（Qashan），中古时代，卡尚以精美陶瓷和锦缎驰名。

② 耶思特（Iest）：今伊朗亚兹德省的耶兹德（Yezd），中古时代，耶兹德以产丝闻名。

③ 忽里模子（Ormes）：波斯湾口的一小岛，即今伊朗的霍尔木兹（Hormuz），古代是波斯与印度贸易的港口。元代译作忽里模子，明代译作忽鲁谟斯。

④ 德里苏丹国（1206—1526）：中古时代，德里苏丹国在南亚的统治存在320年，先后经历奴隶王朝（1206—1290）、卡尔基王朝（1290—1320）、图格拉王朝（1320—1414）、赛义德王朝（1414—1451）和罗第王朝（1451—1526）。德里苏丹统治时期，印度大部分地区被纳入伊斯兰教政权的统治。

亚的僧侣詹姆斯（James）和季米特列（Demetrius）、锡耶纳的僧侣彼得（Peter）四名基督教徒与伊斯兰教法官之间展开的基督是人还是神、如何看待穆罕默德等宗教问题的争辩，双方最终演化为宗教冲突。意大利昂科纳的僧侣托马斯（Thomas）笃定："把宗教传给人世的基督，是真正的神和人，而在他之后才有穆罕默德。"塔纳的伊斯兰教法官（哈的）去见当地行政长官（篾力克），希望他出面干预这一问题，并且说："我们在干些什么？伊斯兰教的法律将毁坏，除非采取别的方法。"最后穆斯林们把塔纳城里所有的基督徒抓了起来，并残忍地处死了托马斯、詹姆斯、季米特列和彼得。正如塔纳的篾力克说："我处死他们是因为他们企图推翻我们的法律，亵渎先圣。"作为同乡和同教的僧侣鄂多立克虔诚和谦恭地收拾好四位殉教者的骸骨，并携之前行。在盛产胡椒的波郎布（奎隆），圣骨护佑他们顺利地到达中国广州。

第16—27节鄂多立克首先叙述无离拔、梵答刺亦刺、僧急里、故临盛产胡椒的景象。"胡椒生长的森林，广延足有十八天的旅程。""它长在树叶像常春藤的植物上，这些又依附着大树种植，犹如吾乡之葡萄树，而且结的果实就像葡萄串；其果实大量生产，致使它们看来像是在树下面发蓓蕾。果实成熟时是绿色，其采集方式一如在收葡萄的季节收获葡萄，然后放在太阳下晒干。干后盛入瓶中。"

其次叙述奎隆地区的印度教风俗。印度自进入封建社会后，在意识形态上经历了八至九世纪的商羯罗改革，印度教最后定型。印度教是多神教，崇奉梵天、毗湿奴和湿婆三位主神，信仰学说和哲学伦理非常繁杂，甚至自相矛盾。印度教在神灵崇拜和修行方式上的多元化，适应了中世纪印度地域习俗、社会分层和民族众多的特点并流行起来。波郎布所有的人把牛当神崇拜，也就不足为奇。"因为他们说，牛确实是一种神圣的动物。""每天早晨，他们取出两个金盘或银盘，牛从栏里牵出时，他们把这两个盘子放在牛身下，一个接尿，一个接屎。他们用前者来洗脸，用后者来涂抹自己，首先涂额中；再涂两个脸蛋；接着，最后，涂胸部中央。当他们这样涂了自身四处地方的时候，他们遂自认为（当天）自己是圣洁的。百姓也如此做；国王和王后亦如法炮制。"印度教徒至今保留着崇拜神牛的习俗。

鄂多立克还留意了印度的寡妇殉葬陋习。他说："该国土的偶像教徒有个（我必须谈的）恶习：有人死时，他们就把他烧了。若他留下个寡妻，他们就把她跟他一起活活烧死，说她应该到另一个世界去陪伴她的丈夫。"莫卧儿帝国阿克巴在位时（1556—1605），阿克巴改革社会生活习惯，下令禁止妻子为亡夫殉葬自焚，允许寡妇改嫁。

在马八儿（Mobar），印度教寺庙金碧辉煌，佛像"大如画师通常所绘圣克里斯多芬像，并且它整个用金塑，坐在一座也是用金制成的大宝座上。他的脖子上用珍贵宝石串成的项圈。这个偶像的寺庙也是用纯金造成，屋顶（和墙），还有过道都如此"。教徒们非常虔诚，"这些人在他们从家里出发后，走三步，第四步则全身伏在地上跪拜。然后他们带一个香炉，在跪拜的全程中熏香。就这样他们一直继续到抵达偶像前，因此当他们采取这种做法时，要花很长时间才到达偶像前"，前来朝拜的香客非常虔诚，捐功德钱，甚至献出自己的生命。不过，鄂多立克非常蔑视景教徒，强烈地表现出宗教不宽容、排斥异端的态度。他说，圣徒托马斯的教堂里"满是偶像，其旁有大约十五家聂思脱里，即是说基督徒，却是下贱、可恶的异端"。

最后鄂多立克叙述在南巫里、苏门答腊、爪哇、八丹、塔纳马辛（麻里予儿/万丹）、占婆（越南中南部）的所见所闻。整体上，苏门答腊群岛社会发展水平低，大多处在野蛮向文明过渡的社会组织。南巫里实行群婚制，土地公有，房屋私有。苏门答腊人以热铁烙 12 个烙印。南巫里、朵丁岛流行食人陋习。占婆实行一夫多妻制。

在物产上，南洋群岛物产丰富，黄金和香料盈野。南巫里"也有大量的金子、沉香、樟脑"。爪哇岛"产樟脑、荜澄茄、小豆蔻、肉豆蔻和很多别的名贵香料"。塔纳马辛"有产面粉的树（沙孤树，sagu），产蜜的树，还有产酒的树，以及产世界上最毒的毒药的树"。

在爪哇岛，鄂多立克十分赞美国王的宫殿。"因为它极大，有很大的梯级，又宽又高，其梯级交替用金和银制成。宫殿的铺道同样是一块金砖一块银砖，其墙内均装有金片，上面雕刻有纯金的武士，武士头上有大金圈，一如吾人给圣徒像上所绘之圆圈。这些圈镶有宝石。再者，天花板都用纯金制成。简言之，这座宫殿比今日世上所有的宫殿都富丽堂皇。"

第 28—36 节叙述了鄂多立克游历中国。有元一代，江南地区经济发达，物产丰富，商贸繁盛，城市林立。"他们告诉我，好像一致地说，蛮子省（Manzi）有两千大城。"辛伽兰（Censcalan，广州）是鄂多立克踏上中国所看到的第一个城市，"一个比威尼斯大三倍的城市"，且海运发达，船舶往来不绝，"确实，整个意大利都没有这一个城的船只多"。在饮食文化上，广州人以蛇为美味佳肴。

刺桐（Zayton，泉州）的居民信奉佛教，建有很多善男信女的佛寺，"我在那里访问的一所寺院有三千和尚和一万二千尊偶像"。

福州（Fuzo）的已婚妇女都在头上戴上一个大角筒，作为已婚标志。福州的鱼鹰捕鱼方式特别令鄂多立克惊奇，也难免近世西方学者诘问马可·波罗东游中国为何没有记载这一独特的渔猎文化。"我看见他在那里有几艘船，船的栖木上系着些水鸟。这些水禽，他现在用绳子圈住喉咙，让它们不能食捕到的鱼。接着他把三只大篮子放到一艘船里，两头各一只，中间一只，再把水禽放出去。它们马上潜入水中，捕捉大量的鱼，一当捉住鱼时，就自行把鱼投入篮内，因此不多会儿功夫，三只篮子都满了。我的主人这时松开它们脖子上的绳，让它们再入水捕鱼供自己吞食。水禽吃饱后，返回栖所，如前一样给系起来。我把其中几条鱼当作我的一顿饱餐。"

杭州（Cansay）是世界上最大的城市，"它四周足有四百英里，其中无寸地不住满人。那里有很多客栈，每栈内设十或十二间房屋。也有大郊区，其人口甚至比该城本身的还多。城开十二座大门，而从每座门，城镇都伸延八英里左右远，每个都较威尼斯或帕都亚为大。所以你可在其中一个郊区一直旅行六、七天，而看来仅走了很少一段路"。杭州不仅是"天堂之城"，像威尼斯一样，也是水上之城，"它有一万二千多座桥，每桥都驻有卫士，替大汗防守该城"。鄂多立克与马可·波罗一样，非常关注杭州流通的元朝纸币（宝钞）。"每火（十家或十二家为一火）每年向大汗交纳一巴里失（balis），即五张像丝绸一样的纸币的赋税。"

金陵府（Chilenfu，南京）是大城，也是皇城，"其城墙四周为四十英里"，"城中有三百六十座石桥"，交通方便，人口稠密。

扬州（Iamzai）是一座人烟稠密的城市，"有实足的四十八到五十八土绵的火户，每土绵为一万"，扬州城也有景教教堂。

明州（Menzu，宁波）也是宋元时期著名的对外贸易港口，"此城的船只恐怕比世上任何其他城的都要好、要多。船身白如雪，用石炭涂刷。船上有厅室和旅舍，以及其他设施，尽可能地美观和整洁"。离开宁波，渡过黄河（哈剌沐涟），鄂多立克最后抵达元大都。

第37—43节鄂多立克翔实叙述了元大都汗八里和汗廷宫殿。

鄂多立克说，元都城汗八里（Cambalech，北京），称之为大都（Taydo），是一座高贵的古城，城门十二，周长超过64.37千米。

大汗宫殿雄伟壮丽，围墙约6.44千米。"其殿基离地约两步，其内有二十四根金柱；墙上均悬挂着红色皮革，据称系世上最佳者。宫中央有一大瓮，两步多高，纯用一种叫做密尔答哈（Merdacas）的宝石制成'而且是那样精美，以致我听说它的价值超过四座大城'。瓮的四周悉绕以金，每角有一龙，作凶猛搏击状。此瓮尚有下垂的以大珠缀成的网緵，而这些緵宽为一拃。瓮里的酒是从宫廷用管子输送进去；瓮旁有很多金酒杯，随意饮用。宫殿中尚有很多金孔雀。当鞑靼人想使他们的君主高兴时，他们就一个接一个地去拍手；孔雀随之振翅，状若舞蹈。那么这必定系由魔法驱动，或在地下有机关。"元廷设置的巨大酒瓮，其使用机关之精巧，使人不禁联想鲁布鲁克在哈剌和林蒙哥宫殿所见的大银树酒器。

宫廷礼仪上，大汗宝座之左为后妃、之右为宗王。已婚宫廷妃嫔佩戴精美的固姑帽，状似人腿，高一腕尺半，顶为鹤羽，缀以大珠。这与鲁布鲁克关于蒙古妇女的首饰描写有异曲同工之妙。

作为方济各会修士，鄂多立克在大都"整整住了三年"，他关注大都的宗教传布情况，并尽力传播基督教。"我抓住机会勤勉地询问基督徒、撒剌森人和各色偶像教徒，也询问吾教的信徒，其中有些是该宫廷中的大王公，且仅与皇帝本人发生联系。"元帝国实行宗教并蓄、为我所用的政策，因此基督教、伊斯兰教、佛教和道教等许多宗教人士均为元廷服务，"给御体看病的医师是四百偶像教徒、八名基督徒及一名撒剌森人"，鄂多立克再次印证了蒙古帝国的宗教宽容政策。

元朝的怯薛（Cuthe）、行省（Singo）、驿站（yam）体系，大汗的狩猎、节庆的习俗都给鄂多立克留下了深刻印象。譬如，鄂多立克在描述元帝国的急递铺时就说："这些人腰缠一带，上悬许多铃子。那些驿舍彼此相距也许有三英里；一个急差接近驿舍时，他把铃子摇得大声叮当响；驿舍内等候的另一名急差听见后赶紧做准备，把信尽快地送往另一驿舍。于是消息从一名急差转给另一急差，迄至它送抵大汗本人。总之，整个帝国内发生的事，他就能马上或者至少迅速地全部获悉。"马可·波罗也十分赞叹忽必烈大汗的大狩猎习俗和驿站体系。

第44—52节叙述了鄂多立克自元大都返回意大利过程中的奇闻轶事。

1328年，鄂多立克从汗八里启程回国。来到东胜（Tozan），他联想起欧洲盛传的长老约翰传说"无可辩驳的属实"。在甘肃省（Kansan），鄂多立克认为"它是世上第二个最好的省，人口众多"，生产大量粮食，特别是栗子，也盛产大黄。

在吐蕃（Tibet，西藏），百姓住黑毡帐，"女人把头发编成一百多条小辫"。政治上，吐蕃臣服元帝国。民俗上，西藏流行天葬。鄂多立克是第一位真正到过西藏的欧洲人。P. 亨林说："拉萨直到1904年还不许欧洲人进去。他关于访问西藏及其首府拉萨经过的叙述，具有极大的文化历史意义。"[①] 鄂多立克返程

---

① 戈尔曼. 西方的蒙古史研究［M］. 陈弘法，译. 呼和浩特：内蒙古教育出版社，1992：38.

中仍意犹未尽地回味着江南的山美、水美、人更美的景致，留恋着缠三尺金莲的南方女人，并津津乐道地说："对女人来说，最美是留小脚；因这个缘故，做母亲的在女儿一生下来就给她紧紧缠脚，以致脚再也不长。"

来到里海南岸，鄂多立克叙述了没里奚（Millestorte）的故事，山老训练阿萨辛派的方法与马可·波罗的记载完全相同。"鞑靼人发现这点，他们遂进兵老人居住的城堡，把它包围，并且不退兵，直到攻下了它，也捕获了老人。他们给他加上镣铐，使他悲惨地死去。"的确如此，1252 年，旭烈兀灭亦思马因宗教国。

1330 年，鄂多立克回到故里弗里乌黎省的特利维索。1331 年，他死于故乡。1755 年，鄂多立克正式被列名于"升天者"的行列。

作为中世纪四大旅行家之一，鄂多立克对伊利汗国、南亚地区、元帝国的描述大多准确、客观。尽管在十七八世纪，欧洲人对《鄂多立克东游录》毁誉不一，认为它十分浅薄，甚至完全杜撰，但是鄂多立克以敏锐、独特的视角向欧洲人勾勒出一幅绚丽多彩的东方文明和中国文明图画，他的游记"成为广大读者的财富，风靡于十四世纪至十六世纪，在欧洲以多种版本流传，以各种文字印行"[1]。《鄂多立克东游录》对欧洲人认识蒙古帝国、德里苏丹国，特别是元帝国的历史、地理、经贸和文化具有重要意义。罗依果说鄂多立克的描述，"与其说是传教士的报告，莫如说旅行指南"，正如戈尔曼所言："尽管他的故事引人入胜，生动异常，尽管他的见解常常不免失之肤浅，他的不少准确结果毕竟丰富了欧洲人关于元代中国的印象。"[2]

1881 年，国际地理学会在热那亚为鄂多立克铸造了一尊铜像，以表达他对东西交通和中西文化交流所做出的贡献。

四、孟特戈维诺来华

（一）总主教孟特戈维诺

约翰·孟特戈维诺（John of Monte Corvino，1247—1328），方济各会修士，1247 年出生于意大利南部萨莱诺（Salerno），为人十分诚实，精通拉丁语、亚美尼亚语、波斯语和蒙古语，1247—1283 年，在亚美尼亚和波斯参与圣方济各会

---

① 戈尔曼. 西方的蒙古史研究 [M]. 陈弘法，译. 呼和浩特：内蒙古教育出版社，1992：37.

② 戈尔曼. 西方的蒙古史研究 [M]. 陈弘法，译. 呼和浩特：内蒙古教育出版社，1992：38.

传教团活动。1289 年，孟特戈维诺受亚美尼亚国王海屯二世（Hation Ⅱ）委任，作为全权代表前往罗马拜见教皇尼古拉四世（Nicholas Ⅳ，1288—1292 年在位）。1291 年，孟特戈维诺受教皇委派出使东方各国，以教皇特使身份从伊利汗国都城帖必力思启程东行，经由印度，泛海前往元帝国。孟特戈维诺在印度的圣托马斯教堂居留 13 个月，为大约 100 人施行了洗礼。1294 年，孟特戈维诺从印度来到元大都，时值忽必烈大汗去世，但他受到元廷优待，拜见了元成宗铁穆耳（1295—1307 年在位），呈上教皇致元帝国大汗皇帝的书信，深受元廷钦佩和尊崇，"上帝和人都十分喜爱他，并深受宠于皇帝"①。元廷准许孟特戈维诺在大都自由传播天主教，使用帝国驿站，受帝国卫兵保护。这是罗马天主教在中国传教活动的开始，汗八里成为天主教在中国的第一个传教区。

1299 年，孟特戈维诺在京城汗八里建成第一座天主教堂以及一座钟楼。1305 年，他与德意志科隆的传教士阿诺德（Arnold of Colgne）在京城建成第二座能容纳 200 人的天主教堂。1294—1305 年，孟特戈维诺为大约 6000 人施行了洗礼，买入 40 名 7—11 岁的男童，组成了唱诗班，培养天主教会在京师传布天主教的后备人员。特别是，孟特戈维诺劝导高唐王阔里吉思改信罗马天主教。在阔里吉思王的直接影响下，汪古部建成一座壮丽的罗马教堂，大部分汪古部民皈依天主教。1307 年，教皇克雷芒五世（Clement，1305—1314）闻讯孟特戈维诺在东方传教的成就和请求，决定在汗八里设立大主教区，孟特戈维诺被任命为第一任汗八里大主教和整个东方的总主教，管辖元帝国和察合台汗国各处主教，全权处理东方天主教事务。他同时还担任中国和蒙古地区全体方济各会修士首领。同时，1307 年 7 月，教皇克雷芒五世派遣格拉德（Gerard）、佩里格林（Peregrine）、安德鲁（Andraw）等七人前来中国协助孟特戈维诺传教。经过六年漂泊，1307—1313 年，格拉德、佩里格林、安德鲁三人幸运地抵达汗八里，并相继出任泉州主教。格拉德和佩里格林后均在泉州去世。1323 年，安德鲁被任命为泉州主教。

1328 年，81 岁的孟特戈维诺在元大都溘然长逝，"在送葬时，大批基督教徒和异教徒纷纷前来参加葬礼。异教徒按照他们的风俗习惯皆穿丧服；基督教徒和异教徒非常虔诚地拿着大主教的衣服，十分崇敬地保存起来留作纪念。安葬时，按照基督教的规矩，举行了最为荣誉的葬礼仪式。人们迄今还至为虔诚

① 阿·克·穆尔. 一五五〇年前的中国基督教史［M］. 郝镇华，译. 北京：中华书局，1984：280.

地来到他的墓地致祭"①。孟特戈维诺在华传教三十余年。

(二) 孟特戈维诺致罗马教会的两封信函

孟特戈维诺是元代来中国的传教士中最杰出的人物,作为教皇的特使,他和之后来华的助手们与罗马教皇以及伊利汗国天主教教区均保持着密切的联系,孟特戈维诺在中国的传教活动,是天主教在中国传教活动的开始。他以坚韧不拔的毅力和基督使徒的使命精神,孤身一人在遥远的中国传教三十余年,在天主教传教史上,"至少,约翰·孟帖·科儿维诺是足以与约翰·普兰诺·加宾尼和威廉·鲁不鲁乞并列在一起而无愧色的"②。作为一位真正的基督门徒,孟特戈维诺的故事,可从他本人于 1305 年 1 月和 1306 年 2 月在京师汗八里写下的两封信函③中了解一二。

1305 年 1 月 8 日,约翰·孟特戈维诺在汗八里写的信,现抄录如下:

> 我——小教友会的教友约翰——于耶稣纪元 1291 年离开波斯的帖必力思 (Tauris),并进入印度。我居留印度使徒圣托马斯 (St. Thomas the Apostle) 教堂十三个月。在那里,我对来自各地的大约一百个人施行了洗礼。和我一道旅行的同伴,是布道教友会的皮斯托亚人尼古拉 (Nicholas of Pistoia)。他在印度去世了,就埋葬在使徒圣托马斯教堂里面。我从印度出发,继续前行,抵达契丹。这是鞑靼皇帝的王国,鞑靼皇帝被称为大汗。确实的,我递呈了教皇陛下的信件,劝告皇帝本人信奉我们的主耶稣基督的罗马天主教,但是,他对偶像教的迷信太深了。然而,他对基督教徒非常宽厚。我同他在一起,至今已有十二年了。可是,聂思脱里派教徒——他们自称为基督教徒,但是他们的行为根本不像是基督教徒的样子——在这些地区的势力发展得如此强大,因此他们不允许奉行另一种宗教仪式的任何基督教徒拥有任何举行礼拜的地方,即使是很小的礼拜堂;也不允许宣讲任何与他们不同的教义。由于从来没有任何使徒或使徒的门徒来过这些地方,因此上

① 阿·克·穆尔. 一五五〇年前的中国基督教史 [M]. 郝镇华,译. 北京:中华书局,1984:281.

② 道森. 出使蒙古记 [M]. 吕浦,译. 北京:中国社会科学出版社,1983:260.

③ 瓦丁编辑孟特戈维诺的书信共三封,第一封写于印度,第二、三封写于汗八里,第二、三封信是研究天主教在中国传教历史的重要资料。1305 年 1 月和 1306 年 2 月在汗八里写成的两封信,现保存着三份抄本,一份在巴黎,两份在罗马,并为瓦丁首次收录和刊发在其《小教友会编年史》一书中。

212

面提到的聂思脱里派教徒们既直接地又用行贿的办法指使别人对我进行极为残酷的迫害，宣布说，我并不是被教皇陛下派来的，而是一个间谍、魔术师和骗子。后来，他们又伪造了更多的证据，说，教皇派的是另一位使者，携带着赠送给皇帝的很多财宝，是我在印度谋杀了他，窃取了他携带的礼物。这个阴谋持续了大约五年之久，因此我常常受到审讯，并且随时有被处死刑而可耻地死去的危险。但是，最后，由于上帝的安排，他们之中有些人供认所有这些都是阴谋，因此皇帝知道了我是无罪的，控告我的人是诬告，就把他们的妻子儿女一道流放出去。

现在，我在此次旅行之中，孤独一人，没有一位神父相助，已有十一年之久，直至一年多以前，才有科隆省的一位日耳曼人教友阿诺德（Arnold）来到我这里。我已在京城汗八里（Cambaliech）建筑了一座教堂，这是在六年前竣工的。我又建筑了一座钟楼，在里面设置了三口钟。再者，根据我的计算，迄今为止，我在那里已为大约六千人施行了洗礼。如果没有上述的造谣中伤，我可能已为三万余人施行了洗礼，因为我是在不断地施行洗礼的。

我已逐渐买下了四十名男童，他们都是异教徒的儿子，年龄在七岁至十一岁之间。在买下时，他们都不懂得什么宗教。我在此对他们施行了洗礼，并且教他们拉丁文和我们的宗教仪式。我为他们写出了诗篇和赞美诗约三十首，每日祈祷书两篇。他们之中，有十一名男童现已学会应用这些来举行礼拜仪式，不管我在不在教堂，他们都组成唱诗班唱诗并举行礼拜仪式，好像在修道院里一样。他们之中，有几个人能抄写诗篇和其他合适的文件。皇帝陛下非常高兴听他们唱歌。在定时祈祷时，我就敲那三口钟，并和由"乳臭未干的小伙子和幼童"组成的唱诗班一道唱祷告词。但是，我们是凭记忆来唱，因为我们没有配有乐谱的书。

关于好王阔里吉思（George）

这里的一位阔里吉思王，信奉聂思脱里派的基督教，他是印度称为长老约翰的伟大国王的后裔。我来到这里的第一年，他就同我很亲近。我使他改信了真正的罗马天主教的正宗教义。他被授予较低级的圣职。在我举行弥撒时，他穿着庄严的法衣前来参加，因此其他的聂思脱里派教徒们责备他为叛教。然而，他劝导他的大部分人民皈依了真正的罗马天主教，并捐建了一座壮丽的教堂，供奉上帝、三位一体和教皇陛下，且按照我的建议，赐名"罗马教堂"。这位阔里吉思王作为一位真正的基督教徒去世，他去世时，留下一个还在婴儿时期的儿子和继承人，现在已有九岁了。但是，阔里吉思王去世后，他的兄弟们坚持聂思脱里派的错误，把经阔里吉思王劝导改信罗马天主教的人统统诱入邪道，使他们回到聂思脱里派。王生前所建的教堂，距离这里有二十日的路程，由于我是孤独一人，不能离开皇帝大汗，因此未能前往视察。虽然如此，如果有几位助手和同事来到这里，我深信，依靠上帝的力量，一切都可以恢复原状，因为阔里吉思王生前赏赐给我的钱财，我仍然还保存着。

我再说一遍：如果没有上述的造谣中伤，我可能已做出伟大的成绩。如果我即使只有二三位助手，或许皇帝大汗很可能已经受洗了。我恳求派若干教友前来，如果有任何人愿意前来的话。不过，前来的人须是渴望献身传教，树立榜样的人，而不是想获得声名的人。

至于前来的道路，我向你们报告，以取道陆路，经过北鞑靼的皇帝阔丹（Cothay）的领土较为安全可靠，如与使者们同行，在五六个月即可到达这里。但是，如取道海路，则是最为遥远和危险的，因为这样须航行两段海路，第一段，约相当于阿克儿至普罗文思省的距离，而第二段约相当于阿克儿至英格兰的距离，而且，很可能在两年以内还不能走毕全程。然而，由于战争之故，长期以来，陆路已不安全，我没有接到罗马教廷、我们的小教友会和西方国家的消息，已有十二年了。两年以前，从伦巴第（Lombardy）来了一位外科医生，他在这里散布了许多亵渎诽谤罗马教廷、小教友会和西方国家的难以置信的流言蜚语，因此我非常渴望获悉真相。

我恳求接得这封信的教友们，尽力设法将此信内容呈递教皇陛下、枢机主教和小教友会驻罗马教廷的代表。我恳求小教友会的会务处，寄给我《唱和歌集》《圣徒故事集》、渐进的并配以乐谱的《诗篇集》各一册，以便作为样本，因为我除了有《每日祈祷书》（附有经过缩短的日课）和《弥撒书》各一小册外，其他书籍都没有。

只要我有了样本，上述男童们就可以根据样本抄录副本。

现在我正在建筑另一座教堂，以便可将男童们分置两处。

我已经老了，我的头发已经白了，这是由于劳苦和忧虑，而不是由于年高，因为我现在不过才五十八岁。我已通晓鞑靼语言文字，这是鞑靼人通用的语言。现在我已将《新约全书》和《诗篇集》全部译成那种语文，并已叫人用美丽的字体缮写出来。我证明基督的戒律是不假的，并且公开地当众朗读和宣讲。上述阔里吉思王生前，我曾同他计划过，把拉丁文祷告词全部翻译出来，以便可在他管辖的领土内广为歌唱。在他生前，在他的教堂里经常按照拉丁仪式用他们自己的语文（弥撒的序祷和中心部分都用他们自己的语文）举行弥撒。上述阔里吉思王的儿子取我的名字为名，叫作约翰，我希望上帝能使他继承他父亲的遗志。

据我见闻所及，我相信在土地之广、人口之众、财富之巨等方面，世界上没有一个国王或君主能与大汗陛下比拟的。（完）

耶稣纪元 1305 年 1 月 8 日写于契丹王国汗八里城①

条分缕析约翰·孟特戈维诺在汗八里写的第一封信，我们可以得出如下结论：

第一，方济各会修士孟特戈维诺在华的传教活动是天主教在华传教活动的开始，筚路蓝缕，步履艰辛。"这是一个既敢作敢为又具有外交手腕的人。"②孟特戈维诺在华传布罗马天主教，与势力强大的聂思脱里派产生意识形态的冲突，遭到聂思脱里派基督徒长达五年的打压，甚至"极为残酷的迫害"，孟特戈维诺要力排景教徒对他的伪教皇特使身份及其谋财害命的诽谤诬陷。在"没有一位神父相助"的情形下，他独自一人，十二年来竭力与景教徒展开激烈斗争，以坚韧不拔的毅力和基督使徒的使命，在华不懈努力传教。在天主教传教史上，孟特戈维诺是一位真正的基督门徒。

第二，孟特戈维诺是元大都第一位天主教大主教，是耶稣会在十六七世纪来华传教的奠基人，且在华传教成绩斐然。首先，他在京城汗八里自建两座天主教堂；其次，他为约 6000 人施行了洗礼，如若没有景教徒的造谣中伤，"我可能已为三万余人施行了洗礼"；再次，他购买了年龄 7—11 岁的 40 名男童，为他们施行了洗礼，教习他们拉丁文和天主教宗教礼仪，让他们学会举行礼拜仪式，为他们写出约三十首诗篇和赞美诗，组成了唱诗班，并一起唱祷告词；最后，他将《新约全书》和《诗篇集》全部译成蒙古文，并用蒙古字体撰写出来。

值得称道的是，孟特戈维诺劝导汪古部首领阔里吉思改信天主教，在高唐

① 道森. 出使蒙古记 [M]. 吕浦，译. 北京：中国社会科学出版社，1983：262-265.
② 雅克布罗斯. 发现中国 [M]. 耿昇，译. 济南：山东画报出版社，2002：29.

王阔里吉思的影响下，大部分汪古部民信奉罗马天主教。他把拉丁文祷告词全部翻译成蒙古文，在汪古部广为歌唱。他为阔里吉思的幼子术安取名约翰，对术安寄予厚望，① 希望借助阔里吉思家族的显赫地位以恢复天主教在汪古部昔日传教的盛况。"我深信，依靠上帝的力量，一切都可以恢复原状，因为阔里吉思王生前赏赐给我的钱财，我仍然还保存着。"

第三，鉴于聂思脱里派基督教与罗马天主教在华传教的激烈斗争，以及在传播天主教活动中严重缺乏教会人员和宗教书籍的情况，孟特戈维诺渴望罗马教廷派遣"二三位助手"来华，协助他的工作，"或许皇帝大汗很可能已经受洗了"。另一方面，他恳求小教友会寄给他《唱和歌集》《圣徒故事集》、配以乐谱的《诗篇集》等基督教书籍，以便更好地推动天主教在中国的发展。

第四，蒙古统治者政治上历来奉行经世致用的原则，宗教上采取兼容并蓄的政策。元帝国既保持着蒙古人的原始宗教萨满教，又宽容道教、天主教和雅各派基督教，在元代中国流行的宗教主要是佛教、伊斯兰教和聂思脱里派基督教。马可·波罗说，忽必烈对一切宗教都很宽容，尤其偏爱佛教，大为尊崇三宝。聂思脱里派基督教自中唐传入中国，在我国西北地区广为流传，势力强大。蒙古帝国时代，伊斯兰教在西北地区的传播更为广泛。孟特戈维诺渴望更好地了解蒙古人，"幻想着要改变他们的宗教信仰"②，"我递呈了教皇陛下的信件，劝告皇帝本人信奉我们的主耶稣基督的罗马天主教，但是，他对偶像教的迷信太深了。然而，他对基督教徒非常宽厚。我同他在一起，至今已有十二年了"。作为教皇的特使，孟特戈维诺颇受大汗的优待，在华自由传教并成绩突出，这也更好地诠释了蒙古帝国的宗教宽容政策。

第五，孟特戈维诺远道来到中国，他与来华的西欧传教士、商人等人员通过游历长城内外、大江南北，对元帝国的辽阔、强盛、富庶深感惊叹。"尤其令他们感动的是，无论是作为教皇的特使，还是外国宗教人士，均受到了那个异国政府所给予的慷慨礼遇。"③ 元代高度发达的中国文明通过他们的游记、出使报告和书信往来更广泛地在欧洲传播，进一步推动了中西文化的交流和东西方交通的发展。

1306 年 2 月，约翰·孟特戈维诺在汗八里写的信，现抄录如下：

---

① 宋濂，等. 元史：卷一百一十八 [M]. 北京：中华书局，1976：2925-2926.
② 白佐良，马西尼. 意大利与中国 [M]. 萧晓玲，白玉崑，译. 北京：商务印书馆，2002：44.
③ 白佐良，马西尼. 意大利与中国 [M]. 萧晓玲，白玉崑，译. 北京：商务印书馆，2002：45.

基督的无用的奴仆、基督教的传教士、罗马教廷的使节、教友约翰·孟帖·科儿维诺 致 基督教神父……，致教友……，致小教友会会务处主任……，并致小教友会与布道教友会驻波斯教区诸教友——首先向上帝致敬，并表示敬爱之情，他是真正爱护一切人并保佑他们健康的。

仁爱的修道会要求我们，相互远离的人，尤其是为了基督的戒律而远行的人，当他们不能相互见面时，至少应该常通书信，相互安慰。我想，你们可能十分奇怪，我长期居住在如此遥远的地方，为什么我从来没有接到任何教友或友人寄来的信件或良好的祝愿。因此，在我看来，似乎没有一个人记得我了，特别是由于我听说，关于我去世的谣言已经传到了你们那里。因此，我现在通知你们，去年1月初，我托一位友人［他随同阔丹（Cothay）汗来到契丹大汗这里］带信给可萨里亚教区的主教和教友们，把我目前的情况简略地告诉了他们。在这封信中，我请求主教把此信抄录若干副本寄给你们。现在我从可靠的人（他随上述阔丹汗的使者来到契丹大汗这里）那里获悉，我的信已送达你们那里，带信者后来从萨莱到帖必力思去了。因此，这封信中提到过的下述事情和内容，我仅在此简单地提一下，就不再重复详叙了：第一，关于我遭受聂思脱里派教徒迫害的情况。第二，关于我建成的教堂和房屋的情况。我曾根据《旧约》和《新约》的故事，绘制图像六幅，以便教导愚昧无知的人。图下各有拉丁、突厥和波斯文的说明，因此通晓这三种文字的人，都可以看得懂。第三，我买下的男童们，其中有些人业已去世。第四，我自到达鞑靼、契丹以来，已为几千人施行了洗礼。

今年即耶稣纪元1305年，我已在大汗宫门前面开始建筑。这座教堂与宫门之间的距离仅有一掷石之远。卢卡隆戈（Lucalongo）人彼得先生，是一位虔诚的基督教徒，并且是一位大商人。我从帖必力思启程东行以来，一路上他是我的旅伴。我所说的新教堂的地基，是他购置的。由于对上帝的敬爱，并为慈悲的信念所鼓舞，他把这块地基捐献给我。为了建筑一座罗马天主教堂，在大汗帝国的全境，人们再也找不出比这更为合适的地址了。我于八月初接受了这块地基，由于我的施主们和资助者们的帮助，建筑工程于圣方济各节已大部竣工，计有围墙、房屋、简单办公用房和一座可容二百人的礼拜堂。但是，由于已届冬季，这座教堂未能全部完工。不过，我已备齐木料，贮藏室内。依靠上帝的慈悲，我将于明年夏季把它建成。我确实地告诉你们，从城内和其他地方来的人，看到新建成的房屋，并且有一个红十字架高树房顶时，都认为似乎是一个奇迹，因为他们在此以前从未听到这座新教堂的一点消息。我们在我们的礼拜堂里用普通调子庄严地唱祷告词，因为我们尚未得到配有乐谱的《诗篇集》。大汗在宫里可以听到我们歌唱的声音，这种情况被当作一个奇迹在各民族中间广泛传告，而且这种情况也将按照慈悲的上帝的安排和促成而成为非常重要的事情。

我们的第一座教堂和新建的第二座教堂，都在城里（这个城市是很大的），两处相距约二英里半。我把男童们分为两部分，让一部分男童在第一座教堂，另一部分男童在第二座教堂，由他们自行唱祷告词。但是，我每隔一星期轮流到每座教堂去，作为教士举行弥撒，因为男童们还不是教士。

关于伟大的鞑靼帝国

关于东方人的国土，特别是大汗的帝国，我可以断言，世界上没有比它更大的国家了。我在大汗宫里有一个座位，而且作为教皇陛下的使节，享有进入宫内的权利。大汗对我尊敬，超过对其他的主教们，不管他们拥有什么称号。虽然大汗已听到过关于罗马教廷和拉丁国家的许多情况，然而他仍然非常渴望看到那些地方派来的使者。

在这个国家里，有许多偶像教徒的教派，各派有不同的信仰。有许多种类的僧人，习惯各不相同，他们在遵守教规方面，要比拉丁修士严格得多。

关于印度，我已亲眼看到大部分的地方，至于其余的地方，我也曾详加询问。如果修士们来到这里传教，将极为有益。但是，只有绝对可靠的人方可派来，因为这个地方极为美丽，盛产各种香料和宝石，虽然我们那里的水果，这里产得很少。由于这里温度高，气候暖和，居民都裸体不穿衣服，只围一小块腰布，因此他们不需要我们的裁缝和鞋匠的技艺和产品。这里永远是夏季，从来没有冬季。我在这里大约为一百人施行了洗礼。①

解读约翰·孟特戈维诺在汗八里写的第二封信，我们可归纳以下四点：

第一，孟特戈维诺以谦卑之态、温和之言简述了1305年1月写信的主要目的是为自己受到聂思脱里派教徒们对他的造谣中伤和诽谤迫害进行辩解，以及他在元帝国传教的成就，可以视之为他在华传教的述职报告。

第二，详叙他在虔诚的卢卡隆戈人彼得巨商的资助下购置地基，1305年8月开始新修天主教堂。这是一座"计有围墙、房屋、简单办公用房和一座可容二百人的礼拜堂"，可谓"壮丽宏大"，截至1306年2月写下本封信为止，新建筑工程大体竣工。新旧教堂相距不远，都在京城汗八里，且与皇宫为邻，它的修建直接影响了大汗皇帝，推动了天主教在华传教活动的进一步展开。"我们的第一座教堂和新建的第二座教堂，都在城里（这个城市是很大的），两处相距约二英里半。""大汗在宫里可以听到我们歌唱的声音，这种情况被当作一个奇迹在各民族中间广泛传告。"

第三，他组成的唱诗班分为两组，分别安排在这两座天主教堂，从事唱祷告词等辅助传教活动，为天主教在华发展培养了宗教专业人员。

第四，孟特戈维诺再一次盛赞元帝国的强大以及他在汗廷所受到的尊崇，也表达了元帝国以一种积极开放的心态希望与西方国家开展交流沟通的愿景。他说，"关于东方人的国土，特别是大汗的帝国，我可以断言，世界上没有比它更大的国家了"。他又说，"我在大汗宫里有一个座位，而且作为教皇陛下的使节，享有进入宫内的权利。大汗对我尊敬，超过对其他的主教们"。

---

① 以下内容为原编者瓦丁关于约翰·孟特戈维诺在印度旅行的经历以及本封信写作的时间和地点。关于印度，瓦丁补充说，在同一封信中，教友约翰说，一个庄严的使节团从埃塞俄比亚（Ethiopia）来到他那里，要求他到那里去传教，或派良好的传教士前去，因为自圣马太（St. Matthew）和他的弟子们传教以来，就没有传教士教导他们基督教教义，而他们非常渴望领悟基督的真正教义。如果派修士们到那里去，就可以使他们统统改信基督，他们就将成为真正的基督教徒。因为，在东方有很多人只是名义上是基督教徒和信仰基督，但是对于《圣经》和圣徒们的教义一无所知，过着愚昧无知的生活，因为他们没有传教士和导师。

教友约翰又说，自万圣节以来，他在中国已为四百多人施行了洗礼。因为他听说小教友会和布道教友会的若干修士已经抵达了萨里亚和波斯，因此他劝告他们热情地宣讲"我们的主"耶稣基督的教义，以便获得灵魂上的成果。

最后，这封信是于耶稣纪元1306年2月四旬斋前的星期日写于契丹王国的汗八里城。参见道森编《出使蒙古记》。

（三）泉州主教佩里格林和安德鲁的两封信函

1313—1322 年，主教佩里格林在泉州写的信，现抄录如下：

被任命在另一个世界担任贫穷的主教的教友佩里格林致基督教神父，致会务处主任、教友……，并致东方教区的其他教友们，向你们致敬，并渴望听到来自忠实信仰基督教的世界的消息。

因为，虽然我和我的伙伴们远走高飞到遥远的国度，像流浪的儿子们那样，然而，我们的小教友会像一位慈母，至少应该记得它流放到异乡去的儿子们。因为一位母亲的心，是不会以司法审判的严厉态度来对待儿子们的。[下面他继续写道：]不管我是怎样的微不足道，我毕竟是一位主教。[下面他继续写道：]我和主教、教友佩鲁贾人安德鲁一道到达汗八里。

首先，我想谈谈总主教，教友约翰。他表面上的生活是好的，艰苦的。因为，谈到那位阔里吉思王，这是确实的；他完全地并且有价值地使这位王改信了真正的基督教，虽然王以前是同聂思脱里派教徒混在一起的。而且王本人在一天之内就使他人民中的几千人改信了真正的基督教。如果他活着的话，我们确实就会使他的全体人民和整个王国皈依了基督，而且甚至或许已使大汗改信了基督教。因为，在上述总主教来到大汗帝国以前，由于聂思脱里派教徒凭借其权力加以阻挠，不管哪一个民族或哪一个教派的基督教徒都不能在这里建筑一座小教堂（不管它是如何的小）或树立一个十字架。因此，他们被迫或是遵循宗教分裂者的和错误的仪式，或是按照不信宗教的人的习惯办事。但是，教友约翰到来以后，由于上帝的帮助，尽管聂思脱里派教徒加以阻挠，他已经在这里建筑了若干座教堂。憎恨搞宗教分裂的聂思脱里派教徒的其他信仰基督教的民族也遵循了教友约翰的榜样，特别是亚美尼亚人，他们现在正在为他们自己建筑一座非常壮丽的教堂，并且打算把它捐献给教友约翰。因此，教友约翰经常同他们在一起，并且把拉丁教堂交给其他教友管理。同样的，另外还有称为阿兰人（其中三万人为伟大国王所雇用）的好基督教徒，这些人带着他们的家属来到教友约翰那里。他向他们讲道，并鼓励他们。

我们也没有看到……我们能够向他们讲道，并且行我们教派的圣礼。但是，在不信仰宗教的人中间，我们能自由地讲道。在萨拉森人的伊斯兰教寺院中，我们常常去讲道，希望他们或许会改信基督教。同样的，我们也通过两位译员，向居住在他们的各大城市中的偶像教徒们讲道。许多人聚拢来，感到非常惊奇，并且孜孜不倦地询问这些事情。这样的讲道现在已经开始进行，鉴于群众渴望听我们讲道，并且奔跑到我们讲道的地方来，因此我们抱有很大的希望。确实的，我们相信，只要我们掌握了他们的语言，上帝就将显示他的奇迹。确实，收获物是巨大的，但从事收割的劳工是很少的，而且他们没有镰刀。因为我们教友人数很少，而且年龄相当大了，不善于学习当地语言。愿上帝饶恕那些阻挠教友们到这里来的人！说实在话，我相信敌人之所以这样做，是因为他们害怕我们会侵入他无可争辩地占有的独立王国。

目前在汗八里的，有总主教、教友佩鲁贾人安德鲁和教友佛罗伦萨（Florence）人彼得（Peter），即主教。在世俗的东西方面，他们不缺乏什么。而在精神的东西方面，他们如此经常地从事祈祷和沉思默想，圣灵如此地祝福、安慰和鼓励他们，因此他们似乎忘掉了一切其他事情，而只是在祈祷中日日夜夜地侍奉着上帝。

现在我被任命为剌桐的主教，在这里我同三位虔诚的教友一道在和平安静的环境中自由地为上帝服役。这三位上帝的仆人是：教友格里马尔迪（Grimaldi）人约翰、教友蒙蒂库洛（Monticulo）人伊曼纽尔（Emmanuel）和教友萨雷扎纳（Sarezana）人文图拉（Ventura）（他是在这个国家里成为一位修士的）。由于他们具备了一切德行，上帝是受他们尊敬的。但愿我们有一百个像他们这样的人同我们在一道！在剌桐城里，我们有一座很好的教堂，这是一位亚美尼亚贵妇捐献给我们的，教堂里有一座房屋。这位贵妇以生活必需品供应我们，如果有其他人来到这里，她也可同样供应。在城外，我们有一块地皮，那里环境优美，有一片树林，我们准备在那里建筑若干修道室和一座礼拜堂。我们迫切需要的，莫过于多派教友前来，这是我们所渴望的。因为主教教友杰勒德（Gerard）业已去世，而我们这些修士们也活不长了，但没有其他人到这里来。这样，这座教堂就将无人管理，更没有人施行洗礼。

如果我把这个伟大帝国的情形叙述出来——其权力之巨大，其军队之众多，其领土之辽阔，其岁入之总额，其慈善救济之支出——人们是不会相信的。在这里的拉丁人就这些方面把它同世界上所有其他王国相比较，但是我不叙述它怎样超越它们。我们所在的伟大城市刺桐位于海滨，距离汗八里约有三个月的行程。

耶稣纪元 1318 年 1 月 3 日写于刺桐

从佩里格林在泉州写的信中，我们可以了解到：

第一，佩里格林希望通过书信往来的方式联络上级组织和管理阶层，希望畅通信息，以利于他们在华传教工作的展开。"因为，虽然我和我的伙伴们远走高飞到遥远的国度，像流浪的儿子们那样，然而，我们的小教友会像一位慈母，至少应该记得它流放到异乡去的儿子们。"

第二，他进一步证明了，他的直接领导、总主教、教友约翰·孟特戈维诺在华传教的艰辛和成就，排除聂思脱里派教徒的阻挠，建筑天主教堂，发展天主教在华的力量。再次强调在孟特戈维诺的劝导下，高唐王阔里吉思率汪古部民改信天主教，成绩喜人。"王本人在一天之内就使他人民中的几千人改信了真正的基督教。如果他活着的话，我们确实就会使他的全体人民和整个王国皈依了基督，而且甚至或许已使大汗改信了基督教。""同样的，另外还有称为阿兰人（其中三万人为伟大国王所雇用）的好基督教徒，这些人带着他们的家属来到教友约翰那里。他向他们讲道，并鼓励他们。"

第三，佩里格林也道出早期天主教在华传教过程中人员短缺、语言不通的种种困难，希望获得罗马教廷的人力支持。"因为我们教友人数很少，而且年龄相当大了，不善于学习当地语言。"

第四，作为泉州的主教，他带领三位虔诚的天主教教友"一道在和平安静的环境中自由地为上帝服役"，并取得良好的成绩。"在一位亚美尼亚贵妇的资助下"，佩里格林在泉州城内有一座方济各会教堂。在城外，他们准备建筑新教堂，呼吁罗马教会增派来华的宗教人员以便更好地继承他们在华的传教事业。"我们迫切需要的，莫过于多派教友前来，这是我们所渴望的。因为主教教友杰勒德（Gerard）业已去世，而我们这些修士们也活不长了，但没有其他人到这里来。这样，这座教堂就将无人管理，更没有人施行洗礼。"

第五，佩里格林也向拉丁国家传递了"伟大的元帝国"信息。"其权力之巨大，其军队之众多，其领土之辽阔，其岁入之总额，其慈善救济之支出——人们是不会相信的。"

1326 年，主教安德鲁在泉州写的信，现抄录如下：

小教友会的被任命为主教的教友佩鲁贾人安德鲁致神父、佩鲁贾修道院监护、教友……，向您致敬，敬祝上帝保佑您永远平安。

［下面他继续写道：］

由于我们相隔千山万水，距离遥远，我很难希望我寄出的信件能到达您手里。

［下面他继续写道：］

您应当知道，我同已故的教友佩里格林（我的同事，主教，也是我在旅途中不可分离的伙伴）取道陆路和海路，饱尝劳苦、疲乏、饥饿、艰苦和危险之苦（在旅途中，我们所有的东西都被抢走了，甚至我们的外衣和僧袍也被抢走），最后由于上帝的帮助，我想，于耶稣纪元1313年抵达大汗的都城汗八里。在这里，我们遵照罗马教廷的谕旨，举行了总主教的授职典礼，并且留在那里，几达五年之久。在此期间里，我们从高贵的皇帝那里领得阿拉法（alafa）一份，以供我们八人衣食之需。阿拉法，是皇帝赐予大人物的使者、特使、战士、各行业的技工、周游四方的演唱者、穷人和各种各样的人的补助金。这些补助金的总额，超过许多西方国王的收入和开销。

我不想谈这位伟大皇帝的富有、庄严和光荣，帝国国土之广。其城市之多而且大，帝国治理秩序之佳（国内无人敢拔刀侵犯他人），因为如果一一细述，这封信就太长了，而且听到的人也不会相信。因为即使是我，虽然亲身在这里，听到这些事情，也很难相信。

在大洋之滨，有一座大城，波斯语称之为刺桐。在城内，一位富有的亚美尼亚贵妇建筑了一座相当华丽宏大的教堂。在总主教根据她的遗嘱指定这座教堂为总教堂以后，她把这座教堂连同一笔合适的捐款赠给主教杰勒德和同他在一起的教友们。

在上述主教杰勒德（他是主持这个教区的第一个人）去世并埋葬在那里以后，总主教想任命我继任他的职位。但是，由于我不同意这项任命，他就任命了教友佩里格林，即我在上面提到过的主教，佩里格林在有机会时，就到那里去担任了主教之职。他在管理该教区数年以后，于耶稣纪元1322年使徒彼得和保罗节后第九日在那里去世。由于种种原因，我在汗八里感到不满意，因此，几乎在主教佩里格林去世前四年，我就得到批准，将给我的阿拉法移往刺桐发给。如上所述，刺桐距汗八里约有三个月的路程。我前往刺桐时，皇帝准许我用八匹马驮运行李，沿途极受尊敬。抵达刺桐时，教友佩里格林还活着。在距刺桐城四分之一英里之处，有一片树林，我叫人在这里建筑了一座华丽和合适的教堂。教堂中有可供二十位教友住宿的房屋，并有四个房间，其中任何一个房间都非常适合于一位主教应用。

这样，我就在这里住了下来。我依靠上述皇帝的补助金为生。按照热那亚商人们的估计，这笔补助金大约相当于一百个金佛罗林（florin）的价值。我把这笔补助金的一大部分花用在建筑这座教堂上。我想，在我们这个省份里的所有的教堂中，在华丽和方便方面，没有能和我建筑的这座教堂相比拟的。

最后，在教友佩里格林去世以后不久，我接到总主教任命我为上述总教堂主教的命令。对于这项任命，我同意了，这似乎也是合理的。现在我有时住在城内的总教堂里，有时住在城外我建筑的教堂里，随我的便。我的身体是健康的，而且在我的年龄允许的范围内，我也是精力旺盛的和活跃的——事实上，除了我的白发外，我没有老年人具有的种种自然的缺陷和特征。

在这个广大的帝国中，确实居住着世界上的各种民族和信仰各种教派的人，所有的人都被允许按照他们自己的信仰自由生活。因为这是他们的意见（而我应该说这是他们的错误）：每一个人在他自己的教派中都可以得到拯救。我们可以自由地和安全地讲道，但是犹太教和萨拉森人中没有一个人改信基督教。偶像教徒中，接受洗礼的极多，但是他们在接受洗礼以后，并不严格遵守基督教的习惯。

关于殉教的教友

我们的教友中，有四个人在印度受到萨拉森人的迫害，都殉教了。其中的一个人，两次被投入大火之中，而每次都从火中走出，丝毫未曾烧伤。然而，萨拉森人中，没有一个人由于如此惊人的奇迹而改信基督教的。

我曾注意把所有这些事情写成简短的报告寄给您，以便您可以把这些事情转告其他人。我没有写信给我的同教教友们和我的主要朋友们，因为我不知道谁已经去世，谁还活着。因此我祈求他们能原谅我。但是我向所有的这些人致敬，并且尽可能亲密地向所有的人致意。请您代我向佩鲁贾的大主教和监护致意，并向所有的普通教友致意。教皇克莱门特（Clement）人名的所有的汗八里教区的副主教，都已平安去世。只有我还活着。班色拉（Banthra）[班齐亚（Banzia）] 人教友尼古拉、阿西西（Assisi）人教友安德鲁蒂斯（Andrutius）和另一位主教，在到达下印度（Lower India）时，在一个非常热的地方死去了。

［那里的天气不适宜］以前有许多其他的教友死在那里，并且被埋葬在那里。

祝上帝保佑您一切顺利，并且永远顺利。

耶稣纪元 1326 年 1 月写于刺桐

从意大利热那亚人安德鲁（Andalòda Savignone）主教在泉州写的信中，我们可以得出以下结论：

第一，安德鲁与同已故的教友佩里格林主教取道陆路和海路，"饱尝劳苦、疲乏、饥饿、艰苦和危险之苦"，最后在 1313 年抵达元大都汗八里。

第二，元帝国宗教政策上非常开明，兼容并蓄，鼓励各种宗教在华自由传教。安德鲁说："在这个广大的帝国中，确实居住着世界上的各种民族和信仰各种教派的人，所有的人都被允许按照他们自己的信仰自由生活。"在经济上，元政府积极扶持宗教人员，给予来华的修士们大量施舍，为外国使者和宗教人员提供充足的、安德鲁称之为"阿拉法"的生活补助金，"基督教徒若有所需或有求于皇帝者，皇帝总是欣然遣其臣仆周济"①。在汗八里的五年，"我们从高贵的皇帝那里领得阿拉法（alafa）一份，以供我们八人衣食之需"，"这些补助金的总额，超过许多西方国王的收入和开销"。"我依靠上述皇帝的补助金为生。按照热那亚商人们的估计，这笔补助金大约相当于一百个金佛罗林（florin）的价值。我把这笔补助金的一大部分花用在建筑这座教堂上。""我前往刺桐时，皇帝准许我用八匹马驮运行李，沿途极受尊敬。"

第三，安德鲁简单说明了他任泉州主教期间，一位富有的亚美尼亚贵妇在泉州城内建筑了"一座相当华丽宏大的教堂"，并遵照她的遗嘱，指定这座教堂为总教堂，并"把这座教堂连同一笔合适的捐款赠给主教杰勒德和同他在一起的教友们"。

第四，安德鲁向西方也传达了元帝国的"富有、庄严和光荣，帝国国土之广。其城市之多而且大，帝国治理秩序之佳（国内无人敢拔刀侵犯他人）"的信息。最后，他补充叙述了在前往中国的途中，四位天主教教友在印度受到穆斯林的迫害而殉教。

五、马黎诺里出使元帝国

1328 年，圣方济各会东方教区总主教、汗八里第一任大主教约翰·孟特戈

---

① 阿·克·穆尔. 一五五〇年前的中国基督教史［M］. 郝镇华，译. 北京：中华书局，1984：282.

维诺在元大都去世，五年后，教皇得此消息。1333 年，法国人、教皇本尼狄克十二世（Benedict XII，1334—1342 年在位）任命巴黎大学神学教授尼古拉斯①（Nicholas）为汗八里第二任大主教，"同行者二十名，平民六名"②。尼古拉斯在阿力麻里受到察合台汗的欢迎，但此后去向不明。1336 年 7 月，在中国信仰天主教的一批阿速（阿兰）显贵，大都阿速将领知枢密院事福定、左阿速卫都指挥使香山、同知枢密院事者燕不花等人请求元顺帝妥懽帖睦尔（1333—1368）遣使罗马，上书教皇，希望教皇遣派新主教来华主持汗八里天主教宗教活动。信曰："敬禀教皇，长期以来，陛下专使约翰教导我们学习天主教义，对我们进行有益指导，从而极大限度增强了我们的能力。约翰是一位英勇果断、行为圣洁和很有能力之人，可是八年前他去世。在这些年内，我们一直无人指导、无精神上的安慰者。虽我们听说陛下已预先委任了另一总主教，但他还未到来；因此我们恳求陛下派一位良好的、聪明能干的专使来照管我们的灵魂，并望迅速来此。"③ 在阿速显贵的请求下，1336 年，元顺帝派出十六人使团，出使罗马教廷，以阿速人拖该（Thogay）为首领，随行者包括泉州主教安德鲁、德意志拿骚人威廉（William of Nassio）在内。元顺帝致教皇的拉丁文书信说："长生天气力里，皇帝之皇帝圣旨。咨尔西方日没处，七海之外，法兰克国基督徒主人，罗马教皇。朕遣法兰克人安德鲁及从者十五人于尔教皇之廷，设法修好，俾以后时得通聘。仰尔教皇赐福于朕，每日祈祷时，不忘朕之名也。朕之侍人阿兰人，皆基督之孝子顺孙。朕今介绍之于教皇。朕使人归时，仰尔教皇，为朕赐求西方良马，及日没处之珍宝，不可空回也。准此。兔儿年（即顺帝至元二年）六月三日，书自汗八里城。"④ 1338 年，使团抵达教皇驻节地阿维农，觐见教皇本笃十二世，安德鲁呈上元顺帝致教皇国书和礼物，教皇隆重接待了元帝国使团。同年，安德鲁启程回意大利，并拜谒威尼斯市长及议会、匈牙利国王和西西里国王。

---

① 《明史》卷三三二六《拂菻传》，谓元末捏古伦入市中国，元亡不能归。1371 年，明太祖召见捏古伦，命赏国书，环逾其王。张星烺认为，此捏古伦或为失踪之总主教尼古拉斯。参见张星烺. 中西交通史料汇编（第一册）［M］. 朱杰勤，校订. 北京：中华书局，2003：340.

② 张星烺. 中西交通史料汇编（第一册）［M］. 朱杰勤，校订. 北京：中华书局，2003：340.

③ 阿·克·穆尔. 一五五〇年前的中国基督教史［M］. 郝镇华，译. 北京：中华书局，1984：283.

④ 张星烺. 中西交通史料汇编（第一册）［M］. 朱杰勤，校订. 北京：中华书局，2003：342.

　　1338 年 10 月，教皇组建出使元帝国使团，以约翰·马黎诺里（John Mari-gnolli）为团长，"据其自述，则在北平（汗八里）时，有同道三十二人"①。1338 年 12 月使团离开阿维农，前往那不勒斯。1339 年 3 月，使团乘坐热那亚船抵达那不勒斯，拜见国王罗伯塔，携带国王致元帝国大汗的马匹等礼物。次年 3 月，马黎诺里和阿兰显贵、修士们和马匹抵达君士坦丁堡，由克里米亚进入金帐汗国，在伏尔加河中下游的萨莱拜见金帐汗月即伯（Öz-beg，1313—1341 年在位），"递呈国书、锦衣、战马、美酒与教皇之赠物。月祖伯汗待吾等颇优"②。1340 年 5 月，使团继续东行，经中亚的玉龙杰赤，9 月抵达察合台汗国都城阿力麻里，"在阿力麻里停留良久。又购地建筑教堂一所，掘井数处，教练唱歌，加洗礼于数人，自由公开宣教"③。马黎诺里又经准噶尔盆地的哈密和南部蒙古，1342 年七八月来到元大都，受到元顺帝隆重接待，"见吾等后，更为欢悦。恩遇极为优渥"④。马黎诺里在慈仁宫向元顺帝进献骏马一匹，《元史》记载，至正二年（1342 年）秋七月，"拂郎国贡异马，长一丈一尺三寸，高六尺四寸，身纯黑，后二蹄皆白"⑤。元顺帝大喜，诏敕辅臣以天马为题吟诗作画，成为轰动朝野的盛事。马黎诺里也说："大汗看见战马、教宗礼物和用金箔密封的国书，极大喜悦，赞不绝口。对我们尊重备至。觐见时，我身着礼服，在我前面有人持一极为精美的十字架，灯烛辉煌，香烟缭绕；我口唱'笃信唯一真神（Credo in Unum Deum——引者注）'，进入豪华壮丽的宫殿朝见大汗。圣歌毕，我为大汗祝福，大汗虔诚领受。然后我们被送到宫馆，此馆早已为我们准备，装饰豪华，大汗派二亲王侍候我们，所需一切如食物、酒，甚至糊灯笼用纸，皆极为丰富。"⑥ 马黎诺里在华受到高贵礼遇，出使蒙古帝国非常成功。

　　马黎诺里在元大都居留四年，处理天主教在华的宗教事务，不时与犹太教徒讨论基督教学说问题。1346 年，马黎诺里向元顺帝承诺将敦促教皇派一位主教作为孟特戈维诺主教的继任者前来中国，他携带大汗致教皇书信和礼物离开

①　方豪. 中西交通史［M］. 上海：上海人民出版社，2008：372.

②　张星烺. 中西交通史料汇编（第一册）［M］. 朱杰勤，校订. 北京：中华书局，2003：351.

③　张星烺. 中西交通史料汇编（第一册）［M］. 朱杰勤，校订. 北京：中华书局，2003：351-352.

④　张星烺. 中西交通史料汇编（第一册）［M］. 朱杰勤，校订. 北京：中华书局，2003：353.

⑤　宋濂，等. 元史：卷四十：顺帝三［M］. 北京：中华书局，1976：864.

⑥　阿·克·穆尔. 一五五〇年前的中国基督教史［M］. 郝镇华，译. 北京：中华书局，1984：286-287.

汗八里，经杭州、宁波，从泉州启航回欧洲，途中无多记载。1353 年，马黎诺里到达阿维农并向新教皇英诺森六世（Innocent Ⅵ，1352—1362 年在位）复命。在元顺帝致教皇的信件中，元政府表达了对天主教来华传教的欢迎，并希望可以再次派遣传教士来中国。马黎诺里说："汗八里都城内，小级僧人（方济各会修士）有教堂一所，接近皇宫。堂内有总主教之寓所，颇为壮丽。城内他处，倘有教堂数所，各有警钟。教士衣食费用，皆由大汗供给，至为丰足。"① 1354 年 5 月，作为奖励，马黎诺里晋升为意大利南部卡拉布里亚（Calabria）的比西格纳诺（Bisignano）主教，后被神圣罗马帝国皇帝查理四世（Charles Ⅳ，1347—1378 年在位）任命为皇室神父和宫廷史官。马黎诺里在布拉格留居几年，受查理四世委托撰写自己的旅行经历和东方见闻，并题名为《波希米亚编年史》，其后行踪不得而知。马黎诺里的《波希米亚编年史》直到十八世纪中叶依然被广泛流传。1356 年，马黎诺里作为佛罗伦萨共和国专使，出访阿维农教廷。"斯时年已高矣。何年卒，不可考知。"②

细品马黎诺里的《波希米亚编年史》，他高度赞扬了蒙古帝国，特别是元帝国的广袤、富强，说："其国在东方，威权所达，几有东方世界之半。兵马强盛，国库充实，城邑相连，管辖众国，难于胜数。"③ 同时，他也客观地表达了元政府积极、友好地与西方各国往来交通，在宗教上秉持友好开放、自由传教的传统政策。"持国书，通好于教皇。……与基督教徒订信守之联盟，盖亦敬爱基督之教训矣。"④"（杭州的）建筑物雄壮伟大，尤以佛寺为最。有可容僧侣一千以至二千者。"⑤ 马黎诺里游历了汗八里、杭州、泉州，这些城市的繁华令他羡慕不已。他说，汗八里"其城之大，户口之众，军威之盛"⑥。杭州"面积最

---

① 张星烺. 中西交通史料汇编（第一册）[M]. 朱杰勤，校订. 北京：中华书局，2003：354.
② 张星烺. 中西交通史料汇编（第一册）[M]. 朱杰勤，校订. 北京：中华书局，2003：349.
③ 张星烺. 中西交通史料汇编（第一册）[M]. 朱杰勤，校订. 北京：中华书局，2003：350.
④ 张星烺. 中西交通史料汇编（第一册）[M]. 朱杰勤，校订. 北京：中华书局，2003：350.
⑤ 张星烺. 中西交通史料汇编（第一册）[M]. 朱杰勤，校订. 北京：中华书局，2003：355.
⑥ 张星烺. 中西交通史料汇编（第一册）[M]. 朱杰勤，校订. 北京：中华书局，2003：353.

广，市街华丽，人民殷富，穷奢豪侈"①。泉州"亦面积广大，人口众庶"②。马黎诺里的《波希米亚编年史》是十三世纪和十四世纪上半叶欧洲发现蒙古帝国尤其是元帝国历史的最后一章，虽然有不少史实错误，但大体简单勾画出蒙元时代中西交通的总趋势，在许多世纪以来是欧洲人了解东方最早的珍贵史料之一。

1362 年，泉州天主教主教佛罗伦萨人雅各布（Jacobus de Florentiis）被害，元末农民起义风起云涌，元政权残存无望，1369 年元顺帝逃回漠北。鉴于此，教皇也未遣派传教士来华，马黎诺里成为有元一代教皇派遣来华的最后一位传教士使节，因此，在中国的天主教兴盛一时之后随元朝灭亡而迅速绝迹。地理大发现后，世界交往不断扩大，十六七世纪，一批耶稣会会士再次浮海来华。

元代天主教会在华的传教活动，从宗教层面上看，并未对中国产生深远影响，但从东西方交通上看，其作用不可低估。无论陆路还是海路，在蒙古帝国统治下，都十分安全便捷。白佐良和马西尼说："无可否认，在此期间从欧洲来的旅行者、商人和宗教人士终于能够大批抵达远东，东西方之间的首次接触真的得以实现。"③

六、东亚的蒙古人与西欧关系的历史影响

总体上看，1260—1368 年，在元朝统治下，东亚的蒙古人与西欧的关系呈现双向友好的互动态势，东亚的蒙古人主要以官方渠道，也就是元政府派出使节与罗马教廷和拉丁国家开展外交联系，但是西欧与元朝的交往除了官方交往外，也有一批商人、传教士和旅行家以个人身份东来中国，进行民间经贸往来和文化交流，且经久不衰。东亚的蒙古人与西欧的友好关系无论对中国抑或对西方世界的发展都产生了重要的积极作用。

首先，东亚的蒙古人与西欧友好互动的关系，开启了天主教在中国的传播。

中古时代，传入中国的基督教主要是聂思脱里派和方济各派。自中唐以降，聂思脱里派基督教在长安广为流传，唐代称之为景教。景教主张二性二位论，反对一位论，被基督教正统斥为"异端"，不断遭到基督教正统的打压后，便在

---

① 张星烺. 中西交通史料汇编（第一册）［M］. 朱杰勤，校订. 北京：中华书局，2003：355.
② 张星烺. 中西交通史料汇编（第一册）［M］. 朱杰勤，校订. 北京：中华书局，2003：356.
③ 白佐良，马西尼. 意大利与中国［M］. 萧晓玲，白玉崑，译. 北京：商务印书馆，2002：24.

近东和波斯传播，五至六世纪传到中亚和新疆，七世纪传入中国内地。十三四世纪蒙古帝国崛起，蒙古统治者实行宗教宽容政策，准许各种宗教人士在帝国自由传教，包括景教在内的基督教在中国得到较好的发展，特别是天主教方济各派首次在中国建教堂，设主教区，开展天主教传教活动。蒙古人入主中原之前，基督教徒被称为"迭屑（tarsā）"，蒙元时代，被称为"也里可温（Erke'üd）"。因为天主教在蒙古高原和中国传入时间较景教晚，教徒数量较景教徒少，所以蒙元时代的"也里可温"主要是聂思脱里派基督教徒。

1236—1242 年，蒙古帝国第二次西征，抄略匈牙利和波兰，征服伏尔加河流域的钦察人、不里阿耳人和斡罗思。1243 年，拔都在伏尔加河下游建立东起额尔齐斯河，西至斡罗思，南起巴尔喀什湖、里海和黑海，北达北极圈附近的金帐汗国。蒙古帝国第二次西征及金帐汗国在斡罗思的统治，对西欧产生了巨大影响，西欧社会一片惶恐。为刺探蒙古帝国的战争意图，甚或感化蒙古帝国统治上层，以罗马教皇和法国国王为代表的西欧社会先后派出传教士使团出使蒙古帝国。1245—1255 年，柏朗嘉宾、阿思凌、龙如美、鲁布鲁克等人奉使东方，开启西欧与蒙古帝国的早期交往。

1260—1368 年，在元朝统治下，元大都成为天主教徒的传教中心。1294 年，孟特戈维诺抵达汗八里，向元成宗铁穆耳呈交教皇书信，并在大都洗礼约 6000 人，使信奉景教的汪古部首领、驸马阔里吉思改信天主教。1303 年或 1304 年，德意志科隆人、方济各会修士阿诺德也来到元大都，辅助大主教孟特戈维诺的宗教事务。1307 年，教皇克雷芒五世任命七名大主教前来大都襄助孟特戈维诺，其中格拉德、佩里格林、安德鲁成功抵达大都，先后被孟特戈维诺派往泉州设立分教区。安德鲁死后葬于泉州，其墓碑在 1945 年被发现。1338 年 10 月，约翰·马黎诺里使团出使元帝国。孟特戈维诺等方济各修士在华传播天主教的努力，留下一系列书信和笔录，是研究元代东亚蒙古人与西欧关系史的重要史料。

其次，东亚的蒙古人与西欧的友好互动，使欧洲人进一步了解了东方世界，特别是中国，以及东南亚和南亚诸国，元代成为中国古代对外文化交流的鼎盛时代。

宗教文化上，元朝统治者基本上保持蒙古帝国兼容并蓄的态度，佛教、道教、基督教和伊斯兰教等在中国广为传播。蒙古帝国的奠基者成吉思汗对各种宗教一视同仁，不尊此抑彼，并尊敬诸宗教中虔诚的、有学识的贤者，厚礼优渥。元朝的开创者忽必烈对基督教徒、伊斯兰教徒、犹太教徒和佛教徒皆致以敬礼。元朝在中央专设管理宗教事务的三大机构，崇福寺负责基督教事务

（1289），宣政院管理佛教事务，集贤院处理道教事务。

　　元代，天主教传教士首次在中国传教，经孟特戈维诺的不懈努力，在元大都受洗罗马天主教的人数不下于六千人，建立了好几个天主教堂。在大都的阿速人皈依天主教的人数在三万以上。1307年，罗马教皇首次在中国设立天主教大主教区，孟特戈维诺为大都大主教暨东方总主教。后来，罗马教廷又派遣一批传教士前来中国，格拉德、佩里格林、安德鲁先后被任命为泉州主教。天主教在杭州也有若干传教活动。元代，通过忽必烈等统治者对基督教的宽容态度，基督教堂在元朝各地一定规模地建立起来，基督教的教义及其文化也在东方传播开来。特别值得一提的是天主教。孟特戈维诺甚至在大都把天主教的《新约全书》和《诗篇集》译成鞑靼文。他"又与高唐王阔里吉思计划，将全部拉丁文日课经译为鞑靼文（疑指蒙文）以便在全国歌唱"①。为便于天主教在中国传播，在中国以孟特戈维诺为主的主教们建筑了若干天主教堂，有些规模宏大。大德八年（1304年），孟特戈维诺在汗八里建教堂一所，阔里吉思捐资修建教堂一所，雄伟壮丽，堪比王公府邸。大德十年（1306年），孟特戈维诺在大汗宫门前又新建一所可容纳200人的大教堂，红十字架耸立屋顶。泰定帝二年（1325年），安德鲁主教在泉州修建主教座堂一所，雄壮华丽，冠于一方。安德鲁还在主教座堂附近修建美丽教堂一所。可见，西方建筑在元代传入中国，其规模也不可小觑。

　　科学技术上，中国是世界文明发达最早的国家之一。古代中国的四大发明——火药、印刷、造纸、指南针，对世界文明的发展产生了重要影响。马克思曾高度评价火药、印刷术和指南针对世界文明发展所起的作用。他说："火药把骑士阶层炸得粉碎，指南针打开了世界市场并建立了殖民地，而印刷术则变成新教的工具，总的来说变成科学复兴的手段，变成对精神发展创造必要前提的最强大的杠杆。"②

　　一千年以前，我国已发明火药。中国宋代已使用石炮。中国元代发明火铳，它是世界上首次出现的金属管火炮，且迅速用于实战，并传入欧洲。美国学者希提说："1240年左右，蒙古人把火药传入欧洲。"③ 1245—1257年，鲁布鲁克

①　方豪. 中西交通史［M］. 上海：上海人民出版社，2008：411.
②　马克思. 经济学手稿［M］//马克思，恩格斯. 马克思恩格斯全集（第47卷）. 北京：人民出版社，1979：427.
③　希提. 阿拉伯通史（下册）［M］. 马坚，译. 北京：商务印书馆，1995：798.

出使蒙古，1258 年，他第一次记载德意志科隆市燃放烟花，使用了火药。① 蒙古三次西征，蒙古军队与花剌子模帝国、欧洲王公贵族、阿拉伯和波斯贵族交战，大量使用火器，并且对火器不加限制，火器西传欧洲，西欧也开始使用并改良火器。十三世纪下半叶，欧洲著名的学者大亚力卑尔特和罗吉尔·培根都将十三世纪中叶阿拉伯学者的《制敌燃烧火攻术》所记述的蒙古军火器知识引入自己的著作，"中国的火器知识得以在欧洲传播"②。1379—1380 年，意大利威尼斯与热那亚的商业战争，双方皆使用了火器。

隋唐时期中国发明雕版印刷术，北宋毕昇发明活字印刷术，大大促进了人类科学文化的发展和交流。751 年，唐帝国与阿拉伯帝国之间发生怛逻斯之战，中国造纸术传入阿拉伯世界。蒙元之前，欧洲已经知晓中国发明的造纸术。何芳川先生认为："公元 900 年左右，埃及建厂造纸。1100 年和 1150 年，摩洛哥和安达卢西亚（今西班牙）先后创办造纸厂。"③ 美国学者菲利普·希提说："在西班牙之后，造纸工业在意大利兴盛起来（约 1268—1276），也是由于穆斯林的影响，大概从西西里岛传入的。法兰西有第一批造纸工厂，应归功于西班牙的传授，并不是像某些人所说的，应归功于十字军的归国。从这些国家，造纸工业逐渐传遍了欧洲。"④ 蒙元时代，印刷术传入欧洲。1271—1295 年，波罗家族旅居中国，游历东亚和南亚各地。1298 年，马可·波罗耳闻目睹了纸币在元代中国的发行和使用。王介南先生说："13 世纪末期，到中国旅行的意大利人马可·波罗，把中国用雕版印刷的纸币带至西方。欧洲人看到后颇受启发，便想模仿雕版印刷。"⑤ 1455 年，德国人约翰内斯·古登堡完成了两百个《圣经》版本的改编和发行，开启了西方世界的活字印刷业。虽然欧洲改良和使用的活字印刷比中国晚约四百年，但是活字印刷术使中世纪最费力、最费时和成本昂贵、规模较小的制书业成为公众生活中最具影响力的行业之一。"它刺激着古希腊名著的复苏，本国语言书写形式的发展，民族主义的兴起，新教改革的爆发，科学的产生。"⑥

元代的海外交通十分发达，航海技术达到很高水平。1292 年，马可·波罗

① RAMESH S. *The Mongol Empire*：1206 *AD to* 1368 *AD*［M］. Cambridge：Cambridge University Press，1997：251.

② 王介南. 中外文化交流史［M］. 太原：书海出版社，2004：223.

③ 何芳川. 中外文化交流史（下卷）［M］. 北京：国际文化出版公司，2008：577.

④ 希提. 阿拉伯通史（下册）［M］. 马坚，译. 北京：商务印书馆，1995：674.

⑤ 王介南. 中外文化交流史［M］. 太原：书海出版社，2004：220.

⑥ 威泽弗德. 成吉思汗与今日世界之形成［M］. 温海清，姚建根，译. 重庆：重庆出版社，2006：247.

回国，乘坐中国海船途经小爪哇岛时就记录了船员用观测星的高度来定地理纬度以掌握航线的史实，他写道："然有一事先应知者，此岛偏在南方，北极星不可复见。"① 这种方法在中国称之为牵星术。随着中国罗盘传入欧洲，指南针开始本土化，并为西欧各国水手广泛使用。欧洲人在罗盘的帮助下，乘坐远洋航海的帆船，开启了地理大发现之门，对欧洲列强在接下来的几个世纪里取得世界统治权产生了重大影响。1620 年，英国科学家弗朗西斯·培根把火药、指南针、印刷术定为三大技术发明，并改变了整个世界的面貌和状态，而所有这些发明都是在蒙元帝国时期传播到西方的。诚如美国学者杰克·威泽弗德说："在纸张和印刷术、火药和火器的普遍影响下，在航海指南针和其他海上装置的广泛使用下，欧洲人经历了文艺复兴，确切地说是新生，但它不是古希腊和古罗马世界的复兴：它是蒙古帝国的复兴，是欧洲人重新认识、变革蒙古帝国的遗产，使之适应自己的需要和文化的过程。"②

　　人文交流上，在元代，蒙古帝国疆域广袤，驿站体系完善，陆海交通十分发达，这为欧洲使节、商人、僧侣和学者的长途旅行创建了便利条件，安德鲁、彼得鲁斯、卢卡隆哥、乔瓦尼·洛雷丹等人纷纷来华，一些名垂青史的大旅行家不断涌现。元代西欧来华的大旅行家，可圈可点的当属马可·波罗。如前所述，他游历了蒙古帝国治下的欧亚各地，特别是中国，接触了更广泛的世界，交流了更多的文化信息。《马可波罗行纪》首次把中国的方方面面向欧洲人做了详细而引人入胜的描述，在欧洲人的心目中勾勒出中国地大物博、文明昌盛的清晰形象，彻底改变了欧洲人以往关于中国的模糊认识，刺激了欧洲王公贵族寻找财富并导致哥伦布等人开辟新航路。"《马可·波罗游记》的最重要的贡献，在于它为中国在欧洲塑造了一个美好的形象，由此而促成了欧洲向东方的开放，进而推动了东西方之间的文化交流。"③《马可波罗行纪》在世界上被誉为"一大奇书"，它既是游记，也是史地著作，它内容丰富，特别是令人惊讶的真实性和准确性。可以说，马可·波罗的伟大旅行及其《马可波罗行纪》的问世，对于世界的发展起了重要影响。马可·波罗是东西文化的传布者。

　　最后，元代，东亚蒙古人与西欧的友好交往，增进了相互间的了解，促进

---

① 马可·波罗. 马可波罗行纪 [M]. 沙海昂，注. 冯承钧，译. 北京：中华书局，2004：655.

② 威泽弗德. 成吉思汗与今日世界之形成 [M]. 温海清，姚建根，译. 重庆：重庆出版社，2006：247-248.

③ 中国国际文化书院. 中西文化交流先驱：马可·波罗 [M]. 北京：商务印书馆，1995：232.

了西欧思想观念的进步。

元代中国的经济、科技和社会无疑是世界上最发达的地区之一。元帝国与西欧的友好往来促进了东西方的文化交流，也进一步改变了西方人传统的思想观念，为西方近代文明的发生提供了新的思想营养。中世纪的西欧是信仰的时代，属于神权社会，在经院哲学的桎梏下，推行"启示高于理性""知识服从信仰""哲学服从神学"的原则，整个社会的自由思想受到扼杀。人民信仰上帝，社会倡导清贫，人的欲望被迫限制，财富有罪、爱情"柏拉图式"成为社会的主流观念。

新航路开辟前，意大利城市共和国鼓励发展海外贸易，蒙元帝国对外贸易十分发达。成吉思汗的继任者们在从太平洋到黑海的大片领土上维持着和平①，在蒙元帝国的统治下，亚欧大陆交通畅通，经商环境安全。忽必烈也秉承着"四海为家，通问结好"的对外方针，鼓励西方人来华传教、经商和旅行。元代，意大利威尼斯和热那亚商人为追逐商业利润纷纷来华。《马可波罗行纪》关于东方世界黄金遍地和香料盈野的描述，强烈刺激了欧洲人对东方世界的向往，为闭塞的欧洲人打开了东方世界有关经济、政治、人文、历史、地理、宗教、科技和文化等所有知识领域的视野，解放了西方人被压抑的内心世界，大大丰富了西欧人的精神生活，推动了新航路开辟和地理大发现时代的到来。玛格丽特·金评价蒙元帝国，称之为"在某种意义上，它使东西方不同文化和思想交流成为可能"②。

东亚的蒙古人与西欧各阶层的友好交往，不但对元帝国和西欧有着重要的影响，而且对整个世界的文明进步也具有重要意义。东西方之间人员的友好往来、商品物质的广泛交流、思想观念的互存互鉴，世界文化呈现多样化的发展，元代亚欧大陆的交往、交通和交流上都是史无前例的。

① CIOCILTAN V. *The Mongols and the Black Sea：Trade in the Thirteenth and Fourteenth Centuries* [M]. Translated by Samuel Willcocks. LEIDEN：BOSTON, 2012：32.

② KIM M. *Globalizing Imperium：Thirteenth Century Perspectives on the Mongols* [J]. Literature Compass, 2014：472-483.

结　语

　　考察十三、十四世纪的亚欧大陆，西欧基督教世界、东欧东正教世界、阿拉伯伊斯兰世界和中国古代文明世界仍处于孤立、分散、闭塞和隔离状态，各地区的国家不同程度上自发地发展，并显现出不可避免的社会内部矛盾。九世纪中叶，盛极一时的阿拉伯帝国由盛而衰，开罗的法蒂玛王朝、巴格达的阿拔斯王朝、科尔多瓦的后倭马亚王朝三足鼎立，波斯和中亚地区的花剌子模帝国、布韦希王朝等独立或半独立的地方政权纷纷涌现。十一世纪初，塞尔柱帝国的崛起加速了阿拉伯帝国的解体。

　　十二世纪末，基辅罗斯国家的瓦解给外族入侵以可乘之机。十三世纪三四十年代，西欧局势错综复杂，罗马教廷和神圣罗马帝国争夺基督教世界领导地位的冲突日益激化，英法王权不断加强，罗马教廷的权威已黯然失色，激烈的政教冲突使西欧无力应对蒙古帝国的崛起。日渐式微的十字军东征运动也造成西欧基督教国家与东正教的拜占庭帝国、中东的伊斯兰世界的敌对关系加深。

　　十二世纪末十三世纪初，成吉思汗及其继承者们顺应历史发展潮流，统一蒙古高原和中国，并发动震惊世界的对外扩张战争。在中亚，成吉思汗发动蒙古帝国第一次西征（1219—1225），征服花剌子模帝国，中亚被纳入蒙古帝国版图。

　　在东欧，窝阔台发动蒙古帝国第二次西征（1235—1242），征服基辅罗斯国家，拔都在伏尔加河下游建立起金帐汗国（1242—1480）。金帐汗国与斡罗思公国之间的关系是宗藩隶属关系。政治上，金帐汗国主要采取以俄制俄的统治方式，通过册封"弗拉基米尔及全俄罗斯大公"，作为金帐汗国的"代理人"统治斡罗思。在金帐汗国和东正教教会的支持下，莫斯科公国崛起。十四世纪中叶，金帐汗国瓦解。1480年，伊凡三世彻底摆脱蒙古人在斡罗思两百余年的统治。蒙古人对东欧的入侵给斡罗思和东欧造成巨大破坏。但是，蒙古人在斡罗思的统治，客观上促成了莫斯科公国的兴起和俄罗斯中央集权国家的形成。在金帐汗国统治下，横贯亚欧大陆的丝绸之路交通网络形成，欧洲和远东尤其与中国的交往加强，民族和文化相互碰撞、渗透、融合。在西亚，蒙哥发动蒙古帝国第三次西征（1252—1260），消灭里海南岸的阿剌模忒宗教国，立国五百余年的阿拔斯王朝在蒙古铁骑冲击下寿终正寝，旭烈兀在西亚建立起伊利汗国的统治（1260—1335）。

十三、十四世纪的蒙古征略无疑给中亚、东欧和西亚各族人民的生命和财产带来严重破坏。但是，蒙古帝国的征略和统治客观上也打通了业已闭塞的亚欧大陆通道，蒙古人与欧洲开始大规模直接交往。

蒙古帝国第二次西征及金帐汗国在斡罗思的统治令西欧基督教世界一片惶恐。为刺探蒙古帝国军情，了解蒙古人的战略意图，弄清蒙古人的军事实力，感化蒙古统治者上层，1245—1252年以罗马教皇和法国国王为代表的西欧社会主动派出柏朗嘉宾、阿思凌、安德·龙如美和鲁布鲁克传教士使团出使蒙古帝国。

西欧君主们与蒙古人的早期交往，对罗马教廷和西欧国家而言，主要是迫切需要与强大的蒙古统治者建立直接联系，希望借此防范和化解蒙古帝国的军事扩张所产生的威胁。这些传教士使团全面地考察了十三世纪中叶前的蒙古人和蒙古帝国的风俗习惯、军政组织、宗教文化、历史地理，他们的出使报告开拓了欧洲人关于蒙古人和蒙古帝国的认识视野，也为研究中古时代的蒙古史、中亚史以及中西交往史提供了珍贵史料。柏朗嘉宾和鲁布鲁克等人出使东方，打开了西欧与蒙古帝国早期往来的大门，促进了中国与西欧基督教世界的进一步交往，推动了东西方的文化交流。

1260—1335年，伊利汗国为巩固蒙古人在西亚的统治和与埃及的马木路克王朝争夺叙利亚，主动且频繁地派出宗教使团出使西欧基督教国家谋求达成对付马木路克王朝的军事合作。双方以基督教为媒介，相互遣使，联系活络，关系亲善。在旭烈兀、阿八哈、阿鲁浑、合赞、完者都的积极推动下，西亚的蒙古人与西欧友好往来，互送国书，互赠礼物，促进了双方的文化交流和景教在西亚的发展。

有元一代（1260—1368），中国幅员辽阔，驿站体系完备，交通四通八达，宗教政策开明，经贸十分繁盛，这一切促进了蒙古帝国与亚欧大陆各地之间的人员往来、商旅交通和文化交流。马可·波罗的东方之行也是友谊传播和文旅交流之行。鄂多立克漫游伊利汗国、印度尼西亚和中国，对欧洲人认识蒙古帝国、德里苏丹国，特别是元帝国的历史、地理、经贸和文化具有重要意义。约翰·孟特戈维诺出使东方，在华传教三十余年，成为元大都第一任天主教大主教，深受元廷钦佩和尊崇。约翰·马黎诺里出使中国，受到元顺帝隆重接待。

　　元朝与西欧的关系是双向的友好互动关系，东亚的蒙古人主要以官方渠道派出使节与罗马教廷和拉丁国家开展广泛且平等的外交联系。西欧与元朝的交往除官方往来外，也有一批商人、传教士和旅行家以个人身份东来中国，进行民间经贸往来和文化交流，且经久不衰。蒙元时代，东西方文化交流盛况空前，开启了天主教在中国的传播，使欧洲人进一步认识了东方世界。中国发明的火器、雕版印刷术、罗盘传入西欧，促进了西欧科学技术和思想观念的进步，推动了世界文明的发展。

　　今天，深入研究十三、十四世纪蒙古人与欧洲关系这一课题，可以加深我们认识文明互存共鉴理念，深化共建"一带一路"合作，增强实现中华民族伟大复兴的信心，携手推进构建人类命运共同体。

参考文献

一、中文文献

（一）文献典籍

[1] 丘处机. 丘处机集 [M]. 赵卫东, 辑校. 济南：齐鲁书社, 2005.

[2] 汪大渊. 岛夷志略校释 [M]. 苏继顾, 注解. 北京：中华书局, 1981.

[3] 李志常. 长春真人西游记 [M]. 党宝海, 译注. 石家庄：河北人民出版社, 2001.

[4] 刘郁. 西使记 [M]. 上海：商务印书馆, 1934.

[5] 宋濂, 等. 元史 [M]. 北京：中华书局, 1976.

[6] 屠寄. 蒙兀儿史记 [M]. 台北：世界书局, 1962.

[7] 蒙古秘史 [M]. 余大钧, 译注. 石家庄：河北人民出版社, 2001.

[8] 柯劭忞. 新元史 [M]. 上海：上海古籍出版社, 2017.

[9] 黑鞑事略校注 [M]. 许全胜, 校注. 兰州：兰州大学出版社, 2014.

[10] 张星烺. 中西交通史料汇编 [G]. 北京：中华书局, 1977.

（二）专著

[1] 吴于廑, 等. 世界史：古代史编（下卷）[M]. 北京：高等教育出版社, 1994.

[2] 王治来. 中亚史纲 [M]. 长沙：湖南教育出版社, 1986.

[3] 纳忠. 阿拉伯通史 [M]. 北京：商务印书馆, 1999.

[4] 郭应德. 阿拉伯史纲（610—1945）[M]. 北京：经济日报出版社, 1997.

[5] 彭树智. 中东国家通史：伊朗卷 [M]. 北京：商务印书馆, 2002.

[6] 彭树智. 中东国家通史：叙利亚和黎巴嫩卷 [M]. 北京：商务印书馆, 2003.

[7] 张铁军. 北方草原游牧民族与中国历史 [M]. 北京：华文出版社，2009.

[8] 中国大百科全书：中国历史：元史 [Z]. 北京：中国大百科全书出版社，1985.

[9] 内蒙古社科院历史所. 蒙古族通史 [M]. 北京：民族出版社，2001.

[10] 韩儒林. 元朝史 [M]. 北京：人民出版社，1986.

[11] 韩儒林. 蒙元史与内陆亚洲史研究 [M]. 兰州：兰州大学出版社，2012.

[12] 韩儒林. 穹庐集 [M]. 石家庄：河北教育出版社，2002.

[13] 周良霄，顾菊英. 元史 [M]. 上海：上海人民出版社，2004.

[14] 温海清. 元史 [M]. 上海：上海人民出版社，2015.

[15] 萧启庆. 内北国而外中国：蒙元史研究 [M]. 北京：中华书局，2007.

[16] 朱耀廷. 蒙元帝国 [M]. 北京：人民出版社，2010.

[17] 刘迎胜. 察合台汗国史研究 [M]. 上海：上海古籍出版社，2006.

[18] 苏和，苏日娜. 成吉思汗蒙古帝国的后人 [M]. 呼和浩特：内蒙古人民出版社，2009.

[19] 方豪. 中西交通史 [M]. 长沙：岳麓书社，1987.

[20] 方豪. 中西交通史 [M]. 上海：上海人民出版社，2008.

[21] 德山，乌日娜，赵相壁. 蒙古族古代交通史 [M]. 沈阳：辽宁民族出版社，2006.

[22] 德山. 元代交通史 [M]. 呼和浩特：远方出版社，1995.

[23] 李鸣飞. 蒙元时期的宗教变迁 [M]. 兰州：兰州大学出版社，2013.

[24] 苏鲁格，宋长宏. 中国元代宗教史 [M]. 北京：人民出版社，1994.

[25] 金宜久. 伊斯兰教史 [M]. 北京：中国社会科学出版社，1990.

[26] 白寿彝. 回族人物志：上册 [M]. 银川：宁夏人民出版社，2000.

[27] 周燮藩，沙秋真. 伊斯兰教在中国 [M]. 北京：华文出版社，2002.

[28] 杨志玖. 元代回族史稿 [M]. 天津：南开大学出版社，2003.

[29] 宝贵贞，宋长宏. 蒙古民族基督宗教史 [M]. 北京：宗教文化出版社，2008.

[30] 朱谦之. 中国景教 [M]. 北京：东方出版社，1993 年.

[31] 江文汉. 中国古代基督教及开封犹太人 [M]. 上海：知识出版社，1982.

[32] 方豪. 中国天主教史人物传 [M]. 北京：中华书局，1988.

[33] 陈垣. 元也里可温考 [M]. 北京：商务印书馆，1923.

[34] 黄时鉴. 东西交流史论稿 [M]. 上海：上海古籍出版社，1998.

[35] 江淳，郭应德. 中阿关系史 [M]. 北京：经济日报出版社，2000.

[36] 朱杰勤. 中国和波斯关系史稿 [M]. 乌鲁木齐：新疆人民出版社，1988.

[37] 马建春. 大食·西域与古代中国 [M]. 上海：上海古籍出版社，2008.

[38] 顾卫民. 中国与罗马教廷关系史略 [M]. 北京：东方出版社，2000 年.

[39] 罗光. 教廷与中国使节史 [M]. 台北：传记文学出版社，1983.

[40] 刘迎胜. 蒙元帝国与 13—15 世纪的世界 [M]. 北京：三联书店，2013.

[41] 周一良. 中外文化交流史 [M]. 郑州：河南人民出版社，1987.

[42] 沈福伟. 中国与西亚非洲文化交流志 [M]. 上海：上海人民出版社，1998.

[43] 王介南. 中外文化交流史 [M]. 太原：书海出版社，2004.

[44] 刘迎胜. 丝路文化 [M]. 杭州：浙江人民出版社，1995.

[45] 中华文化通志编委会. 中华文化通志：中外文化交流：中国与西亚非洲文化交流志 [M]. 上海：上海人民出版社，2010.

[46] 杨怀中. 伊斯兰与中国文化 [M]. 银川：宁夏人民出版社，1995.

[47] 敏贤麟. 蒙古游牧文明与伊斯兰文明的交汇 [M]. 北京：宗教文化出版社，2010.

[48] 邢秉顺. 伊朗文化 [M]. 北京：文化艺术出版社，2003.

[49] 李经纬. 中外医学交流史 [M]. 长沙：湖南教育出版社，1998.

[50] 宋岘. 古代波斯医学与中国 [M]. 北京：经济日报出版社，2001.

[51] 王锋. 中国回族科学技术史 [M]. 银川：宁夏人民出版社，2008.

[52] 马建春. 元代东迁西域人及其文化研究 [M]. 北京：民族出版社，2003.

[53] 王一丹. 波斯拉施特《史集·中国史》研究与文本翻译 [M]. 北京：昆仑出版社，2006.

[54] 马良. 西方人眼中的东方丝绸艺术 [M]. 上海：上海教育出版社，2004.

[55] 高荣盛. 元代海外贸易研究 [M]. 成都：四川人民出版社，1988.

［56］陈垣. 元西域人华北考［M］. 上海：上海古籍出版社，2000.

［57］陆国俊主编. 中西文化交流先驱——马可·波罗［M］. 北京：商务印书馆，1995.

［58］申友良. 马可·波罗时代［M］. 北京：中国社会科学出版社，2001.

（三）译著

［1］马克思，恩格斯. 马克思恩格斯全集［M］. 北京：人民出版社，1985.

［2］拉施特. 史集（第一卷）［M］. 余大钧，周建奇，译. 北京：商务印书馆，1983.

［3］拉施特. 史集（第二卷）［M］. 余大钧，周建奇，译. 北京：商务印书馆，1985.

［4］拉施特. 史集（第三卷）［M］. 余大钧，周建奇，译. 北京：商务印书馆，1986.

［5］阿宝斯·艾克巴尔·奥希梯扬尼. 伊朗通史［M］. 叶奕良，译. 北京：经济日报出版社，1997.

［6］志费尼. 世界征服者史［M］. 何高济，译. 北京：商务印书馆，2004.

［7］佚名. 拉班·扫马和马克西行记［M］. 朱炳旭，译. 郑州：大象出版社，2009.

［8］劳费尔. 中国伊朗编［M］. 林筠因，译. 北京：商务印书馆，1964.

［9］希提. 阿拉伯通史［M］. 马坚，译. 北京：商务印书馆，1979.

［10］拉铁摩尔. 中国的亚洲内陆边疆［M］. 唐晓峰，译. 南京：江苏人民出版社，2005.

［11］丹尼斯·塞诺. 内亚研究文选［M］. 张锡彤，张广达，译. 北京：中华书局，2006.

［12］鲁迪·马特. 伊朗学在欧洲和东亚［M］. 姚继德，译. 银川：宁夏人民出版社，2008.

［13］梅天穆. 世界历史上的蒙古征服［M］. 马晓林，求芝蓉，译. 北京：民主与建设出版社，2012.

［14］米夏埃尔·比尔冈著. 蒙古帝国［M］. 北京：商务印书馆，2015.

［15］威泽弗德. 成吉思汗与今日世界之形成［M］. 温海清，姚建根，译. 重庆：重庆出版社. 2009.

［16］卡特. 中国印刷术的发明和他的西传［M］. 吴泽炎，译. 北京：商务印书馆，1991.

[17] 道森编. 出使蒙古记［M］. 吕浦，译. 北京：中国社会科学出版社，1983.

[18] 阿·克·穆尔. 一五五〇年前的中国基督教史［M］. 郝镇华，译. 北京：中华书局，1984.

[19] 加文·汉布里. 中亚史纲要［M］. 吴玉贵，译. 北京：商务印书馆，1994.

[20] G. F. 赫德逊. 欧洲与中国［M］. 李申，等译. 北京：中华书局，1995.

[21] 爱德华·吉本. 罗马帝国衰亡史（下册）［M］. 黄宜思，等译. 北京：商务印书馆，1997.

[22] 罗伯特·欧文. 伊斯兰世界的艺术［M］. 刘运同，译. 桂林：广西师范大学出版社，2005.

[23] 博斯沃思主编. 中亚文明史（第四卷）［M］. 华涛，译. 北京：中国对外翻译出版公司，2008.

[24] 罗素. 中国问题［M］. 秦悦，译. 上海：学林出版社，1996.

[25] 裕尔撰，考迪埃修订. 东域纪程录丛［M］. 张绪山，译. 北京：中华书局，2008.

[26] 裕尔撰，考迪埃修订. 东域记程录丛（第四册）［M］. 张绪山，译. 云南：云南人民出版社，2002.

[27] 亨利·玉尔. 古代中国闻见录［M］. 北京：中华书局，2008.

[28] 彼得·弗兰科潘. 丝绸之路——一部全新的世界史［M］. 邵旭东，孙芳，译. 浙江：浙江大学出版社，2016.

[29] 贝凯，韩百诗，译注. 柏朗嘉宾蒙古行纪鲁布鲁克东行纪［M］. 耿昇，何高济，译. 北京：中华书局，1985.

[30] 雷纳·格鲁塞. 蒙古帝国史［M］. 龚钺，译. 北京：商务印书馆，1989.

[31] 伯希和. 蒙古与教廷［M］. 冯承钧，译. 北京：中华书局，1994.

[32] 沙百里. 中国基督教史［M］. 耿昇，等译. 北京：中国社会科学出版社，1998.

[33] 勒内·格鲁塞. 草原帝国［M］. 蓝琪，译. 北京：商务印书馆，1998.

[34] 安田朴. 中国文化西传欧洲史［M］. 耿昇，译. 北京：商务印书馆，2000.

[35] 艾田蒲. 中国之欧洲［M］. 许钧，钱林森，译. 桂林：广西师范大学

出版社，2008.

[36] E. 于格. 海市蜃楼中的帝国：丝绸之路上的人、神和神话 [M]. 耿昇，译. 北京：中国藏学出版社，2013.

[37] 克林凯特. 丝绸古道上的文化 [M]. 赵崇民，译. 乌鲁木齐：新疆美术摄影出版社，1994.

[38] 德礼贤. 中国天主教传教史 [M]. 上海：商务印书馆，1934.

[39] 马可波罗. 马可波罗行纪 [M]. 沙海昂，注. 冯承钧，译. 北京：中华书局，2004.

[40] 布列资须奈德译. 海屯行纪鄂多立克东游录沙哈鲁遣使中国记 [M]. 何高济，译. 北京：中华书局，2002.

[41] Б. Д. 格列科夫，A. Ю. 雅库博夫斯基. 金帐汗国兴衰史 [M]. 北京：商务印书馆，1985.

[42] 戈尔曼. 西方的蒙古史研究 [M]. 陈弘法，译. 呼和浩特：内蒙古教育出版社，1992.

[43] 瓦西里·扬. 蒙古人的入侵 [M]. 北京：中国书店出版社，2012.

[44] 三上次男. 陶瓷之路 [M]. 北京：文物出版社，1984.

[45] 内田吟风，等. 北方民族史与蒙古史译文集 [M]. 余大钧，译. 昆明：云南人民出版社，2003.

[46] 多桑. 多桑蒙古史 [M]. 冯承钧，译. 上海：上海书店出版社，2001.

[47] 阿里·玛扎海里. 丝绸之路：中国—波斯文化交流史 [M]. 耿昇，译. 北京：中华书局，1993.

二、外文文献

（一）专著

[1] BROADBRIDGE A F. *Kingship and Ideology in the Islamic and Mongol Worlds* [M]. Cambridge：Cambridge University Press，2008.

[2] LAMBTON A K S. *Continuity and Change in Medieval Persia-Aspect of Administrative*, *Economic and Social History*, 11*th*—14*th Century* [M]. Bibliotheca Perica，1988.

[3] RUOTSALA A. *Europeans and Mongols in the middle of the Thirteenth Century*：*Encountering the other* [M]. Helsinki：The Finnish Academy of Science and Letters，2001.

［4］ GRAY B. *The World History of Rashid al - Din* ［M］. Cambridge：Cambridge University Press , 1977.

［5］ LEWIS B. *The Assassins：A Radical Sect in Islam* ［M］. New York Octagon Books, 1980.

［6］ SPULER B. *History of the Mongols：Based on Eastern and Western Accounts of the Thirteenth and Fourteenth Centuries* ［M］. London：Routledge & Kegan paul, 1972.

［7］ BOYLE J A. *The Cambridge History of Iran：Vol. 4* ［M］. Cambridge：Cambridge University, 1968.

［8］ BOYLE J A. *The Cambridge History of Iran：Vol. 5* ［M］. Cambridge：Cambridge University, 1968.

［9］ BROWN E G. *A Literary History of Persia：Vol. 3* ［M］. Cambridge：Cambridge University, 1929.

［10］ PETRY C F. *The Cambridge History of Egypt：Vol. 1* ［M］. Cambridge：Cambridge University, 1998.

［11］ BOSWORTH C E. *The Medieval History of Iran, Afghanistan and Central Asia* ［M］. London：Variorum Reprints, 1977.

［12］ ADAMS C J. *Iranian Civilization and Culture* ［M］. Canada, 1973.

［13］ DANIEL H, WEASS. *France and the Holy Land：Frankish Culture at the End of the Crusades* ［M］. The Johns Hopkins University Press, 2004.

［14］ MORGAN D. *Medieval Persia：1040—1797* ［M］. London and New York：Longman, 1988.

［15］ MORGAN D. The Mongols ［M］. New Jersey：Wiley-Blackwell, 2007.

［16］ SINOR D. *Inner Asia：History - Civilization - Languages* ［M］. Bloomington：Indiana University, 1971.

［17］ HOWARD D A. *The History of Turkey* ［M］. Tennessee：Greenwood Press, 2001.

［18］ DONALD N, WILBER. *The Architecture of Islamic Iran：The Il - Khānid Period* ［M］. Princeton University, 1955.

［19］ DANIEL E L. *The History of Iran* ［M］. Tennessee：Greenwood Press, 2008.

［20］ BUDGE E A W. *The Monks of Kublai Khan. The Religious Trace Society* ［M］. London：International news Agency Books, 1928.

［21］ BASIL G. *The World History of Rashid al－Din*: *A Study of the Royal Asiatic Society Manuscript* ［M］. London, 1978.

［22］ LANE G. *Genghis Khan and Mongol Rule* ［M］. Miami: Hackett Publishing Company, 2009.

［23］ HAWTING G R. *Muslims, Mongols and Crusaders* ［M］. New York: Routledge Curzon, 2005.

［24］ HOWORTH H H. *History of the Mongols*: *From 9th to the 19th Century* ［M］. London: Longmans, Green, and Co., 1876.

［25］ SAUNDERS J J. *The History of the Mongol Conquests* ［M］. Philadelphia: University of Pennsylvania Press, 2001.

［26］ KOLBAS J. *The Mongols in Iran*: *Chingiz Khan to Uljaytu*: *1220—1309* ［M］. New York: Routledge Curzon, 2006.

［27］ ABU－LUGHOD J. *Before European Hegemony*: *the world system a. d. 1250—1350* ［M］. New York: OUP, 1989

［28］ CHAMBERS J. *The Devils Horsemen*: *The Mongol Invasion of Europe* ［M］. New York: Atheneum, Book Club, 1979.

［29］ KOMAROFF L, CARBONI S. *The Legacy of Ghengis Kahn*: *Courtly Arts and Culture in Western Asia*: *1256—1353* ［M］. Metropolitan Museum of Art, 2002.

［30］ KWANTEN L. *Imperial Nomads*: *A History of Central Asia*: *500—1500* ［M］. Leicester: Leicester University, 1979.

［31］ BIRAN M. *Qaidu and the Rise of the Independent Mongol State In Central Asia* ［M］. New York: Routledge Curzon, 1997.

［32］ CAMPBELL M B. *The Witness and the other World*: *Exotic European Travel Writing, 400—1600* ［M］. New York: Cornell University Press, 1988.

［33］ JACKSON P. *The Mongols and the West*: *1221—1410* ［M］. Longman, 2005.

［34］ JACKSON P. *The Mission of Friar William of Rubruck*: *His Journey to the Court of the Great Khan Möngke, 1253—1255* ［M］. London: Hakluyt Society, 1990.

［35］ JACKSON P. *The Mongols and the West*: *1221—1410* ［M］. Harlow, England; New York: Pearson Longman, 2005.

［36］ AMITAI-PREISS R. *Mongols and Mamluks*: *The Mamluk-Ilkhanid War*: *1260—1281* ［M］. Cambridge University, 1995.

［37］ AMITAI-PREISS R. *The Mongol Empire And Its Legacy* ［M］. BRILL, 1999.

［38］ AMITAI-PREISS R. *The Mongols in the Islamic Lands* ［M］. Variorum, 2007.

[39] IRWIN R. *The Middle East in the Middle Ages* [M]. Great Britain by Mackays of Chatham Ltd, Kent, 1986.

[40] BLAIR S S. *The Art and Architecture of Islam*: 1250—1800 [M]. New Haven: Yale University Press, 1994.

[41] *The Cambridge History of Egypt*: Vol. ⅰ [M]. Cambridge: Cambridge University Press, 1998.

[42] PHILIPP T. *The Mamluks in Egyptian Politics and Society* [M]. Cambridge: Cambridge University Press, 1998.

[43] ALLSEN T T. *Culture and Conquest in Mongol Eurasia* [M]. Cambridge: Cambridge University Press, 2004.

[44] ALLSEN T T. *Commodity and exchange in the Mongol Empire*: *A Cultural History of Islamic Textiles* [M]. Cambridge: Cambridge University Press, 2002.

[45] MAY T. *The Mongol Conquests in World History* [M]. London: Reaktion Books, 2012.

[46] CRAUGHWELL T J. *The Rise and Fall of the Second Largest Empire in History How Genghis Khans Mongols Almost Conquered the World* [M]. Fair Winds Press, 2010.

[47] CIOCÎLTAN V. *The Mongols and the Black Sea Trade in the Thirteenth and Fourteenth Centuries* [M]. Leiden: boston, 2012.

[48] ROCKHILL W W. *The Journey of William of Rubruck to the Eastern parts of the World*, 1253-55 *as narrated by himself* [M]. London: Hakluyt Society, 1900.

（二）期刊

[1] MOULE A C. *Documents Relating to the Mission of the Minor Friars to China in the Thirteenth and Fourteenth Centuries* [J]. Journal of the Royal Asiatic Society of Great Britain and Ireland, 1914.

[2] LAMBTON A K S. *Mongol Fiscal Administration in Persia* [J]. Studia Islamica, 1986 (64).

[3] LAMBTON A K. *Changing Concepts of Justice and Injustice from the 5th/11th Century to the 8th/14th Century in Persia*: *The Saljuq Empire and the Ilkhanate* [J]. Studia Islamica, 1988 (68).

[4] GRAY B. *Persian Influence on Chinese Art from the Eighth to the Fifteenth Centuries* [J]. Iran, 1963 (1).

［5］LEWIS B. *The Mongols*, *the Turks and the Muslim Polity* ［J］. Transactions of the Royal Historical Society, Fifth Series, 1968 （18）.

［6］O'KANE B. *From Tents to Pavilions*: *Royal Mobility and Persian Palace Design* ［J］. Ars Orientalis, 1993 （23）.

［7］HALPERIN C J. *The Kipchak Connection*: *The Ilkhans*, *the Mamluks and Ayn Jalut* ［J］. Bulletin of the School of Oriental and African Studies, University of London, 2000, 63 （2）.

［8］AYALON D. *Studies on the structure of the mamluk army*-Ⅰ ［J］. Bulletin of the school of oriental and african studies, 1953, 15 （2）.

［9］AYALON D. *Studies on the structure of the mamluk army*-Ⅱ ［J］. Bulletin of the school of oriental and african studies, university of london, 1954, 16 （1）.

［10］AYALON D. *Studies on the structure of the mamluk army*-Ⅲ ［J］. Bulletin of the school of oriental and african studies, university of london, 1954, 16 （1）.

［11］AYALON D. *The System of Payment in Mamluk Military Society* ［J］. Journal of the Economic and Social History of the Orient, 1957, 1 （1）.

［12］AYALON D. *Studies on the Transfer of The Abbāsid Caliphate from Baġdād to Cairo* ［J］. Arabica, 1960 （1）.

［13］SINOR D. *John of Plano Carpini's Return from the Mongols*: *New Light from a Luxemburg Manuscript* ［J］. Journal of the Royal Asiatic Society of Great Britain and Ireland, 1957 （3/4）.

［14］MORGAN D O. *Who Ran the Mongol Empire?* ［J］. Journal of the Royal Asiatic Society of Great Britain and Ireland, 1982 （1）.

［15］MORGAN D O. *The Great yāsā of Chingiz Khān and Mongol Law in the Īlkhānate* ［J］. Bulletin of the School of Oriental and African Studies, University of London, 1986, 49 （1）.

［16］MORGAN D. *The Mongols in Iran*: *A Reappraisal* ［J］. Iran, 2004 （42）.

［17］Donald P, LITTLE. *The Founding of Sulṭāniyya*: *A Mamlūk Version* ［J］. Iran, 1978 （16）.

［18］SINOR D. *The Mongols in the West* ［J］. Journal of Asian History, 1999, 33 （1）.

［19］AIGLE D. *The Letters of Eljigidei*, *Hülegü*, *and Abaqa Mongol Overtures or Christian Ventriloquism* ［J］. Inner Asia, 2005, 7 （2）.

[20] EARTHY D E. The Religion of Genghis Khan (A. D. 1162—1227) [J]. Numen, 1955, 2 (3).

[21] CLEAVES F W. *A Chinese Source Bearing on Marco Polo's Departure From China and a Persian Source on His Arrival in Persia* [J]. Harvard Journal of Asiatic Studies, 1976 (36).

[22] GUZMAN G G. *European Captives And Craftsmen Among The Mongols,* 1231—1255 [J]. The Historian, 2010 (72).

[23] GUZMAN G G. *European Clerical Envoys to the Mongols*: *Reports of Western Merchants in East Europe and Central Asia* 1231—1255 [J]. Journal of Medieval History, 1996 (22).

[24] MCALLISTER H E. *A Fourteenth-Century Persian Tombstone* [J]. The Metropolitan Museum of Art Bulletin, 1938, 33 (5).

[25] MARTIN H D. *The Mongol Army* [J]. Journal of the Royal Asiatic Society of Great Britain and Ireland, 1943 (1).

[26] PAVIOT J. *England and the Mongols* (*c.* 1260—1330) [J]. Journal of the Royal Asiatic Society, Third Series, 2000, 10 (3).

[27] RYAN J D. *Christian Wives of Mongol Khans*: *Tartar Queens and Missionary Expectations in Asia* [J]. Journal of the Royal Asiatic Society, Third Series, 1998, 8 (3).

[28] BOYLE J A. *Rashid al-Din*: *The First World Historian* [J]. British Institute of Persian Studies, Iran, 1971 (9).

[29] JR S J M. *Mongol Manpower and Persian Population* [J]. Journal of the Economic and Social History of the Orient, 1975, 18 (3).

[30] WEISSMAN K. *Mongol Rule in Baghdad* [J]. Chicago Illinois, 1990.

[31] MONTALBANO K A. *Misunderstanding the Mongols*: *Intercultural Communication in Three Thirteenth-Century Franciscan Travel Accounts* [J]. Information & Culture, 2015 (50).

[32] LOCKHART L. *The Relations between Edward I and Edward II of England and the Mongol Īl-Khāns of Persia* [J]. Iran, 1968 (6).

[33] JOHNSON M C. *Greek, Moslem and Chinese Instrument Design in the Surviving Mongol Equatorials of* 1279 [J] Isis, 1940, 32 (1).

[34] DIMAND M S. Three Persian Miniatures of the XIV Century [J]. The Metropolitan Museum of Art Bulletin, 1937, 32 (1).

［35］ MCLEAN N. *An Eastern Embassy to Europe in the Years* 1287—8 ［J］. The English Historical Review, 1899, 14 (54).

［36］ BERLEKAMP P. *Painting as Persuasion: A Visual Defense of Alchemy in an Islamic Manuscript of the Mongol Period* ［J］. Muqarnas, 2003 (20).

［37］ JACKSON P. *The Crisis in the Holy Land in* 1260 ［J］. The English Historical Review, 1980, 95 (396).

［38］ HOLT P M. *The Position and Power of the Mamlūk Sultan* ［J］. Bulletin of the School of Oriental and African Studies, University of London, 1975, 38 (2).

［39］ HOLT P M. *The Īlkhān Aḥmad's Embassies to Qalāwūn: Two Contemporary Accounts* ［J］. Bulletin of the School of Oriental and African Studies, University of London, In Honour of Ann K. S. Lambton, 1986, 49 (1).

［40］ HOLT P M. *Mamluk - Frankish Diplomatic Relations in the Reign of Qalāwūn* (678—89/1279—90) ［J］. Journal of the Royal Asiatic Society of Great Britain and Ireland, 1989 (2).

［41］ SOUCEK P. *Ceramic Production as Exemplar of Yuan - Ilkhanid relations* ［J］ Anthropology and Aesthetics, 1999 (35).

［42］ KRAHL R. *Export Porcelain Fit for the Chinese Emperor. Early Chinese Blue-and-White in the Topkapī Saray Museum, Istanbul* ［J］. Journal of the Royal Asiatic Society of Great Britain and Ireland, 1986 (1).

［43］ AMITAI R. *Mongol Raids into Palestine* (A. D. 1260 *and* 1300) ［J］. Journal of the Royal Asiatic Society of Great Britain and Ireland, 1987 (2).

［44］ HILLENBRAND R. *Mamlūk and Īlkhānid Bestiaries: Convention and Experiment* ［J］. Ars Orientalis, 1990 (20).

［45］ BLAIR S S. *Ilkhanid Architecture and Society: An Analysis of the Endowment Deed of the Rab-i Rashidi* ［J］. British Institute of Persian Studies, 1984 (22).

［46］ BLAIR S S. *Artists and Patronage in Late Fourteenth - Century Iran in the Light of Two Catalogues ofIslamic Metalwork* ［J］. Bulletin of the School of Oriental and African Studies, University of London, 1985, 48 (1).

［47］ BLAIR S S. *The Mongol Capital of Sultāniyya* ［J］. Iran, 1986 (24).

［48］ BLAIR S S. *The Ilkhanid Palace* ［J］. Ars Orientalis, 1993 (23).

［49］ BLAIR S S. *The Development of the Illustrated Book in Iran* ［J］. Muqarnas, 1993 (10).

[50] MAY T. *A Mongol-Ismāīlī Alliance?*: *Thoughts on the Mongols and Assassins* [J]. *Journal of the Royal Asiatic Society*, *Third Series*, 2004, 14 (3).

[51] MASUYA T. *Persian Tiles on European Walls*: *Collecting Ilkhanid Tiles in Nineteenth-Century Europe* [J]. Ars Orientalis, Exhibiting the Middle East: Collections and Perceptions of Islamic Art, 2000 (30).

[52] WALTER J, FISCHEL. *On the Iranian Paper Currency of the Mongol Period* [J]. Journal of the Royal Asiatic Society of Great Britain and Ireland, 1939 (4).